mémentos

APPRENDRE UTILE

Droit de l'aide et de l'action sociales

Emmanuel Aubin-Kanezuka

est Professeur agrégé de droit public à la Faculté de droit, économie et sciences sociales de l'Université de Tours. Co-directeur du master Droit de la santé, il assure le cours de droit de l'aide et de l'action sociales à l'Université de Tours et le cours éthique et vieillissement dans le master Droit de l'aide et de l'action sociales à l'Université de Poitiers. Il est également membre de l'Espace de Réflexion Éthique de la région Centre Val de Loire (groupe Éthique en EHPAD).

1, Parvis de La Défense
92044 Paris La Défense Cedex
commercial-livres@lextenso.fr
EAN 9782297257824
ISSN 2680-073X
Collection Mémentos

mémentos

APPRENDRE UTILE

Emmanuel Aubin-Kanezuka

Droit de l'aide et de l'action sociales

4e

Cours intégral et synthétique + Tableaux et schémas

Gualino

un savoir-faire de Lextenso

mémentos

APPRENDRE UTILE

- C'est un cours complet et synthétique avec des aides pédagogiques différenciées.
- Il correspond à un enseignement dispensé en Licence et Master.
- Il est entièrement rédigé de manière structurée, claire et accessible.
- Il est à jour de l'actualité la plus récente.

Présentation

Le droit de l'aide et de l'action sociales est en prise directe avec la République sociale et les exigences d'égalité, de fraternité et de solidarité. Le droit de l'aide et de l'action sociales est naturellement pluridisciplinaire et transversal, il amène des personnes morales de droit public et les organismes gestionnaires à verser des prestations d'aide sociale à des personnes physiques se trouvant dans une situation de besoin et d'attente légitime à l'égard de l'État social. Les acteurs publics mettent également en œuvre des actions sociales visant à agir sur la société afin, notamment, de lutter contre les exclusions et l'isolement social mais également d'améliorer la qualité de vie des personnes vulnérables (enfants, personnes âgées et personnes handicapées) en leur procurant un hébergement (avec un rôle essentiel des ESMS soumis la loi du 2 janvier 2002), un service à domicile ou une assistance qui répond à une obligation constitutionnelle de solidarité. Les demandeurs d'aide sociale doivent relever de l'une des catégories prévues dans le Code de l'action sociale et des familles (CASF), les prestations étant versées au titre de la solidarité nationale après la recherche préalable de la solidarité familiale (principe de subsidiarité). L'aide sociale cesse logiquement d'être versée en cas de retour à meilleure fortune du demandeur (mariage, héritage, donation) ou bien lorsque ce dernier entre de nouveau dans le circuit des financeurs de l'aide et de l'action sociales en retrouvant un emploi. Depuis 2020, pour la première fois, les dépenses nettes de l'aide et l'action sociales des départements ont dépassé 40 Mds € (+ 4,2 %), ce montant n'ayant cessé de progresser (plus de 45 Mds € depuis 2024) pour des raisons aussi diverses que la démographie (vieillissement de la société), les revalorisations à la fois du montant des prestations sociales et, plus récemment, de la rémunération de certains travailleurs sociaux et sanitaires au lendemain de la catastrophe sanitaire liée à la Covid-19 ou la progression de la pauvreté. Si elles représentent un faible pourcentage de l'ensemble des dépenses de protection sociale (lesquelles représentent plus de 31 % du PIB soit 700 Mds € dont plus de 550 Mds pour les prestations de sécurité sociale), les prestations d'aide sociale sont essentielles dans une démocratie qui a pris la forme d'une République sociale car elles expriment la quintessence de la solidarité sociale à destination des individus dans une situation objective de besoin et qui ne peuvent faire face aux conséquences de cette situation sans aide sociale temporaire et subsidiaire.

La question sociale est au cœur de l'actualité en raison d'une part, de l'existence de nouvelles exclusions et de la progression de la pauvreté en France, y compris au sein de la population active et d'autre part, du vieillissement de la société, les dépenses d'aide sociale versées en 2023 aux personnes âgées ayant augmenté de plus de 5 %. Situé à la charnière du droit public et du droit privé tout en intégrant une forte base constitutionnelle (notamment les décisions ayant jugé inconstitutionnelle l'application de la préférence nationale dans l'accès aux aides sociales) et les normes européennes luttant contre les discriminations, le droit de l'aide et de l'action sociales vise à répondre à des situations de besoin des individus dans le cadre de prestations monétaires ou en nature et à créer ou maintenir le lien social afin de lutter contre les différentes formes de l'exclusion. Après une présentation des enjeux (historique et notions du droit de l'aide et de l'action sociales) puis des sources (matrice constitutionnelle de la République sociale et prééminence du droit européen) de l'aide et de l'action sociales, l'ouvrage analyse les destinataires des aides et actions sociales ciblées sur des catégories d'individus (demandeurs d'emploi, personnes âgées, personnes handicapées, enfants et mineurs étrangers non accompagnés, personnes démunies nécessitant des soins).

Cet ouvrage pluridisciplinaire est spécialement conçu pour les étudiants en 3e année de licence de droit et d'AES et surtout en master, qui suivent des formations orientées vers le droit de l'aide et de l'action sociales, les politiques sociales ou encore le droit des collectivités territoriales. Les étudiants des instituts d'études politiques (IEP) et les candidats aux différents concours de catégorie A et B des trois fonctions publiques y trouveront les éléments permettant de mieux comprendre les métamorphoses et les différents visages de la question sociale en France. Les travailleurs sociaux désireux d'avoir accès rapidement au droit positif dans le domaine social et les personnes désireuses d'aborder sous l'angle juridique les politiques d'aide et d'action sociales sont également concernés par le présent ouvrage ; celui-ci intègre en effet les réformes les plus récentes intervenues ces deux dernières années dans le domaine de l'aide et de l'action sociales dont la loi n° 2025-1403 du 30 décembre 2025 (LFSS pour 2026) ; la réforme d'avril 2024 sur le bien-vieillir et ses décrets d'application dont celui du 29 décembre 2025 sur le contrat de séjour, la réforme de l'assurance chômage qui produit ses effets depuis 2025 en réduisant la durée et le montant de l'indemnisation des chômeurs et inscrit les bénéficiaires du RSA sur la liste des demandeurs d'emploi ; la réforme du RSA qui généralise en 2025 la logique d'une activité exercée par les bénéficiaires du RSA en contrepartie du versement de cette prestation est également analysée ainsi que le décret du 3 mars 2026 relatif à la tarification des soins infirmiers à domicile pour les personnes âgées et personnes handicapées et celui d'août 2025 qui a transformé les ESAT. L'ouvrage intègre les apports des décisions juridictionnelles (constitutionnelle, européennes et nationales) les plus récentes qui précisent l'application du droit, pour toute personne éligible, de bénéficier d'une prestation ou d'une action sociale.

L'actualité du droit de l'aide et de l'action sociales réside en 2026-2027 dans la progression de la pauvreté et la connexion de plus en plus prégnante des prestations d'aide sociale à la logique de plein-emploi qui modifie la philosophie et la finalité des prestations répondant pourtant à des exigences de solidarité nationale. L'ouvrage étudie les dilemmes de l'État face aux choix juridiques mais également éthiques en matière d'aide et d'action sociales à destination des individus en situation d'attente légitime de protection et d'accompagnement, à l'instar des personnes âgées dépendantes dont l'augmentation progressive et pourtant prévisible n'a pas été anticipée par les pouvoirs publics[1].

1. Damon J., « Démographie et politiques sociales : créer des EHPAD ou des crèches ? », RDSS 2025, p. 146.

Plan de cours

PARTIE 1
Les sources du droit de l'aide et de l'action sociales

PARTIE 2
Les destinataires de l'aide et de l'action sociales

Liste des principales abréviations

AAH	Allocation adultes handicapés
AC	Allocation compensatrice
ACI	Allocation compensatrice individualisée
ACTP	Allocation compensatrice pour tierce personne
ADA	Allocation pour demandeur d'asile
AEEH	Allocation d'éducation de l'enfant handicapé
AES	Allocation d'éducation spéciale
AG-GIR	Autonomie, gérontologie, groupes iso-ressources (grille)
AI	Allocation d'insertion
ALMA	Association « Allô maltraitance des personnes âgées et/ou handicapées »
AME	Aide médicale d'État
AMNP	Assistant maternel non permanent
AN	Assemblée nationale
APA	Allocation personnalisée d'autonomie
API	Allocation de parent isolé
APL	Allocation personnalisée de logement
APU	Administration publique
ARE	Allocation d'aide au retour à l'emploi
ARSM	Allocation représentative de services ménagers
ASE	Aide sociale à l'enfance
ASI	Allocation supplémentaire d'invalidité
ASPA	Allocation de solidarité aux personnes âgées
ASS	Allocation de solidarité spécifique
ASSEDIC	Association pour l'emploi dans l'industrie et le commerce
ASV	Loi n° 2015-1776 du 28 décembre 2015 relative à l'adaptation de la société au vieillissement
ATA	Allocation temporaire d'attente
CAAS	Commission d'admission à l'aide sociale
CADA	Centre d'accueil de demandeurs d'asile en France
CADES	Caisse d'amortissement de la dette sociale
CAF	Caisse d'allocations familiales
CASA	Contribution additionnelle de solidarité pour l'autonomie
CCAS	Centre communal d'action sociale
Comm. CAS	Commission centrale d'aide sociale
CCDSFT	Charte communautaire des droits sociaux fondamentaux des travailleurs
CDAJE	Commission départementale de l'accueil des jeunes enfants
CDAPH	Commission des droits et de l'autonomie des personnes handicapées
CDAS	Commission départementale d'aide sociale
CE	Conseil d'État
CEDS	Comité européen des droits sociaux
CEJR	Conseil d'État (juge des référés)
CES	Conseil économique et social
CESU	Chèque emploi-service universel
CFA	Contribution financière pour l'autonomie (créée par la LFSS pour 2026)
CI-RMA	Contrat d'insertion-revenu minimum d'activité
CIAS	Centre intercommunal d'action sociale

CIMADE	Association « Comité inter-mouvements auprès des évacués »
CNAF	Caisse nationale des allocations familiales
CNR	Conseil national de la résistance
CNSA	Caisse nationale de solidarité pour l'autonomie
CNSE	Conseil national de la silver économie
Covid-19	*Coronavirus disease 2019* (maladie à coronavirus 2019)
CRDS	Contribution pour le remboursement de la dette sociale
CSE	Charte sociale européenne
CSG	Contribution sociale généralisée
CUI	Contrat unique d'insertion
Déf. droits	Défenseur des droits
EHPAD	Établissement d'hébergement pour personnes âgées dépendantes
ÉLAN	Loi n° 2018-1021 du 23 novembre 2018 portant évolution du logement, de l'aménagement et du numérique
ESAT	Établissement et Service d'Accompagnement par le Travail (appellation depuis le décret n° 2025-845 du 25 août 2025)
ESMS	Établissement Social et Médico-Social
FAM	Foyer d'accueil médicalisé
FDT	Foyer à double tarification
FEAD	Fonds européen d'aide aux plus démunis
FEDER	Fonds européen de développement régional
FSE	Fonds social européen
FSUE	Fonds de solidarité de l'Union européenne
GIR	Groupe iso-ressources
HAD	Hospitalisation à domicile
LFSS	Loi de financement de la Sécurité sociale
MAE	Mesure d'assistance éducative
MAM	Maison d'assistants maternels
MAS	Maison d'accueil spécialisée
MDPH	Maison départementale des personnes handicapées
MIE	Mineur isolé étranger
MOC	Méthode ouverte de coordination
MTP	Majoration pour tierce personne
MVA	Majoration pour la vie autonome
OFII	Office français de l'immigration et de l'intégration
PACEA	Parcours d'accompagnement contractualisé vers l'emploi et l'autonomie
PCH	Prestation de compensation du handicap
PIB	Produit intérieur brut
PJJ	Protection judiciaire de la jeunesse
PSD	Prestation spécifique dépendance
RMI	Revenu minimum d'insertion
RSA	Revenu de solidarité active
SARS-CoV-2	*Severe acute respiratory syndrome coronavirus 2* (coronavirus 2 du syndrome respiratoire aigu sévère)
SJR	Salaire journalier de référence
SMIC	Salaire minimum interprofessionnel de croissance
SSIAD	Service de soins infirmiers à domicile
UNEDIC	Union nationale pour l'emploi dans l'industrie et le commerce

CHAPITRE 1

Introduction

1. Un droit à la charnière du droit public et du droit privé. Le droit de l'aide et de l'action sociales constitue l'une des composantes du droit des politiques sociales et de la protection sociale. Il se situe à la charnière du droit privé et du droit public en cherchant à maintenir ou créer le lien social qui rend possible l'existence d'une fraternité (laquelle a une valeur constitutionnelle depuis une QPC du 6 juillet 2018) et d'une solidarité au sein de la République sociale, laquelle se doit également de préserver l'égale dignité des individus éligibles à l'aide sociale. Inscrites dans le passé de l'histoire de l'assistance, qui a revêtu dans un premier temps la dimension non étatique de la charité, l'aide et l'action sociales ont été saisies par le droit et par les autorités de l'État à partir essentiellement de la IIIe République marquée par l'adoption des grandes lois sociales à la fin du XIXe siècle et au début du XXe siècle.

2. Un droit au cœur des contraintes sociétales et financières. Théorisée par le regretté sociologue Robert Castel, dont les travaux ont été repris par les gouvernants à partir de la fin des années 1990, « l'insécurité sociale »[1] a malheureusement progressé ces 20 dernières années. Elle se double d'un phénomène de « descenseur social » et de peur du « déclassement », ainsi que l'a démontré la belle étude publiée en 2009 par Éric Maurin, qui a inscrit cette peur dans le cadre d'une pertinente sociologie des récessions[2]. Bon nombre de personnes éprouveraient aujourd'hui un « sentiment d'injustice devant une remise en cause de leur statut » ; la crise économique de 2008 puis la crise sanitaire de 2020 à 2021 suivie d'une inflation galopante en 2022 ont renforcé ce sentiment. La loi du 18 décembre 2023 sur le plein-emploi poursuit une logique de contrôle social en remplaçant Pôle emploi par France Travail, organisme chargé de l'inscription généralisée des demandeurs d'emploi y compris les bénéficiaires du RSA et leur conjoint(e), concubin ou partenaire pacsé qui doivent désormais signer un contrat d'engagement, ce qui n'est pas sans conséquence sur la situation juridique des bénéficiaires de la prestation de RSA qui a évolué depuis le 1er janvier 2025 (v. *infra*, n° 133). Elle introduit également une insécurité sociale pour les demandeurs d'emploi en réduisant la durée et le montant de leur indemnisation pour soulager la charge financière de l'UNEDIC.

1. Castel R., *L'insécurité sociale. Qu'est-ce qu'être protégé ?*, 2003, Seuil, La République des idées.
2. Maurin É., *La peur du déclassement*, 2009, Seuil, La République des idées.

La disparition en mars 2025 de l'Observatoire de la Décentralisation et de l'Action Sociale (ODAS) : un droit de l'aide et de l'action sociales « au pied du mur »

S'il fallait un exemple symbolique pour illustrer la force des contraintes gestionnaires et financières dans le champ de l'aide et de l'action sociales, le 6 mars 2025, faute de financements suffisants notamment par l'État, l'Observatoire de la Décentralisation et de l'Action Sociale (ODAS) créé en 1990 a fait l'objet d'une liquidation judiciaire ! L'ODAS était pourtant un véritable aiguillon du droit de l'aide et de l'action sociales en publiant des rapports, statistiques (dont le célèbre baromètre annuel des dépenses sociales des départements) et analyses précieuses pour comprendre l'évolution des dépenses d'aide sociale et avoir une analyse objective du modèle social français. Les données qualitatives et quantitatives de cette observation du social permettaient également d'avoir une analyse objective de l'action sociale des départements. De façon emblématique, le dernier baromètre annuel de l'ODAS publié en juin 2024 soulignait une augmentation historique (+ 5,2 %) des dépenses d'aide sociale pour l'année 2023 et s'intitulait : « Au pied du mur ». Si la DREES fournit des statistiques fiables, il s'agit d'un service ministériel qui n'a pas la même vocation que l'ODAS. Outre qu'elle ne dispose pas d'une indépendance d'analyse permettant de faire le lien entre le national et le local, elle produit des statistiques nationales qui sont agrégées sans analyser les dynamiques locales.

3. Le retour ou la régression de l'État social ? Fondé sur la notion de providence, l'État social a été, durant son âge d'or, un *welfare state* (État-providence)[3] dont la crise, remarquablement analysée notamment par Pierre Rosanvallon[4], a débouché sur une « réévaluation et une rupture progressive dans la conception même des politiques sociales »[5], au premier rang desquelles figurent celles qui consistent à agir et apporter une aide aux personnes n'ayant pas versé de cotisation (droit de l'aide et de l'action sociales) ou qui perçoivent une prestation sociale versée en contrepartie d'une cotisation (droit de la Sécurité sociale). Depuis le début des années 1980, et plus singulièrement après la survenance de la crise économique de 2008, bon nombre d'États essayaient de freiner les dépenses sociales en justifiant cette nouvelle conception par la situation critique de leurs finances publiques. L'apparition et la propagation de la pandémie de Covid-19 ont mis fin temporairement à cette tendance en obligeant l'État à « socialiser » des pans entiers de la société placés sous perfusion d'aides et de subventions. Des actions sociales et sanitaires ont été mises en œuvre pour garantir la protection sociale des individus fragilisés par la pandémie. De façon inédite, l'UNEDIC a financé à hauteur d'un tiers la prise en charge du chômage partiel qui concernait plus de 11 millions de travailleurs. Sur 3 mois (de mars à mai 2020), cette protection sociale a coûté près de 8 milliards d'euros. La fin de l'état d'urgence sanitaire à compter du 31 juillet 2022 n'a pas fait cesser pour autant les besoins d'aide et d'actions sociales à destination des publics vulnérables[6], l'effacement de l'ordonnancement juridique des mots « régimes d'exception » ne devant pas illusionner quant aux conséquences sanitaires et sociales de cette catastrophe. Le retour de l'État social a

3. Merrien F.-X., *L'État-providence*, 1997, PUF, Que sais-je ?, n° 3249.
4. Rosanvallon P., *La crise de l'État-providence*, 1981, Seuil ; Cohen D., *Les trois leçons sur la société post-industrielle*, 2006, Seuil, La République des idées.
5. Chevalier J., *L'État post-moderne*, 2e éd., 2004, LGDJ, p. 59.
6. L. n° 2022-1089, 30 juill. 2022 mettant fin aux régimes d'exception créés pour lutter contre l'épidémie liée à la Covid-19 ; Cons. const., 30 juill. 2022, n° 2022-840 DC.

pu être attesté par la loi dite *3 DS* du 21 février 2022 dont les dispositions relatives aux mineurs non accompagnés (MNA) et au financement des MDPH reflètent, selon Pierre Villeneuve, un « exercice contraint et sous contrôle (de l'État) des compétences sociales des départements »[7]. L'État a considérablement durci les conditions d'indemnisation des demandeurs d'emploi dans le cadre de la réforme applicable à partir de 2023 et surtout de 2025 de l'assurance chômage qui ne reflète pas la volonté de l'État social d'investir dans l'indemnisation des conséquences de la perte d'emploi mais plutôt d'inciter très fortement les chômeurs à retrouver un emploi au plus vite afin de réduire l'endettement de l'UNEDIC. Une pression similaire est exercée depuis janvier 2025 sur les bénéficiaires du RSA placés dans une logique d'activité en application de la loi du 18 décembre 2023 sur le plein-emploi et la réforme en août 2025 des ESAT, le remplacement dans cet acronyme du mot aide par celui d'accompagnement étant révélateur d'une conception contestable de l'aide sociale. Malgré les mesures gouvernementales, le taux de chômage a augmenté en 2025 pour se rapprocher de 8 % de la population active à la fin du premier trimestre de 2026. La loi d'avril 2024 sur le bien vieillir en France reste, quant à elle, très en dessous des ambitions affichées en 2018 d'une importante réforme sur le Grand âge à laquelle le gouvernement a finalement renoncé en 2026. L'État n'investit, à l'évidence, pas assez le champ social pour anticiper les conséquences de la transition démographique qui a, d'ores et déjà, fait entrer la France dans une société de longévité avec des conséquences insuffisamment anticipées[8] concernant notamment l'accueil des personnes âgées dépendantes dans les ESMS et le besoin d'aides humaines auquel aucune réponse structurelle pour les deux décennies à venir n'a encore été proposée (v. *infra*, n° 159).

Pour aller plus loin

Dans un ouvrage de référence, Jacques Delors et Michel Dollé avaient plaidé en faveur d'un nouvel investissement dans le social en définissant la voie d'un « État d'investissement social »[9]. De même, le grand sociologue et économiste danois Gosta Esping-Andersen invite régulièrement à repenser les dépenses sociales de l'État providence en affirmant qu'elles ne doivent pas être considérées comme des dépenses passives, mais comme un investissement pour l'avenir[10], l'État-providence devant davantage tourner les politiques sociales vers le futur. Force est de constater que cet investissement de l'État dans le social n'a pas eu lieu, l'accent étant davantage mis sur l'objectif d'atteindre le plein-emploi dans un contexte marqué de surcroit par un effort budgétaire au profit du ministère de la Défense (pour le réarmement du pays) et au détriment du caractère social de la République.

4. Une frontière poreuse entre le sanitaire et le social. Si aucun droit n'est désincarné du réel, un tel constat est d'autant plus vrai pour l'aide et l'action sociales ; le droit de l'aide et de l'action sociales a vocation à partir du réel pour tenter d'en amoindrir les conséquences sociales et humaines sur la situation des personnes qui se

7. Villeneuve P., « L'exercice des compétences sociales du département, un exercice contraint et sous contrôle ? », JCP A 2022, act. n° 321.
8. Damon J., « Démographie et politiques sociales : créer des EPHAD ou des crèches ? », RDSS 2025, p. 146.
9. Delors J. et Dolle M., *Investir dans le social*, 2008, Odile Jacob.
10. Esping-Andersen G., *Trois leçons sur l'État-providence*, 2008, Seuil, La République des idées ; *id., Les trois mondes de l'État-providence*, 2007, PUF.

trouvent dans le besoin parce qu'elles sont privées de ressources et de moyens leur permettant, normalement, d'être autonomes et de satisfaire leurs besoins élémentaires de vie en société. L'actualité du droit de l'aide et de l'action sociales a essentiellement été marquée par l'augmentation du nombre de personnes objectivement pauvres (le seuil de pauvreté fixé à 60 % du revenu médian représentant 1 288 € par mois en 2026) y compris au sein de la population active. En 2026, la France revient trente ans en arrière et a retrouvé le niveau de pauvreté existant en 1996. Comme le relève Louis Maurin, directeur de l'Observatoire des inégalités, les inégalités pourraient bien être « les victimes de la prochaine présidentielle »[11], la recherche d'une société plus juste étant sacrifiée sur l'autel de la démagogie propre aux séquences électorales. De son côté, la dette sociale s'est creusée de façon inquiétante en raison du contexte sanitaire lié à la Covid-19 qui appelait des mesures de sauvegarde, « coûte que coûte », pour limiter l'impact social des périodes de confinement. Les mesures d'accompagnement social au premier semestre 2020 ont endetté en quelques mois la France pour plusieurs années[12] mais tel était le prix à payer pour une paix et une sécurité sociales. La dégradation des finances sociales sur cette période est logique et assumée car l'État providence a pleinement assumé son rôle d'amortisseur des conséquences de cette catastrophe sanitaire, notamment en aidant socialement les demandeurs d'emploi ainsi que les salariés au chômage partiel mais également en mettant en place des dispositifs visant à prévenir la cessation d'activité des entreprises en raison de la survenance du « risque exceptionnel » lié à la Covid-19[13]. La frontière entre le sanitaire et le social est surtout poreuse dans la politique de dépendance des personnes âgées ; le vieillissement de la population dans une société de longévité augmente le nombre de personnes âgées dépendantes et le besoin d'une prise en charge sanitaire parallèlement à l'action sociale consistant à accueillir des personnes de plus en plus âgées dans les EHPAD. L'orientation vers une médicalisation croissante de ces ESMS est en cours et sera de plus en plus marquée dans les années à venir et ce jusqu'en 2050 au moins. De façon significative, la LFSS pour 2024 prévoyait pour le financement des EHPAD l'expérimentation par les départements dès 2025 de la section unique soins-dépendance entièrement prise en charge par la sécurité sociale. La loi sur le bien vieillir d'avril 2024 ne propose toutefois pas d'avancée significative pour gérer les conséquences sanitaires et sociales du vieillissement même si des améliorations ponctuelles et sociétales doivent être soulignées comme la reconnaissance d'un droit subjectif de visite.

5. Un droit au cœur de la transition démographique. Le droit de l'aide et de l'action sociales repose sur la solidarité et la fraternité, notamment entre les générations. Or, le vieillissement de la société française ne semble pas avoir été suffisamment anticipé parallèlement à la baisse régulière et significative depuis 2021 de la natalité, la France frôlant la dénatalité sans être toutefois dans une situation réellement préoccupante. Toutefois, force est de constater que les gouvernants se bornent à réagir à la suite de drames tels que la canicule de l'été 2003 ou la pandémie de 2020 à 2022

---

11. Maurin L., « Les inégalités, victimes de la prochaine présidentielle ? », *Libération*, 6 mars 2026.
12. La date de fin de remboursement de la dette portée par la CADES est repoussée de 2024 à 2033 en raison de la reprise par la CADES de la dette sociale contractée pendant cette période.
13. Pour une analyse de ces réponses juridiques, politiques et sociales, Pontier J.-M., « La problématique renouvelée de l'assurance et de la solidarité », *AJDA* 2023, p. 1812.

qui ont durement touché les personnes âgées et posé des questions éthiques sur l'accès aux soins et le droit à une fin de vie digne dans la République sociale. Avec ces deux drames, c'est une ville de 40 000 personnes âgées qui a soudainement disparu. De façon significative, la question du vieillissement de la société n'a pas été réellement abordée pendant la campagne pour l'élection présidentielle et les élections législatives du printemps 2022 et de l'été 2024 et ce, alors même que le gouvernement avait renoncé à adopter la loi sur le Grand âge qui devait pourtant être un « marqueur social » du quinquennat 2017-2022. De façon encore plus révélatrice, le remaniement ministériel de janvier 2024 a fait disparaître un ministère en charge des personnes âgées et le portefeuille ministériel de la Solidarité avait disparu pour être dilué dans un « super ministère » du Travail, de la Santé et de la Solidarité. Cette omission a été réparée avec la nomination en février 2024 de Madame Fadila Khattabi au poste de ministre délégué en charge des personnes âgées et des personnes handicapées mais, malheureusement, la France est entrée dans une instabilité gouvernementale depuis la dissolution hasardeuse de juillet 2024 qui a placé les éphémères gouvernements en situation d'incapacité à agir sur le réel. L'acmé a été atteint avec l'annonce le 4 février 2026 de la démission de Mme Parmentier-Lecocq, la ministre en charge de la Dépendance depuis septembre 2024 qui, après avoir préparé un plan Grand Âge (promis depuis 2018 par le président de la République) qu'elle devait présenter le 12 février 2026, a préféré retrouver son siège de député laissé vacant par son suppléant candidat aux municipales de mars. En France, le nombre de personnes âgées de plus de 75 ans dépassera les 10,5 millions en 2040 et en 2024, 20 % des Français avaient plus de 65 ans, contre 13 % en 1985. Un tel constat montre que la notion d'âge n'est déjà plus pertinente pour appréhender les enjeux du vieillissement de la société. La France voit d'ores et déjà vivre sur son territoire, pour la première fois de son histoire, cinq générations qui doivent réinventer un lien ainsi que des relations sociales entre elles dans le cadre d'un nouveau contrat social. Les pouvoirs publics doivent développer les nouvelles formes d'actions sociales qui apparaissent de façon expérimentale ces dernières années, comme l'habitat participatif intergénérationnel. Le vieillissement est devenu une question sociale de première importance qui devra connecter l'aide et l'action sociales à l'innovation technologique en lien avec l'éthique et le droit pour améliorer la qualité de vie des personnes âgées dans une société de longévité[14]. Les personnes publiques et privées impliquées dans l'action sociale à destination des personnes âgées (v. *infra*, n° 159) et en situation de handicap (v. *infra*, n° 219) vont devoir s'adapter à ce que certains opérateurs du secteur marchand appellent « l'habitat-caméléon » (intelligent, sécurisé et adapté à tous les âges de la vie), qui participera pleinement à la dynamique de maintien à domicile. Comme le souligne Jean-Philippe Arnoux, directeur *Silver* économie et accessibilité chez Saint-Gobain Distribution Bâtiment France, « L'habitat durable ne peut pas nier la transition démographique. Le bâtiment sera responsable à 100 % du soutien à domicile des personnes âgées ».

6. Absence de définition univoque du droit de l'aide et de l'action sociales. La doctrine n'a pas donné de définition univoque du droit de l'aide et de l'action sociales,

14. Aubin E., *Les personnes âgées et les robots. Innovation technologique, droit et éthique*, 2021, Berger-Levrault, Au fil du débat.

en raison sans doute de l'arborescence de ce dernier[15]. Les privatistes insistent sur la notion de droit subjectif et de solidarité familiale alors que les publicistes mettent l'accent sur la solidarité et la fraternité nationales pour rattacher le droit de l'aide et de l'action sociales au droit public en général, et au droit administratif en particulier. Les économistes appréhendent les politiques d'aide et d'action sociales sous l'angle de leur coût pour la société. La protection sociale est nécessairement appréhendée sous un angle économique, car elle est confrontée à la fois à des problèmes de financement liés au vieillissement démographique, à l'emploi, à la redistribution et, dans un contexte marqué de surcroît, jusqu'à la catastrophe sanitaire de la Covid-19, à une volonté de réduire de façon drastique les dépenses publiques au sein desquelles les dépenses sociales occupent une place importante. De même, on ne peut aujourd'hui ignorer l'influence au sein des politiques d'action sociale de l'analyse économique du droit (AED) consistant à saisir celui-ci à l'aune de notions « managériales » telles que la rentabilité, la performance ou encore l'efficience, autant de notions qui ne sont plus étrangères à certains ESMS soumis à de fortes contraintes.

7. Superposition et interpénétration des trois logiques de la protection sociale française. L'architecture du modèle social français repose sur trois logiques, trois traditions :

- l'assistance publique (les dispositifs de « secours publics » créés sous la Ire République instaurée en septembre 1792 qui mobilisent l'État) ;
- la prévoyance, qui s'est efforcée d'apporter une solution à la pauvreté des ouvriers en utilisant la formule associative pour sécuriser le monde du salariat, et qui est amenée à se développer pour financer la dépendance des personnes âgées ;
- l'assurance sociale, enfin, qui a renouvelé sous la IIIe République la protection sociale, laquelle a mis en place un nouveau dispositif visant à créer une solidarité au sein de la société salariale.

Historiquement, la couverture sociale de l'ensemble de la population s'est réalisée, mais par d'autres voies que celle d'une généralisation de la logique de sécurité sociale, créée en 1945 par Pierre Laroque (à la suite de l'observation à Londres du modèle Beveridge, préconisé par le rapport du même nom en 1942). Quant à l'évolution de la Sécurité sociale, celle-ci serait en train de basculer, selon la doctrine, vers le modèle beveridgien, c'est-à-dire moins de solidarité collective et davantage d'individualisation, avec un recul du principe assurantiel et un renforcement du rôle de l'État social soucieux de ménager ses dépenses publiques[16]. La réforme qui a déconjugalisé le calcul du montant de l'AAH depuis le 1er octobre 2023 est emblématique de cette évolution en individualisant le calcul du montant de cette prestation sociale sans tenir compte des ressources du conjoint de la personne bénéficiaire.

8. La clarification nécessaire des notions au cœur de la protection sociale *largo sensu*. Démocratie sociale, citoyenneté sociale, Sécurité sociale, aide et action sociales, prestations sociales, travail social et justice sociale : les notions se suivent sans

---

15. Faberon F., « L'arborescence du droit, la distinction droit privé/droit public et l'existence du droit composé. Le cas du droit de l'aide sociale », *in* Faberon F. (dir.), *Le droit de l'aide et de l'action sociales à la croisée des chemins. Dynamiques et perspectives*, 2018, éd. Cujas, p. 37.
16. Marié R., « Vers un basculement du système français de sécurité sociale vers le modèle beveridgien ? », RDSS 2011, p. 727.

forcément se ressembler – ni se rassembler – dans le droit applicable à l'aide et l'action sociales, lequel souffre d'une confusion sémantique, à laquelle s'ajoute un désordre normatif. Il convient de préciser, d'emblée, que le droit de l'aide et de l'action sociales ne doit pas être confondu avec le droit social, qui relève d'un enseignement « privatiste » ayant pour objet l'étude, d'une part, des relations entre les employeurs et les employés et, d'autre part, du droit de la Sécurité sociale. Par ailleurs, la conception consistant à soutenir que le droit de la protection sociale est un « droit de l'entreprise »[17] ne sera pas celle qui sous-tendra le présent ouvrage. En effet, ainsi que le relève Franck Petit, l'aide sociale est une « protection sociale à l'extérieur de la sécurité sociale »[18] et vise les personnes les plus démunies en leur versant des prestations matérielles ou monétaires non contributives, c'est-à-dire sans contrepartie du bénéficiaire, dont on analyse la surface financière afin d'en déduire ou non son éligibilité à cette forme d'aide financée par l'impôt.

Pour aller plus loin

Dans son érudite topologie des politiques sociales, Didier Tabuteau montre qu'« au gré du développement des politiques sociales, les dispositifs se sont écartés de la division canonique (sécurité sociale/aide et action sociales) pour des motifs variables » créant, progressivement, un enchevêtrement des mécanismes de sécurité sociale et d'aide sociale. On ne peut que se rallier au plaidoyer de Didier Tabuteau, désormais vice-président du Conseil d'État, en faveur de l'avènement d'une approche « téléologique des politiques sociales »[19].

9. La finalité protectrice de l'aide et de l'action sociales et la montée en charge des aides sociales légales. Le droit de l'aide et de l'action sociales part du réel pour en « déduire des notions juridiques aptes à la transformer »[20] afin de réduire les inégalités et recréer un lien social entre les individus. Ce droit a donc pour objet de réduire – et non de cristalliser – les inégalités sociales en créant et en appliquant des dispositifs et des normes juridiques répondant à l'exigence de solidarité nationale au cœur du pacte républicain. Reposant sur le socle de la solidarité, les interventions sociales des personnes publiques permettent d'affermir la République sociale en réduisant les inégalités (v. *infra*, n°s 54 et s.). On peut affirmer, en ce sens, que le droit de l'aide et de l'action sociales vise à amortir les conséquences de la vulnérabilité sociale de nombreuses catégories d'individus qui a été amplifiée ces dernières années par des facteurs sanitaires (la pandémie de la Covid-19), économiques (l'inflation de plus de 6 % sur l'année 2022 et de 5 % en 2023 qui a creusé davantage les inégalités sociales) et démographiques (le vieillissement continue d'augmenter progressivement le nombre de personnes âgées vulnérables). Ainsi que l'a relevé la mission commune de l'IGF et de l'IGAS de mai 2025 sur les divergences territoriales dans les modalités d'attribution des aides sociales légales (AAH, AEEH, PCH, APA, ASH) qui représentent 30 Mds €, (soit 1 % du PIB), on constate une évolution récente des dépenses dynamique.

---

17. Borgetto M., « Le droit de la protection sociale dans tous ses états : la clarification nécessaire », Dr. soc. juin 2003, p. 636 ; Lafore R., « Exclusion, insertion, intégration, fracture sociale, cohésion sociale : le poids des maux », RDSS 1997, p. 803.
18. Petit F., *Droit de la protection sociale*, 2e éd., 2014, Gualino, Master.
19. Tabuteau D., « Topologie des politiques sociales », Dr. soc. 2012, p. 626.
20. Borgetto M. et Lafore R., *La République sociale*, 2001, PUF, p. 143.

Tableau 3 : Nombre de bénéficiaires de l'APA, ASH-PA, PCH et ACTP, AAH et AEEH entre 2002 et 2023

Aide sociale légale		2002	2007	2012	2017	2022	2023	Evol. 23/17
APA	Allocation personnalisée à l'autonomie	596 917	1 075 144	1 223 289	1 310 296	1 336 612	1 364 741	+4 %
ASH-PA	Allocation de soutien à l'hébergement-PA	115 623	119 553	120 387	121 349	114 303	115 874	-4,5 %
ACTP	Allocation compensatrice pour tierce personne	126 709	119 524	81 560	61 345	46 501	43 782	+25 %
PCH	Prestation de compensation du handicap	N.A.	40 405	209 588	299 474	382 358	407 228	
AAH	Allocation aux adultes handicapés	751 263	813 151	996 957	1 127 900	1 258 300	1 289 900	+14 %
AEEH	Allocation d'éducation de l'enfant handicapé	N.A. (AES)	153 051	216 390	302 687	434 970	463 885	+53 %

Source : Mission, sur données DREES, CNAF et CNSA.

10. L'aide et l'action sociales : un droit non totalement recouvert par la protection sociale. Le droit de l'aide et de l'action sociales ne relève pas totalement du droit de la protection sociale, dans la mesure où celui-ci a pour objet de couvrir des assurés contre des risques sociaux dans le cadre de la logique propre à la Sécurité sociale. Selon Francis Kessler, « le noyau dur de la protection sociale est aujourd'hui constitué par les mécanismes dits de sécurité sociale »[21]. Sous ce rapport, les politiques de lutte contre le chômage et d'accès à la santé ainsi que l'allocation aux adultes handicapés et l'allocation supplémentaire du FSV étudiées dans le cadre de cet ouvrage relèvent d'une logique de protection et non d'aide sociale, contrairement, par exemple, au régime d'assistance :

- des demandeurs d'emploi : allocation de solidarité spécifique (ASS) et revenu de solidarité active (RSA) ;
- des personnes âgées, dans le cadre du dispositif de l'allocation personnalisée d'autonomie (APA), alors que l'allocation de solidarité aux personnes âgées (ASPA) relève de la Sécurité sociale ;
- des personnes handicapées, dans le cadre de la prestation de compensation du handicap (PCH).

L'action consistant à prévenir socialement l'enfance en danger a également été rattachée, à la fin des années 1950, à la protection sociale, alors que la prise en charge des enfants au titre de la politique d'aide sociale à l'enfance (ASE) relève du droit de l'aide sociale. Toutefois, les frontières deviennent perméables entre les politiques d'aide et d'action sociales et la sécurité sociale (voir *infra*, n° 22).

---

21. Kessler F., *Droit de la protection sociale*, 2000, Dalloz, Cours, p. 3, n° 4.

La création d'un nouveau risque social au sein d'une branche autonomie

La création par la loi n° 2020-992 du 7 août 2020 sur la dette sociale et l'autonomie d'un risque dépendance, 16 ans après celle de la caisse de sécurité sociale éponyme, illustre le caractère pluriel de la protection sociale. Ce risque social, qui existe juridiquement depuis cette loi d'août 2020, devrait voir le jour concrètement en 2024. Il est entré dans la phase de matérialisation juridique avec l'ordonnance n° 2021-1554 du 1er décembre 2021 relative à la mise en œuvre de la création de la cinquième branche du régime général de la sécurité sociale relative à l'autonomie, cette ordonnance ayant fait l'objet d'une habilitation par l'article 32 de la LFSS pour 2021. Depuis 2024, il existe un ancrage juridique de ce nouveau risque social, la LFSS pour 2024 ayant prévu un financement de la branche autonomie à hauteur de 40 milliards d'euros avec l'apport d'une fraction supplémentaire de 0,15 point de CSG (soit environ 2,6 Mds €) en provenance de la CADES. La loi n° 2025-1403 du 30 décembre 2025 (LFSS pour 2026) a prévu, en 2026, un financement de la branche autonomie à hauteur de 43,6 milliards (en déficit de 400 M €). La LFSS a, par ailleurs, créé une nouvelle contribution (la contribution financière pour l'autonomie) qui devrait rapporter 1,5 Mds € affectés à la CNSA mais 90 % est affecté à.la réduction du déficit de cette branche. Techniquement, la CFA consiste en une hausse du taux de CSG sur les produits d'épargne financière (les produits du capital tels que les dividendes d'actions mais non les placements « populaires » afin de ne pas pénaliser les petits épargnants), qui passe de 9,2 % à 10,6 %.

1. LES DIFFÉRENTES APPROCHES DU DROIT DE L'AIDE ET DE L'ACTION SOCIALES

11. Les différents visages de l'aide et de l'action sociales. « Qu'est-ce qu'être socialement protégé ? » Cette question posée dans l'ouvrage de Robert Castel sur l'insécurité sociale[22] permet de justifier à la fois l'objet et la raison d'être du droit de l'aide et de l'action sociales. Ce dernier incarne, en effet, le devoir d'assistance de la République sociale envers les personnes vulnérables et fragilisées socialement en raison de leur âge (mineurs, personnes âgées), de la présence d'un handicap, de la perte d'un emploi (chômeurs en fin de droits éligibles au RSA) et qui ne peuvent s'en sortir sans la perception d'une aide matérielle et/ou financière. La prestation d'aide sociale incarne par excellence la protection sociale, car elle est versée sans contrepartie de cotisation. Elle est un droit lié à l'existence d'une citoyenneté sociale et ne constitue pas la contrepartie d'une cotisation versée par un assuré ni d'une prestation matérielle qui devrait être effectuée par son bénéficiaire. La première approche de l'aide et de l'action sociales est tirée des leçons de l'histoire et du droit comparé. La notion de modèle social n'échappe pas à la typologie des modèles sociaux (allemand avec Bismarck et anglais avec Beveridge[23]) mais cette approche historique et systémique doit être complétée par la prise en compte des logiques économique et financière.

22. Castel R., *L'insécurité sociale. Qu'est-ce qu'être protégé ?*, 2003, Le Seuil.
23. Marié R., « Vers un basculement du système français de Sécurité sociale vers le modèle beveridgien ? », RDSS 2011, p. 727.

A - L'ancrage historique de l'aide et de l'action sociales

1) *Le cheminement de l'aide sociale : de la charité à l'assistance*

12. La charité chrétienne, ancêtre de l'assistance sociale de l'individu en souffrance. Si elle n'est pas récente d'un point de vue conceptuel, la charité chrétienne – reflétant les « allégeances traditionnelles et [la] manifestation extérieure de l'honorabilité de la bourgeoisie »[24] – ayant précédé l'assistance étatique, la notion d'aide sociale a revêtu une réalité organique seulement à partir de la IIIe République, qui a vu apparaître des services administratifs structurés d'assistance. Au Moyen-Âge, la charité amenait certaines personnes à porter assistance aux indigents en appliquant selon Geneviève Koubi, « les poncifs de la charité issus de l'enseignement social de l'Église »[25], mais il n'existait pas de politique sociale publique rendant possible un égal secours sur l'ensemble du territoire – même si l'on peut soutenir, sans peine, l'existence d'une « institutionnalisation des secours charitables »[26]. On peut toutefois, avec le professeur Ourliac, soutenir l'existence d'un « droit social au Moyen-Âge »[27] marqué par « l'existence de solidarités nées du voisinage », puisque le monde rural a pratiqué l'entraide par les travaux agricoles, le remplacement du paysan malade, le premier voisin étant associé aux joies, mais aussi aux peines des plus proches voisins. Quoi qu'il en soit, l'intervention du législateur est relativement récente et a eu pour effet de « laïciser l'idée morale de la charité », pour reprendre l'expression du doyen Ripert[28].

Pour aller plus loin

Les associations s'inscrivant dans la mouvance catholique ou protestante continuent, toutefois, de jouer un rôle important dans le domaine des droits sociaux et des droits de l'homme. On peut citer les actions d'importantes associations, telles que :
- le Secours catholique ;
- l'Aide à toute détresse (ATD Quart Monde du père Joseph Wresinski), qui défend l'utilité sociale des pauvres[29], et dont le rapport de 1995 de sa présidente (Mme de Gaulle-Anthonioz) sur la grande pauvreté a exercé une influence morale non négligeable[30] ;
- la fondation Emmaüs ;
- la CIMADE (Comité inter-mouvement auprès des évacués), association protestante créée en 1939 ;

24. Avenel C., « "L'aller-vers" au cœur des métamorphoses du travail social », RDSS 2021, p. 713.
25. Koubi G., « Le "droit à la subsistance" sous la Commune de Paris de 1871 », RDSS 2021, p. 77.
26. Roman D., *Le droit public face à la pauvreté*, 2002, LGDJ, Bibliothèque de droit public, t. 221, p. 30.
27. Ourliac P., « Le droit social au Moyen-Âge », *in Histoire du droit social. Mélanges en l'honneur de Jean Imbert*, 1989, PUF, p. 447.
28. Ripert G., *La règle morale dans les obligations civiles*, 4e éd., 1949, LGDJ, p. 275. De nombreuses associations laïques apportent une aide aux nécessiteux. Pour ce qui concerne les étrangers, on peut citer l'exemple du Service social d'aide aux émigrants (SSAE) et le GISTI (Groupe d'information et de soutien des immigrés) créé en 1972.
29. Wresinski J., *Enrayer la reproduction de la grande pauvreté. Rapport de mission au ministre d'État, ministre du Plan et de l'Aménagement du territoire*, 1983, Doc. fr., p. 89, dans lequel on peut lire que « les très pauvres peuvent apporter une contribution irremplaçable à l'ensemble de la société ».
30. Gaulle-Anthonioz (de) G., *La grande pauvreté. Évaluation des politiques publiques de lutte contre la grande pauvreté*, Avis présenté devant le Conseil économique et social, séance 11-12 juill. 1995, Direction des Journaux officiels.

– les actions du Mouvement international des juristes catholiques (MIJC) auprès des réfugiés d'Afrique et d'Asie ;
– les actions de la Commission des Églises auprès des migrants en Europe (CEME), qui œuvre au sein des couloirs de la Commission européenne pour faciliter l'insertion sociale, par exemple des Roms, dans les sociétés des États membres[31].

13. L'assistance sociale s'inscrit dans une longue tradition historique. Le droit de l'assistance figurait en bonne place dans les manuels de droit administratif publiés, sous la IIIe République, par Hauriou, Bonnard ou Berthélemy. Dans la dixième édition de son *Traité élémentaire de droit administratif* publiée en 1923[32], Berthélemy consacrait ainsi un chapitre entier aux « institutions de l'assistance » et écrivait de belles et fortes pages sur la question du droit « à » l'assistance. De même, le chapitre VI du célèbre *Précis de droit administratif et de droit public* du doyen de Toulouse était relatif aux « services d'assistance et de prévoyance »[33]. Il n'est également pas indifférent de relever qu'un constitutionnaliste libéral publiait, en 1910, une importante étude dans la jeune *Revue du droit public* consacrée à « l'effort charitable de la IIIe République »[34], accréditant l'idée que les pouvoirs publics devaient agir sur le social et prendre le relais, sur ce terrain, de la charité privée et de la solidarité des proches tout en « forçant » l'individu – c'est là toute l'ambiguïté libérale – à s'insérer dans la société.

2) *Théorisation ambiguë de l'assistance publique sous la IIIe République : la théorie du droit de créance dans le domaine social*

14. Théorisation de l'assistance sociale sous la IIIe République. L'assistance publique a été théorisée sous la IIIe République. Hauriou, par exemple, a pu la définir comme un « correctif des institutions de l'État individualiste »[35], l'aptitude à bénéficier de l'assistance revêtant, selon lui, la même nature juridique que l'aptitude à la jouissance d'un bien communal. La doctrine dominante de l'époque s'est interrogée sur la pertinence de la théorie du droit de créance dans le domaine social. La question du droit à l'assistance a été étudiée notamment par Hauriou et Berthélemy, qui refusaient tous deux, contrairement aux défenseurs de la thèse solidariste, l'existence d'un droit subjectif. Berthélemy affirmait ainsi qu'il était « dangereux d'assister les indigents valides [...] la seule méthode d'assistance digne d'être approuvée [étant] l'assistance par le travail »[36], alors que le maître de Toulouse écrivait de son côté que « le péril est dans l'assistance à l'indigent adulte et valide »[37]. La conception de l'assistance ne reposait pas sur l'intérêt

31. Agi M. (dir.), *Christianisme et droits de l'Homme*, 2007, Des Idées & des Hommes.
32. Berthélemy H., *Traité élémentaire de droit administratif*, 10e éd., 1923, Rousseau.
33. Hauriou M., *Précis de droit administratif et de droit public*, 1910, Sirey, p. 711.
34. Barthélémy J., « L'effort charitable de la IIIe République », RDP 1910, p. 334. Dans une thèse soutenue en 1899 (*Essai d'une théorie des droits subjectifs des administrés*), cet auteur affirmait, notamment, qu'« aucune action ne pouvait être ouverte dans l'intérêt personnel de l'assisté ».
35. Hauriou M., *Précis de droit administratif et de droit public*, 1910, p. 697 ; v. également *id.*, « Des services d'assistance », REP 1891, p. 615, où le doyen de Toulouse écrit, notamment, qu'il faut réagir « contre la loi de la lutte pour la vie en assistant les faibles ».
36. Berthélemy H., *Traité élémentaire de droit administratif*, 11e éd., 1926, Arthur Rousseau., p. 967.
37. Hauriou M., *Précis de droit administratif et de droit public*, *op. cit.*, p. 711.

de l'individu mais sur l'intérêt public, voire l'ordre public lorsque les indigents étaient des mendiants, des vagabonds ou des bohémiens qu'il fallait « socialiser » de force afin de les rendre solubles dans la communauté nationale[38].

Renouvellement du débat par les solidaristes

Les solidaristes ont contribué à renouveler le débat sur la dette sociale en le juridicisant grâce au recours à la notion de contrat, laquelle va permettre d'assurer une continuité entre le droit privé et le droit public. Pour les hérauts de ce courant de pensée (Fouillé, Bourgeois, Bouglé), personne ne doit être oublié par l'assistance publique, les rapports sociaux étant fondés sur le droit à une aide sociale qui s'inscrit dans une logique contractuelle se rattachant à la théorie du contrat social, qu'elle contribuait à rajeunir et à remettre à la mode sous le nom de « solidarisme ». Si la crise économique de 1929 a eu raison de ce solidarisme, il a cependant été réhabilité récemment comme fondement de l'aide et de l'action sociales par Michel Borgetto [Borgetto M. et Lafore R., *Droit de l'aide et de l'action sociales*, 11ᵉ éd., 2021, LGDJ, coll. Domat droit public], qui y voit, à juste titre, la concrétisation des principes développés au temps des Lumières. De même, Patrick Savidan défend une approche solidariste de l'égalité des chances au service d'une « conception soutenable de la justice sociale »[39].

15. La théorie du solidarisme social de Léon Bourgeois. Malgré son décès il y a un siècle (en 1925), Léon Bourgeois a développé une théorie de la dette sociale toujours pertinente en 2026 ; théorie à partir de la situation dans laquelle se trouve l'enfant qui a une dette envers sa mère, mais également ses ancêtres et l'ensemble des hommes qui ont contribué au progrès de la société : « Dès que l'enfant, après l'allaitement, se sépare définitivement de la mère et devient un être distinct, recevant du dehors les aliments nécessaires à son existence, il est un débiteur ; il ne fera pas un pas, un geste, il ne se procurera point la satisfaction d'un besoin, il n'exercera point une de ses facultés naissantes sans puiser dans l'immense réservoir des utilités accumulées par l'humanité. Et plus il avancera dans la vie, plus il verra croître sa dette car chaque jour un nouveau profit sortira pour lui de l'usage de l'outillage matériel et intellectuel créé par l'humanité [...] ce n'est pas pour chacun de nous en particulier que l'humanité entière a amassé ce trésor, ce n'est ni pour une génération déterminée, c'est pour tous ceux qui seront appelés à la vie, que tous ceux qui sont morts ont créé ce capital d'idées, de forces et d'utilités » ; et d'ajouter que « chaque âge a ajouté quelque chose au legs de l'âge précédent, et c'est la loi de cet accroissement continu du bien commun de l'association qui forme la loi du contrat entre les générations successives »[40]. On l'aura compris, la doctrine du solidarisme repose sur l'idée d'une dette intergénérationnelle et d'un lien social qui se matérialise par l'existence d'un contrat d'association liant les hommes entre eux. En somme, chaque être humain devrait être – pour reprendre l'expression de la fille de Camus consciente de la richesse humaine de son héritage –

38. Hauriou, qui critiquait le fondement solidariste de la théorie du droit de créance, semblait se réjouir de l'échec de cette théorie « qui a failli triompher dans la loi sur l'assistance aux vieillards » (*op. cit.*, p. 699, note 2) avant que l'opposition du Sénat n'oblige la Chambre des députés à renoncer à l'affirmation de cette doctrine.

39. Savidan P., *Repenser l'égalité des chances*, 2007, Grasset & Fasquelle et 2010, Hachette Littératures, Pluriel.

40. Bourgeois L., *Solidarité*, 1998, Presses du Septentrion, p. 44 (1ʳᵉ éd., 1896).

« un ayant-devoir et non un ayant-droit ». Ainsi que l'a rappelé Michel Borgetto, on peut considérer que la pensée de Léon Bourgeois qui repose sur l'idée d'une dette sociale générée par la solidarité a posé les « bases de ce qui allait constituer en France, au xxe siècle, la « République sociale »[41]. Le constat que l'on partage avec Jean-Marie Pontier, de « l'affaiblissement progressif des solidarités historiques »[42] a contribué au développement de la solidarité nationale à l'époque de Léon Bourgeois.

B - L'approche systémique : Bismarck contre Beveridge ou Bismarck avec Beveridge ?

1) Peut-on parler d'un modèle social ?

16. Les ambiguïtés de la notion de modèle social. Essayer de présenter le modèle social français suppose d'être précis sur ce qu'il faut entendre par l'expression « modèle social français ». La question peut se poser de savoir si tous les principes structurant le modèle social sont concernés – principes qui ont plus d'un demi-siècle – ou s'il s'agit seulement du contenu, c'est-à-dire des politiques sociales, qui sont politiquement connotées. La notion de modèle social est-elle « une richesse ou un frein économique »[43] ? Cette importante question posée par le professeur Damon a le mérite de mettre en évidence le lien entre le fonctionnement du modèle social et la logique économique, le débat portant sur l'intensité du financement de la protection sociale par la cotisation (logique bismarckienne) et l'impôt (approche beveridgienne).

17. Modèle social français, modèle nordique et modèle social européen : convergences et divergences. Dans les analyses des différents modèles sociaux, on a coutume d'opposer – peut-être par facilité – le modèle anglo-saxon du *working fare* (l'aide par le travail), qui ne permet pas d'éviter les *working poor* (les travailleurs pauvres), au modèle français, lequel éviterait ce phénomène de travailleurs pauvres grâce au salaire minimum et à un droit du travail plus protecteur. Le modèle social français a longtemps refusé d'admettre l'hypothèse d'un appauvrissement des travailleurs, qui s'est toutefois réalisée en raison de la conjonction de plusieurs facteurs : l'évolution du marché du travail, la flexisécurité, la présence de femmes vivant seules avec des enfants à charge, les modifications de la structure familiale, l'augmentation des loyers génératrice de nouveaux cas de mal-logement, ou encore l'explosion du surendettement. Si la France n'est pas le Danemark ni la Suède, elle n'a rien à perdre à essayer de transposer ou d'imiter certains dispositifs appliqués à l'étranger dès lors que ces derniers peuvent s'insérer dans le cadre juridique de la République sociale. Par exemple, la loi française du 11 février 2005 sur les personnes handicapées a été précédée d'excellents rapports de l'Inspection générale des affaires sociales (IGAS) sur la politique de compensation du handicap en Italie et en Suède. Les solutions appliquées dans les États membres de l'Union européenne sont contrastées. Le modèle social français est une synthèse de plusieurs modèles ayant l'objectif commun de subvenir aux besoins d'une personne qui se trouve en situation

41. Borgetto M., « Léon Bourgeois et la construction de la République sociale », RDSS 2025, p. 771.
42. Pontier J-M. « La République sociale et les solidarités », RDSS 2025, p. 798.
43. Damon J., « Le modèle social : richesse ou frein économique ? », Problèmes économiques, sept. 2012, p. 105.

de vulnérabilité, celle-ci l'exposant tout particulièrement à l'exclusion sociale, en raison notamment d'un déficit de solidarité familiale. Les différences tiennent notamment aux conditions d'accès aux prestations sociales et au périmètre de l'égalité, certains États (modèle anglo-saxon) décidant de recourir à l'équité en ciblant le bénéfice de l'aide sociale sur les personnes les plus défavorisées.

18. Le modèle social français est-il en panne ? Au-delà du bilan quantitatif, la question se pose de savoir si, en France, le modèle social est désormais en panne depuis le début du troisième millénaire[44], Timothy B. Smith ayant pu affirmer, non sans raison, que le « modèle social français ne fonctionne plus »[45], notamment parce qu'il repose sur un financement par les travailleurs, la centralité du travail impliquant le plein-emploi pour un fonctionnement optimal de la protection sociale. Ce constat dressé en 2006 est encore plus actuel en 2026-2027. La dégradation de la condition des salariés a pu amener Christophe Dejours à évoquer, dans son analyse de la souffrance en France, une « banalisation de l'injustice sociale »[46] et un accroissement des inégalités sociales accentué par les conséquences de la pandémie de Covid-19 et l'inflation galopante en 2022-2023 (10 % sur deux ans). En outre, comme le relève Pierre Madec dans le cadre de l'OFCE (Observatoire Français des Conjonctures Économiques) les transferts sociaux ne font plus sortir les ménages de la pauvreté : « en 2017, les prestations sociales permettaient à 37 % des ménages pauvres avant redistribution à sortir de la pauvreté monétaire. En 2023 cette part n'était que 28 % » et elle continue de baisser[47]. Le mal-logement a progressé de façon inquiétante ainsi que l'observait le 30e et dernier rapport sur l'état du mal logement de la fondation pour le logement des défavorisés[48]. Rendu public en janvier 2025, il estime que 4 millions de personnes sont désormais concernées par le mal-logement. La pauvreté progresse également y compris parmi de nombreux travailleurs, plus de 11 millions de personnes sont concernées par la pauvreté monétaire, soit 600 000 de plus entre 2017 et 2022.

Une santé financière du département providence à la remorque du marché immobilier

En outre, le marché de l'immobilier rencontre des difficultés qui obèrent d'ores et déjà le financement du social en réduisant de 15 % les rentrées de DMTO (droits de mutation à titre onéreux). La progression du DMTO avait atteint + 83 % depuis 2013 et pour la seule année 2021, l'augmentation était de 25 %. Un reflux a toutefois été observé en 2023, année durant laquelle le produit des DMTO a chuté de 25 %, soit 3,8 Mds € de moins qu'en 2022. En juillet 2023, il a été décidé de recourir immédiatement au fonds de péréquation pour amortir cette baisse importante dans le financement des politiques sociales et maintenir une certaine égalité entre les départements tout en rendant possible la mise en œuvre effective de l'article 72-2 de la Constitution. La Loi de finances pour 2025 a autorisé les communes à augmenter le taux des DMTO de 0,5 % (pour atteindre 5 % du prix de

44. Lefebvre A. et Meda D., *Faut-il brûler le modèle social français ?*, 2006, Seuil.
45. Smith T. B., *La France injuste. 1975-2006 : pourquoi le modèle social français ne fonctionne plus*, 2006, Autrement.
46. Dejours C., Souffrance en France. La banalisation de l'injustice sociale, 2009, Seuil, Points.
47. Madec P., « Lutte contre la pauvreté : le décrochage français ? », OFCE, mis en ligne 26 nov. 2025.
48. Fondation pour le logement des défavorisés, L'état du mal-logement en France, 30e rapport, janv. 2025.

vente du bien immobilier) du 1er avril 2025 jusqu'au 30 avril 2028. Ce coup de pouce a rendu possible une augmentation au niveau national de 22 % du produit des DMTO en 2025 apportant une certaine marge de manœuvre aux départements.

19. La nécessité de maintenir le lien social : l'articulation entre les droits et les devoirs sociaux. L'une des caractéristiques de l'aide et de l'action sociales à la française consiste à maintenir le lien social[49] en mettant en œuvre de façon concrète l'exigence de solidarité nationale qui doit compléter, voire combler les carences de la solidarité familiale, l'intensité de celle-ci variant selon les sociétés. Pour s'en tenir à l'Europe, comme le relève Serge Paugam, « les droits et devoirs qui relèvent du lien de filiation sont interprétés de façon différente selon que l'on vit en Europe du Nord ou en Europe du Sud »[50]. Léon Bourgeois, dans son célèbre ouvrage *Solidarité*[51], avait mis en évidence la notion cardinale de dette sociale entre les générations ; il faisait de la solidarité le fondement du lien social en évoquant « la dette de l'homme envers la société »[52]. De son côté, la philosophe Simone Weil affirmait dans un célèbre ouvrage édité par Camus que « la notion d'obligation prime celle de droit, qui lui est subordonnée et relative. Un droit n'est pas efficace par lui-même mais seulement par l'obligation à laquelle il correspond »[53]. Le droit de l'aide et de l'action sociales n'ignore pas, sans tomber nécessairement dans le travers anglo-saxon de l'exigence d'une contrepartie, la notion de devoir, corrélée à celle du droit de bénéficier d'une prestation pour maintenir et enraciner le lien social entre les individus. Cette articulation entre les droits et les devoirs est au cœur de la loi de décembre 2023 sur le plein-emploi, qui impose aux bénéficiaires concernés du RSA une activité hebdomadaire de 15 heures qui a été généralisée à l'ensemble des départements depuis janvier 2025.

2) *Un droit prisonnier de deux modèles sociaux : Bismarck contre Beveridge ou Bismarck avec Beveridge ?*

20. Assurance *versus* assistance ? Les spécialistes de la question sociale opposent deux modèles de protection sociale dont la France aurait réceptionné les principaux ingrédients pour créer un modèle social original. Les deux conceptions de la protection sociale viennent d'outre-Manche et d'outre-Rhin :

- outre-Rhin, le système bismarckien mis en place par le chancelier prussien Bismarck à partir de 1881 visait à assurer, dans le cadre d'un système proche de l'assurance, une solidarité professionnelle face aux risques sociaux ;
- outre-Manche, le système beveridgien issu du rapport *Beveridge* « *National Insurance and Allied Services* » du 1er décembre 1942, auquel s'était intéressé le général de Gaulle, cherchait à mettre en œuvre une solidarité nationale dans le cadre d'une protection sociale[54].

---

49. Paugam S., Le lien social, 2e éd., 2009, PUF, Que sais-je ?, n° 3780.
50. Paugam S., ibid., p. 116.
51. Bourgeois L., *Solidarité*, 1896, Armand Colin & Cie.
52. Bourgeois L., *ibid.*, p. 115.
53. Weil S., *L'enracinement*, 1949, rééd. 2021, Petite biblio Payot, p. 13.
54. Pépy D., « Un projet anglais, le plan *Beveridge* », Dr. soc. 1945, p. 154 ; Palier B. et Bonoli G., « Entre Bismarck et Beveridge. "Crises" de la sécurité sociale et politique(s) », RF sc. pol. 1995, p. 668.

Le rapport *Beveridge* repose sur les « trois U » (universalité, uniformité, unité) et a exercé une influence non négligeable sur l'adoption, en 1945, du plan français de sécurité sociale[55]. Amédée Thévenet a bien résumé les différentes conceptions de la protection sociale en affirmant que « les assurés acquièrent des droits, c'est la sécurité sociale, les habitants ont des droits, c'est l'aide sociale, les collectivités publiques et les institutions se donnent des devoirs, c'est l'action sociale »[56].

21. L'apparition de prestations sociales du « troisième type » : la sécurité sociale dans l'aide sociale. La distinction entre l'assistance sociale (fondement du droit de l'aide et de l'action sociales) et l'assurance sociale (fondement juridique du droit de la Sécurité sociale) est relativisée en pratique par la création à partir du début des années 2000 de prestations sociales universelles gérées dans le cadre de l'aide sociale et de prestations s'inscrivant dans une logique d'assistance prise en charge par des organismes de sécurité sociale. Par exemple, la logique universelle de la Sécurité sociale caractérise l'aide sociale à l'enfance dans la mesure où celle-ci intervient sans que l'on prenne en considération les ressources de la famille. De même, l'allocation personnalisée d'autonomie (APA) et la prestation de compensation du handicap (PCH) sont des prestations d'aide sociale également universelles (accordées sans considération de ressources, le montant de celles-ci intervenant uniquement pour moduler celui de la prestation) et égalitaires, tout en étant financées, en partie, par un prélèvement sur la contribution sociale généralisée (CSG). Afin de réduire le coût des dépenses sociales, il est parfois proposé d'asseoir le droit de percevoir des prestations de sécurité sociale sur les ressources des bénéficiaires. À contre-courant de cette évolution, le vote dans la loi d'août 2022 sur le pouvoir d'achat de la déconjugalisation de l'AAH fait passer à l'arrière-plan la solidarité familiale en ne tenant pas compte des ressources du conjoint dans le calcul du montant de cette prestation sociale versée à la personne handicapée.

22. Les questions sociales communes à l'aide et la sécurité sociales. Sur le plan matériel, il existe trois domaines communs au droit de l'aide et de l'action sociales et au droit de la Sécurité sociale :

- l'aide médicale d'État qui concerne l'aide sociale à destination des étrangers en situation irrégulière (AME : CASF, art. L. 251-1 et s. qui renvoient au CSS pour la prise en charge de certains frais) et dont la réforme est au cœur de l'actualité ces dernières années ;
- l'aide sociale aux personnes âgées (prestations de sécurité sociale comme l'ASPA qui relève des articles L. 815-1 et s. du CSS et d'aide sociale avec l'APA : CASF, art. L. 232-1 et s.) ;
- la politique sociale en faveur des personnes handicapées, également marquée par le versement de prestations relevant à la fois :
  - de la Sécurité sociale : l'allocation adultes handicapés (AAH : CSS, art. L. 821-1 et s. du CSS),
  - de l'aide sociale : la PCH (CASF, art. L. 245-1 et s.).

---

55. Kerschen N., « La doctrine du rapport *Beveridge* et le plan français de sécurité sociale de 1945 », Dr. ouvrier 1995, p. 415.
56. Thévenet A., *L'aide sociale aujourd'hui après la décentralisation*, *op. cit.*, p. 316.

Pour aller plus loin

En pleine crise de Covid-19, le gouvernement a décidé de créer un nouveau risque social – autonomie – qui concerne aussi bien les personnes âgées que les personnes en situation de handicap, élargissant ainsi le champ matériel des politiques sociales relevant à la fois de l'aide et de l'assurance sociales. Prise sur l'habilitation de l'article 32 de la LFSS, l'ordonnance n° 2021-1554 du 1er décembre 2021 relative à la mise en œuvre de la création de la cinquième branche du régime général de la Sécurité sociale relative à l'autonomie finalise les déclinaisons juridiques de la branche autonomie en mettant en cohérence les dispositions sur la dépendance figurant à la fois dans le CASF et dans le CSS. De façon significative, des articles du CASF sont déplacés vers le CSS procédant ainsi à une codification à droit constant dans le CSS des dispositions relatives à la dépendance présentes dans le CASF. De même, des dispositions du CASF sont mises en cohérence avec la nouvelle codification induite par la création de cette branche autonomie. La loi d'août 2020 a affecté au financement de la branche autonomie, à partir de 2024, un montant correspondant à 0,15 point de contribution sociale généralisée, auparavant affecté à la CADES, le principe de ce transfert ayant été validé par le Conseil constitutionnel[57].

C - L'approche économique : la main invisible du marché contre les prestations sociales

23. L'économie et la protection sociale : l'analyse économique du droit de l'aide et de l'action sociales. La protection sociale est nécessairement appréhendée sous un angle économique, car elle est confrontée à des problèmes économiques et financiers liés au vieillissement démographique, à l'emploi, à la redistribution et au financement, dans un contexte marqué de surcroît – si l'on ne tient pas compte de la période Covid-19 – par une volonté de réduire de façon drastique les dépenses publiques[58]. L'analyse économique des politiques d'aide et d'action sociales prend en considération les liens entre la protection sociale et la croissance économique ainsi que l'équilibre des finances publiques (déficit, endettement) ; elle insiste également sur les relations entre la protection sociale et l'emploi et sur les liens entre les politiques sociales et les inégalités, la dépense publique remplissant notamment, selon l'économiste américain Richard Musgrave, une fonction de redistribution pour corriger, précisément, les inégalités.

L'impact potentiel de la robotisation de l'emploi sur le financement de la protection sociale

Le recours de plus en plus prégnant à la robotique dans de nombreux secteurs d'activité, y compris l'action sociale[59] a amené les auteurs d'un important rapport parlementaire à affirmer que « le grignotage progressif du salariat par d'autres formes d'emploi, risque (...) de poser un problème de ressources aux systèmes de protection sociale fondés sur des prélèvements sur le travail (modèle bismarckien). Dès lors, les systèmes de protection

57. Cons. const., 21 déc. 2023, n° 2023-860 DC, LFSS pour 2024.
58. Elbaum M., *Économie politique de la protection sociale*, 2008, PUF, Quadrige Manuels.
59. Aubin E., *Les personnes âgées et les robots. Droit, innovation technologique et éthique*, 2021, Berger-Levrault ; « Les robots sociaux au service du grand âge : l'urgence de l'éthique », *Après-Demain*, 2022, n° 62 ; « Enjeux éthiques et cadre juridique de l'intégration des robots dans la prise en charge des personnes âgées », *in* « Le vieillissement », *Les cahiers de l'Institut Paris région*, PUF, 2024.

sociale devront immanquablement évoluer avec plusieurs directions possibles : le transfert du financement de la protection sociale de cotisations vers l'impôt (système beveridgien), la taxation des robots comme s'ils étaient des salariés (...) ou encore l'instauration d'un système de revenu universel »[60]. On peut nuancer le propos en constatant, par exemple, que le recours à la robotique sociale dans le secteur du grand âge permet parfois de disposer d'un auxiliaire de soins efficace et parfaitement complémentaire des actions sanitaires et sociales des personnes physiques (v. *infra*, n° 214).

24. Les déficits sociaux depuis 2020 : stop ou encore ? La loi de financement de la Sécurité sociale (LFSS) pour 2021 était historique en raison de la Covid-19, car, de l'aveu de Monsieur Dussopt, alors ministre en charge des Comptes publics, dans sa présentation du projet de LFSS devant l'Assemblée nationale le 20 octobre 2020, « la crise sanitaire a engendré une dégradation inédite des comptes de la Sécurité sociale comme de l'ensemble des comptes publics. » En quelques mois, la France s'est socialement endettée à dessein pour une dizaine d'années afin de sécuriser socialement des millions de personnes, cette intervention inédite de l'État social semblant avoir été oubliée en 2026 par les pourfendeurs des dépenses sociales.

Pour aller plus loin

Le gouvernement a organisé dès juillet 2020 un transfert progressif de dette à hauteur de 136 Mds € vers la Caisse d'amortissement de la dette sociale (CADES). En pratique, cette opération de transfert signifie qu'il faut continuer à payer la CRDS pendant 10 ans de plus, jusqu'en 2033. En 2022, la CADES a poursuivi ses versements à l'Urssaf Caisse nationale au titre des reprises de dettes des régimes de Sécurité sociale pour un total de 35 Mds €. Le transfert de dette sociale à la CADES prévu par l'article 1er de la loi du 7 août 2020 relative à la dette sociale et à l'autonomie a rendu possible l'amortissement de 40 Mds € en 2022. Pour l'année 2023, l'objectif d'amortissement de la dette sociale par la Caisse d'amortissement de la dette sociale était fixé à 17,7 Mds € par la LFSS rectificative pour 2023. Le montant de la dette restant à amortir en 2023 était de 146 Mds €, étant précisé que cette dette se vend bien sur les marchés financiers car elle est facilement identifiable. La dette sociale est bien notée car elle est attachée à la Sécurité sociale dont le principe reste l'équilibre. La LFSS a fixé pour 2024 à 16 Mds € l'objectif d'amortissement de la dette sociale par la CADES. En 2026, la LFSS a retenu l'objectif d'amortissement à 15 Mds €. Depuis sa création en 1996, la CADES a amorti près de 275 Mds € soit une moyenne de plus de 9 Mds € par an depuis 30 ans.

25. L'aggravation des déficits sociaux. Depuis 1991, la dépense publique représente plus de la moitié du produit intérieur brut (PIB), c'est-à-dire de la richesse nationale. En effet, le déficit chronique a été aggravé par la récente crise économique qui tarit l'une des principales sources de financement de la protection sociale, obligeant les pouvoirs publics à mettre en place un dispositif de refinancement de la dette sociale confinant au mythe de Sisyphe. L'inflation supérieure à 6 % sur l'année 2022 au 1er juillet 2022 (plus haut niveau depuis 1985) a amené l'État à revaloriser substantiellement au 1er août 2022 avec une rétroactivité au 1er juillet les prestations de solidarité nationale de 4 % ; ce qui a pour effet d'accroître les déficits sociaux d'autant plus que,

60. Mercier M. et Savary R.-P., *Demain les robots. Vers une transformation des emplois de service*, rapport d'information fait au nom de la délégation sénatoriale à la prospective sur robotisation et emplois de service, 28 nov. 2019, Sénat, n° 162, p. 50.

parallèlement, la baisse de l'euro a eu pour conséquence d'augmenter le coût du remboursement sur les marchés de la dette française. La seule revalorisation en juillet 2022 de 4 % des prestations sociales prévue par la loi portant mesures d'urgence pour la protection du pouvoir d'achat représentait un coût de 8 Mds € entre le 1er juillet 2022 et le 1er avril 2023. D'autres décisions liées cette fois aux conséquences de la Covid-19 ont également impacté les budgets des départements. On peut citer le « Ségur de la santé » et l'« avenant 43 »[61] qui ont posé le principe d'une revalorisation significative de la rémunération des personnels intervenant dans le sanitaire et le médico-social (EHPAD) ainsi que le social (métiers liés à l'aide à domicile). L'État prend en charge 70 % de ces revalorisations salariales ; ce qui amène les départements à financer les 30 % restants. Dans sa décision QPC n° 2023-1084 du 21 mars 2024, le Conseil constitutionnel a validé la conformité à la Constitution de l'article 48 de la loi de finances pour 2021 qui refuse d'intégrer dans le Ségur notamment les agents de service qualifiés hospitaliers, exerçant leur fonction au sein des établissements d'hébergement pour personnes dépendantes (dont les EHPAD) non rattachés à un hôpital public[62]. En décidant de ne pas étendre à tous les agents des établissements mentionnés à l'article L. 312-1 du Code de l'action sociale et des familles le complément financier, la loi n'a pas méconnu la Constitution car « les établissements et services sociaux et médico-sociaux qui sont rattachés à un établissement public de santé ou à un établissement d'hébergement pour personnes âgées dépendantes se distinguent, en raison des modalités particulières de leur gestion, des établissements et services sociaux et médico-sociaux autonomes ». Le Conseil ajoute que « les agents publics de ces établissements autonomes qui exercent des fonctions paramédicales, sociales et éducatives ne sont pas placés dans la même situation que ceux exerçant d'autres fonctions, notamment administratives, techniques ou ouvrières ».

Évolution des dépenses sociales depuis 2010

Selon la loi de finances pour 2010, les dépenses des administrations publiques (APU) consolidées s'élevaient en 2008 à 1 027 Mds €, soit environ 53 % du PIB et trois fois le montant du budget de l'État. Au sein de ce pourcentage, les dépenses relatives à la charge de la dette représentaient plus de 10 % des dépenses totales. Les prestations sociales représentaient plus de 76 % de la dépense des administrations de sécurité sociale. Chaque année, la France dépense 31,5 % de son PIB pour des prestations sociales (soit 741 Mds €), contre 32 % en 2015 et 2016 ; elle devance ainsi la Belgique (29 %) et la Finlande (28,7 %). La moyenne dans les 36 pays membres de l'OCDE est de 20 % du PIB. La loi n° 2020-1721 du 29 décembre 2020 de finances pour 2021 a été adoptée dans un contexte marqué par un déficit public ayant atteint 10,2 % du PIB en 2020, après 2,1 % en 2019 ; il s'établirait à 6,7 % du PIB en 2021. La dette publique a augmenté de près de 20 points en 2020. Le troisième confinement décidé en avril 2021 aura pour conséquence d'amener la dette à atteindre probablement 120 % du PIB alors qu'un reflux à 116 % avait été anticipé. L'année de la Covid-19, la dette a augmenté de plus de 180 Mds. Au 31 mars

61. « L'avenant 43 » relatif à la rémunération des personnels intervenant dans le domaine des aides à domicile est entré en vigueur le 1er octobre 2021. Il a pour conséquence d'augmenter de 13 % à 15 % la rémunération des 209 000 personnels ses SAAD et SIAD et par voie de conséquence les dépenses liées à l'APA et la PCH.

62. CE, 31 déc. 2023, n° 475351, Fédération hospitalière de France et Cons. const. déc. n° 2023-1084 QPC du 21 mars 2024.

2023, la dette a dépassé le seuil astronomique de 3 000 Mds €, soit 112,5 % du PIB, puis a dépassé au 31 décembre suivant le montant de 3 088 Mds €. Fin 2025, la dette atteignait 3 485 Mds €, le seuil des 3 500 Mds sera franchi en 2026. En 2003, la dette représentait 60 % du PIB ! En 2026, la France doit emprunter plus de 310 Mds € sur les marchés.

2. UN DROIT MIXTE ET COMPOSITE

A - Le droit de l'aide et de l'action sociales dans l'enseignement supérieur

26. Un droit à la fois conceptuel et pragmatique. Si le droit de l'aide et de l'action sociales est, certes, fortement conceptuel, il se doit d'être également pragmatique afin de permettre aux acteurs et aux travailleurs impliqués quotidiennement dans sa mise en œuvre d'appliquer à des situations concrètes les notions qui permettent de venir en aide aux personnes dans le besoin. S'il est enseigné dans les universités, le droit de l'aide et de l'action sociales est étonnamment absent des manuels contemporains de droit administratif et de droit constitutionnel, alors qu'il place l'humain au cœur de ses préoccupations ; le droit de l'aide et de l'action sociales se caractérise par une mixité du droit public et du droit privé qui génère parfois une certaine confusion juridique au stade de l'effectivité des droits. Il existe, par ailleurs, un grand désordre normatif et sémantique dans le droit de l'aide et de l'action sociales qui semble toujours chercher, comme le service public, sa définition, malgré l'important travail doctrinal entrepris dans ce domaine à la fois par les publicistes et les privatistes.

Pour aller plus loin

Pour les publicistes, on songe à l'ouvrage de référence publié pour la première fois en 1996 par les Professeurs Michel Borgetto et Robert Lafore, *Droit de l'aide et de l'action sociales*[63], dans lequel les auteurs font reposer ce droit sur la solidarité sociale et les concepts de droit public. Les professeurs Ligneau[64] et Alfandari[65] ont abordé la matière sous un autre angle la matière dans les années 1970-1980. Élie Alfandari avait réalisé en 1958 une thèse sur le droit aux aliments en droit privé et en droit public[66] analysant ainsi le droit de l'aide et de l'action sociales à l'aune du droit des obligations (v. *infra*, n° 35). Florence Faberon évoque, de son côté, un « droit composé dans un ensemble arboré [qui] prend place comme ramification du droit des vulnérabilités sociales »[67].

27. L'enseignement universitaire du droit de l'aide et de l'action sociales. L'enseignement de l'aide et de l'action sociales, assuré notamment en master 1 et master 2

63. Borgetto M. et Lafore R., *Droit de l'aide et de l'action sociales*, 1996, Montchrestien. La 11e édition a été publiée en 2024.
64. Ligneau P., *Droit de la protection sanitaire et sociale*, 1980, Berger-Levrault.
65. Alfandari É., *Action et aides sociales*, 1re éd., 1977, Dalloz, Précis.
66. Alfandari É., *Le droit aux aliments en droit privé et en droit public. Unification des notions et des contentieux de l'obligation alimentaire et de l'aide sociale*, thèse, Poitiers, 1958, vol. 2
67. Faberon F., « L'arborescence du droit... », *op. cit.*, p. 51. On lire également l'ouvrage à quatre mains : E. Alfandari et F. Tourette, Action et aide sociales, Précis Droit privé, Dalloz, 5e éd, 2011.

de droit et d'AES dans les facultés de droit et de sciences sociales, demeure trop souvent écartelé entre plusieurs matières de droit public et de droit privé. Les économistes ont également investi depuis une vingtaine d'années le champ du social par l'intermédiaire de la notion d'économie sociale et solidaire. Au-delà de ce questionnement pédagogique sur la matière, qui doit être resitué dans son contexte historique, la question sociale a connu d'importantes métamorphoses ces dernières années qui ont contribué à créer un droit pluridisciplinaire à la charnière du droit public et du droit privé. Les catégories de ce dernier sont largement sollicitées pour justifier des interventions sociales et sanitaires, ainsi que l'ont montré les travaux notamment d'Élie Alfandari et de Philippe Ligneau. Saisi par la construction européenne et le droit européen des droits de l'homme, qui induisent une « européanisation » des catégories du droit public, le droit de l'aide et de l'action sociales est également au cœur des tendances récentes contribuant à remodeler l'action publique ainsi que le droit public (constitutionnalisation, contractualisation, territorialisation et individualisation).

28. Une approche nécessairement interdisciplinaire. Si l'on ne saurait être insensible à l'ambiance publiciste dans laquelle baigne le droit de l'aide et de l'action sociales, une approche qui reposerait uniquement sur l'analyse des normes et décisions juridictionnelles de droit public ne permettrait pas d'embrasser globalement cette matière, sauf à « publiciser » artificiellement l'aide et l'action sociales. L'étude du droit de l'aide et l'action sociales revêt un caractère nécessairement interdisciplinaire. Georges Gurvitch a clairement perçu cette dimension transdisciplinaire en écrivant que le « droit social », sous sa plume, était « une structure juridique complètement originale, un droit autonome de communion [qui maintient] l'unité de la société sur la base de la justice, où le droit privé et le droit public s'entrecroisent »[68].

29. Le droit de l'aide et de l'action sociales est au carrefour du droit public et du droit privé. Il n'existe pas de hiérarchie entre les deux branches du droit, la distinction entre le droit public et le droit privé reflétant une « conception idéologique du droit »[69] remarquablement analysée par le professeur Testu. Partant du constat – partagé avec le professeur Herrera – selon lequel les droits sociaux ne se réduisent ni aux politiques sociales ni aux droits de l'aide sociale, l'analyse dans le présent ouvrage du droit de l'aide et de l'action sociales fera abstraction, toutefois, des développements sur le droit social et sur le droit de la Sécurité sociale, lequel relève d'une approche essentiellement privatiste à travers l'étude de ses différents régimes et de ses quatre branches (maladie, vieillesse, famille, accidents du travail et maladies professionnelles).

B - La distinction entre l'aide et l'action sociales

30. Deux logiques différentes mais complémentaires. L'aide et l'action sociales ont en commun le maintien d'une cohésion sociale, l'expression du visage solidaire et fraternel de la République sociale ou encore la prévention et la correction des effets

68. Cité par Ourliac P., « Le droit social au Moyen-Âge », in Histoire du droit social. Mélanges en l'honneur de Jean Imbert, op. cit., p. 455.
69. Testu F.-X., « La distinction du droit public et du droit privé est-elle idéologique ? », D. 1998, chron. p. 345.

de l'exclusion sociale en préservant l'égale dignité de tous les êtres humains. Malgré ce mimétisme fonctionnel et téléologique au service de la justice sociale, il existe toutefois une distinction entre l'aide et l'action sociales qui renvoie à deux logiques différentes souvent confondues.

31. La finalité de l'aide et de l'action sociales et l'office du juge du plein contentieux. L'aide sociale – légale ou facultative – amène des personnes publiques à répondre, à titre principal, à une situation de besoin ; elle est une réponse institutionnelle imposée à l'Administration (aide sociale obligatoire) ou voulue par celle-ci (aide sociale facultative des communes et EPCI illustrée par la différenciation tarifaire pour l'accès à certaines activités dans un souci de justice sociale) à une situation factuelle prédéterminée. Si une commune décide de créer une mission de service public à finalité sociale comme la création d'un service de restauration scolaire, elle ne peut refuser l'inscription d'un élève « sur le fondement de considérations contraires au principe d'égalité »[70]. Si l'aide sociale est obligatoirement financée par l'impôt, l'action sociale peut être mise en œuvre soit par des personnes publiques, soit par des personnes morales de droit privé (les caisses de sécurité sociale et les associations jouant un rôle essentiel dans ce domaine) et est financée par les unes et les autres. Lorsqu'il est saisi de la contestation d'un refus de verser une aide sociale facultative, le juge administratif statue en plein contentieux. Dans le cadre d'une politique jurisprudentielle inaugurée en 2019, il juge que « lorsqu'il statue sur un recours dirigé contre une décision par laquelle l'administration, sans remettre en cause des versements déjà effectués, détermine les droits d'une personne en matière d'aide ou d'action sociale, il appartient au juge administratif, eu égard tant à la finalité de son intervention qu'à sa qualité de juge de plein contentieux, non de se prononcer sur les éventuels vices propres de la décision attaquée, mais d'examiner les droits de l'intéressé, en tenant compte de l'ensemble des circonstances de fait qui résultent de l'instruction »[71]. Le même jour, il a appliqué cette logique au contentieux sur l'indu d'une prestation d'aide ou d'allocation sociale[72] et à la contestation d'une décision refusant une prise en charge par le service de l'aide sociale à l'enfance[73]. Depuis ces arrêts, les litiges des politiques d'aide et d'action sociale relevant de l'article R. 771-5 du Code de justice administrative, le juge doit faire primer l'examen des droits des intéressés sur les éventuels vices propres des décisions contestées[74].

32. L'aide sociale : une prestation et une intervention individualisées. L'aide sociale intervient à titre principal et l'action sociale à titre secondaire afin de compléter la première dans tel ou tel domaine et d'affiner, en la rendant plus cohérente, la politique sociale concernée. L'aide sociale se traduit par le versement d'une prestation monétaire ou en nature alors que l'action sociale se matérialise par des actions collectives permettant de combler les carences et l'aspect à la fois individuel et conjoncturel de la seule prestation d'aide sociale. En ce sens, on peut qualifier l'action sociale de « moteur de l'aide sociale »[75], celle-ci contribuant, de son côté, à structurer l'action

70. CE, sect., 22 mars 2021, n° 429361, Cne de Besançon.
71. CE, sect., 3 juin 2019, n° 422873 et 423001.
72. CE, sect., 3 juin 2019, n° 415040
73. CE, sect., 3 juin 2019, n° 419003.
74. CE, 28 sept. 2020, n° 429026.
75. Ceccaldi D., « Aide sociale, action sociale, planification sociale », Rev. aide sociale 1963, p. 130.

sociale en lui apportant le support juridique adapté. L'aide sociale répond ponctuellement à un état de besoin individuel, cependant que l'action sociale prend un peu plus de distance pour agir sur le maintien du lien social et la cohésion sociale à plus ou moins long terme. Sous ce rapport, l'action sociale participe, par exemple, au développement social urbain et à la politique de la ville ainsi qu'à l'insertion par l'économique[76].

33. L'action sociale, une intervention globale et structurelle. L'action sociale revêt une dimension plus globale en amenant les acteurs (personnes publiques et privées) à mettre en œuvre des politiques publiques dans le cadre parfois d'une certaine planification sociale et de dispositifs reflétant un partenariat[77]. Le droit de l'action sociale est souvent prospectif et élaboré dans le cadre d'un droit « négocié » ou issu d'expériences associatives relayées ensuite par les pouvoirs publics. L'action sociale agit davantage sur le milieu social qu'au stade de l'individu ou du groupe d'individus. Ainsi que le souligne Élie Alfandari, l'action sociale se situe sur le plan des idées, le mot « action » ou « intervention » plaisant aux acteurs sociaux « davantage en raison de son imprécision que de son dynamisme »[78]. Malgré des éléments de définition univoques, l'action sociale est au cœur d'un processus de transformation. Comme l'a démontré Philippe Martin, l'évolution des normes applicables aux personnes âgées et aux personnes handicapées semble dessiner les « nouvelles frontières de l'action sociale »[79] autour de la notion fédératrice et transversale de perte d'autonomie. L'action sociale est également rattrapée par la nouvelle gestion publique depuis les années 2010[80] qui induit des conséquences non négligeables sur la mission des établissements sociaux et médico-sociaux[81].

34. Une distinction peu claire dans le CASF. La distinction logique entre l'aide et l'action sociales a été brouillée par les « codificateurs » du troisième millénaire. En remplaçant, à partir de décembre 2000, l'ancien Code de la famille et de l'aide sociale (CFAS) par le Code de l'action sociale et des familles (CASF), le législateur a effectivement gommé d'un trait l'aide sociale de l'intitulé du nouveau code, alors même que celle-ci est le « noyau dur des politiques sociales et l'action sociale le ventre mou »[82]. Par ailleurs, la loi du 2 janvier 2002 rénovant l'action sociale et médico-sociale a inséré et modifié plusieurs dispositions dans le CASF ayant le même but que l'aide sociale en cherchant, par exemple, à promouvoir « l'autonomie, la cohésion sociale, l'exercice de la citoyenneté, la prévention des exclusions » (CASF, art. L. 116-1). De son côté, l'article 49 de la loi du 13 août 2004 relative aux libertés et responsabilités locales affirme que « le département définit et met en œuvre la politique d'action

---

76. Lafore B., « L'insertion par l'économique dans l'aide à l'hébergement et à la réadaptation sociale », RDSS 1995, p. 74.
77. Ceccaldi D., « Aide sociale, action sociale, planification sociale », *op. cit.* ; Michel C., « Quelques réflexions sur le plan français et les prestations sociales », Rev. int. séc. soc. 1964, p. 176.
78. Alfandari É., *Action et aide sociales*, *op. cit.*, p. 140, n° 68.
79. Martin Ph., « Personnes âgées dépendantes, personnes handicapées : les nouvelles frontières de l'action sociale », RDSS 2015, p. 768.
80. Savignat P., *L'action sociale a-t-elle encore un avenir ?*, coll. Santé Social, Dunod 2012, p. 89 ; Coron G., « Réformes managériales et redéfinition des catégories d'action publique : l'exemple du secteur médico-social », Rev. de l'IRES n° 2017/1-2, p. 213.
81. Poinsot O., « Action sociale et médico-sociale et nouvelle gestion publique », RDSS 2023, p. 727.
82. Borgetto M. et Lafore R., *Droit de l'aide et de l'action sociales*, *op. cit.*, p. 89, n° 60.

sociale » (CASF, art. L. 121-1) alors que cette collectivité territoriale est souvent qualifiée de « généraliste » et chef de file de l'aide sociale.

C - Les fondements juridiques de l'aide et de l'action sociales

35. Le rattachement de l'aide sociale aux catégories du droit civil. Le professeur Alfandari rattache l'aide sociale aux catégories du droit privé, et notamment à l'idée de droit subjectif, de droit alimentaire et d'intérêt de l'individu. L'aide et l'action sociales existent ainsi pour venir en aide aux individus qui sont dans une situation de besoin à laquelle il convient de remédier (droit alimentaire prenant la forme de ressources financières ou d'avantages en nature, comme les aides à domicile) afin de permettre aux personnes concernées de conserver leur dignité et de jouir des droits fondamentaux de la personne humaine. Élie Alfandari écrivait, par exemple, que « la raison d'être de l'aide sociale est le droit qu'a tout individu de ne pas mourir de faim, l'État, à défaut de la famille, se trouve tenu de lui fournir les aliments qui lui sont nécessaires »[83].

36. La solidarité sociale, fondement de droit public de l'aide et de l'action sociales. Les Professeurs Borgetto et Lafore voient dans la solidarité sociale – théorisée jadis par Léon Bourgeois (v. *supra*, n° 15) et dans une certaine mesure par Léon Duguit – le fondement ainsi que la légitimation de l'aide et de l'action sociales qui viseraient à assurer l'effectivité du pacte républicain. L'aide et l'action sociales dépasseraient donc l'intérêt de l'individu et refléteraient davantage le besoin de « recréer du lien social »[84] en assurant l'effectivité de la solidarité, laquelle fonde, juridiquement, les interventions sociales des personnes publiques. Comme l'écrit avec justesse Robert Lafore, l'aide et l'action sociales empruntent donc plusieurs chemins qui, à partir de l'héritage des lois républicaines d'assistance, ont subi des « mutations normatives et organisationnelles »[85] ouvrant de nouvelles perspectives pour ce droit au service de la solidarité sociale. Si l'on était optimiste, on pourrait également fonder le droit de l'aide et de l'action sociales sur le principe constitutionnel de fraternité mais depuis sa reconnaissance formelle en juillet 2018, force est de constater que la fraternité n'a pas eu l'effectivité juridique que l'on pouvait attendre de son invocation devant les juges constitutionnel ou administratif (v. *infra*, n° 54 et s.).

---

83. Alfandari É., « Aide sociale », *in Rép. trav. Dalloz*, t. I, 1960, n° 18.
84. Borgetto M. et Lafore R., *Droit de l'aide et de l'action sociales*, *op. cit.*, p. 31, n° 35.
85. Lafore R., « Quels chemins pour le droit de l'aide et de l'action sociales ? », *in* Faberon F. (dir.), *Le droit de l'aide et de l'action sociales à la croisée des chemins*, 2018, éd. Cujas, p. 169.

3. CARACTÈRES DU DROIT DE L'AIDE ET DE L'ACTION SOCIALES

A - Un droit subjectif, fondamental et justiciable

1) Un droit nécessairement subjectif

37. Le droit subjectif, une notion controversée en droit public. Lorsqu'elle est reliée au droit public, la notion de droit subjectif théorisée par Jean Dabin est au cœur du droit de l'aide et de l'action sociales[86], ainsi que l'avait déjà relevé Hauriou, qui avait évoqué l'aptitude légale de l'indigent à bénéficier des aides sociales pour la relier à la théorie de l'institution : « la théorie du statut de l'indigent procède de la conception de l'institution sociale existant en soi, sans contrat, et de laquelle on profite quand on se trouve en situation de profiter, c'est-à-dire quand on a le statut nécessaire et que le service existe »[87]. Cette approche est aujourd'hui nuancée par la progression de la logique ambiguë et paradoxale du contrat et de la contrepartie dans le droit de l'aide et de l'action sociales.

38. Une subjectivité au cœur du Code de l'action sociale et des familles. L'article L. 111-1 du CASF dispose que « toute personne résidant en France bénéficie, si elle remplit les conditions légales d'attribution, des formes de l'aide sociale » telles qu'elles sont définies dans ce code. Cette norme est le fondement légal de la subjectivité et de l'opposabilité du droit à obtenir une prestation d'aide sociale prévue par le code. L'article L. 111-2 conforte le caractère relativement universel de ce droit en précisant que les personnes de nationalité étrangère peuvent bénéficier, sous réserve de remplir les conditions, d'une série de prestations d'aide sociale[88]. Enfin, l'article L. 111-3 étend le droit à l'aide sociale aux réfugiés et apatrides ainsi qu'aux personnes ne disposant pas d'un domicile fixe pour lesquelles une procédure de domiciliation est prévue.

39. L'individu et l'universel : une gestion des contraires inhérente à l'aide sociale. À l'« individualité négative » propre à la société de l'Ancien Régime et analysée par Robert Castel s'est substituée progressivement une « individualité positive » consistant à affirmer que l'individu, en tant que sujet de droit, a le droit d'être assisté dès lors qu'il remplit les conditions d'admission à l'aide sociale, qui sont relativement restrictives. Le caractère subjectif de l'aide sociale s'explique également par la nécessité dans laquelle se trouve le demandeur de faire la preuve de l'existence d'un état de besoin qui sera apprécié par l'administration compétente au cas par cas étant

86. Dabin J., *Le droit subjectif*, 1952, repr. Dalloz, 2008.
87. Hauriou M., *Précis de droit administratif et de droit public*, *op. cit.*, p. 699, note 2.
88. Sont concernées l'aide sociale à l'enfance, l'aide sociale en cas d'accueil dans un centre d'hébergement et de réinsertion sociale (CHRS) ou un centre d'accueil de demandeurs d'asile en France (CADA) – le silence du préfet un mois après la demande valant acceptation de celle-ci conformément à l'article L. 111-3-1 du CASF –, l'aide médicale d'État (AME), les allocations pour personnes âgées prévues à l'article L. 231-1 du même code et, sans plus de précision, « d'autres formes d'aide sociale à condition qu'elles justifient d'un titre exigé pour séjourner régulièrement en France » (CASF, art. L. 111-2).

précisé que le juge administratif est compétent pour statuer sur la demande d'une personne contestant la décision d'admission à l'aide sociale de sa conjointe en tant qu'il fixe le montant de sa participation à la prise en charge des frais d'hébergement de son épouse[89].

De nouveaux « paradigmes du droit de l'aide et de l'action sociales » ?

Cette individualisation de la prise en charge sociale se traduit par la floraison de nouvelles expressions apparues dans les dispositifs légaux et réglementaires qui ont pu amener la doctrine à soutenir l'existence de nouveaux paradigmes dans le droit de l'aide et de l'action sociales illustrant la tension entre l'individuel et l'universel[90] : « projets personnalisés », « parcours », « revenu universel » (M. Borgetto et R. Lafore, « La lancinante question du revenu universel », in *Droits, protection, proximité. Mélanges en l'honneur du professeur Hervé Rihal*, 2021, Presses universitaires juridiques de Poitiers, p. 291 et s.). La numérisation et le développement des innovations technologiques visant à améliorer la qualité de vie des personnes âgées et des personnes handicapées s'inscrit dans cette volonté d'individualiser davantage les prestations et l'accompagnement des personnes concernées.

40. Le lien étroit entre la domiciliation de l'individu et l'accès à l'aide sociale. Pour être socialement aidé, un individu doit être domicilié. Exprimant cette nécessité, la notion de domicile de secours est la pierre angulaire de l'aide sociale, dans la mesure où elle permet de déterminer la collectivité publique qui sera débitrice de la prestation[91]. Afin de ne pas priver d'aide sociale – comme c'était le cas au Moyen-Âge – les personnes sans domicile fixe ou les gens du voyage – qui, contrairement aux premières, résident de façon traditionnelle dans une caravane définie comme étant une résidence mobile –, le législateur a prévu une procédure de domiciliation auprès des associations de personnes sans domicile fixe ou vivant dans une caravane[92]. La loi *Égalité et Citoyenneté* du 27 janvier 2017 a supprimé la notion de commune de rattachement des gens du voyage pour la remplacer par la procédure d'élection de domicile[93]. Cette procédure a pour effet de faciliter l'accès de ces deux catégories de citoyens aux droits sociaux en les « territorialisant », la loi du 5 mars 2007 relative, notamment, au droit au logement opposable (DALO) ayant créé un véritable droit à la domiciliation[94]. L'accès au RSA est également subordonné à une condition de résidence dont l'application révèle des « ambivalences » fort bien recensées et analysées par Virginie Donier[95].

---

89. T. confl., 14 juin 2021, n° 4209.
90. Capelier F., « Besoins fondamentaux, projets personnalisés et logiques de parcours : nouveaux paradigmes du droit de l'aide et de l'action sociales ? », RDSS 2019, p. 793.
91. CE, 13 oct. 2003, n° 250143, Département de Seine-et-Marne.
92. Aubin E., « Le droit de l'aide et de l'action sociales : les gens du voyage », *in* Faberon F. (dir.), *Le droit de l'aide et de l'action sociales à la croisée des chemins*, *op. cit.*, p. 85 et s.
93. Aumond F., « Le statut des gens du voyage saisi par la loi Égalité et Citoyenneté », AJDA 2017, p. 991.
94. D. n° 2007-893, 15 mai 2007 relatif à la domiciliation des personnes sans résidence stable ; D. n° 2007-1124, 20 juill. 2007 relatif à la domiciliation des personnes sans domicile stable.
95. Donier V., « Les ambivalences du critère de la résidence dans le cadre du revenu de solidarité active », RDSS 2012, p. 63 ; *id.*, « Le lieu de résidence, un instrument de régulation du droit à l'aide sociale ? », *in* Faberon F. (dir.), *Le droit de l'aide et de l'action sociales à la croisée des chemins*, *op. cit.*, p. 155.

2) *Un droit fondamental*

41. Qu'est-ce qu'un droit fondamental ? Le professeur Étienne Picard a théorisé le droit fondamental, qui est une catégorie particulière de droits subjectifs en prise directe notamment avec le respect de la dignité humaine. La « fondamentalité »[96] d'un droit implique, par définition, que l'État en garantisse son effectivité, sa concrétisation. Il est toutefois important de relever, avec le professeur Picard, que « la fondamentalité ne s'épuise dans aucune norme formelle »[97] en raison de son caractère universel. Robert Lafore voit dans « le référentiel des droits fondamentaux »[98] une perspective d'évolution pour l'accès aux droits de l'aide sociale. De son côté, Tatiana Gründler a confronté la théorie des libertés fondamentales au périmètre des droits sociaux avec en filigrane une réflexion très intéressante sur l'effectivité et la justiciabilité des droits sociaux[99].

Pour aller plus loin

Bernard Pellegrini a relié les droits fondamentaux à la mission quotidienne des « professionnels de l'intervention sociale »[100]. En effet, ils sont conscients des limites du contenu d'une norme proclamant un droit fondamental avec l'effectivité de ce droit car, selon ce spécialiste du travail social, « les travailleurs sociaux souffrent de cette terrible relativité des droits, dont ils sont facilement tenus pour responsables. Pour faire travail social, ils doivent pourtant accepter de l'endosser et de faire leur une éthique de l'acte »[101].

42. Un droit transnational. Un droit fondamental a souvent pour caractéristique de s'appliquer à des personnes sans considération de leur nationalité. Or, on constate sans mal que le droit de l'aide et de l'action sociales est sans nul doute le droit le moins « nationaliste » de notre ordre juridique ; il revêt spontanément une dimension universelle. L'article L. 111-1 du CASF dispose ainsi que « toute personne résidant en France bénéficie, si elle remplit les conditions légales d'attribution, des formes de l'aide sociale » telles qu'elles sont définies dans ce code. Cette norme est le fondement légal de la subjectivité et de l'opposabilité du droit à obtenir une prestation d'aide sociale prévue par le CASF. L'article L. 111-2 du code précité conforte le caractère relativement universel de ce droit en précisant que les personnes de nationalité étrangère peuvent bénéficier, sous réserve de remplir les conditions, d'une série de prestations d'aide sociale. Enfin, l'article L. 111-3 étend le droit à l'aide sociale aux réfugiés et apatrides ainsi qu'aux personnes ne disposant pas d'un domicile fixe, pour lesquelles

96. Picard É., « L'émergence des droits fondamentaux en France », AJDA 1998, n° spécial « Les droits fondamentaux, une nouvelle catégorie juridique ». On lira également avec profit Champeil-Desplats V., « L'affirmation des droits fondamentaux : quelles significations ? Quelles conséquences ? », Cahiers français 2010, p. 19.
97. Picard É., « L'émergence des droits fondamentaux en France », *op. cit.*, p. 10.
98. Lafore R., « Quels chemins pour le droit de l'aide et de l'action sociales ? », *op. cit.*, p. 177.
99. Gründler T., « La doctrine des libertés fondamentales à la recherche des droits sociaux », *in* Roman D. (dir.), *Droits des pauvres, pauvres droits ? Recherches sur la justiciabilité des droits sociaux*, 2010 (https://onpes.gouv.fr)., p. 90 et s.
100. Pellegrini B., « La portée structurante des droits fondamentaux ? », VST 2005/2, p. 153 ; *id.*, « Éléments de problématique pour aborder la question de la portée structurante des droits fondamentaux », VST 2006/3.
101. Pellegrini B., « La portée structurante des droits fondamentaux ? », *op. cit.*, p. 155.

une procédure de domiciliation est prévue. On ajoutera que les citoyens européens non nationaux bénéficient, sous réserve de remplir les conditions de droit séjour prévus par le droit de l'Union depuis 2004, de droits sociaux nonobstant leur nationalité (*infra*, n° 99 et s.), ce droit social transnational s'étendant à leurs conjoint(e)s ayant la nationalité d'un État tiers. Les uns comme les autres peuvent invoquer les droits fondamentaux garantis par la CJUE dès lors que la situation est bien régie par le droit de l'Union[102].

3) Un droit imparfaitement justiciable

43. Des droits confrontés à la justiciabilité. Un droit n'a aucune utilité s'il demeure formel et non justiciable[103]. La question de l'effectivité du droit et du non-recours au droit à l'aide sociale est centrale comme l'ont montré les remarquables travaux sur la justiciabilité des droits sociaux dirigés par Diane Roman dans le cadre d'une recherche collective qui constitue depuis dix ans la référence doctrinale sur cette question essentielle au sein de notre État social[104]. Il convient, à cet égard, de ne pas confondre la justiciabilité avec la notion d'opposabilité parfois utilisée par les pouvoirs publics. En effet, comme le rappellent deux auteurs, « l'opposabilité d'un droit, c'est la règle applicable à tous. La saisine du juge c'est la potentialité pour ce citoyen de faire appel à cette règle pour convaincre son contradicteur qu'il convient de l'appliquer. Ce n'est que devant la résistance à la reconnaissance d'un droit que naît la nécessité du procès »[105]. Encore faut-il que l'individu ne renonce pas à exercer ce droit à un droit social.

44. La renonciation problématique au droit à l'aide sociale. Pour diverses raisons, un certain nombre d'individus renoncent, consciemment ou non, à leur droit à l'aide sociale, c'est-à-dire à tout ou partie d'une prestation d'aide sociale à laquelle ils ont pourtant droit. De multiples raisons permettent d'expliquer le non-recours aux droits sociaux. Il existe, à cet égard, des paradoxes entre les obligés alimentaires au sens du droit des obligations[106]. La réticence des obligés familiaux qui pensent être dépossédés, souvent à tort, d'une partie d'un héritage en cas de perception d'une aide sociale par leurs parents ou grands-parents constitue un facteur tout autant que la réticence difficile à admettre des débiteurs de l'aide sociale qui découragent parfois les demandeurs en opposant un refus de prise en charge fondé sur une appréciation erronée du domicile de secours des administrés concernés[107]. La thématique du non-recours aux droits sociaux est importante et permet de comprendre la réforme en janvier 2016 du « RSA

---

102. CJUE, 5 févr. 2015, n° C-117/14.
103. Aliprantis N., « Les droits sociaux sont justiciables », Dr. soc. 2006, p. 15.
104. Roman D., « Les droits sociaux, entre "injusticiabilité" et "conditionnalité" : éléments pour une comparaison », RID comp. 2009-2, p. 285 ; Roman D. (dir.), *Droits des pauvres, pauvres droits ? Recherche sur la justiciabilité des droits sociaux*, Rapport de recherche, 2010, mis en ligne sur le site de *la Revue des droits de l'homme* 2012, n° 1 ; Benredouane J., *La renonciation en droit de l'aide sociale*, 2020, L'Harmattan.
105. Serverin E. et Grumbach T., « La campagne présidentielle, les juges et le droit social : opposabilité, vous avez dit opposable ? », Revue de droit du travail, juin 2007, p. 406.
106. Veraert-Dumont D., « Le paradoxe des obligations alimentaires ou comment concilier principe de solidarité et obligation personnelle », RDSS 2008, p. 538 et s.
107. Magord, « Les difficultés de la détermination du débiteur : l'exemple du domicile de secours en matière d'aide sociale », *in* Roman D. (dir.), *Droits des pauvres, pauvres droits ? Recherche sur la justiciabilité des droits sociaux*, Rapport de recherche, 2010, consultable en ligne : *www.droits-sociaux.u-paris10.fr*, p. 429.

chapeau ou d'activité » ou encore la réforme de l'APA en décembre 2015. De même, l'article 133 de la loi *3 DS* du 22 février 2022 a mis en place à partir de janvier 2023 une expérimentation de 3 ans dans dix territoires couvrant la superficie d'une ou de plusieurs collectivités territoriales ou d'un ou de plusieurs EPCI ou groupes de collectivités territoriales volontaires, aux fins de lutter contre le non-recours aux droits sociaux. Un comité local chargé de conduire l'expérimentation est instauré à cette fin, l'expérimentation de ces « territoires zéro non-recours » s'inscrivant dans une démarche d'effectivité des droits sociaux. Dans le cadre du Pacte des Solidarités, il a été prévu un plan « 100 % d'accès aux droits » consistant à créer des nouveaux centres sociaux et l'expérimentation de 39 territoires « Zéro non-recours ». En 2026, une expérimentation campus zéro non-recours dans huit universités sera mise en œuvre pour lutter contre la pauvreté étudiante.

B - Un droit subsidiaire

45. L'aide sociale, le dernier recours. Subsidiaire, comme le précise l'article L. 123-6 du CASF, la prestation d'aide sociale intervient en dernier recours après que l'Administration a constaté la carence de toutes les autres formes de solidarité – au premier rang desquelles la solidarité familiale, en vertu des articles 205 et suivants du Code civil – et de tous les moyens de recours aux ressources personnelles et aux régimes de prévoyance et de sécurité sociale dont l'individu peut bénéficier. En ce sens, on peut affirmer que l'articulation des articles L. 123-6 du CASF et 205 du Code civil aide à dessiner les « frontières du social », pour reprendre la belle expression de Robert Lafore[108]. L'admission à l'aide sociale suppose donc, en amont, la prise en compte de l'ensemble des ressources du demandeur même si, parfois, celles-ci deviennent non plus un facteur d'exclusion, mais un facteur de modulation du montant de l'aide, comme c'est le cas pour l'APA et la PCH. La subsidiarité implique logiquement un réexamen régulier des ressources des bénéficiaires de l'aide sociale, qui peuvent connaître un « retour à meilleure fortune ». L'aide sociale cesse dès lors que la situation de l'individu s'améliore, ce changement de circonstances faisant disparaître la cause juridique de l'aide sociale et créant un éventuel droit à récupération.

46. La suppression du recours en récupération : une tendance à inverser ? Si la récupération d'indu d'aide sociale est évidemment une voie juridique classiquement utilisée sous le contrôle du juge agissant en plein contentieux[109] pour permettre à l'administration de recouvrer la somme d'argent que le bénéficiaire d'aide n'aurait pas dû percevoir (v. *infra*, n° 49), le recours en récupération sur succession soulève une autre question de droit. Le recours en récupération est une conséquence de la nature de l'aide sociale, qui est une avance sans contrepartie de son bénéficiaire (v. *infra*, n° 48 et s.). Toutefois, afin de satisfaire une certaine justice sociale, force est de constater que le législateur a eu tendance à créer, depuis le début des années 2000, de nouvelles catégories d'aide sociale, telles que l'allocation personnalisée d'autonomie (APA), la prestation de compensation du handicap (PCH) ou encore le revenu de solidarité active (RSA), lesquelles, tout en

108. Lafore R., « Variations sur les frontières du social », *in Mélanges Élie Alfandari*, 2000, Dalloz, p. 353.
109. Voir par exemple, CE, 28 nov. 2024, n° 471819 ; AJDA 2025., p. 809, note S. Philibert.

restant non contributives, perdent leur caractère de subsidiarité à l'aune de la solidarité familiale et de la procédure juridique de récupération. Alors même que les débiteurs d'aliments ne sont pas préalablement sollicités, ces trois prestations sont en effet octroyées sans conditions de ressources et sans que les départements puissent les récupérer lors du décès du bénéficiaire. La question se pose aujourd'hui de savoir s'il ne faut pas revenir sur cette suppression du recours en récupération. Face aux actuelles difficultés financières rencontrées par les départements dans le financement de ces trois prestations sociales, il est de plus en plus question d'inverser cette tendance et d'introduire le recours en récupération afin de redonner une certaine marge de manœuvre aux autorités territoriales de cette catégorie de collectivité publique. Par ailleurs, les départements exercent de façon plus régulière, semble-t-il, les actions de récupération en indu en mobilisant, à cette fin, des notions du droit des obligations sous le contrôle du juge civil (v. *infra*, n° 49).

C - L'aide sociale, un droit alimentaire et une avance remboursable

1) Un droit alimentaire

47. Sens de la notion de besoin. Extrapatrimonial, le droit à l'aide sociale est rattaché à la personne du bénéficiaire, qui ne peut le céder et ne peut faire l'objet d'une saisie. L'objet de ce droit est de permettre au demandeur de bénéficier d'aliments permettant de répondre aux besoins de la vie. Difficile à définir à l'aune du droit, la notion de besoin exprime un état de fait, une situation résultant d'un aléa constaté par l'administration de l'aide sociale et dans laquelle un individu ne peut plus, objectivement, faire face ; sans l'aide des aliments versés par la collectivité au nom du principe de solidarité, il deviendrait alors un « laissé-pour-compte » qui ne pourrait plus se nourrir, se loger ou affronter les conséquences de la maladie ou de la perte durable d'un emploi.

Pour aller plus loin

Présente dans le droit de l'aide et de l'action sociales, l'obligation alimentaire n'y revêt toutefois pas un caractère systématique. On en veut pour preuve la neutralisation de cette règle dans la prise en charge des frais d'hébergement et d'entretien des personnes handicapées dans les établissements de rééducation par le travail ainsi que dans les foyers et les foyers-logements. De même, l'attribution de l'aide ménagère ou de l'APA s'effectue en dehors de l'application de la règle de l'obligation alimentaire, ainsi que la prise en charge d'un enfant ayant fait l'objet d'une décision judiciaire de retrait de son milieu familial durant une période de 36 mois cumulés lors des 12 premières années de sa vie (CASF, art. L. 132-6). Par ailleurs, depuis l'ordonnance n° 2005-1477 du 1er décembre 2005 relative à la simplification de l'admission à l'aide sociale, il est possible de réviser le montant de la part qui échoit aux obligés alimentaires (CASF, art. L. 132-6). La déconjugalisation de l'AAH depuis 2023 consacre, symboliquement, une rupture juridique avec le conjoint de la personne handicapée en ne prenant pas en compte ses ressources pour calculer le montant de la prestation. Elle neutralise ainsi la solidarité familiale et la subsidiarité.

2) Une avance remboursable

48. Le retour à meilleure fortune, hypothèse de remboursement de la prestation d'aide sociale. Le retour à meilleure fortune (CASF, art. L. 123-8, 1°) et la récupération des créances sociales sont une situation, pour la première, et une technique juridique, pour la seconde, permettant d'affirmer que la prestation d'aide sociale est une avance remboursable. Lorsqu'il perçoit les « aliments » sociaux, l'administré devient un usager du service public de l'aide sociale titulaire d'une créance à l'égard de la collectivité, dès lors qu'il remplit les conditions d'éligibilité à telle ou telle prestation sociale. Versée de façon temporaire, la prestation d'aide sociale est une avance remboursable, comme le montre l'hypothèse du recours en récupération en cas de retour à meilleure fortune du bénéficiaire d'une prestation d'aide sociale. La collectivité débitrice de la créance sociale peut en effet récupérer *a posteriori* les sommes versées au titre de l'aide sociale en cas de retour du bénéficiaire à meilleure fortune, celui-ci pouvant résulter, par exemple, d'un mariage, d'une donation, d'une succession acceptée ou, de façon plus générale, de tout événement nouveau survenu après l'admission à l'aide sociale et qui améliore la situation patrimoniale d'un individu (perception d'un capital en assurance-vie, gain à un jeu d'argent...). Dans un arrêt rendu fin 2020, la Cour de cassation a « redéfini le retour à meilleure fortune »[110] en donnant cette nouvelle définition : « le retour à meilleure fortune s'entend, à l'exclusion de la seule augmentation des revenus, prise en compte lors de la révision périodique des conditions d'ouverture des droits du bénéficiaire, de tout événement, survenu postérieurement à la date à laquelle les ressources du bénéficiaire ont été appréciées pour l'ouverture de ses droits à prestations, ayant pour effet, indépendamment de toute modification de la consistance du patrimoine, d'augmenter substantiellement la valeur globale de celui-ci, dans des proportions telles qu'elles le mettent en mesure de rembourser les prestations récupérables, perçues jusqu'alors »[111].

Pour aller plus loin

Le principe qui guide l'administration de l'aide sociale depuis les premières lois d'assistance a bien été résumé par le professeur Plessix, qui relève que « l'assisté n'a pas à se défaire de son patrimoine pour assurer sa prise en charge par l'administration de l'aide sociale, ce qui se manifeste techniquement par le fait que, pour calculer les droits à l'aide sociale, on tient compte des revenus de toute nature, y compris fonciers, mais non du patrimoine immobilier »[112].

49. L'action en récupération de l'indu : le droit civil au secours des finances publiques. Le droit à récupération de la créance d'aide sociale se traduit par l'existence d'une action en récupération de l'indu[113] qui amène la collectivité et, en cas de

---

110. Riancho S., « Recours en récupération : la Cour de cassation redéfinit le retour à meilleure fortune », RDSS 2021, p. 130.

111. Cass. 2e civ., 12 nov. 2020, n° 19-20478, Association tutélaire du Pas-de-Calais agissant en qualité de tutrice de Mme A... X..., veuve Y... c/ Département du Pas-de-Calais.

112. Plessix B., « Le juge administratif, le contentieux de l'aide sociale et l'application du droit civil », RFDA 2005, p. 376.

113. Hédary D., « Les conditions d'une répétition de prestations d'aide sociales indues », RDSS 2003, p. 297 ; Berthet P., « Le principe de récupération des prestations d'aide sociale : réalité et perspectives », RDSS 2002, p. 293.

conflit, le juge administratif à appliquer des dispositions du Code civil. Le Conseil d'État a précisé en 2002 que les actions en récupération des avances versées au titre de l'aide sociale ne figurent pas au nombre de celles qui se prescrivent par 5 ans en application de l'article 2277 du Code civil ; il en déduit que ces actions doivent se voir appliquer les dispositions de l'article 2262 du Code civil qui prévoient une prescription de 30 ans[114]. Toutefois, depuis la loi du 17 juin 2008 réformant la prescription en matière civile, l'action en récupération se prescrit par 5 ans. Il convient de préciser que l'exercice d'un recours administratif préalable obligatoire est prévu pour les décisions de récupération d'indu de RSA (CASF, art. L. 262-47). Si la décision de récupération d'indu est annulée pour un vice d'illégalité externe, l'administration peut alors régulariser la décision pour rendre possible le recouvrement de la somme indûment perçue[115].

50. Plan. Le droit de l'aide et de l'action sociales sera étudié à l'aune, d'une part, de ses sources (Partie 1), c'est-à-dire des normes de valeur juridique inégale justifiant sa raison d'être, sa finalité et sa justiciabilité et, d'autre part, de ses destinataires (Partie 2), c'est-à-dire des individus concernés par les prestations d'aide et d'action sociales ainsi que les parcours visant à mieux les accompagner au sein de la République sociale.

BIBLIOGRAPHIE

AUBIN E., « Théorie des droits sociaux », *in* FABERON F. (dir.), *De la cohésion sociale : théories et pratiques*, 2020, Recherches sur la cohésion sociale, p. 197 et s.

BÉGUIN J.-C., « L'aide sociale, héritière de l'assistance publique », *in* GROS D. et DION-LOYE S. (dir.), *La pauvreté saisie par le droit*, 2002, Seuil, Le Genre humain, p. 375.

BENREDOUANE J., « L'intervention des métropoles en droit de l'aide sociale. De la différenciation territoriale aux discontinuités territoriales », *in* Kada N. (dir.), *Les discontinuités territoriales et le droit public*, 2020, Dalloz ; *La renonciation en droit de l'aide sociale*, 2020, L'Harmattan.

BORGETTO M., « Le droit de la protection sociale dans tous ses états : la clarification nécessaire », Dr. soc. juin 2003, p. 636.

CAPELIER F., « Besoins fondamentaux, projets personnalisés et logiques de parcours : nouveaux paradigmes du droit de l'aide et de l'action sociales ? », RDSS 2019, p. 793.

FABERON F. (dir.), *Le droit de l'aide et de l'action sociales à la croisée des chemins*, 2018, éd. Cujas ; *De la cohésion sociale : théories et pratiques*, 2020, Recherches sur la cohésion sociale, n° 1.

KESSLER F. et GÉA F., « Le principe de subsidiarité dans l'aide sociale. Quelques éléments de réflexion », in *Mélanges Élie Alfandari*, 2000, Dalloz, p. 303.

114. CE, 4 déc. 2002, n° 241042, La Rosa.
115. CE 21 avr. 2021, Cittone, n° 437179.

Lafore R., « Quels chemins pour le droit de l'aide et de l'action sociales ? », *in* Faberon F. (dir.), *Le droit de l'aide et de l'action sociales à la croisée des chemins*, 2018, éd. Cujas, p. 177 et s. ; « Variations sur les frontières du social », in *Mélanges Élie Alfandari*, 2000, Dalloz, p. 353.

Mallol F., « Du rôle des expérimentations dans les politiques sanitaires et sociales », RDSS 2024, p. 65.

Morvan P., *Droit de la protection sociale*, 10e éd., 2021, LexisNexis.

Poinssot O., « Action sociale et médico-sociale et nouvelle gestion publique », RDSS 2023, p. 727.

Roman D., « L'État social, entre solidarité et liberté », in *Solidarité(s). Perspectives juridiques*, 2008, LGDJ, p. 299 ; « Le juge et les droits sociaux : vers un renforcement de la justiciabilité des droits sociaux ? », RDSS 2010, p. 793.

Roman D. (dir.), *Droits des pauvres, pauvres droits ? Recherches sur la justiciabilité des droits sociaux*, 2010 (mis en ligne sur le site de la Revue des droits de l'homme en 2012 et sur le site de l'ONPES).

Rosanvallon P., *La société des égaux*, 2011, Seuil.

Pontier J.-M., « La problématique renouvelée de l'assurance et de la solidarité », AJDA 2023, p. 1812.

Villeneuve P., « L'exercice des compétences sociales du département, un exercice contraint et sous contrôle ? », JCP A 2022, act. n° 321.

PARTIE 1

Les sources du droit de l'aide et de l'action sociales

CHAPITRE 2

La base constitutionnelle du droit de l'aide et de l'action sociales

51. Un service public constitutionnel. Le droit à la protection sociale est « la source d'un service public constitutionnel, la mise en œuvre de ce droit apparaissant comme la conséquence d'un service public constitutionnel »[1]. Nul ne saurait nier que l'État social et sa forme – la République sociale – reposent sur de solides bases constitutionnelles à l'origine de droits-créances au profit de l'individu. Le droit de l'aide et de l'action sociales a une forte assise constitutionnelle puisque depuis 1946, l'article 1er de la Constitution dispose invariablement que « La France est une république laïque, démocratique, sociale ». Pour la première fois en décembre 2022, le Conseil constitutionnel a déduit des dispositions des 5e et 13e alinéas du Préambule de la Constitution de 1946 que « ces exigences constitutionnelles impliquent l'existence d'un régime d'indemnisation des travailleurs privés d'emploi »[2], procédant ainsi à une constitutionnalisation du régime d'indemnisation des chômeurs. S'il faut se réjouir de cette montée en puissance normative qui ancre davantage cette politique sociale dans l'ordre constitutionnel, l'évolution du régime conventionnel d'assurance chômage est marquée par un dirigisme par l'État qui heurte la logique de la démocratie sociale (v. *infra*, n° 115).

52. La République sociale, « matrice » du droit de l'aide et de l'action sociales. La République sociale constitue, à n'en pas douter, la « matrice » constitutionnelle de l'aide et de l'action sociales qui repose sur le principe d'égalité lequel en constitue la colonne vertébrale. La fraternité désormais non confondue juridiquement (depuis l'historique décision QPC n° 2018/717/718 du 6 juillet 2018) avec la solidarité, vient renforcer la base constitutionnelle de l'aide et de l'action sociales, la sauvegarde de la dignité de la personne humaine s'inscrivant également dans ce patrimoine normatif constitutionnel en prise directe avec certaines interventions sociales et sanitaires. Le droit constitutionnel normatif n'exerce une influence que lorsqu'il se concrétise dans le contrôle de constitutionnalité *a priori* ou *a posteriori* (QPC) qui permet, dans une

1. Borgetto M., « La notion de service public constitutionnel face au droit de la protection sociale », *in Mélanges en l'honneur du professeur Jean-François Lachaume*, 2007, Dalloz, p. 85.
2. Cons. const., 15 déc. 2022, décision n° 2022-844 DC, Loi portant mesures d'urgence relatives au fonctionnement du marché du travail en vue du plein-emploi.

certaine mesure, de protéger des droits sociaux à l'aune de normes et principes de valeur constitutionnelle. Au niveau international, il existe plusieurs échelles de *soft law* (ou « droit mou ») garantissant un certain niveau de bien-être social à atteindre dans les sociétés ; mais force est de constater, avec le professeur Herrera, l'inexistence d'une réelle « justice internationale pour la protection des droits sociaux »[3]. L'ordre constitutionnel français doit tenir compte des normes conventionnelles qui exercent, comme on le verra, une influence non négligeable dans la lutte contre les discriminations directes ou indirectes (v. *infra*, n° 82).

1 • LA SOURCE CONSTITUTIONNELLE DU DROIT DE L'AIDE ET DE L'ACTION SOCIALES

53. La France : une République sociale depuis bientôt deux siècles – Le « républicanisme social » a connu de nombreuses mutations depuis le XVIIIe siècle[4]. Le président de la République déclarait le 6 janvier 2000, que « Notre République doit montrer son attachement au domaine social [...] y compris sur le plan constitutionnel ». L'affirmation pouvait surprendre, car la matrice constitutionnelle du droit de l'aide et de l'action sociales remonte *a minima* à la Constitution de la IIe République en 1848. L'article 1er de la Constitution de la Ve République dispose que « la France est une République [...] sociale ». Cette formule qui n'a, pour l'heure, aucune juridicité n'en constitue pas moins, pour reprendre l'heureuse expression de Michel Borgetto et Robert Lafore, la « matrice constitutionnelle » du droit de l'aide et de l'action sociales cependant que la reconnaissance en juillet 2018 de la valeur constitutionnelle du principe de fraternité a ouvert des perspectives qui, pour l'heure, n'ont pas révélé les virtualités juridiques attendues dans le domaine de l'aide et de l'action sociales, la solidarité nationale en tant que « valeur centrale de la République »[5] continuant à former la principale justification constitutionnelle des prestations d'aide sociale et des actions sociales.

A - L'intensité normative limitée de la notion de République sociale

54. Ancrage constitutionnel du concept de République sociale. Si 1848 est l'acte de naissance de la « matrice de la République sociale »[6], cette expression a toutefois été consacrée près d'un siècle plus tard seulement par le Préambule de la Constitution de 1946 et l'article 1er de la Constitution de 1946, qui souligne pour la première fois le

3. Herrera C.-M., « Une justice internationale pour la protection des droits sociaux ? », Le Monde, éco & entreprise, 5 mars 2013, p. 8. On lira avec profit, du même auteur, le dernier chapitre du remarquable Que sais-je ? sur *Les droits sociaux* (n° 3847) consacré aux « droits sociaux par-delà l'État ».
4. Guerrini M., « Les mutations de la République sociale », RDSS 2025, p. 807.
5. Duvoux N., (dir.), *L'avenir de la solidarité*, PUF, coll. « La vie des idées », 2013.
6. Borgetto M. et Lafore R., La république sociale. Contribution à l'étude de la question démocratique en France, 2000, PUF.

caractère social de la République. L'article 1er de la Constitution du 4 octobre 1958 a repris l'expression, en disposant notamment que « La France est une République [...] sociale ». Si François Monera a bien montré, dans sa remarquable thèse[7], comment le Conseil constitutionnel a contribué à ancrer la notion de République sociale dans l'ordre constitutionnel français, la question se pose toutefois de savoir si cette norme a reçu une pleine application en servant de référence au contrôle de constitutionnalité exercé par le Conseil constitutionnel. Autrement dit, le législateur est-il obligé de prendre en compte le caractère social de la République lorsqu'il adopte des lois à vocation sociale ? Malgré la reconnaissance du caractère social – et non socialiste – de la République, force est de constater que le Conseil constitutionnel n'a jamais utilisé dans le cadre du contrôle de constitutionnalité *a priori* l'article 1er de la Constitution pour invalider totalement ou partiellement les dispositions d'une loi.

La prudente décision de janvier 1997 sur la politique sociale de dépendance

En 1997, les gardiens de la Constitution, saisis de la loi instituant une prestation spécifique dépendance (PSD) dans l'attente d'une allocation personnalisée d'autonomie (APA), ont jugé que la création de cette prestation sociale, dont la gestion est confiée aux départements, n'était pas contraire au caractère social et égalitaire de la République, dans la mesure où les conditions d'accès à cette aide sociale versée par le département devaient être fixées par le pouvoir réglementaire de façon uniforme sur l'ensemble du territoire français[8]. Soucieux d'assurer le respect de l'égalité sociale, le Conseil constitutionnel précise, dans cette importante décision, que le législateur doit « prévenir par des dispositions appropriées la survenance de ruptures caractérisées d'égalité dans l'attribution » de la PSD, allocation d'aide sociale qui répond à une exigence de solidarité nationale[9].

55. La prudence du Conseil constitutionnel envers la juridicité de la République sociale. Les gardiens de la Constitution restent donc prudents à l'égard de la juridicité et de l'effectivité de la notion de République sociale. Pourtant, la place occupée par celle-ci dans le corpus constitutionnel n'interdit pas aux juges de s'appuyer, *a priori*, sur cette notion pour exercer leur contrôle de constitutionnalité. Ainsi que le soulignait le secrétaire général du Conseil constitutionnel, « rien n'interdirait la reconnaissance d'un principe fondamental reconnu par les lois de la République en matière sociale »[10] qui servirait de norme de référence permettant de mieux protéger les droits sociaux, à condition que le juge accepte de s'emparer de telles virtualités. La doctrine a récemment tenté d'expliquer les raisons de cette « carence d'activation contentieuse dans la jurisprudence du Conseil constitutionnel »[11] en évoquant, parfois, l'alternative de « la

---

7. Monera F., L'idée de République dans la jurisprudence du Conseil constitutionnel, 2004, LGDJ, coll. BCSP.
8. Cons. const., 21 janv. 1997, n° 97-387 DC, Loi tendant, dans l'attente du vote de la loi instituant une prestation d'autonomie pour les personnes âgées dépendantes, à mieux répondre aux besoins spécifiques des personnes âgées par l'institution d'une prestation spécifique dépendance.
9. *Ibid.*, 11e cons.
10. Schoettl J.-E., note sous la décision n° 98-403 DC du 29 juillet 1998 sur la loi relative à la lutte contre les exclusions, AJDA 1998, p. 131.
11. Herrera C., « La République sociale comme concept constitutionnel », RDSS 2025, p. 848.

désuétude ou de la désobéissance constitutionnelle »[12]. Là comme ailleurs, peut-être faut-il faire preuve de patience mais, pour l'heure, la position du juge administratif suprême est également symbolisée par une extrême prudence. On peut citer, avec Diane Roman[13], l'exemple de la décision rendue en mars 2025. Ayant l'occasion de tirer les conséquences de l'article 1er de la Constitution invoqué dans un contentieux concernant les besoins sanitaires de la population à Mayotte, le Conseil d'État s'est réfugié derrière l'application différenciée du principe d'égalité et la décision n'a même pas eu les honneurs du Recueil Lebon[14]. Il est vrai que le grief d'inconstitutionnalité tel qu'il était invoqué par l'association requérante avait peu à voir avec le sens qu'il convient de donner aux deux mots République sociale et que les conditions sanitaires à Mayotte justifiaient ce recrutement dérogatoire de médecins, chirurgiens-dentistes ou sages-femmes.

Pour aller plus loin

La décision n° 717-718 QPC du 6 juillet 2018 qui a redonné du lustre à la fraternité (v. *infra*, n° 60 et s.) pourrait fort bien connaître une réplique qui amènerait le Conseil constitutionnel à tirer les conséquences juridiques de la notion même de République sociale. Jouant efficacement son rôle de filtre dans le cadre de la question prioritaire de constitutionnalité (QPC), le Conseil d'État a jugé, en septembre 2010, que la formulation de l'article 1er de la Constitution relative au caractère décentralisé de la République était trop large pour rendre possible l'abrogation d'une loi dans le cadre de cette procédure. On peut sans doute imaginer que le Conseil d'État réserverait le même sort à une QPC qui soulèverait la violation par une disposition législative du caractère social de la République. Par ailleurs, dans sa décision n° 2010-13 QPC du 9 juillet 2010 sur la situation des gens du voyage, le Conseil constitutionnel a rejeté le moyen tiré de la violation du principe d'égalité et de l'article 1er de la Constitution par les articles 9 et 9-1 de la loi du 5 juillet 2000 relative à l'accueil et à l'habitat des gens du voyage.

56. L'assistance sociale, un droit de l'homme depuis 1990. La détermination des bénéficiaires des droits sociaux soulève le problème de la qualification de ces droits : sont-ils des droits de l'homme[15] – accessibles par le fait même aux étrangers – ou constituent-ils des droits du citoyen ? Là comme ailleurs, le Conseil constitutionnel a joué un rôle déterminant dans l'affermissement d'un droit constitutionnel social en considérant, dans sa décision n° 89-269 DC du 22 janvier 1990, que le principe d'égalité devait jouer pleinement dans le domaine de l'accès aux droits sociaux[16]. Dans cette importante décision, le Conseil a, en effet, relevé d'office l'inconstitutionnalité d'une disposition législative instaurant une condition de réciprocité pour l'attribution de l'allocation supplémentaire du Fonds national de solidarité vieillesse (FSV) aux étrangers résidant en France. Il a jugé que « l'exclusion des étrangers résidant régulièrement en France du bénéfice de cette allocation méconnaît le principe constitutionnel d'égalité », ouvrant ainsi de nouvelles perspectives concernant l'accès des étrangers aux prestations d'aide sociale. Cette décision a inversé la logique qui prévalait jusqu'alors

12. Vidal Naquet A, « Du non usage de la République sociale par le Conseil constitutionnel : désuétude ou désobéissance constitutionnelle ? », *Confluence des droits. La Revue*, 2025.
13. Roman D., « Le juge administratif et la République sociale », RDSS 2025, p. 965.
14. CE, 21 mars 2025, *Le collectif des citoyens de Mayotte issu du mouvement 2018*, n° 498269.
15. Mouly J., « Les droits sociaux à l'épreuve des droits de l'homme », Dr. soc. 2002, p. 799.
16. Cons. const., 22 janv. 1990, n° 89-269 DC, 33e cons.

en faisant de l'égalité le principe et de l'inégalité une dérogation qui doit être justifiée par le législateur sous peine de faire l'objet d'une annulation contentieuse. Avec la décision de janvier 1990, l'assistance sociale est devenue un droit de l'homme[17], ce lien étant parfois contesté, à tort, par les pourfendeurs par exemple de l'aide médicale d'État (AME) qui souhaiteraient réserver le bénéfice des prestations sociales aux seuls citoyens français et européens ; ce qui juridiquement ne serait pas sans poser un problème de constitutionnalité, sauf à réviser la Constitution comme certain(e)s l'ont préconisé lors de la campagne pour l'élection présidentielle de 2022 et dans la perspective de celle de 2027. Quoi qu'il en soit, les décisions DC du 22 janvier 1990, des 12-13 août 1993 et du 29 décembre 2009 ainsi que la décision RIP de 2024 montrent que les étrangers font partie intégrante de la République sociale[18] et doivent se voir appliquer le principe d'égalité dès lors qu'ils résident de façon régulière sur le sol de la République et remplissent les conditions pour bénéficier d'une aide sociale qui, par nature, est subsidiaire et temporaire. Cette extension du caractère social de la République est remarquable ; d'autres pays, comme le Japon, retenant une conception purement nationale de l'aide sociale reposant sur une interprétation contestable, au demeurant, depuis une décision *Mac Lean* de la Cour suprême (rendue le 4 octobre 1978) de l'article 25 de la Constitution de 1947[19] illustrée, en 2024 par le refus jugé légal, de verser une aide sociale à un ressortissant ghanéen vivant régulièrement depuis plus de dix ans au Japon et n'ayant plus aucun lien avec son pays d'origine[20].

B - La fraternité et la solidarité, fondements du droit de l'aide et de l'action sociales

1) La fraternité républicaine, la mère de l'aide et de l'action sociales

57. Le lien avec la fraternité et la solidarité. La République sociale n'est pas une notion autonome ; ainsi que l'affirme le professeur Pontier, « la République sociale paraît renvoyer à deux autres traits distinctifs de notre République : la fraternité et la solidarité »[21]. Dans leur ouvrage sur la République sociale, Robert Lafore et Michel Borgetto ont cerné, avec précision, les contours de cette notion porteuse de nombreuses virtualités juridiques en montrant que les bases constitutionnelles du droit de l'aide et de l'action sociales « sont beaucoup plus solides qu'on a tendance à le dire »[22]. Relayée par la notion de solidarité en tant que fondement juridique de la République sociale, la fraternité qui est devenue une composante de la devise

17. Schnapper D., « L'assistance est un droit de l'homme », Pouvoirs locaux 1992, n° 14, p. 18.
18. Isidro L., « La république sociale et les étrangers », RDSS 2025, p. 939.
19. Les versions américaines (« All people ») et française (« Toute personne ») de l'article 25 évoquent « Toute personne » pour décrire le périmètre de l'aide publique pouvant être versée à une personne ayant besoin d'assistance sociale mais la traduction japonaise, reprise par la Cour suprême, a retenu le terme « Subété kokoumin » (tout national) au lieu de « Nanbito mo » (Toute personne).
20. Aubin E., « Le statut constitutionnel des étrangers en France et au Japon : convergences et divergences », Communication au colloque de Tours sur les 10 ans de Nihon Europa « Les transferts de notions comme enjeu de la francophonie juridique : l'exemple du Japon », 27 nov. 2025.
21. Pontier J., La République en France, 1998, Dalloz, Connaissance du droit, p. 132.
22. Borgetto M. et Lafore R., Droit de l'aide et de l'action sociales, 5e éd., 2004, Montchrestien, Précis, p. 53.

républicaine en 1848 seulement ainsi humanise davantage les principes de liberté et d'égalité, dont on connaît les limites au stade de l'application.

58. La fraternité, un correctif de l'individualisme libéral. Les constituants de 1848 ont voulu corriger les effets de l'individualisme libéral au cœur de la Ire République ; ils ont affirmé la légitimité de l'action collective et de l'intervention de la collectivité publique de façon à promouvoir la fraternité. Celle-ci a clairement été érigée en principe fondamental de ce nouveau régime politique. La Constitution de la IIe République, adoptée le 4 novembre 1848, avait intégré la fraternité dans le droit constitutionnel afin d'humaniser les principes de liberté et d'égalité dont chacun connaît et mesure les limites au stade de leur application.

59. La reconnaissance formelle de la fraternité et de la solidarité en 1946. Le lendemain de la Seconde Guerre mondiale fut un moment décisif pour la concrétisation des notions de fraternité et de solidarité au sein de l'ordre juridique et des politiques d'aide et d'action sociales. Le gouvernement provisoire de la République française a créé, par ordonnance, la Sécurité sociale après que le Conseil national de la résistance (CNR) eut proclamé, dès 1944, la plupart des droits sociaux repris par le constituant en 1946. L'article VIII du Préambule de la Constitution de 1946 dispose que la République « doit, par une assistance fraternelle, assurer l'existence des citoyens nécessiteux, soit en leur procurant du travail dans la limite de ses ressources, soit en donnant [...] des secours » à ceux qui ne peuvent pas travailler.

60. La concrétisation constitutionnelle de la fraternité en juillet 2018. Le mois de juillet a confirmé son importance historique avec la désormais célèbre décision n° 2018-717/718 QPC du 6 juillet 2018 qui reconnaît – enfin ! – une valeur constitutionnelle à la fraternité. Celle-ci vient rejoindre ses deux sœurs de la devise républicaine, qui a désormais une valeur constitutionnelle dans ses trois composantes. C'est finalement à l'occasion d'une QPC en droit des étrangers que les Sages de la rue de Montpensier ont franchi le pas en faisant de la fraternité un nouveau principe de valeur constitutionnelle dont ils ont tiré des conséquences concrètes pour les personnes en situation de détresse sociale. L'intérêt de la décision réside précisément dans la reconnaissance d'une valeur juridique suprême à la fraternité[23] qui a ouvert le champ des possibles pour certains acteurs de la société civile investis dans le champ de l'action sociale. Si une partie minoritaire de la doctrine a pu évoquer un « coup d'État » du Conseil constitutionnel, il semble plus logique, si l'on raisonne en tenant compte de la dimension axiologique de la fraternité, d'affirmer qu'il s'agit d'un coup d'éclat qui vient redonner du lustre à la fraternité. Le Conseil était saisi de la conformité à la Constitution du délit de solidarité, en application duquel plusieurs personnes ont été poursuivies et condamnées en justice pour avoir hébergé, de façon désintéressée et fraternelle, des migrants arrivés clandestinement en France par la frontière

23. Cons. const., 6 juill. 2018, nos 2018-717 QPC et 2018-718 QPC : JCP A 2018, p. 1487, note Borgetto M. ; Aubin E., « Une décision qui redonne du lustre à la fraternité », Le Monde 12 juill. 2018, p. 22 ; Le Pourhiet A.-M., « Le coup d'État du Conseil constitutionnel », Le Figaro 11 juill. 2018 ; David A., « Au nom de la fraternité : la censure partielle du délit d'aide à l'entrée, à la circulation ou au séjour irrégulier d'un étranger », *in* David A., Labbay A., Lecame J., Pénitot M. et Poinsignon D., « Chronique de jurisprudence constitutionnelle française 2018 », Cahiers de la recherche sur les droits fondamentaux 2019, n° 17, p. 207-210.

italienne. Juridiquement, ces personnes étaient condamnées pour avoir apporté une aide à l'entrée et au séjour sur le territoire d'étrangers en situation irrégulière. La loi prévoit une exemption de poursuites pénales uniquement pour les aides apportées au séjour et non à la circulation et l'entrée. En outre, la loi ne fait pas entrer dans le champ délictuel des actes de solidarité trop restrictifs selon les requérants, qui demandaient que l'on exempte de poursuite les citoyens apportant une aide dans un but humanitaire aux migrants. Pouvait-on censurer cette disposition législative au motif qu'elle viole le principe constitutionnel de fraternité ? Le Conseil a, pour la première fois, répondu par l'affirmative à cette question en jugeant que la fraternité est un principe de valeur constitutionnelle en application duquel un citoyen peut, sans être poursuivi pénalement, exercer « la liberté d'aider autrui, dans un but humanitaire, sans considération de la régularité de son séjour sur le territoire national ».

61. Les virtualités modérées pour le droit de l'aide et de l'action sociales de la décision QPC du 6 juillet 2018. La décision QPC du 6 juillet 2018 est logique et cohérente compte tenu de la triple présence de la fraternité dans l'ordre constitutionnel (Préambule et articles 2 et 72-3 de la Constitution, ce dernier évoquant un « idéal commun »). Cette grande décision, peu étudiée étrangement par les constitutionnalistes, est porteuse de virtualités pouvant intéresser directement le droit de l'aide et de l'action sociales, qui concerne le plus souvent des personnes socialement vulnérables en attente de ce « supplément d'âme » (M.Borgetto) qu'apporte la fraternité. Toutefois, près de dix ans après cette décision, force est de constater que le juge administratif qui sait pourtant se transformer en gardien de la Constitution ne souhaite toujours pas exploiter pleinement le potentiel juridique de la fraternité au sein de la République sociale. Une première interaction s'est traduite par l'intervention d'une ordonnance rendue par le tribunal administratif de Besançon le 28 août 2018[24], dans laquelle le juge des référés s'est appuyé sur la fraternité pour en déduire que l'arrêté du maire de Besançon interdisant notamment la mendicité portait atteinte « à la liberté fondamentale d'aider autrui dans un but humanitaire ». Sous cet angle, la fraternité est clairement le fondement de l'affirmation d'une nouvelle liberté fondamentale, puisque l'ordonnance considère que la liberté individuelle d'aider un mendiant dans un but humanitaire ne doit pas être méconnue par une mesure de police. Toutefois, cette nouvelle liberté fondamentale doit être conciliée avec l'objectif de préservation de l'ordre public. Dans l'ordonnance n° 423725 rendue le 6 septembre 2018 pour neutraliser celle du juge de Besançon, le Conseil d'État n'a pas pu confronter la fraternité aux arrêtés anti-mendicité puisque le maire a abrogé l'arrêté contesté, rendant sans objet la requête. On notera que, dans son rapport rendu en 2018, le Conseil d'État relevait que la fraternité est un « ciment collectif », fragilisé notamment par « l'individualisme », « le repli sur soi » et « l'affaiblissement des valeurs collectives »[25]. Là comme ailleurs, il faut attendre des circonstances bien précises pour que le juge administratif suprême fasse preuve d'audace en appliquant concrètement le principe constitutionnel de fraternité dans le contentieux de l'aide et de l'action sociales.

---

24. Benredouane J., « Le principe de fraternité à l'épreuve des arrêtés anti-mendicité », note sous TA Besançon, ord., 28 août 2018, M. Guardado : RDSS 2018, p. 1096.
25. CE, *La citoyenneté. Être (un) citoyen aujourd'hui*, 2018, Doc. fr., p. 15.

62. La prudence prétorienne à l'égard de la fraternité. Une affaire jugée en septembre 2020 a mis en évidence la prudence du Conseil d'État à l'égard de la fraternité[26]. Le Conseil d'État a, en effet, rejeté la requête en écartant sans motivation l'invocation du principe de fraternité, dont la violation était invoquée par une association invitant le juge administratif suprême à censurer un décret ; celui-ci se bornait à indemniser uniquement les spoliations dont ont été victimes les personnes visées par les législations antisémites pendant la Seconde Guerre mondiale, alors que les Tsiganes ont subi un sort identique pour les mêmes nauséabondes raisons. Pour le Conseil d'État, les organisations requérantes ne pouvaient utilement soutenir que le principe de fraternité exige qu'il soit mis fin à la différence de traitement résultant de ce décret entre les deux catégories de populations spoliées pendant le régime de Vichy. Une auteure évoque le « quasi-silence du Conseil d'État sur la fraternité »[27] et regrette, à juste titre, le manque d'audace du juge administratif suprême, qui était saisi pour la première fois sur le fondement du principe de fraternité dans le contentieux de l'excès de pouvoir. Le Conseil d'État a suivi les recommandations de la rapporteure publique, Mme Sophie Roussel, qui concluait sur l'invocation de la fraternité en lui conseillant de ne pas être « l'éclaireur sur cette question, du moins pas aujourd'hui », alors même que les moyens des requérants pouvaient inviter le juge à « se saisir de la dimension collective du principe de fraternité ». De même, dans la décision QPC n° 2019-805[28] du 27 septembre 2019 concernant les gens du voyage et forains, le Conseil a jugé que « les 2°, 4° et 5° des paragraphes I et I *bis* de l'article 9 de la loi du 5 juillet 2000 qui n'instituent aucune discrimination fondée sur une origine ethnique et ne méconnaissent pas non plus le principe de fraternité ». Dans sa décision du 15 décembre 2022, le Conseil constitutionnel a refusé de voir dans la modulation par le pouvoir réglementaire du montant de l'assurance chômage en fonction d'indicateurs conjoncturels sur l'emploi et le fonctionnement du marché du travail une violation, non seulement du principe d'égalité devant la loi, mais également du principe de fraternité[29]. En mars 2023, le Conseil a également écarté sans réelle motivation la violation du principe de fraternité par la rédaction pourtant problématique de l'article L. 146-5 du CASF, relatif au plafonnement des frais de compensation restant à la charge des personnes handicapées après qu'elles ont reçu la PCH[30].

La fraternité invoquée vainement pendant la Covid-19 devant le Conseil d'État

Il n'est pas indifférent de relever que l'une des premières requêtes devant le Conseil d'État en période d'état d'urgence sanitaire avait invoqué le principe de fraternité au soutien de la demande à l'État de prendre des mesures dérogatoires pour les individus en situation de grande précarité afin qu'ils puissent avoir accès aux aides[31]. Le Conseil d'État a toutefois considéré que la singularité des événements justifiait qu'une entrave fût apportée à la

26. CE, 25 sept. 2020, n° 437524, Union défense active des forains.
27. Laporte M., « Le refus adressé aux Tsiganes et gens du voyage d'accéder à la CIVS face aux principes d'égalité et de fraternité », Dr. adm. janv. 2021, étude n° 1, p. 39.
28. Cons. const., 27 sept. 2019, déc. n° 2019-805 (Union de défense active des forains et autres [Obligation d'accueil des gens du voyage et interdiction du stationnement des résidences mobiles]).
29. Cons. const., 15 déc. 2022 ; n° 2022-844-DC.
30. Cons. const., 24 mars 2023, n° 2023-1039-QPC, Association Handi-social et a.
31. CE, 9 avr. 2020, n° 439895, Association Mouvement citoyen Tous Migrants et a.

liberté de mouvement des personnes en situation de précarité, dès lors que ces mesures ne peuvent être édictées qu'« aux seules fins de garantir la sécurité publique ». Après avoir écarté le renvoi de la QPC, le juge de l'urgence n'a pas décelé de carence des autorités publiques justifiant que soient ordonnées des mesures pour mettre à l'abri les personnes en situation de précarité dans des locaux adaptés.

2) La solidarité nationale, fondement de droit public de l'aide et de l'action sociales

63. La solidarité, une obligation de la Nation relativisée par la subjectivisation du droit ? Le solidarisme est une doctrine dont on trouve les linéaments dans la pensée – contemporaine de la Révolution de 1848 – du polytechnicien et philosophe Charles Renouvier[32] et l'expression aboutie dans les écrits de Léon Bourgeois[33]. Cette doctrine a consacré l'idée d'une dette sociale contractée envers le patrimoine légué par les générations antérieures, mais également entre les personnes favorisées et celles qui sont démunies afin de maintenir un lien solidaire au sein de la société. La solidarité nationale est devenue une obligation pour la Nation au lendemain de la Seconde Guerre mondiale, le 12e alinéa du Préambule de la Constitution de 1946 affirmant que « La Nation proclame la solidarité et l'égalité de tous les Français devant les charges qui résultent des calamités nationales. » Le 10e alinéa dispose, quant à lui, que « La Nation assure à l'individu et à la famille les conditions nécessaires à leur développement. » La solidarité nationale est également le fondement conceptuel, depuis 2004, de la politique de soutien aux personnes âgées (v. *infra*, nos 189 et s.) ; elle peut même justifier un prélèvement social sur la retraite de ces dernières au nom de la solidarité pour l'autonomie, ainsi que l'atteste la création par la LFSS pour 2013 d'une contribution additionnelle de solidarité pour l'autonomie (CASA) de 0,3 % sur le montant brut des retraites et, dans une certaine mesure, la nouvelle contribution en 2026 pour financer l'autonomie.

La solidarité nationale au cœur de la politique de dépendance

Le débat sur le financement d'une réforme de la dépendance amorcé en 2019 par la concertation nationale ayant débouché sur le rapport *Libault* puis par la loi du 7 août 2020 suivie du rapport *Vachey* remis le 14 septembre 2020 et la LFSS pour 2021 illustre bien l'actuel questionnement sur la notion de solidarité nationale dans ses liens avec les droits sociaux. Le contexte sanitaire lié à la pandémie de Covid-19 a mis en évidence la nécessité de mobiliser pleinement la solidarité nationale au soutien de l'autonomie des personnes âgées qui ont payé un lourd tribut en 2020-2021. Parmi les voies proposées figure notamment une seconde journée de solidarité, car la solidarité nationale doit rester le pilier de cette politique sociale parallèlement à la solidarité familiale. Cette voie de mobilisation de la solidarité nationale ne fait toutefois pas l'unanimité (v. *infra*, n° 216) et cette question sociale n'a pas encore reçu les réponses qui devraient s'imposer pour anticiper au

---

32. Renouvier Ch., *Manuel républicain de l'homme et du citoyen*, Plon, 1848 et *La Science de la morale*, Ladrange, 1869, 2 vol. Sur la pensée importante de cet auteur, Blais M.-Ch., *Au principe de la République. Le cas Renouvier*, Gallimard, 2000.
33. Bourgeois L., *Solidarité*, A. Colin, 1896. Ce dernier écrit, notamment, que « l'homme vivant dans la société est (...) à toute heure un débiteur envers elle (...) l'obligation de chacun envers tous ne résulte pas d'une décision arbitraire ; elle est simplement la contrepartie des avantages que chacun tire de l'état de société » (p. 101).

mieux les conséquences du vieillissement de la société. En 2022, aucune réforme législative n'a eu lieu dans le domaine du grand âge, lequel devait pourtant être le « marqueur social » du quinquennat 2017-2022. Le retour de la guerre à l'origine d'une importante inflation confirme que « la force des choses » a contraint le législateur à placer sous le boisseau l'ardente obligation d'une réforme d'ampleur alors que la France est désormais entrée dans la société de longévité ; il manque surtout un volontarisme politique, ainsi que l'illustre l'argutie juridique de la nouvelle ministre en charge des solidarités nommée en janvier 2024, qui a annoncé le renoncement à une loi de programmation sur le grand âge promise par la Première ministre Elisabeth Borne en raison de son... inconstitutionnalité. Le 12 février 2026, la ministre en charge de l'Autonomie et des personnes handicapées devait annoncer un plan Grand Âge qui, finalement, ne sera pas présenté, la ministre ayant démissionné pour retrouver son siège de députée, un arrêté du 9 février ayant parallèlement mis fin aux fonctions de son chef de cabinet.

64. Solidarité et individualisation dans le droit de l'aide et l'action sociales. La solidarité est une notion qui se détermine par rapport à l'intérêt du groupe et non celui de l'individu par le truchement de la notion de dette sociale théorisée par Léon Bourgeois qui écrivait en 1896 que « l'obéissance au devoir social n'est que l'acceptation d'une charge en échange d'un profit. C'est la reconnaissance d'une dette »[34]. Le droit à l'aide sociale illustre ainsi la subjectivisation croissante du droit qui tend à faire reposer le droit à l'aide sociale sur l'intérêt de l'individu et non la solidarité, celle-ci étant avant tout perçue comme un mécanisme de financement de l'aide sociale et non le fondement principal du droit de l'aide et de l'action sociales. La solidarité nationale n'est sans doute pas exclusive d'une certaine forme d'individualisation, laquelle ne peut cependant remplacer le contrat social par le contrat tout court. La personne devient une « figure émergente dans le droit de la protection sociale »[35] mais également dans le droit de l'aide et de l'action sociales, un tel constat étant illustré notamment par le développement d'une rhétorique mettant l'accent sur la logique du contrat ou de la contrepartie du bénéficiaire de l'aide et de l'action sociales.

65. La dissolution de la solidarité dans le contrat ? La progression de la logique de la contrepartie dans le domaine de l'aide sociale illustrée par la volonté d'imposer par exemple une activité de 15 ou 20 heures par semaine aux bénéficiaires du RSA induit un glissement de la dette sociale vers la notion de devoir, celle-ci s'exprimant dans le cadre d'une relation contractuelle biaisée. Selon Alain Supiot, « la reconnaissance du principe de solidarité marque la résurgence de formes non contractuelles de l'échange »[36], car le contrat ne peut s'inscrire dans la logique de la solidarité. Et de critiquer l'idée selon laquelle il existerait un contrat entre les générations dans le régime de retraite par répartition, dans la mesure où les générations ne sont pas des sujets de droit susceptibles de conclure des contrats. En effet, « le droit à la retraite et son corollaire, le devoir de cotiser, réintroduisent dans le domaine des obligations la temporalité et la verticalité de la chaîne générationnelle, qu'ignore le droit des contrats » illustrant la « dette de vie ». De même, la réforme de l'indemnisation des chômeurs en 2001

34. Bourgeois L., *Solidarité*, *op. cit.*, p. 102.
35. Camaji L. E., « La personne, une figure émergente dans le droit de la protection sociale », RDT 2010, p. 211.
36. Supiot A., *L'esprit de Philadelphie. La justice sociale face au marché total*, 2010, Seuil, Essais, p. 161.

s'était traduite par la création d'un double dispositif dont la nature quasiment contractuelle a généré un important contentieux devant les juridictions judiciaire et administrative, les requérants dont les droits à indemnisation avaient été recalculés ayant soutenu vainement la violation du respect de la « parole donnée »[37]. Suivant le souhait du chef de l'État de conditionner le RSA à l'exercice d'une activité, la loi sur le plein-emploi de décembre 2023 vise à faire évoluer la situation du bénéficiaire de cette prestation d'aide sociale vers une véritable relation concomitante de travail ayant vocation à prendre le relais de l'accompagnement dans le cadre de la prestation sociale. Une telle évolution revient à confondre l'expression de la solidarité matérialisée par une aide sociale temporaire et subsidiaire et celle d'une contractualisation du lien entre une personne inactive et les gestionnaires de la prestation de solidarité activité. Loin d'assurer un meilleur équilibre des droits et devoirs, cette orientation conforte la logique du précariat en proposant aux bénéficiaires du RSA une activité ne répondant pas nécessairement à la logique de réinsertion professionnelle et qui a pourtant été généralisée à partir de 2025. Faire de l'exercice d'une activité une contrepartie du RSA est un non-sens dans la mesure où la prestation de solidarité active vise à permettre à son bénéficiaire de se placer sur une trajectoire professionnelle en bénéficiant, à cette fin, d'un accompagnement en vue d'une insertion professionnelle durable.

Pour aller plus loin

Le risque est grand de créer un lien entre la perception d'une prestation sociale et l'existence d'une obligation de faire en contrepartie, laquelle se matérialise par la conclusion d'un contrat juridiquement « factice » venant dénaturer la raison d'être de la solidarité nationale à finalité sociale. Alain Supiot a parfaitement analysé ce paralogisme en critiquant « les juristes contemporains [qui] s'efforcent de diluer la solidarité dans le droit des contrats »[38] créant ainsi une confusion entre deux logiques différentes reposant l'une sur la nécessaire contrepartie afin d'équilibrer les droits et devoirs et l'autre sur l'expression nécessairement unilatérale de la solidarité sociale et de la fraternité républicaine. Pour le regretté Robert Castel, cette reconfiguration des protections sociales inverse les rôles et « place le bénéficiaire d'une prestation en situation de demandeur faisant comme s'il disposait du pouvoir de négociation nécessaire pour nouer une relation de réciprocité avec l'instance qui dispense les protections » (R. Castel, *L'insécurité sociale*, *op. cit.*, p. 98). Et pourtant, désormais, les allocataires du RSA doivent, pour la très grande majorité d'entre eux, souscrire un contrat d'engagement avec France Travail (v. *infra*, n° 132 et s.).

C - La notion de dignité, un principe constitutionnel dans le droit de l'aide et de l'action sociales

66. La sauvegarde de la dignité, un principe constitutionnel depuis 1994. Le principe de dignité n'a étrangement fait l'objet d'une systématisation doctrinale qu'à partir du début des années 1990, ainsi que l'a montré une remarquable étude de Diane Roman sur cette question[39]. Benoît Jorion a relevé, quant à lui, la « difficile

---

37. Supiot A., « La valeur de la parole donnée (à propos des chômeurs "recalculés") », Dr. soc. 2004, p. 541.
38. Supiot A., *L'esprit de Philadelphie...*, *op. cit.*, p. 161.
39. Roman D., « Le principe de dignité dans la doctrine de droit social », *in* Girard C. et Hennette-Vauchez S., *La dignité de la personne humaine. Recherche sur un processus de juridicisation*, 2008, PUF, p. 70.

insertion de cette règle morale dans le droit positif »[40]. Contrairement à l'équité, la notion de dignité revêt pourtant une valeur normative ; elle a, en effet, été consacrée par le Conseil constitutionnel dans sa décision de 1994 sur les lois bioéthiques qui a érigé la sauvegarde de la dignité de la personne humaine en principe constitutionnel. Quelques mois plus tard, le Conseil s'est appuyé sur ce principe pour fonder juridiquement la création d'un objectif de valeur constitutionnelle relatif à la possibilité, pour toute personne, d'obtenir un logement décent.

67. La dignité génère-t-elle une obligation de faire ? Faut-il en déduire que la dignité, désormais saisie par le droit de l'aide et de l'action sociales, est génératrice d'une obligation de faire pour la collectivité ? Malgré quelques décisions émanant toutefois de juridictions de premier degré, les moyens invoquant la violation du principe de dignité sont souvent inopérants, ainsi que l'a montré l'intéressante étude, reposant sur une analyse statistique de la jurisprudence, publiée récemment sur le « discours juridictionnel »[41] en la matière. Le professeur Rihal a bien mis en évidence, à cet égard, l'ambiguïté de la notion de dignité lorsque celle-ci est appliquée dans le domaine de l'action sanitaire et sociale[42]. La Cour constitutionnelle allemande a rendu le 9 février 2010 une décision dans laquelle elle a jugé contraire au principe de dignité garanti par l'article 1er de la Loi fondamentale ainsi qu'au principe d'État social la loi dite *Hartz IV* dans ses dispositions relatives aux conditions de versement de la prestation sociale minimale[43]. L'invocation et l'application du principe de dignité ont, ainsi, obligé l'Allemagne à revoir les modalités de calcul du minimum vital. Si la Loi fondamentale allemande ne garantit pas le droit au minimum vital, ce dernier a été déduit notamment de la lettre de l'article 1er relatif à la dignité de la personne humaine. Sous ce rapport, la Loi fondamentale devient une Constitution sociale (*Sozialverfassung*).

68. Un principe social particulièrement nécessaire à notre temps. Si l'on s'interroge sur la portée de la constitutionnalisation du principe de dignité, on peut affirmer que la dignité constitue un principe social particulièrement nécessaire à notre temps qui s'incarne parfois dans la notion de décence. Ainsi, après que le juge judiciaire eut considéré l'accueil des gens du voyage comme une composante du droit à la dignité de la personne humaine[44], la cour administrative d'appel de Nancy n'a pas hésité à engager la responsabilité d'une commune, en raison de la fourniture par celle-ci d'une aire d'accueil des gens du voyage ne répondant pas aux normes de salubrité et de décence requises[45].

---

40. Jorion B., « La dignité de la personne humaine ou la difficile insertion d'une règle morale dans le droit positif », RDP 1999, p. 197.
41. Girard C. et Hennette-Vauchez S., « Analyse du discours juridictionnel sur le principe de dignité à partir de données statistiques », *in* Girard C. et Hennette-Vauchez S., *La dignité de la personne humaine. Recherche sur un processus de juridicisation*, 2008, PUF, Droit et justice, p. 107.
42. Rihal H., « Dignité de la personne humaine et institutions sanitaires et sociales », Cahiers administratifs et politistes du Ponant 2003, p. 13.
43. Fercot C., « Les contours du droit à un minimum vital conforme à la dignité humaine : à propos de la décision "Hartz IV" de la Cour constitutionnelle allemande du 9 février 2010 », RDSS 2010, p. 653.
44. TGI Montauban, réf., 3 mai 2002, Mairie de Montauban c/ Chira.
45. CAA Nancy, 4 déc. 2003, Commune de Verdun c/M. Reinhardt : BJCL 2004, p. 285, concl. Rousselle P.

L'objectif de valeur constitutionnelle relatif au logement décent : une ligne d'horizon constitutionnelle depuis 1995

Le droit à l'habitat du pauvre semble être une application du principe de dignité de la personne humaine[46], le Conseil constitutionnel ayant créé, en 1995, l'objectif de valeur constitutionnelle relatif à la « possibilité pour toute personne de disposer d'un logement décent ». De son côté, la cour d'appel de Paris a jugé le 15 septembre 1995, dans l'affaire de la rue du Dragon, que « le droit au logement est considéré comme un droit fondamental et un objectif de valeur constitutionnelle ». Sous ce rapport, la dignité permet de concrétiser des conditions d'existence humainement acceptables à certaines catégories d'individus dont la situation reste limite au regard des droits de l'homme, comme les Roms et les gens du voyage – ces deux catégories de personnes ayant été assimilées de façon contestable par les deux Conseils du Palais-Royal[47] (v. *infra*, n° 78) – ainsi que les étrangers en situation irrégulière[48]. Par exemple, le TA de Paris a jugé[49] que le règlement intérieur d'aires d'accueil relevant de la mairie de Paris et autorisant à couper l'eau à l'usager toute l'année ou l'électricité pendant la période hivernale, méconnaît l'objectif constitutionnel d'assurer à tous un logement décent). Mal comprise, la décision rendue le 26 juillet 2023 par le Conseil constitutionnel dans laquelle il valide une loi visant à protéger les logements contre l'occupation illicite et semblant porter atteinte à l'OVC relatif au droit à un logement décent a amené la juridiction à publier un communiqué dans lequel le Conseil précise que des commentateurs « ont cru devoir affirmer que le Conseil constitutionnel aurait décidé que, désormais, tout occupant illicite d'un logement pourrait obtenir réparation du propriétaire si le bien occupé est mal entretenu ». Il a fallu ajouter que « telle n'est nullement la portée de la décision du Conseil constitutionnel qui, par la censure de l'article 7 de la loi déférée, a pour seul effet de maintenir l'état du droit en ce domaine, qui n'est pas celui décrit par ces commentateurs ».

2. LES PROLONGEMENTS CONTENTIEUX DE LA CONSTITUTIONNALISATION DU DROIT DE L'AIDE ET DE L'ACTION SOCIALES

69. L'influence récente et contrastée du conseil constitutionnel sur le droit de l'aide et de l'action sociales. L'influence de la jurisprudence du Conseil constitutionnel sur le droit de l'aide et de l'action sociales est contemporaine et a pu donner lieu, jusqu'à une période récente, à un sentiment de déréliction. Alain Supiot posait par exemple, en 2007, la question de savoir si le « Conseil constitutionnel [était] une juridiction sociale »[50]. La question est d'importance, car il n'est désormais plus possible

46. Dion-Loye S., « Le droit à l'habitat du pauvre, une application du principe de dignité de la personne humaine », LPA 1996, n° 49.
47. Cons.const, déc. QPC n° 2010-13 du 9 juill. 2010. CE, 6 juin 2025, n° 486577 (arrêt qui précise les critères de définition d'une résidence mobile nonobstant la qualité de Rom du requérant).
48. Attal-Galy Y., Droits de l'homme et catégories d'individus, 2004, LGDJ, Bibliothèque de droit public, t. 237.
49. TA Paris, 24 janv. 2022, n° 2103255/4-2, AJDA 2022, p. 1544.
50. Supiot A. et Fontaine L., « Le Conseil constitutionnel est-il une juridiction sociale ? », Dr. soc. 2017, p. 754.

de faire l'économie de la jurisprudence du Conseil constitutionnel lorsque l'on entreprend une étude de l'aide et de l'action sociales, même si cette approche met en évidence l'existence de limites dans le raisonnement et les conséquences du syllogisme juridiques adoptés par les gardiens de la Constitution, l'audace (rare mais souvent historique) cohabitant avec la plus grande réserve (fréquente et révélatrice).

A - Les leçons contrastées du contentieux constitutionnel *a priori*

70. L'assistance sociale, un droit de l'homme depuis 1990. La détermination des bénéficiaires des droits sociaux soulève le problème de la qualification de ces droits : sont-ils des droits de l'homme – accessibles par le fait même aux étrangers – ou constituent-ils des droits du citoyen[51] ? Là comme ailleurs, le Conseil constitutionnel a joué un rôle déterminant dans l'affermissement d'un droit constitutionnel social en considérant, dans sa décision n° 89-269 DC du 22 janvier 1990, que le principe d'égalité devait jouer pleinement dans le domaine de l'accès aux droits sociaux[52]. Dans cette importante décision, le Conseil a en effet relevé d'office l'inconstitutionnalité d'une disposition législative instaurant une condition de réciprocité pour l'attribution de l'allocation supplémentaire du Fonds national de solidarité vieillesse (FSV) aux étrangers résidant en France. Il a jugé que « l'exclusion des étrangers résidant régulièrement en France du bénéfice de cette allocation méconnaît le principe constitutionnel d'égalité », ouvrant ainsi de nouvelles perspectives concernant l'accès des étrangers aux prestations d'aide sociale. Cette décision a inversé la logique qui prévalait jusqu'alors, en faisant de l'égalité le principe et de l'inégalité une dérogation devant être justifiée par le législateur, sous peine de faire l'objet d'une annulation contentieuse. Ainsi que l'écrivait Mme Schnapper, avec la décision de janvier 1990, l'assistance sociale est devenue un droit de l'homme[53].

71. Constitutionnalisation progressive du droit de l'aide et de l'action sociales. Le début des années 1990 a été une période importante pour la constitutionnalisation du droit de l'aide et de l'action sociales. De façon significative, le professeur Terneyre a dressé, du reste, l'inventaire des normes juridiques servant de référence au droit constitutionnel social et listé les droits et libertés sociaux reconnus en droit constitutionnel positif[54]. Les demandeurs d'admission à l'aide sociale sont titulaires d'un droit créance que l'on peut toutefois qualifier d'atypique en raison des hésitations sur son fondement juridique – la solidarité sociale *versus* l'intérêt de l'individu – mais aussi de la précarité inhérente à ses caractéristiques.

---

51. Mouly J., « Les droits sociaux à l'épreuve des droits de l'homme », Dr. soc. 2002, p. 799.
52. Cons. const., 22 janv. 1990, n° 89-269 DC, 33e cons.
53. Schnapper D., « L'assistance est un droit de l'homme », Pouvoirs locaux 1992, n° 14, p. 18.
54. Terneyre P., « Droit constitutionnel social. Inventaire en guise d'ouverture », RFD const. 1990, n° 2, p. 339.

72. La faible intensité juridique du « droit à la sécurité sociale ». On sait déjà que les gardiens de la Constitution restent prudents à l'égard de la juridicité et de l'effectivité de la notion de République sociale dans le cadre du contrôle de constitutionnalité *a priori* (*v. supra*, n° 55), un tel constat révélant les limites de la portée normative du contenu de certaines normes – et non des moindres – de l'ordre constitutionnel français. Tel est le cas du 11e alinéa du Préambule de la Constitution de 1946 et du principe constitutionnel d'égalité souvent invoqués à l'encontre de lois consacrant pourtant, parfois, des régressions sociales. Commentant la décision n° 2023-849 DC du 14 avril 2023 sur la nouvelle réforme des retraites, Xavier Prétot a pu affirmer que la neutralisation par le Conseil constitutionnel de ces deux normes constitutionnelles confirmait que le « droit à la sécurité sociale [était] une simple politique sociale soumise aux ajustements comptables »[55]. Le 11e al. du Préambule de la Constitution de 1946 semble être réduit à la simple imposition aux pouvoirs publics d'une obligation de moyens laissant au législateur une très large latitude pour atteindre l'objectif qu'il s'est fixé lorsqu'il entend restreindre le coût d'une politique sociale en préservant des équilibres financiers.

73. L'équité : un simple motif dans les lois relatives à l'aide et l'action sociales. Conceptualisée par le penseur américain John Rawls dans son ouvrage sur la *Théorie de la justice*[56], l'équité consiste à concentrer les interventions sanitaires et sociales sur les personnes qui en ont le plus besoin[57]. Traduite en français au milieu des années 1980 seulement, la *Théorie de la justice* promeut les concepts au cœur des politiques d'aide et d'action sociales depuis le milieu des années 1990 : l'égalité des chances, la justice sociale ou encore l'équité. L'égalité des chances est devenue la ligne d'horizon de l'aide et de l'action sociales. Consacrant une lecture plus pragmatique du principe d'égalité, l'équité justifie le ciblage des prestations sociales sur les personnes les plus défavorisées ou les plus démunies afin de rétablir, dans une certaine mesure, l'égalité des chances rompue dans leur trajectoire de vie. L'air du temps, marqué par une poussée de l'individualisme, est favorable depuis plusieurs années à la promotion du concept d'équité. La réforme de la politique d'aide sociale relative aux personnes handicapées s'est effectuée dans le cadre de la loi du 11 février 2005 pour « l'égalité des droits et des chances, la participation et la citoyenneté des personnes handicapées », la notion d'égalité des chances étant le but à atteindre de toute politique qui se veut équitable.

---

55. Prétot X., « Le Conseil constitutionnel et la réforme des retraites. Ou la prééminence de l'État de finances sur l'État législateur... », RDSS 2023., p. 594.
56. Rawls J., *A Theory of Justice*, 1971, Belknap Press of Harvard University Press, trad. fr. *Théorie de la justice*, 1987, Seuil, Points ; 2009. En 2001, John Rawls a rectifié sa théorie pour mieux mettre en évidence les idées principales de la justice comme équité : Rawls J., *Justice as Fairness. A Restatement, Press of University of Harvard* ; traduit en français : *La justice comme équité. Une reformulation de Théorie de la justice*, 2003, La Découverte.
57. Borgetto M., « Équité, égalité des chances et politique de lutte contre les exclusions », Dr. soc. 1999, p. 221.

Pour aller plus loin

Dans sa décision n° 2003-483 DC du 14 août 2003 sur la loi réformant les retraites, le Conseil constitutionnel a refusé de conférer une valeur constitutionnelle à la notion d'équité ; il a en effet affirmé que si « le motif d'équité inspire plusieurs des dispositions particulières figurant dans le texte déféré » (montant minimal de pension, amélioration de la situation du conjoint survivant, prise en compte du handicap), l'article 3 de la loi, qui dispose que « les assurés doivent pouvoir bénéficier d'un traitement équitable », est « dépourvu, par lui-même, de valeur normative ». En niant toute normativité au « motif d'équité », les gardiens de la Constitution ont singulièrement manqué d'audace, car l'équité constitue clairement le fondement de dispositifs législatifs. En outre, cette prudence à l'égard de la juridicité d'une notion philosophico-morale cultive une certaine ambiguïté, dans la mesure où l'équité justifie des dérogations parfois importantes au principe d'égalité. 20 ans plus tard, la décision d'avril 2023 n'a pas eu à juger ce grief car la loi sur la dernière réforme des retraites avait prudemment renoncé à employer le mot équité pour justifier les nouvelles mesures prises pour « sauver » financièrement le régime de répartition en sollicitant davantage une génération jusqu'alors épargnée. Le Conseil constitutionnel aurait pu faire preuve d'audace[58] en contrôlant la conformité à la Constitution de cette énième loi mais sa décision n° 2023-849 DC du 14 avril 2023 est restée au ras du dossier en épargnant bien des tracas aux fabricants d'un droit inéquitable.

74. La possibilité de réaménager les conditions d'accès à une prestation sociale. S'il ne peut pas, en application de la jurisprudence du cliquet anti-retour[59] remplacer des dispositions législatives par d'autres normes d'égale valeur qui auraient pour effet de supprimer les garanties antérieures, le législateur peut néanmoins réaménager les conditions d'accès à une prestation sociale en ajoutant, par exemple, une condition supplémentaire comme la résidence sur le territoire[60]. La formule désormais appliquée par le Conseil consiste à exiger que les modifications des lois ne doivent pas priver de garanties légales des exigences constitutionnelles. La position adoptée par le Conseil constitutionnel laisse donc une grande marge de manœuvre au législateur, d'autant plus que, de façon logique, le Conseil constitutionnel refuse de reconnaître un caractère intangible aux droits sociaux. Dans sa décision n° 99-416 DC du 23 juillet 1999 sur la loi instaurant la couverture maladie universelle (CMU), le Conseil constitutionnel a ainsi rappelé que le législateur est « libre de choisir les modalités qui lui paraissent appropriées pour assurer la protection sociale, compte tenu de l'ensemble des prestations existantes et dès lors qu'il ne prive pas de garantie légale les exigences découlant des 10e et 11e alinéas du Préambule de la Constitution de 1946 ». De même, dans sa décision n° 2022-844 DC du 15 décembre 2022, le Conseil a rappelé que si les normes du Préambule de 1946 (notamment le 5e alinéa) impliquent l'existence d'un régime d'indemnisation des chômeurs, elles n'interdisent pas à la loi de prévoir des obligations pour les demandeurs d'emploi qui doivent poursuivre un objectif d'intérêt général et être proportionnées. Il est donc possible de modifier la situation juridique de bénéficiaires de prestations sociales sans violer pour autant la Constitution, qui ressemble de plus en plus à un « tigre de papier ».

58. Beaud O., « Réforme des retraites : le Conseil constitutionnel a raté une occasion historique en ne faisant pas preuve d'audace », *in* Le Monde, 25 avr. 2023.
59. Cons. const., 20 janv. 1984, n° 86-225 DC. Boyer-Capelle (C.), « L'effet cliquet à l'épreuve de la QPC », AJDA 2011, p. 1719.
60. Cons. const., 23 janv. 1987, n° 86-225 DC : Dr. soc. 1987, p. 345, note Prétot X.

Pour aller plus loin

La censure implicite de la « préférence nationale » en 2024

Il peut arriver que le Conseil constitutionnel censure, sans motiver cette inconstitutionnalité, une disposition modifiant substantiellement les conditions d'accès à une prestation sociale. Dans sa décision n° 2023-863 DC du 25 janvier 2024, le Conseil a ainsi annulé l'article 19 de la loi pour contrôler l'immigration et améliorer l'intégration qui introduisait, sans utiliser l'expression, le principe de la « préférence nationale » pour l'attribution de l'APA en fixant une condition de résidence en France d'une durée d'au moins cinq ans ou d'affiliation au titre d'une activité professionnelle depuis au moins trente mois. L'article étant un cavalier législatif (ses dispositions relevant de la législation sociale), le Conseil n'a pas eu à motiver la censure. Toutefois, saisi obligatoirement d'un projet de loi référendaire dans le cadre d'une initiative partagée, le Conseil a pu juger, en avril 2024, que la préférence nationale insérée dans une condition de séjour ou d'activité imposée aux étrangers pour bénéficier d'une aide sociale était contraire à la Constitution (v. *infra*, n° 81).

B - Le bilan des QPC et RIP dans le domaine de l'aide et de l'action sociales

75. S'il a pu être écrit que le bilan des QPC était mitigé dans le domaine de la protection sociale[61], il est possible de nuancer cette affirmation en mesurant tout de même l'ouverture juridique rendue possible par le contrôle de constitutionnalité *a posteriori,* qui s'est, d'ores et déjà, traduit par l'abrogation de plusieurs lois à finalité sociale dont la disparition a permis soit, de rétablir une certaine forme de justice sociale (v. *infra*, n° 76 à 78) soit de préserver l'impartialité dans la justice sociale (v. *infra,* n° 79) soit, de préserver le principe d'égalité (v. *infra*, n° 80). Le contrôle obligatoirement exercé sur un projet de loi dans cadre d'un référendum d'initiative partagée (RIP) a amené, quant à lui, le Conseil constitutionnel à censurer la préférence nationale pour l'accès à certaines prestations d'aide sociale (v. *infra*, n° 81).

76. Des décisions QPC qui réparent des injustices sociales historiques. La première décision QPC est doublement historique[62]. Rendue le 28 mai 2010, cette première décision QPC a amené le Conseil constitutionnel à abroger des lois contraires au principe d'égalité exprimé notamment par l'article 6 de la Déclaration des droits de l'homme et du citoyen de 1789 (DDHC). Ces lois établissaient, en effet, une différence de traitement non justifiée entre, d'une part, les Français et les Algériens (anciens ressortissants de cette colonie ayant combattu pour la France) et, d'autre part, entre les Algériens et les autres étrangers concernés par les pensions d'anciens combattants. De fait, les Français étaient les seuls à percevoir une pension au taux plein quel que soit leur lieu de résidence. Juge de la loi et non du litige, le Conseil constitutionnel a décidé de différer dans le temps les conséquences de cette abrogation afin de ne pas créer d'inégalités entre les pensionnés. Depuis cette décision QPC, le législateur et le

---

61. Gay L., « L'égalité et la protection sociale dans les premières décisions QPC du Conseil constitutionnel : un bilan mitigé », RDSS 2010, p. 1061.
62. Cons. const., 28 mai 2010, n° 2010-1 QPC, Consorts L. : RFD adm. 2010, p. 717, note Katz ; AJDA 2010, p. 1608, note Dord.

pouvoir réglementaire[63] tirent les conséquences de l'appartenance à la République sociale des ressortissants de pays ou territoires anciennement sous souveraineté française en alignant les conditions de revalorisation des pensions désormais décristallisées. Malgré diverses mesures de décristallisations partielles, le Conseil constitutionnel, dans sa décision n° 2010-1 QPC du 28 mai 2010 a jugé inconstitutionnelles les dispositions législatives permettant la cristallisation de ces pensions et les a abrogées à compter du 1er janvier 2011. Et de préciser que l'article 211 de la loi de finances pour 2011, modifié par l'article 279 de la loi de finances pour 2020, tire toutes les conséquences de cette décision en prévoyant la révision des pensions civiles et militaires de retraite, des pensions militaires d'invalidité et des retraites du combattant, ainsi que des pensions de réversion. Le Conseil a également invalidé, dans la 18e décision QPC, une disposition législative réservant la carte de combattant, laquelle ouvre droit à des prestations sociales, aux seules personnes possédant la nationalité française[64]. Cette loi empêchait juridiquement de délivrer la carte du combattant aux membres des forces supplétives françaises qui ont servi pendant la guerre d'Algérie ou les combats en Tunisie et au Maroc.

77. Le rejet de QPC au nom d'une conception réaliste du principe d'égalité. Souvent invoqué dans les QPC sur des lois sociales, l'article 6 de la DDHC est interprété de façon très pragmatique par le Conseil d'État lorsqu'il filtre les QOC et décide de ne pas les transmettre au Conseil constitutionnel. Par exemple, dans une décision rendue en juillet 2023, le Conseil d'État a refusé de transmettre une QPC à l'encontre des dispositions de l'article 12 de la loi du 16 août 2022, qui méconnaitraient le principe d'égalité devant la loi en tant qu'elles ne prévoient pas de plafonner, de la même manière que dans les hypothèses auxquelles elles s'appliquent, l'évolution du prix du socle de prestations et des autres prestations d'hébergement dont doivent s'acquitter les personnes âgées hébergées dans les établissements visés à l'article L. 342-1 du CASF. Pour le juge administratif, les personnes âgées accueillies dans un EPHAD sont dans une situation objectivement différente de celle d'un locataire ; elles ne s'acquittent effectivement « pas d'un loyer mais d'un prix global correspondant à un ensemble de prestations d'hébergement comprenant des prestations "socle", d'administration générale, d'accueil hôtelier, de fluides, de restauration, de blanchissage et d'animation de la vie sociale ainsi que, le cas échéant, d'autres prestations d'hébergement »[65] et sont, dès lors, dans une situation objectivement différente, justifiant l'inapplication, par l'intermédiaire de l'indice de référence des loyers, du plafonnement de l'évolution des tarifs en EPHAD.

78. La République sociale et les gens du voyage : volonté d'insertion ou maintien de discriminations ? De façon significative, aucune réflexion doctrinale ne s'est intéressée aux discriminations en matière d'accès aux prestations d'aide sociale à l'encontre du groupe des gens du voyage qui représentent plus de 350 000 citoyens de nationalité française auxquels s'ajoutent depuis 2010 les Roms vivant dans une résidence mobile en raison de l'assimilation effectuée sur ce point par le Conseil constitutionnel en

63. Décret n° 2020-1109 du 3 sept. 2020 relatif à la décristallisation des pensions servies par l'Établissement national des invalides de la marine.
64. Cons. const., 23 juill. 2010, n° 2010-18 QPC.
65. CE, 20 juill. 2023, n° 471769.

juillet 2010. Dans sa décision n° 2010-13 QPC du 9 juillet 2010 sur la situation des gens du voyage, le Conseil constitutionnel a rejeté le moyen tiré de la violation du principe d'égalité et de l'article 1er de la Constitution par les articles 9 et 9-1 de la loi du 5 juillet 2000 relative à l'accueil et à l'habitat des gens du voyage[66]. Cette affaire offrait pourtant au Conseil constitutionnel l'opportunité de faire jouer pleinement la notion de République sociale au profit d'une catégorie de citoyens faisant traditionnellement l'objet de discriminations. L'autre apport négatif de cette décision consiste, pour le Conseil constitutionnel, à avoir déformé le sens des lois de janvier 1969 et de juillet 2000 en jugeant que leurs dispositions s'appliquaient aux « personnes, quelles que soient leurs origines, dont l'habitat est constitué de résidences mobiles et qui ont choisi un mode de vie itinérant et celles qui vivent de manière sédentaire ». En ajoutant « quelles que soient leurs origines », le Conseil a modifié la rédaction de ces lois pour faire entrer dans la catégorie des gens du voyage les Roms qui, par définition, n'ont pas la nationalité française et qui, dans leur pays d'origine, étaient sédentaires ! Le Conseil constitutionnel a certes rendu une deuxième décision QPC en octobre 2012 dans laquelle il a mis fin à deux séries de discriminations contenues dans la loi du 3 janvier 1969 qui n'avait jamais fait l'objet d'un contrôle de constitutionnalité, mais le principe même d'un droit différent fondé sur un mode de vie différent semble clairement contraire à la vocation sociale de la République[67]. L'article 1er de la Constitution n'ayant pas été invoqué pour remédier à cette importante exception au sein de la République sociale, il revenait au Parlement d'abroger lui-même les dernières discriminations figurant dans la loi de 1969. En 2019, une troisième QPC a abrogé une disposition de la loi du 5 juillet 2000 ayant pour conséquence de permettre à certaines communes d'interdire aux gens du voyage de stationner sur un terrain dont... ils sont propriétaires. Une telle disposition méconnaissait, à l'évidence, le principe d'égalité devant la loi et le droit de propriété, le Conseil retenant uniquement – et étonnamment – que la violation du droit de propriété pour censurer la loi[68].

79. Des juridictions d'aide sociale rattrapées par l'exigence d'impartialité. Le Conseil constitutionnel a abrogé une disposition du CASF relative à la composition des commissions départementales d'aide sociale (CDAS)[69]. Issue d'un adage anglais (*Justice must not only be done, it must also be seen to be done*), la théorie des apparences implique le fonctionnement indépendant et impartial de la justice. L'indépendance suppose que le juge ne subisse aucune pression ni ne reçoive aucune instruction de la part de quelque autorité que ce soit. L'impartialité implique, quant à elle, une posture neutre et objective des juges. Le contentieux de l'aide et de l'action sociales a intégré, dans son fonctionnement, la présence de juges non professionnels (principe de l'échevinage). En pratique, trois conseillers généraux et trois fonctionnaires de l'État (en activité ou à la retraite) siégeaient, par exemple, au sein de la CDAS, juridiction administrative spécialisée du premier degré connaissant d'environ 20 000 recours par an formés contre les décisions du président ou du conseil général en matière d'admission à l'aide sociale, à l'exception des demandes relatives aux prestations d'aide sociale à l'enfance. Pour le Conseil constitutionnel, personne ne peut juger sa propre cause.

66. Cons. const., 9 juill. 2010, n° 2010-13 QPC, Gens du voyage : AJDA 2010, p. 2324, note Aubin E.
67. Cons. const., 5 oct. 2012, n° 2012-279 QPC : AJDA 2012, p. 2393, note Aubin E.
68. Cons. const., 27 sept. 2019, n° 2019-805 QPC.
69. Cons. const., 25 mars 2011, n° 2010-110 QPC.

Dès lors, la présence – prévue par l'article L. 134-6 du CASF – de trois conseillers généraux et de trois fonctionnaires de l'État dans la CDAS est jugée inconstitutionnelle, car « ni l'article L. 134-6, ni aucune autre disposition législative applicable à la commission départementale d'aide sociale n'institue les garanties appropriées permettant de satisfaire au principe d'indépendance des fonctionnaires siégeant dans cette juridiction. Ne sont pas davantage instituées les garanties d'impartialité faisant obstacle à ce que des fonctionnaires puissent siéger lorsque cette juridiction connaît de questions relevant des services à l'activité desquels ils ont participé [...] », ce principe étant également méconnu « par la participation de membres de l'assemblée délibérante du département lorsque ce dernier est partie à l'instance ». La même cause produisant les mêmes effets, la décision n° 2012-250 QPC du 8 juin 2012 abroge la disposition du code relative à la composition de la Commission centrale d'aide sociale (CCAS).

80. Abrogation de dispositions législatives sur renvoi du juge judiciaire. Les QPC dans le domaine de l'aide et de l'action sociales proviennent parfois du juge judiciaire. Par exemple, la décision n° 2020-856 QPC du 18 septembre 2020[70] a amené le Conseil constitutionnel à abroger une loi de 2015 qui portait atteinte au principe d'égalité devant la loi prévu par la DDHC en prévoyant des conditions discriminatoires de versement d'une prestation aux enfants des mineurs illégalement licenciés entre 1948 et 1952. La décision n° 2013-328 QPC du 28 juin 2013[71] abroge quant à elle, sur renvoi de la chambre criminelle de la Cour de cassation, un article du CASF qui renvoyait au Code pénal pour réprimer la perception frauduleuse de prestations sociales. Dans cette décision significative, le Conseil constitutionnel a jugé contraire à l'article 6 de la DDHC l'existence de deux peines différentes pour réprimer un seul et même comportement (la fraude à l'aide sociale).

81. La grande décision RIP du 11 avril 2024 : l'inconstitutionnalité de la préférence nationale pour l'accès aux aides sociales. La 6e décision rendue par le Conseil constitutionnel en avril 2024[72] sur une procédure de référendum d'initiative partagée a été l'occasion pour les gardiens de la Constitution d'affirmer pour la première fois que la préférence nationale (le terme n'est certes pas utilisé dans la décisions mais il est clairement en filigrane dans cette affaire) en matière d'accès aux aides sociales méconnaissait la Constitution. Dans un premier temps, le Conseil a précisé que la « proposition de loi apporte à certains dispositifs de prestations sociales, d'aide à la mobilité et d'hébergement susceptibles de bénéficier à des étrangers (et) porte, au sens de l'article 11 de la Constitution, sur une réforme relative à la politique sociale de la nation ». Ensuite, au point 10 de la décision, le Conseil rappelle que « les étrangers jouissent des droits à la protection sociale, dès lors qu'ils résident de manière stable et régulière sur le territoire français ». Dans un troisième temps, le Conseil inscrit sa décision dans le prolongement de celle qui a été rendue le 29 décembre 2009 précisant que « Les exigences constitutionnelles résultant des 10e et 11e alinéa du Préambule de la Constitution de 1946 impliquent la mise en œuvre d'une politique de solidarité nationale en faveur des personnes défavorisées ». Enfin, il considère que la condition

70. Allocation pour les enfants de mineurs licenciés pour faits de grève en 1948 et 1952.
71. Association Emmaüs Forbach.
72. Cons. const., Décision n° 2024-6 RIP du 11 avril 2024, proposition de loi visant à réformer l'accès aux prestations sociales des étrangers.

de résidence de 5 ans ou d'activité de 30 mois imposée aux étrangers en situation régulière a pour effet de priver ces derniers des exigences constitutionnelles résultant des deux alinéas que l'on sait du Préambule de la Constitution de 1946.

Il ressort clairement de cette censure bienvenue que le fait que le demandeur d'aide sociale soit un étranger (hors UE) ne saurait être un motif pour accorder au législateur un pouvoir discrétionnaire limitant l'obligation constitutionnelle de l'État de porter assistance et de faire bénéficier la solidarité nationale en faveur des personnes défavorisées aux étrangers résidant de façon régulière en France. En effet, le principe d'égalité et les droits constitutionnels fondamentaux sont garantis aux citoyens (français et européens) comme aux étrangers, une restriction législative privant l'étranger des exigences constitutionnelles du Préambule de 1946 dans des conditions disproportionnées n'étant pas autorisée dans le système juridique. Le terme national ne peut donc, en l'état actuel du droit constitutionnel, être utilisé pour empêcher la jouissance des droits sociaux fondamentaux car la solidarité nationale, qui est la base de la sécurité et de l'aide sociales, est également garantie aux étrangers résidant sur le territoire de la République et se trouvant dans la situation d'une personne défavorisée. Le critère de la nationalité ne permet pas de refuser des prestations sociales aux étrangers vivant régulièrement en France en imposant des conditions de résidence disproportionnées. Pour affirmer l'inverse, il faudrait réviser la Constitution en précisant que la République sociale concerne les « seuls citoyens français et européens », la seule voie envisageable (et fort contestable malgré le précédent « gaulliste ») étant de recourir à l'article 11 de la Constitution pour neutraliser l'opposition du Conseil constitutionnel. En raison tant de la question posée que de la formalisation de la réponse, cette décision du 11 avril est, à n'en pas douter, une grande décision qui laissera une empreinte en érigeant un obstacle constitutionnel contre les velléités législatives de renouer avec une conception « nationaliste » et discriminatoire de l'aide sociale.

BIBLIOGRAPHIE

Aubin E., « Une décision qui redonne du lustre à la fraternité », Le Monde 12 juill. 2018 ; « Le statut des gens du voyage devant le Conseil constitutionnel : la fin des discriminations ? », AJDA 2012, p. 23 ; « L'évacuation forcée des gens du voyage : une décision QPC tombant de Charybde en Scylla », AJDA 2010, p. 232.

Blais M.-Cl., « La république et la question sociale », *Le Philosophoire* 2013/1, n° 39, p. 45.

Borgetto M., *La notion de fraternité en droit public français. Le passé, le présent et l'avenir de la solidarité*, 1993, LGDJ ; « L'égalité et l'aide sociale », RDSS 2013, p. 401 ; « Le Conseil constitutionnel, le principe d'égalité et les droits sociaux », in *Frontières du droit, critique des droits, billets d'humeur en l'honneur de Danièle Lochak*, 2007, LGDJ, p. 239.

Borgetto M. et Lafore R., *La République sociale. Contribution à l'étude de la question démocratique en France*, 2000, PUF.

Bourgeois L., *Solidarité*, A. Colin & Cie, 1896 ; rééd. Hachette BNF.

Donier V., « Le principe de fraternité en droit positif : quels espoirs pour la protection des droits sociaux ? », in *Mélanges en l'honneur du professeur Hervé Rihal*, 2021, PUJP, p. 375.

Fontaine L., « Le Conseil constitutionnel est-il une juridiction sociale ? », *Dr. Soc* 2017, p. 754.

Guerrini M., « Les mutations de la République sociale », RDSS 2025, p. 807.

Herrera C., « La République sociale comme concept constitutionnel », RDSS 2025, p. 848.

Isidro L., « La République sociale et les étrangers », RDSS 2025, p.939 ; « La décision RIP du 11 avril 2024 sur l'accès aux prestations sociales des étrangers : une « grande décision ? », RDSS 2024, p. 446.

Mastor W., « Le Conseil constitutionnel est-il « social » ?, RDSS 2025, p. 838.

Pavia M.-L., « La portée de la constitutionnalisation du principe de dignité de la personne humaine », *in* Mathieu B. et Verpeaux M. (dir.), *La constitutionnalisation des branches du droit*, 1998, Economica-PUAM, p. 133.

Pontier J-M., « La République sociale et les solidarités », RDSS 2025, p. 798.

Prétot X., « Le Conseil constitutionnel et la réforme des retraites. Ou la prééminence de l'État de finances sur l'État législateur... », RDSS 2023, p. 591.

Roman D., « Le juge administratif et la République sociale », RDSS 2025, p. 965 ; « Les inégalités en matière de droits fondamentaux », in AFDA, *Le droit administratif et les droits fondamentaux*, 2023, Dalloz, p. 91 ; « Lejuge et les droits sociaux : vers un renforcement de la justiciabilité des droits sociaux ? », RDSS 2010, p. 793 ; « L'État social, entre solidarité et liberté », in *Solidarité(s). Perspectives juridiques*, 2008, LGDJ-Presses de l'Université de Toulouse, p. 299 ; « Le principe de dignité dans la doctrine sociale », *in* Girard C. et Hennette-Vauchez S., (dir.), *La dignité de la personne humaine. Recherche sur un processus de juridicisation*, 2008, PUF, Droit et justice, p. 70.

Roux J., « Le Conseil constitutionnel et le bon samaritain », AJDA 2018, p. 1781.

Supiot A., *Grandeur et misère de l'État social*, 2013, Collège de France-Fayard.

Tchen V., « La fraternité en droit des étrangers : un principe qui manquait ? », AJDA 2018, p. 1786.

CHAPITRE 3

L'européanisation de l'aide et de l'action sociales

82. L'Europe sociale : une réalité méconnue. L'appartenance de la France à la fois à l'Union européenne et au Conseil de l'Europe a des conséquences sur l'accès aux droits sociaux, même s'il convient de nuancer le propos en rappelant l'existence d'une influence juridique contrastée, comme le montrent les destins différents des chartes élaborées au sein de ces deux organisations internationales. Incarnant une forme de droit non contraignant, des chartes adoptées dans le cadre du Conseil de l'Europe et de l'Union européenne promeuvent des droits sociaux sans avoir les moyens ni les instances qui permettraient de combattre leur violation, certaines incarnant toutefois une certaine forme de magistrature morale, à l'instar de la Charte sociale européenne (ci-après CSE). La Charte des droits fondamentaux de l'Union européenne fait figure d'exception en raison de sa valeur normative depuis décembre 2009 ; son existence et sa normativité montrent l'avance prise par l'Union européenne (UE) et la pertinence théorique de l'idée de droits sociaux européens. Depuis le début des années 1990, les institutions de l'Union utilisent, quant à elles, des instruments – comme la méthode ouverte de coordination – qui visent à assurer une certaine convergence des politiques sociales, le Fonds social européen (FSE) jouant un rôle de vecteur dans ce processus. Dans un contexte marqué par l'accroissement de la pauvreté dans l'Union européenne, la notion de solidarité est promise à un bel avenir et fonde, d'ores et déjà, une politique d'inclusion sociale qui se heurte toutefois à la résistance de plusieurs États membres régulièrement condamnés par la CJUE à l'image de la Hongrie et jusqu' à une période récente de la Pologne. Il convient d'évoquer également l'important Socle Européen des Droits Sociaux (SEDS) proclamé en Suède en 2017 et qui constitue la base de nouvelles initiatives visant à rendre concrète l'Europe sociale sur la période 2025-2030.

Pour aller plus loin

Sans aller jusqu'à évoquer une « guerre des mots » chère notamment à Alain Supiot autour de la notion de droit social entre les deux cours européennes (la CEDH et la CJUE), nul ne peut contester le fait que le droit européen au sens large exerce une influence importante sur la fondamentalisation des droits sociaux à une échelle différente selon l'ordre juridique concerné ; la CEDH raisonne, en effet, à l'aune de standards liés à la protection des droits de l'homme, tandis que la CJUE tient compte des libertés fondamentales propres à l'Union européenne. La Cour de Strasbourg exerce son office à l'aune de la non-discrimination en matière d'accès au droit social conçu comme un droit de l'homme, alors que le juge de l'Union européenne a relié la notion de droit social au concept de citoyenneté européenne, avant de relativiser ce lien afin de lutter contre le « tourisme social » redouté à partir de l'élargissement aux pays d'Europe Centrale et Orientale. Un pont entre les deux cours européennes existe cependant par le truchement des droits fondamentaux garantis par la Charte des droits fondamentaux de l'Union européenne dont plusieurs stipulations concernent expressément le droit de l'aide et de l'action sociales (voir *infra*, n° 89).

1 • LE TEMPS DES CHARTES

A - La Charte sociale européenne du Conseil de l'Europe

83. Origines et évolutions de la CSE. Élaborée dans le cadre du Conseil de l'Europe, signée à Turin le 18 octobre 1961 et entrée en vigueur le 26 février 1965, la Charte sociale européenne (CSE) a fait l'objet d'une importante révision en mai 1996 afin de prendre en compte la situation des nouveaux états « décommunisés » d'Europe de l'Est et l'avènement de nouveaux droits sociaux. Dans sa version révisée, la CSE constitue la synthèse des droits sociaux contenus dans d'autres instruments internationaux. Sans détailler par le menu son contenu, on observera qu'elle vise à assurer l'exercice de 31 droits et principes sociaux, dont le droit à la Sécurité sociale, à l'assistance sociale et médicale, au bénéfice des services sociaux, à une protection sociale et à une protection contre la pauvreté et l'exclusion sociale.

Pour aller plus loin

Les droits figurant dans la CSE sont uniquement programmatoires et ne peuvent donc prospérer devant les juridictions françaises, ainsi que l'a affirmé le Conseil d'État dans une affaire relative à la contestation, par des associations, de deux décrets durcissant les conditions d'accès des étrangers à l'aide médicale d'État (AME), qui est une aide sociale versée aux étrangers en situation irrégulière ; ce qui implique une articulation parfois problématique entre les dispositions du CASF et celles du CESEDA[1].

84. L'existence d'un principe général de non-discrimination dans l'accès aux droits sociaux. À l'image de la Convention européenne des droits de l'Homme et de son article 14, la CSE a également consacré un principe général de non-discrimination dans l'accès et l'exercice des droits sociaux. Malgré l'intérêt d'une telle charte, il convient de préciser que celle-ci est dépourvue de sanction juridique. La CSE n'est effectivement pas rattachée au système européen de protection des droits de l'homme mis en place dans le cadre du Conseil de l'Europe. Les droits qu'elle proclame ne peuvent donc être invoqués par des requérants devant un tribunal européen qui serait chargé d'en assurer le respect et de sanctionner leur violation. Le contrôle de l'application de la CSE est assuré par un comité d'experts indépendants qui analyse les rapports nationaux d'application de la CSE ; il existe également, depuis 1995, une procédure de réclamation collective consistant pour les états à accepter les

1. CE, 30 déc. 2021, n° 448688.

réclamations provenant d'organisations non gouvernementales (ONG) ou d'organisations internationales et nationales d'employeurs et de travailleurs relatives au non-respect de droits énoncés dans la CSE.

85. L'influence « morale » du CEDS (Comité européen des droits sociaux). L'influence de la Charte sociale européenne a été illustrée par une décision du Comité européen des droits sociaux (CEDS) concernant la modification du dispositif français d'aide médicale aux étrangers[2]. Saisi par la Ligue des droits de l'homme, le comité a estimé que les dispositions de la CSE étaient applicables, « dans certaines situations spécifiques », aux étrangers en situation irrégulière avant de conclure à la violation, par la loi française, de l'article 17 de la charte concernant la protection des droits des enfants, et non à celle de l'article 13 – comme le souhaitaient les requérants – relatif au droit à l'assistance sociale et médicale. L'influence de la CSE est relativisée par l'absence d'effet direct de ses stipulations, ainsi que l'a rappelé le Conseil d'État lorsqu'il a contrôlé la légalité de la réforme de l'aide médicale d'État[3]. Toutefois, si l'on sait que les décisions de ce comité d'experts indépendants ne revêtent pas la force de l'autorité de chose jugée, le CEDS exerce bien une certaine forme de magistrature morale l'amenant à lutter contre les pratiques des États qui entravent l'accès des non-nationaux aux droits sociaux.

86. Exemples de réclamations devant le CEDS concernant des pratiques discriminatoires en matière d'aide et d'action sociales. Dans une décision rendue en juin 2010, le CEDS a estimé que la législation française appliquée aux gens du voyage et applicable aux expulsions de Roms méconnaissait plusieurs articles de la CSE. Dans sa réponse, le gouvernement français a indiqué qu'il existait un accompagnement social des Tsiganes se traduisant, notamment, par le financement, dans le cadre de l'année européenne 2010 de lutte contre la pauvreté et l'exclusion sociale, de plusieurs projets concernant des Roms. Le CEDS a réitéré cette position en 2012 concernant le sort des Roms en France sur saisine de l'acteur social et sanitaire de premier plan que constitue Médecins du Monde. De même, les gens du voyage de nationalité française peuvent bénéficier du RSA, le montant de cette prestation sociale variant selon la composition de la famille. Le 6 décembre 2023, le CEDS a déclaré recevable la réclamation n° 227/2023 relative à la violation par la Suède des articles 11 (droit à la protection de la santé) et 13 (droit à l'assistance sociale et médicale) ainsi que l'article E (non-discrimination), lu en combinaison avec chacune de ces dispositions de la Charte sociale européenne révisée concernant les refus opposés aux Roms ressortissants d'autres pays de l'Union européenne de l'accès à des soins de santé nécessaires ou une facturation du montant total de ces soins afin de les inciter à s'abstenir de recourir aux soins de santé nécessaires.

---

2. CEDS, 8 sept. 2004, FIDH c/ France : RTDH 2005, p. 689, note Akdandji-Kombé J.-F.
3. CE, 7 juin 2006, Associations Aides et autres : AJDA 2006, p. 1189.

Condamnation de la France par le CEDS pour violation de l'accès des personnes handicapées aux droits sociaux

Le CEDS a été saisi de réclamations alléguant que la France ne respectait pas ses obligations issues de la Charte en raison de l'absence d'accès effectif des personnes handicapées à une vie autonome et incluse dans la société, ce qui engendre l'ineffectivité d'autres droits reconnus à tous par la Charte ainsi que des discriminations. Les réclamants soutiennent en outre que cette situation fragilise de nombreuses familles et crée également à leur égard des discriminations[4]. En 2023, une décision du CEDS rendue en 2022 saisi par le Forum européen des personnes handicapées a estimé que la France méconnaissait plusieurs articles de la CSE concernant les personnes handicapées. Les violations concernaient l'accès suffisant et effectif des personnes handicapées d'une part, aux services d'aide social et équipements (article 15 § 3 de la Charte), d'autre part, aux services devant intégrer les enfants handicapés dans les écoles ordinaires (article 15 § 3) ou encore l'accès égal et effectif des personnes handicapées aux services sociaux (article 14 § 1) et le droit à la protection contre la pauvreté et l'exclusion sociale (article 30 de la Charte). Les associations avaient également sollicité la Défenseure des droits, qui a rendu sa décision le 26 mars 2021[5].

B - La Charte communautaire des droits sociaux fondamentaux des travailleurs (CCDSFT)

87. Une charte adoptée en 1989 : la genèse de l'Europe sociale. Inspirée par la CSE du Conseil de l'Europe et les conventions de l'OIT, cette charte est un pilier essentiel de la dimension sociale de la construction européenne appelée de ses vœux à partir du début des années 1970 par les États membres de l'Union européenne. Adoptée lors du Conseil européen de Strasbourg en décembre 1989 par les États membres à l'exception du Royaume-Uni, la Charte communautaire des droits sociaux fondamentaux des travailleurs apparaît comme une déclaration d'intention destinée à combler l'absence de véritable politique sociale européenne. La charte précise ainsi que tout citoyen de la Communauté a droit à une protection sociale adéquate ou doit bénéficier, lorsqu'il est exclu du marché du travail et ne dispose pas de moyens d'existence suffisants, d'un revenu minimum et d'une assistance sociale appropriée. De même, les ressortissants des États de l'Union européenne à la retraite doivent bénéficier d'un revenu leur assurant un niveau de vie décent et une protection sociale adéquate. Enfin, l'insertion des personnes handicapées dans la vie active doit être favorisée par des mesures concrètes et leur intégration sociale recherchée par l'amélioration de l'accessibilité, de la mobilité, des moyens de transport et du logement.

88. Une charte sans valeur juridique contraignante. Dépourvue de valeur juridique contraignante, la Charte communautaire des droits sociaux fondamentaux des travailleurs a néanmoins servi de « guide » à la Cour de justice. L'article 151 du Traité sur le fonctionnement de l'Union européenne (TFUE) se réfère à cette charte pour indiquer que les États membres de l'Union et les acteurs institutionnels de celle-ci ont pour objectif « l'amélioration des conditions de vie, une protection sociale adéquate [...] et

4. CEDS, réclamation n° 168/2018, 14 mai 2018, Forum européen des personnes handicapées et Inclusion Europe c/ France, décision notifiée le 17 avr. 2023.
5. Déf. droits, déc. n° 2021-078, 26 mars 2021.

la lutte contre les exclusions ». La Charte des droits fondamentaux de l'Union européenne se réfère également à cette charte sociale de 1989.

C - Les droits sociaux dans la Charte des droits fondamentaux de l'Union européenne

89. L'inclusion sociale au cœur de la charte de 2000. L'inclusion sociale est une valeur de l'Union européenne qui a franchi un grand pas en se dotant d'une charte des droits fondamentaux. Le droit de l'Union européenne a, en effet, pu saisir certains droits sociaux sous l'angle de leur fondamentalité par le truchement de la Charte des droits fondamentaux de l'Union européenne. Celle-ci est un instrument désormais normatif permettant également de poursuivre l'objectif d'une convergence vers l'effectivité de la solidarité au sein d'une Union européenne[6] toujours en proie à un questionnement existentiel. L'article 34, alinéa 3 de la charte stipule qu'afin « de lutter contre l'exclusion sociale et la pauvreté, l'Union reconnaît et respecte le droit à une aide sociale et à une aide au logement destinées à assurer une existence digne à tous ceux qui ne disposent pas de ressources suffisantes ». Appliquant notamment l'article 34 en lien avec la directive 2003/109[7], la CJUE a jugé qu'une norme nationale prévoyant un traitement différent dans l'attribution d'aides au logement entre les citoyens européens et les ressortissants des pays tiers de longue durée était incompatible avec le droit de l'UE[8]. L'article 35 garantit, quant à lui, le droit à la santé en disposant que « toute personne a le droit d'accéder à la prévention en matière de santé et de bénéficier de soins médicaux dans les conditions établies par les législations et les pratiques nationales ». Parce que les droits doivent être effectifs, l'article 47 affirme, quant à lui, que « toute personne dont les droits et libertés garantis par le droit de l'Union ont été violés a droit à un recours effectif devant un tribunal ». La charte adopte également une approche catégorielle pour reconnaître des droits sociaux fondamentaux aux personnes vulnérables. L'article 25 précise que « l'Union reconnaît et respecte le droit des personnes âgées à mener une vie digne et indépendante et à participer à la vie sociale et culturelle ». L'article suivant reconnaît le « droit des personnes handicapées à bénéficier de mesures visant à assurer leur autonomie, leur intégration sociale et professionnelle [...] ».

Pour aller plus loin

La CJUE s'est montrée soucieuse de garantir l'application de droits sociaux fondamentaux figurant dans la Charte des droits fondamentaux de l'Union européenne. En s'appuyant sur l'article 34 de la Charte des droits fondamentaux de l'Union européenne, elle a ainsi relevé qu'« en déterminant les mesures de Sécurité sociale, d'aide et de protection sociales définies par leur législation nationale et soumises au principe d'égalité de traitement consacré à l'article 11, paragraphe 1, sous d), de la directive 2003/109, les États membres doivent respecter les droits et observer les principes prévus par la Charte, notamment ceux énoncés à l'article 34 de celle-ci »[9].

---

6. Boutayeb C. (dir.), *La solidarité dans l'Union européenne*, 2011, Dalloz.
7. CJUE, 24 avr. 2012, n° C-571/10 (point 80).
8. CJUE, 24 avr. 2012, n° C-571/10, Kamberaj.
9. *Ibid.*

90. Le choix d'une indivisibilité des droits fondamentaux. Proclamée en décembre 2000 à l'occasion de la signature du traité de Nice, la Charte des droits fondamentaux de l'Union européenne consacre une indivisibilité des droits. Parallèlement aux droits politiques et civiques traditionnels, elle comporte en effet plusieurs articles relatifs aux droits sociaux non seulement des citoyens européens, mais également de toute personne résidant sur le territoire d'un État membre. De façon logique, compte tenu de l'articulation du droit de l'Union européenne et du droit interne, lorsqu'une loi ne met pas en œuvre un droit social de l'UE, l'invocation de la charte est inopérante[10]. En sens inverse, la CJUE a jugé que les droits fondamentaux « ont vocation à être appliqués dans toutes les situations régies par le droit de l'Union et non en dehors de telles situations »[11]. Appliquant cette logique, elle s'est déclarée incompétente dans deux litiges relatifs à l'appréciation de la notion de handicap[12].

91. La promotion du concept de solidarité au niveau de l'Union européenne. Le chapitre IV de la charte (art. 27 à 38) consacré à la « Solidarité » affirme, notamment, le droit à la sécurité sociale et à l'aide sociale ainsi qu'au logement en cas d'insuffisance de ressources. Les deux normes conventionnelles phares sont les articles 34 et 35 :

- l'article 34 consacre le droit aux prestations de Sécurité sociale et aux avantages sociaux pour « toute personne qui réside et se déplace légalement à l'intérieur de l'Union » ;
- l'article 34, § 3 précise qu'« afin de lutter contre l'exclusion sociale et la pauvreté, l'Union reconnaît et respecte le droit à une aide sociale et à une aide au logement destinées à assurer une existence digne à tous ceux qui ne disposent pas de ressources suffisantes » ;
- l'article 35 garantit, quant à lui, le droit à la santé en disposant que « toute personne a le droit d'accéder à la prévention en matière de santé et de bénéficier de soins médicaux dans les conditions établies par les législations et les pratiques nationales ».

La simple lecture de ces stipulations met en évidence l'influence que peut exercer cette charte sur la garantie des droits sociaux dans l'Union européenne même si, par exemple, la charte ne peut être mobilisée pour faire jouer le principe de non-discrimination en matière de prestations sociales car l'interprétation de ce principe s'effectue sur la base du droit dérivé (v. *infra*, n° 101).

2. L'EUROPE SOCIALE : UN MYTHE OU UNE RÉALITÉ ?

92. L'entrée en vigueur du TFUE depuis décembre 2009 : la session de rattrapage de l'Europe sociale ? Contrairement à une idée trop souvent répandue,

10. CE, 10 juill. 2015, n° 375886 : inopérance de l'invocation de la charte à l'encontre de la loi sur le RSA.
11. CJUE, 5 févr. 2015, n° C-117/14.
12. CJUE, 1er déc. 2016, n° C-395/15, Daouidi ; CJUE, 21 févr. 2013, n° C-312/12, Ajdini.

l'Union européenne et l'Europe sociale ne forment pas un oxymoron. Entré en vigueur le 1er décembre 2009, le Traité de l'Union stipule, dans son article 3, point 3, que l'Union « combat l'exclusion sociale et les discriminations, et promeut la justice et la protection sociales, l'égalité entre les femmes et les hommes, la solidarité entre les générations et la protection des droits de l'enfant. Elle promeut la cohésion économique, sociale et territoriale ». Depuis sa ratification, les stipulations de la charte concernant les droits sociaux peuvent donc déployer leurs virtualités juridiques, grâce notamment à la jurisprudence créatrice et opiniâtre de la Cour de justice de l'Union européenne, laquelle n'admet, on le sait, une discrimination que si celle-ci répond à une « justification objective et raisonnable ». En outre, ainsi que l'avait souligné l'avocat général Yves Bot, « la solidarité figure parmi les valeurs cardinales de l'Union et se trouve même être aux fondements de celle-ci. (...) [Elle] constitue à la fois la raison d'être et l'objectif du projet européen »[13]. Si la lettre du traité est prudente et réductrice, l'esprit de la jurisprudence de la Cour a été animé par des considérations téléologiques, à l'image des décisions rendues dans des affaires relatives à des citoyens européens ou à des étrangers membres de leurs familles (voir *infra*, n° 99). Les développements normatifs au sein de l'Union européenne ont fait dévier le droit interprété et jugé par la CJUE vers une meilleure garantie des droits sociaux. L'Europe sociale se traduit également par l'existence d'objectifs et d'outils visant à renforcer l'inclusion sociale (dans le cadre de la méthode ouverte de coordination) et la cohésion par l'intermédiaire du Fonds social européen (FSE). Enfin, l'Europe sociale s'est récemment renforcée avec la proclamation en 2017 d'un socle des droits sociaux qui constitue la base de nouvelles actions au sein de l'UE sur la période 2025-2030.

A - La méthode ouverte de coordination (MOC), vecteur de convergences pour une meilleure inclusion sociale

93. Une méthode non contraignante au service d'un objectif commun : la lutte contre la pauvreté. L'inclusion sociale est un enjeu majeur pour l'Union européenne, d'autant plus depuis son élargissement historique de 2004 aux pays d'Europe de l'Est[14]. La méthode ouverte de coordination (MOC) est une illustration du rôle de la *soft law* dans le domaine social, à telle enseigne que, parfois, l'« instrument tient lieu de politique »[15]. Proposant des outils beaucoup moins contraignants qu'une norme européenne, la MOC a pour objet d'évaluer et d'orienter les systèmes de protection sociale des États membres sur la base d'échanges de statistiques harmonisées au niveau de l'Union. L'objectif commun est de lutter contre la pauvreté et l'exclusion sociale sans imposer par la force du droit des politiques sociales d'origine européenne. Le but de la MOC est de fixer des objectifs assez larges ainsi que les grandes lignes

13. Conclusions de l'avocat général Y. Bot présentées le 26 juill. 2017, aff. C-643/15 et C-647/15, République slovaque, Hongrie c/ Conseil.
14. Euzéby O., « L'inclusion sociale, objectif majeur pour l'Union européenne », RMCUE mai 2004, n° 478, p. 306.
15. Dehousse R., « La méthode ouverte de concertation. Quand l'instrument tient lieu de politique », *in* Lascoumes P. et Le Gales P., *Gouverner par les instruments*, 2004, Presses de Sciences Po, p. 331. Pour une analyse détaillée des origines et de l'influence de la MOC, voir Damon J., *Éliminer la pauvreté*, 2010, PUF, p. 85 et s.

permettant d'esquisser une politique sociale non contraignante au sein de l'Union européenne. L'Union européenne fixe, dans ce cadre, des normes minimales et son action s'inscrit dans le registre de la coordination et du droit souple.

94. La MOC, méthode retenue pour l'inclusion sociale. La MOC est une méthode de convergence des politiques sociales vers un modèle européen constituant la ligne d'horizon de l'Europe sociale, laquelle poursuit l'objectif d'inclusion sociale tout particulièrement depuis 2010, année qui avait été érigée en année de lutte contre la pauvreté. La MOC permet de mettre en place des indicateurs de mesure « objective » de la pauvreté et de l'exclusion sociale dans l'Union européenne. Dix-huit indicateurs ont ainsi été retenus, parmi lesquels le taux de risque de pauvreté, le taux de persistance du risque de pauvreté, l'intensité de la pauvreté, le taux de chômage de longue durée, les personnes vivant dans des ménages sans emploi, la privation matérielle ou encore les difficultés de logements. Par exemple, le « risque de pauvreté » a été fixé à 60 % du revenu médian (100 € en Bulgarie et 1 500 € au Luxembourg !). Dans un second temps, à partir de ces indicateurs, les États membres ont élaboré des plans nationaux d'action pour l'inclusion sociale (PNAI) qui fixent des objectifs chiffrés variables selon les États et les marges de manœuvre financières. La politique de cohésion de l'UE soutient la stratégie Europe 2020, qui visait à protéger au moins 20 millions de personnes contre le risque de pauvreté. L'inclusion sociale était l'une des 11 priorités de la politique de Cohésion pour la période 2014-2020.

B - Le Fonds social européen (FSE), vecteur de cohésion sociale dans l'Union européenne

95. Finalité du FSE. Il convient de mentionner le rôle essentiel joué par le Fonds social européen dans la cohésion sociale de l'Union européenne. Ce fonds structurel qui est l'un des 5 fonds de la politique européenne de cohésion économique, sociale et territoriale a été créé par le traité de Rome en mars 1957. Il a pour objet de lutter contre l'exclusion et de favoriser l'inclusion sociale dans l'Union européenne. En 2018 a été créé le FSE + qui fusionne le Fonds social européen (FSE), le Fonds de l'Initiative pour l'emploi des jeunes (FIEJ), le Fonds européen d'aide aux plus démunis (FEAD) et le programme EaSI pour l'emploi et l'innovation sociale. Il est précisé qu'une proportion d'au moins 25 % doit être allouée à des mesures en faveur de l'inclusion sociale et ciblant les personnes qui en ont le plus besoin, dont au moins 2 % à la lutte contre la privation matérielle et l'aide alimentaire. Le rôle du FSE, qui est devenu le « bras financier » des plans nationaux pour l'emploi, confirme la dimension européenne des politiques de l'emploi et met en œuvre le principe de solidarité – qui peut être qualifié de « principe constitutionnel de l'Union » – par une politique de redistribution visant à renforcer l'inclusion sociale.

96. Le bilan du FSE et les projections sur la période 2021-2027. Sur la période 2007-2013, l'Union avait octroyé la somme totale de 76 milliards d'euros au FSE, qui élabore des programmes opérationnels et verse des fonds fournissant une aide concrète aux citoyens européens concernés. La France a reçu 5,4 milliards d'euros au titre du FSE sur cette période, qui ont permis de financer plus de 65 100 projets ayant bénéficié à 6,8 millions de participants, dont 49 % de femmes,

33 % de jeunes (âgés de 15 à 24 ans), 12 % de personnes handicapées, 60 % de chômeurs (dont 25 % de longue durée), 25 % de travailleurs (salariés et actifs indépendants) et 11 % d'inactifs.

Le bilan du FSE 2013-2020 et les projections du FSE + sur la période 2021-2027

Sur la période 2014-2020, le FSE en France est doté d'une enveloppe de 6,5 Mds€, dont 310 Mds€ dédiés à l'Initiative pour l'emploi des jeunes (IEJ), adossés à 310 M€ de fonds de l'IEJ. 43 % des destinataires des opérations dans le cadre du FSE sont des bénéficiaires de *minima* sociaux et 60 % des demandeurs d'emploi. Il convient de relever l'existence d'une nouvelle architecture de gestion du FSE avec une décentralisation partielle de sa gestion aux régions : les conseils régionaux gèrent 35 % de l'enveloppe nationale et l'État les 65 % restants. Pour la période 2021-2027, le FSE + est doté d'un budget de 88 Mds€. La principale modification de cette programmation concerne le Fonds social européen, qui voit son champ d'action élargi depuis 2021. En effet, le FSE intègre désormais la thématique de l'aide aux plus démunis qui était depuis 2014 la prérogative du Fonds européen d'aide aux plus démunis (FEAD). Le FSE + reprend les champs d'action du Fonds social européen 2014-2020, de l'IEJ et du FEAD. Pour la période 2021-2027, la France bénéficie d'un financement de 5,5 Mds€. En 2026, l'Union européenne présentera sa stratégie visant à lutter contre la pauvreté.

97. L'influence ponctuellement structurante du Fonds social européen en période de crise. Le FSE vise à apporter des réponses structurelles à la relation économie-emploi-formation au sein de l'Union européenne, qui est durement touchée par le chômage – notamment parmi les moins de 25 ans à la recherche d'un emploi dans la zone euro. Les fonds structurels et le FSE en particulier apportent leur contribution à la lutte contre les effets des crises (financières comme celle de 2008 ou économique en raison de la catastrophe sanitaire de la Covid-19 depuis le printemps 2020) en apportant des financements européens structurants dans des domaines d'action primordiaux comme le développement de la flexicurité et les transitions professionnelles (l'accompagnement des mobilités, par exemple). L'accent est mis de 2021 à 2027 sur la lutte contre la pauvreté et l'aide aux plus démunis. Il convient de préciser que le Fonds de solidarité pour l'Union européenne prévu pour apporter une aide aux États membres touchés par des catastrophes naturelles a été étendu aux catastrophes sanitaires à compter du 1er avril 2020, ce qui a permis de mobiliser au titre de la solidarité européenne, des fonds pour lutter contre les conséquences de la Covid-19. Pour la période 2028-2034, l'inquiétude est vive car la Commission va proposer une nouvelle architecture qui globalisera l'approche et renforcera l'obligation de résultat des actions sociales.

C - Le socle européen des droits sociaux (SEDS) de 2017 et le Plan d'Action pour la période 2025-2030

98. Le socle des droits sociaux : un « Code de convergence sociale » ? L'Europe sociale a récemment progressé de façon remarquable avec la présentation par la Commission européenne, le 4 mars 2021, de son plan d'action pour la mise en œuvre des principes du socle européen des droits sociaux. Ce socle de droits sociaux a été l'une des avancées du sommet social de Göteborg qui s'est tenu le 17 novembre 2017.

Le Conseil européen du 14 décembre 2017 a approuvé les conclusions du sommet social et souligné que le socle devait désormais être mis en œuvre tant au niveau de l'Union qu'à celui des États membres. Si le socle des droits sociaux n'est pas doté d'une valeur juridique contraignante en raison de l'impossibilité pour l'UE d'imposer aux États des contraintes en matière sociale, il permet néanmoins de définir un cadre commun pour les droits sociaux des citoyens européens et a clairement pour finalité de relancer l'Europe sociale. De façon significative, un rapport du Sénat en France le qualifie de « première ébauche d'un Code de convergence sociale »[16]. Son influence est illustrée par le plan d'action de la Commission en matière sociale, qui regroupe vingt principes et rappelle des droits sociaux fondamentaux répartis dans trois chapitres : égalité des chances et accès au marché du travail ; conditions de travail équitables ; protection et inclusion sociales. Le troisième chapitre intéresse directement le droit de l'aide et de l'action sociales. Les attentes des citoyens européens sont fortes sur le terrain de l'Europe sociale et ont été renforcées en raison des conséquences économiques et sociales de la crise sanitaire. D'ici 2030, l'Union européenne se fixe pour objectif de réduire de 15 millions le nombre de personnes à risque de pauvreté ou d'exclusion sociale.

Socle des droits sociaux, chapitre III « Protection et inclusion sociales »

11. Accueil de l'enfance et aide à l'enfance

Les enfants ont droit à des services d'éducation et d'accueil de la petite enfance abordables et de qualité.

Les enfants ont droit à la protection contre la pauvreté. Les enfants de milieux défavorisés ont le droit de bénéficier de mesures spécifiques visant à renforcer l'égalité des chances.

12. Protection sociale

Les travailleurs salariés et, dans des conditions comparables, les travailleurs non salariés ont droit à une protection sociale adéquate, quels que soient le type et la durée de la relation de travail.

13. Prestations de chômage

Les chômeurs ont droit à un soutien à l'activation adéquat des services publics de l'emploi pour leur (ré)insertion sur le marché du travail, ainsi qu'à des prestations de chômage adéquates pendant une durée raisonnable, en fonction de leurs cotisations et des règles nationales d'admissibilité. Ces prestations ne doivent pas avoir d'effet dissuasif par rapport à un retour rapide à l'emploi.

14. Revenu minimum

Toute personne ne disposant pas de ressources suffisantes a droit à des prestations de revenu minimum adéquates pour vivre dans la dignité à tous les stades de sa vie, ainsi qu'à un accès efficace à des biens et des services de soutien. Pour les personnes qui sont en mesure de travailler, les prestations de revenu minimum devraient être combinées à des incitations à (ré)intégrer le marché du travail. [...]

17. Inclusion des personnes handicapées

Les personnes handicapées ont droit à une aide au revenu leur permettant de vivre dans la dignité, à des services leur permettant de participer au marché du travail et à la société, ainsi qu'à un environnement de travail adapté à leurs besoins. [...]

16. Gruny P. et Harribey L., Sénat, rapport d'information n° 457 sur *La convergence sociale dans l'Union européenne*, 20 avr. 2018.

La Commission a ouvert le 18 juin 2025 une consultation en vue de mettre en œuvre un Plan d'Action dans le cadre du SEDS jusqu'en 2030 poursuivant l'objectif d'une meilleure inclusion sociale et d'une cohésion à l'échelle de l'Union. Le nouveau Plan d'Action de la Commission pour mettre en œuvre le SEDS doit être présenté en 2026. De son côté, le Parlement européen a adopté le 12 février 2026, un rapport formulant des propositions pour éradiquer la pauvreté dans l'UE d'ici à 2035.

3. L'INFLUENCE DÉTERMINANTE DES DEUX COURS EUROPÉENNES SUR L'EXISTENCE D'UNE EUROPE SOCIALE

A - L'influence décisive de la Cour de justice de l'Union européenne pour l'accès des citoyens européens aux droits sociaux

99. La jurisprudence *Grzelczyk* et le statut fondamental de citoyen de l'Union. Depuis 2000, la Cour de Justice s'évertuait à renforcer l'effectivité du concept de citoyenneté européenne. Elle a, en effet, rendu plusieurs arrêts qui ont étendu au profit des ressortissants de pays tiers de citoyens européens les droits sociaux dont peuvent bénéficier ces derniers. Dans l'arrêt *Grzelczyk*, la Cour affirme, pour la première fois, que « le statut de citoyen de l'Union a vocation à être le statut fondamental des ressortissants des États membres »[17]. En l'espèce, la question se posait de savoir si un étudiant français résidant sur le territoire belge depuis plusieurs années pouvait être exclu du « minimex » – l'équivalent belge du revenu minimum d'insertion (RMI) – au motif qu'il n'entrait pas dans le champ d'application du règlement (CEE) n° 1612/68 du Conseil, du 15 octobre 1968, relatif à la libre circulation des travailleurs à l'intérieur de la Communauté, alors même qu'aucune condition de cette nature ne s'applique aux ressortissants de l'État membre d'accueil. Autrement dit, les étudiants belges se trouvant dans la même situation que l'étudiant français requérant avaient droit à cette prestation. Cette interprétation constructive au cœur de ce grand arrêt de 2001 a ensuite été maximalisée dans des décisions postérieures qui ont permis de donner de l'étoffe à la citoyenneté sociale européenne avant que celle-ci ne soit contrariée, dans son effectivité, par les nouvelles exigences liées au droit de séjour dans la perspective de l'élargissement de 2004 qui a inversé les paradigmes au cœur de la citoyenneté sociale européenne ainsi que l'illustre le contenu du texte de la Directive 2004/38/CE du 29 avril 2004 relative au droit des citoyens de l'Union et membres de leurs familles de circuler et séjourner librement sur le territoire des États membres.

100. La maximalisation de la citoyenneté sociale dans la jurisprudence européenne. Dans l'arrêt *D'Hoop* du 11 juillet 2002, la Cour juge que la qualité de citoyen de l'Union permet aux « ressortissants des États membres qui se trouvent dans

---

17. CJCE, 20 sept. 2001, n° C-184/99, Grzelczyk c/ Centre public d'aide sociale d'Ottignies-Louvain-la-Neuve ; Dr. soc. 2001, p. 1103, note Lhernould J.-P.

la même situation d'obtenir, dans le domaine d'application *ratione materiae* du Traité, le même traitement juridique »[18]. Dans cette affaire, la Cour a reconnu le droit à une ressortissante belge de bénéficier d'une bourse d'études dans son pays d'origine, alors même qu'elle avait accompli une partie de ses études aux Pays-Bas. Il convient d'observer, en l'espèce, que la Cour a relié d'office, en quelque sorte, la notion de citoyenneté de l'Union au problème posé (accès à une allocation d'attente), contrairement à l'arrêt *Grzelczyk* où la juridiction nationale avait expressément posé une question préjudicielle concernant la citoyenneté de l'Union. Ce « réflexe » de la Cour de justice reflète clairement la volonté de faire primer la qualité de citoyen de l'Union sur celle de travailleur. S'il ne constitue pas un étranger ordinaire, le citoyen européen non national n'est toutefois pas encore un citoyen comme un autre à l'aune des droits sociaux, ainsi que l'atteste l'accès de certains ressortissants des pays d'Europe centrale et orientale (PECO) au statut de citoyen européen sans accès à l'emploi[19].

Pour aller plus loin

Dans la décision *Brey* rendue le 19 septembre 2013, la CJUE a également posé le principe l'idée d'un examen personnalisé tenant compte des circonstances individuelles caractérisant la situation de l'intéressé, afin d'évaluer la charge que représenterait concrètement l'octroi au demandeur d'aide sociale d'une prestation. La cour adopte une attitude pragmatique et impose aux États membres de ne pas raisonner de façon abstraite afin de ne pas transformer la notion de charge déraisonnable pour le système d'assistance sociale en clause de style justifiant le rejet automatique des demandes de prestations d'aide et d'action sociales.

101. La décision *Dano* de novembre 2014 : la conditionnalité renforcée de l'accès aux prestations sociales non contributives. La dimension sociale de la citoyenneté européenne est étroitement tributaire de la liberté de circulation et de séjour de ses détenteurs. Or, sur ce point, force est de constater que l'évolution des normes européennes est allée dans le sens d'une restriction croissante des conditions de séjour, qui a eu pour conséquence de porter atteinte à la substance même de la « dimension sociale de la citoyenneté européenne »[20]. On peut affirmer qu'il y a eu deux conceptions de la citoyenneté européenne dans son volet social ; la citoyenneté sociale a été marquée par un avant et un après 2004, comme le montre l'arrêt *Dano* qui a été le premier à tirer des conséquences négatives, à l'aune de la directive 2004/38/CE du 29 avril 2004, pour l'accès aux droits sociaux d'un citoyen européen non national. La directive d'avril 2004 n'a pas laissé le choix aux juges du plateau de Kirchberg, qui ont été amenés à nuancer la générosité de la grande décision *Grzelczyk* en tirant les conséquences d'un durcissement des conditions d'accès des citoyens européens aux droits sociaux lié à une volonté affichée de lutter contre le « tourisme social ». Rendue le 11 novembre 2014, la décision *Dano* reflète la progression dans les normes et les esprits de l'idée fort contestable de la notion de « tourisme social », en prise directe avec l'élargissement historique de l'Union à dix pays d'Europe de l'Est

---

18. CJCE, 11 juill. 2002, n° C-224/98, M. N. D'Hoop : Rec. CJCE, I, p. 6191, point 28 ; Europe oct. 2002, n° 316, note Gautier Y. ; JTDE 2002, note Carlier P.-Y., p. 80.
19. Correia V., « Roumains et Bulgares après le 1er janvier 2007, les carences temporaires d'une citoyenneté européenne sans l'accès à l'emploi », CDE 2008, p. 629.
20. Marzo C., *La dimension sociale de la citoyenneté européenne*, 2011, PUAM, p. 219 et s.

en 2004. Sans le dire, la directive confesse une certaine méfiance à l'égard de citoyens européens que l'on suspecte d'abuser de la liberté de circulation afin de bénéficier de systèmes d'assistance sociale plus généreux que dans leur État d'origine.

L'apport de la décision Dano : le (non-)droit des inactifs à l'aide sociale

« Un État membre doit donc avoir la possibilité [...] de refuser l'octroi de prestations sociales à des citoyens de l'Union économiquement inactifs qui exercent leur liberté de circulation dans le seul but d'obtenir le bénéfice de l'aide sociale d'un autre État membre alors même qu'ils ne disposent pas de ressources suffisantes pour prétendre au bénéfice d'un droit de séjour. Priver un État membre concerné de cette possibilité entraînerait [...] la conséquence que des personnes qui ne disposent pas, lors de leur arrivée sur le territoire d'un autre État membre, de ressources suffisantes pour subvenir à leurs besoins en disposeraient automatiquement, par l'octroi d'une prestation spéciale en espèces à caractère non contributif dont le but est d'assurer la subsistance du bénéficiaire. Partant, il y a lieu d'effectuer un examen concret de la situation économique de chaque intéressé, sans prendre en compte les prestations sociales demandées, afin d'apprécier s'il satisfait à la condition de disposer de ressources suffisantes pour pouvoir bénéficier d'un droit de séjour au titre [...] de la directive 2004/38/CE. Dans l'affaire au principal, selon les vérifications effectuées par la juridiction de renvoi, les requérants ne disposent pas de ressources suffisantes et ne peuvent donc réclamer un droit de séjour dans l'État membre d'accueil en vertu de la directive 2004/38/CE. Partant, [...] ils ne peuvent se prévaloir du principe de non-discrimination [...] de ladite directive » (points 78 à 81 de l'arrêt *Dano*).

102. Depuis la décision *Dano*, la qualité de citoyen de l'Union ne suffit plus à garantir une égalité de traitement dans l'accès aux prestations sociales : cette égalité se trouve désormais conditionnée par la légalité du séjour dans l'État membre d'accueil, au sens de la directive 2004/38/CE. Pour cette raison, l'arrêt *Dano*[21] semble avoir sonné le glas de la conception généreuse présente dans la décision *Grzelczyk*, la Cour validant le refus de verser une aide sociale à une citoyenne de l'Union et son fils présents depuis un peu moins de 5 ans sur le territoire d'un autre État et dont la situation de non-emploi, doublée d'une absence de ressources, justifie selon la Cour le refus d'aide sociale. Les conditions de droit au séjour priment donc, désormais, sur la qualité de citoyen de l'Union dès lors que ce dernier est présent depuis moins de 5 ans sur le territoire d'un État dont il n'a pas la nationalité et qu'il n'est pas un citoyen actif. La Cour contribue à l'essor de la jurisprudence *Dano* en l'appliquant à des citoyens de l'Union demandeurs d'aide sociale après avoir exercé une activité salariée, avant de devenir inactifs et d'être suspectés de pratiquer le « tourisme social »[22]. Toutefois, en 2022, la CJUE a apporté un tempérament en précisant qu'un État membre ne peut pas exclure du bénéfice de prestations familiales le citoyen de l'Union ayant établi sa résidence habituelle dans un État membre d'accueil au cours des trois premiers mois de son séjour et ce au motif qu'il ne perçoit pas de revenus tirés d'une activité dans cet État membre. En privant le citoyen de l'Union non national d'une telle prestation, l'Italie a méconnu le principe d'égalité de traitement avec les ressortissants nationaux. En effet, un ressortissant italien économiquement inactif bénéficie de telles prestations

21. CJUE, gde ch., 11 nov. 2014, n° C-333/13, Dano c/ Jobcenter Leipzig : AJDA 2015, p. 821, note Aubin E.
22. CJUE, gde ch., 15 sept. 2015, n° C-67/14, Alimanovic.

notamment lors des trois premiers mois suivant son retour dans son État d'origine après avoir exercé son droit de circuler et de séjourner dans un autre État membre[23].

La décision *Alimanovic* de 2015 : une citoyenneté européenne centrée sur le citoyen économiquement actif

La position de la CJUE rend possible une inégalité potentielle de traitement entre les citoyens de l'Union résidant depuis plus de 3 mois et moins de 5 ans sur le territoire d'un État membre dont ils n'ont pas la nationalité, car l'État membre a la faculté d'accorder ou non le droit à une prestation d'assistance sociale au citoyen européen non national demandeur. Une telle situation rend virtuelle l'inclusion sociale défendue par les instances de l'Union. Cette situation est d'autant plus paradoxale que les *minima* sociaux ont également pour objectif de placer les demandeurs sur une trajectoire d'insertion professionnelle et que la CJUE se livre, notamment dans l'arrêt *Alimanovic* du 15 septembre 2015, à une lecture restrictive du statut de citoyen de l'Union, un statut qui devient de moins en moins fondamental pour justifier le durcissement des conditions d'accès aux prestations sociales des citoyens de l'Union non nationaux, mais également de leur conjoint[24]. Dans l'arrêt *Alimanovic*, la Cour interprète le droit de façon stricte en essentialisant, dans le point 53 de sa décision, la pratique abusive consistant pour un citoyen européen à venir sur le territoire d'un État membre « dans le seul but de bénéficier du système d'aide [...] après une très courte période d'activité professionnelle ». À la lecture de cette décision qui accentue l'évolution négative de la citoyenneté sociale européenne dont était porteur l'arrêt *Dano*, on constate sans mal que la Cour ne met plus en avant, comme elle le faisait au début des années 2000, le lien d'intégration pour garantir l'accès à l'égalité de traitement en matière d'avantages sociaux comme le montre un récent arrêt rendu par la grande chambre jugeant qu'un État membre peut exiger l'affiliation à la Sécurité sociale d'un citoyen de l'Union économiquement inactif afin d'éviter qu'il devienne une charge déraisonnable pour les finances publiques de l'État d'accueil (CJUE, gde ch., 15 juill. 2021, n° C-535/19).

103. Le critère de l'absence de charge déraisonnable pour le système d'assistance sociale. Transposant l'idée de la charge déraisonnable pour le système d'assistance sociale au cœur de la directive d'avril 2004, le pouvoir réglementaire a précisé que « Tant qu'ils ne deviennent pas une charge déraisonnable pour le système d'assistance sociale, notamment l'assurance maladie et l'aide sociale, les ressortissants mentionnés au premier alinéa de l'article L. 121-1 ainsi que les membres de leur famille mentionnés à l'article L. 121-3 ont le droit de séjourner en France pour une durée inférieure ou égale à 3 mois, sans autres conditions ou formalités que celles prévues à l'article R. 121-1 pour l'entrée sur le territoire français » (D. n° 2007-371, 21 mars 2007 ; CESEDA, art. R. 121-3). La charge pour le système d'assistance sociale que peut constituer le ressortissant mentionné à l'article L. 121-1 du Code de l'entrée et du séjour des étrangers et du droit d'asile (CESEDA) est évaluée en prenant notamment en compte le montant des prestations sociales non contributives qui lui ont été accordées, la durée de ses difficultés et de son séjour (CESEDA, art. R. 121-4). La CJUE a rappelé de façon solennelle, que le droit de l'Union permet à l'État membre d'accueil d'exiger d'un citoyen de l'Union économiquement inactif qu'il soit affilié à la Sécurité sociale d'un autre État membre lorsque le droit au séjour est subordonné à la

23. CJUE, 1er août 2022, aff. C-411/20, Familienkasse Niedersachsen-Bremen, AJ fam. 2022, p. 406 ; RDSS 2022, p. 1067, note Riancho S.
24. CJUE, 12 juill. 2018, n° C-89/17.

condition de disposer d'une assurance maladie complète[25]. En l'espèce, un ressortissant italien avait suivi son épouse et leurs deux enfants en Lettonie et s'était vu refuser l'affiliation à la Sécurité sociale dans cet État au motif qu'il était sans emploi en Lettonie et n'était plus couvert, pour cette raison, par la Sécurité sociale italienne. Dans un premier temps, le ressortissant italien remplissait bien les conditions de séjour pour bénéficier de la citoyenneté sociale européenne car il avait souscrit une assurance santé à titre privé mais dans un second temps, il avait invoqué l'égalité de traitement avec les ressortissants lettons pour demander son affiliation au système de protection sociale de cet État qui a pu légalement refuser le bénéfice de prestations sociales à ce citoyen européen inactif au motif qu'il n'avait plus d'assurance santé complète permettant d'éviter qu'il devienne une charge déraisonnable pour les finances publiques lettones.

Pour aller plus loin

Dans un important arrêt, la CJUE a prévu une exception à la notion de charge déraisonnable lorsque le citoyen européen a en charge un enfant poursuivant ses études. Cette situation crée un droit au séjour automatique qui neutralise l'obligation de démontrer l'existence de ressources suffisantes pour ne pas devenir une charge déraisonnable[26]. Dix ans plus tard, la CJUE a étendu aux parents d'enfants mineurs le droit de séjour de ces derniers acquis sur le territoire d'un autre État membre en application du règlement 492/2011 du 5 avril 2011 sur la libre circulation des travailleurs au sein de l'Union[27]. En jugeant de la sorte, la Cour neutralise l'exigence d'assurance maladie figurant dans la directive 2004/38, le droit de séjour des enfants de travailleurs migrants s'étendant ainsi aux parents qui en assument effectivement la charge. Dans ce cas de figure, la condition d'un droit au séjour pour accéder aux prestations sociales en qualité de citoyen européen est remplie, la citoyenneté de l'Union ne devenant plus socialement excluante.

104. Les limites de la citoyenneté européenne dans le domaine social : une interprétation abstraite des conditions de séjour. La Cour de Justice a fait évoluer sa jurisprudence en reliant le bénéfice du volet social de la citoyenneté européenne à l'effectivité de la condition de travailleur et en retenant une interprétation stricte des conditions de séjour pour en déduire le droit ou non de percevoir des prestations d'aide sociale. Cette exigence peut neutraliser le jeu de la citoyenneté européenne, comme le montre une décision dans laquelle la Cour a jugé qu'une prestation sociale en faveur des anciens prisonniers de guerre ne constitue pas un avantage social et n'est pas liée à la condition de travailleur ; son versement peut, dès lors, être subordonné à la détention de la nationalité de l'État membre délivrant une telle prestation[28]. De même, pour la Cour, un État membre peut, sans méconnaître le droit européen, imposer une condition de résidence de 5 ans à des étudiants européens non nationaux pour accéder à une bourse d'études[29]. On mesure dans cette décision le recul du statut fondamental de citoyen européen, la Cour validant la demande de remboursement d'une prestation d'aide sociale à une étudiante allemande installée depuis plus

25. CJUE, gde ch., 15 juill. 2021, n° C-535/19 : AJDA 2021, p. 23945.
26. CJUE, 23 févr. 2010, n° C-480/08, Teixeira.
27. CJUE, 6 oct. 2020, n° C-181/19, Jobcenter Krefeld.
28. CJCE, 15 sept. 2004, Baldinger.
29. CJCE, 18 nov. 2008, n° C-158/07, Förster.

de 4 ans aux Pays-Bas – et qui a même épousé un Néerlandais – sans prendre en considération *in concreto* le fait que cette citoyenneté de l'Union était intégrée dans l'État membre d'accueil. De façon critiquable, la Cour a aligné, en jugeant de la sorte, la situation des étudiants européens sur celle des ressortissants de pays tiers, contrairement aux conclusions de l'avocat général qui estimait, à raison, que les étudiants non nationaux peuvent avoir atteint un degré élevé d'intégration dans la société avant le terme de cette période de 5 ans. Auparavant, la Cour a précisé qu'un État membre ne peut pas refuser une aide sociale à un étudiant européen non national justifiant l'existence « d'un lien réel avec la société de cet État »[30]. En l'espèce, l'étudiant français avait passé son baccalauréat au Royaume-Uni et y résidait régulièrement. Dans ces conditions, l'administration sociale ne pouvait refuser de lui verser une prestation en contestant sa qualité de « personne établie ».

Une citoyenneté européenne de moins en moins sociale ?

On retrouve une volonté de redonner du sens à la dimension sociale de la citoyenneté européenne dans une décision rendue quelques mois après l'adoption de la directive de 2004, dans laquelle la Cour juge que l'invocation par une personne inactive de son statut de citoyen européen peut neutraliser la condition de ressources suffisantes pour pouvoir s'établir sur le territoire d'un État membre et bénéficier ensuite, en application de l'égalité de traitement, d'une prestation d'aide sociale[31]. La Cour ajoute que le fait pour un citoyen européen de recourir au système d'assistance sociale ne peut pas entraîner mécaniquement une mesure d'éloignement (point 45 de l'arrêt), comme elle l'avait déjà affirmé dans la décision *Grzelczyk*. Toutefois, cette décision est empirique et l'impression qui domine est bien celle d'une régression du volet social de la citoyenneté européenne. L'évolution normative a induit une jurisprudence qui a pour conséquence de réduire la fonction d'intégration sociale de la qualité de citoyen de l'Union européenne[32].

105. La réaffirmation en 2024-2025 d'une Europe soucieuse de préserver ses valeurs face aux pratiques nationales. La Cour se montre soucieuse de rappeler des limites aux pratiques nationales portant atteinte à la logique anti-discriminatoire. Ainsi, la grande chambre a jugé incompatible avec le droit de l'UE, en 2024, une loi nationale imposant une condition de résidence de 10 ans (dont les deux dernières années de manière continue), aux ressortissants d'États tiers pour bénéficier d'une aide sociale (un revenu de citoyenneté prévu par la législation italienne)[33], une telle mesure instaurant une discrimination indirecte entre les citoyens européens et les ressortissants de pays tiers. Autrement dit, si les États membres peuvent exiger, naturellement, un titre de séjour aux étrangers désireux de former une demande d'aide sociale, la période de 5 ans maximum permet de rester dans la zone d'un droit raisonnable et proportionné. Enfin, on ne pourra que se réjouir de l'arrêt rendu par la Cour dans sa formation la plus solennelle en avril 2025 affirmant que la citoyenneté

---

30. CJCE, 15 mar 2005, n° C-209/03, Bidar c/ London Borough of Ealing Secretary of State for Education and Skills.
31. CJCE, 7 sept. 2004, n° C-456/02, Trojani c/ Centre public d'aide sociale de Bruxelles : RDSS 2005, p. 245, note Kessler F.
32. Azoulai L., « La citoyenneté européenne, un statut d'intégration sociale », *in Mélanges Jean-Paul Jacqué,* Paris, Dalloz, 2010, p. 7.
33. CJUE, gr.ch., 29 juill. 2024, aff. n° C-112/22.

européenne était un statut fondamental échappant par nature à toute transaction commerciale[34], la république de Malte voyant ainsi son programme de « passeports dorés » faire l'objet d'une condamnation sur le plan des principes et des valeurs. Ce programme de « citoyenneté par investissement » a permis à la grande chambre d'affirmer que la citoyenneté européenne ne pouvait faire l'objet d'une « commercialisation incompatible avec la conception de ce statut fondamental telle qu'elle découle des traités » (point 100 de l'arrêt du 29 avril 2025).

B - La protection des droits sociaux par la Cour européenne des droits de l'homme

106. Le concept de vulnérabilité : porte d'entrée du droit de la CEDH dans le droit de l'aide et de l'action sociales. L'office du juge de Strasbourg l'amène à maximaliser juridiquement la protection d'individus présentant une particulière vulnérabilité. Cette « échelle » de vulnérabilité débute avec l'enfance, concerne également certaines personnes en situation de handicap et s'achève avec la situation des personnes âgées. Dans un arrêt rendu en 2022, la CEDH a condamné un État qui avait refusé d'accorder le bénéfice d'un assistant personnel à une personne âgée de 87 ans, handicapée (amputée d'une jambe) et dépendante du soutien d'autrui pour sa vie quotidienne[35]. Dans cette affaire, la Cour a intégré dans son raisonnement la nécessité de garantir aux personnes vulnérables le droit à une autonomie personnelle et au respect de sa dignité. À l'autre bout de l'échelle de vulnérabilité, il convient de mentionner les décisions de la CEDH sur les mineurs non accompagnés. En 2011, la Cour a ainsi jugé que « dans les affaires relatives à l'accueil d'étrangers mineurs, accompagnés ou non accompagnés, il convient de garder à l'esprit que la situation d'extrême vulnérabilité de l'enfant est déterminante et prédomine sur la qualité d'étranger en séjour illégal »[36]. En France, la récurrence des pratiques illégales à l'encontre des MNA arrivant sur le territoire de Mayotte et expulsés illégalement a débouché sur des condamnations de la CEDH depuis le début des années 2010[37].

107. La patrimonialisation des prestations sociales à l'aune du droit européen des droits de l'homme : la grande décision *Gaygusuz*. L'office protecteur du juge de Strasbourg l'amène parfois à solliciter fortement l'interprétation des normes pour créer une catégorie juridique à partir de laquelle il pourra déduire l'interdiction opposable aux autorités d'États membres du Conseil de l'Europe de porter atteinte au droit social garanti et protégé en raison de sa connexion à une stipulation conventionnelle. Le droit européen des droits de l'homme exerce une influence non négligeable sur des pratiques françaises relatives à l'accès à des prestations sociales. La CEDH a rendu en 1996 un arrêt de principe dans lequel elle a assimilé à un « bien » au sens de l'article 1er

---

34. CJUE, gr. ch., 29 avril 2025, *Commission c./République de Malte*, aff. C-181/23.
35. CEDH, 8 févr. 2022, n° 62250/19, Jivan c/ Roumanie, § 45.
36. CEDH, 5 avr. 2011, Rahimi c/ Grèce, req. n° 8687/08, § 87.
37. CEDH, 12 déc. 2021, De Souza Ribeiro c/ France, req. n° 2269/07 et CEDH, 25 juin 2020, Moustahi c/ France, req. n° 9347/14 ; Parrot K., « La France condamnée pour ses pratiques illégales d'expulsions de mineurs comoriens. Traitements inhumains, enfermement arbitraire, expulsion collective », RCDIP 2021, p. 828.

du protocole additionnel 1 une prestation sociale contributive (une allocation d'urgence à un chômeur en fin de droits) avant de s'appuyer sur l'article 14 de la Convention européenne des droits de l'Homme afin de consacrer le principe d'égalité de traitement des étrangers en matière de prestations sociales[38]. Dans cette grande décision, la Cour européenne des droits de l'homme a renforcé la base conceptuelle des droits sociaux en qualifiant pour la première fois une prestation sociale (une allocation d'urgence contributive) de « droit patrimonial » au sens du droit de la Convention européenne des droits de l'Homme. Cette qualification juridique du droit social a permis de déconnecter le bénéfice d'un tel droit de la nationalité de la personne qui en forme la demande. Trois ans plus tard, la Cour de cassation jugeait illégal, en application de l'impératif d'obéissance jurisprudentielle, le refus, opposé à un ressortissant turc, du bénéfice de l'allocation supplémentaire du FSV[39].

Pour aller plus loin

La dimension protectrice de la Convention européenne des droits de l'Homme à l'égard des personnes vulnérables a été illustrée par la première condamnation de la France en matière d'accueil des gens du voyage et des Roms[40] et pour non-application du droit au logement d'une personne pourtant prioritaire[41]. Elle a également trouvé une illustration récente avec la première condamnation de la France en raison d'une ineffectivité de la prise en charge sociale d'un migrant mineur isolé dans la jungle de Calais[42].

L'assemblée plénière de la Cour de cassation a jugé que l'association des articles 8 et 14 de la Convention européenne des droits de l'Homme permet d'appliquer aux étrangers le droit de percevoir des prestations familiales, le droit aux prestations familiales étant ainsi rattaché aux droits de l'homme. De son côté, le Conseil d'État a jugé incompatible avec cette stipulation de la Convention européenne des droits de l'Homme le système de la cristallisation des pensions de retraite des anciens fonctionnaires français des colonies devenus des ressortissants des nouveaux États décolonisés au motif que la prise en compte du critère de la nationalité instaurait une discrimination non justifiée entre les pensionnaires[43].

Rétablissement historique grâce à la Convention européenne des droits de l'Homme d'une justice sociale malmenée par l'histoire

Le juge administratif a étendu cette jurisprudence à l'hypothèse dans laquelle l'Administration refuse de faire bénéficier d'une pension de réversion le conjoint d'un fonctionnaire des colonies décédé au motif qu'il n'avait plus la nationalité française depuis la décolonisation[44], ainsi qu'au refus de réviser la pension civile de victime de guerre d'un

38. CEDH, 16 sept. 1996, Gaygusuz c/ Autriche : Rec. CEDH, 1996-IV, n° 14, p. 14 ; RFDA 1997, p. 966.
39. Cass. soc., 14 janv. 1999, Bozkurt c/ CPAM de Saint-Étienne et CPAM de Grenoble c/ Gokce : Bull. civ. V, n° 24, p. 17 ; Dr. soc. 1999, p. 215, note Favrard J. ; JCP 1999, II 10082, note Sudre F.
40. CEDH, 17 oct. 2013, n° 27013/07, Winterstein c/France.
41. CEDH, 9 avr. 2015, Happi c/ France, n° 65829/12.
42. CEDH, 28 févr. 2019, n° 12267/16, Khan c/ France : AJCT 2019, p. 292, note Aubin E.
43. CE, ass., 30 nov. 2001, Ministre de l'Économie et des Finances c/ Diop ; Daugrailh I., « L'incompatibilité de la loi de cristallisation des pensions avec la Convention européenne des droits de l'Homme », RDSS 2010, p. 613.
44. CE, 8 févr. 2002, Bab Hamed.

ressortissant tunisien[45], illustrant ainsi l'existence d'un dialogue des juges en Europe en ce qui concerne l'accès des étrangers aux droits sociaux[46]. Par ailleurs, la CEDH a assimilé, en 2002, le droit à pension à un droit de propriété, ce qui lui a permis d'affirmer que la suppression des droits à pension de retraite portait une atteinte disproportionnée aux biens d'un individu protégés par l'article 1, § 1 du protocole n° 1[47].

108. De façon inédite, la Cour de cassation a reconnu, dans des arrêts rendus en avril 2011, l'autorité interprétative des arrêts de la CEDH quatre ans après avoir fait figurer, pour la première fois, un arrêt de la Cour de Strasbourg dans les visas d'une décision. L'importance croissante de la source conventionnelle, notamment dans le domaine social, a pu amener la doctrine à évoquer l'avènement de la question cardinale de conventionnalité (QCC)[48], qui devance dans les procédures le recours à la QPC et permet de suspendre, sans attendre, l'application de la loi querellée.

Extension du champ d'application de la jurisprudence *Gaygusuz* et jurisprudence empirique des juridictions suprêmes françaises

La CEDH a étendu, en 2003, le champ d'application de la jurisprudence *Gaygusuz* en jugeant qu'une prestation sociale non contributive (l'AAH) fondait un droit patrimonial constituant un bien au sens du droit européen des droits de l'homme, qui rendait applicable *ipso facto* le principe de non-discrimination sur la nationalité[49]. Toutefois, le Conseil d'État a jugé compatible avec la Convention européenne des droits de l'Homme le fait de fermer aux étrangers titulaires d'autorisation provisoire de séjour l'accès à l'AAH[50]. De son côté, la Cour de cassation n'a pas jugé incompatible avec les stipulations de la Convention européenne des droits de l'Homme le fait d'imposer aux étrangers un titre de séjour de 10 ans pour être éligible au versement de l'ASPA[51].

BIBLIOGRAPHIE

Anderson K., *Social Policy in the European Union*, 2015, Palgrave Macmillan, p. 52 et s.

Aubin C., « À la recherche du modèle social européen », Dr. soc. 2008, p. 484 ; « L'Europe sociale, entre mythe et réalité », Dr. soc. 2007, p. 618.

Aubin E., « La citoyenneté européenne, dix ans après. *Quid novi* ? », AJDA 2003, p. 2064.

Azoulai L., « La citoyenneté européenne, un statut d'intégration sociale », *in Mélanges Jean-Paul Jacqué,* Paris, Dalloz, 2010, p. 7.

45. CE, 7 juill. 2004, Tahar Hendir.
46. Michelet K., « La conception européenne du droit à des prestations sociales et la jurisprudence administrative », Dr. soc. 2002, p. 760.
47. CEDH, 20 juill. 2002, Azinas c/ Chypre.
48. Marguénaud J.-P., « La reconnaissance par l'assemblée plénière de la Cour de cassation de l'autorité interprétative des arrêts de la CEDH : la révolution du 15 avril », RTD civ. 2011, p. 725.
49. CEDH, 30 sept. 2003, n° 40892/98, Poirrez c/ France.
50. CE, 12 déc. 2003, Ammouche et Bangue Nambea : RDSS 2004, p. 483, concl. Silva (de) I.
51. Cass. 2e civ., 4 mai 2016, n° 15-18957.

BARROCHE J., « Ce que l'Union européenne fait à la citoyenneté en général et à la citoyenneté sociale en particulier », *La Revue des droits de l'homme* [En ligne], 23/2023, 6 févr. 2023.

EUZÉBY O., « L'inclusion sociale, objectif majeur pour l'Union européenne », RMCUE mai 2004, n° 478, p. 306.

KESSLER F., « L'Europe sociale oubliée : l'activité du Conseil de l'Europe dans le domaine de la protection sociale », RDSS 2007, p. 197 ; « Sur les conditions d'accès d'un citoyen de l'Union européenne au bénéfice d'une prestation d'aide sociale », RDSS 2005, p. 245.

MARGUENAUD J.-P. et MOULY J., « La jurisprudence sociale de la Cour EDH : bilan et perspectives », Dr. soc. 2010, p. 883.

MARTIN D., « De Zambrano à Derci : le citoyen européen, un être déprimé à la recherche de son identité », RDT 2012, p. 339.

MATH A., « Roms et autres : la protection sociale des ressortissants communautaires », Dr. soc. 2010, p. 1037.

MAZUYER E., « Le retour du mythe de l'Europe sociale ? », RDT 2017, p. 83.

PATAUT E., « Sur quelques contradictions de l'Europe sociale », Dr. soc. 2019, p. 495 et « Tours et détours de l'Europe sociale », RTDE 2018, p. 9.

PICHERAL C., « Du droit des citoyens de l'Union européenne à la non-discrimination en matière de prestations sociales », RAE 2009-2010/2, p. 293.

PONTHOREAU M.-C., « Le principe de l'indivisibilité des droits. L'apport de la Charte des droits fondamentaux de l'Union européenne à la théorie générale des droits fondamentaux », RFDA 2003, p. 928.

ROMAN D., « L'État social, entre solidarité et liberté », in *Solidarité(s). Perspectives juridiques*, 2008, LGDJ-Presses de l'Université de Toulouse, p. 299 ; « Le principe de dignité dans la doctrine sociale », *in* GIRARD C. et HENNETTE-VAUCHEZ S., (dir.), *La dignité de la personne humaine. Recherche sur un processus de juridicisation*, 2008, PUF, Droit et justice, p. 70.

RUCCIA N., « La nature juridique de la solidarité en droit de l'Union européenne », RTDE 2023, p. 203.

SUPIOT A., *Grandeur et misère de l'État social*, 2013, Collège de France-Fayard.

PARTIE 2

Les destinataires de l'aide et de l'action sociales

CHAPITRE 4

La question sociale du chômage et de la lutte contre la pauvreté

109. Des chiffres et des êtres au cœur de lois contradictoires. Ainsi que l'écrit Michel Borgetto, « le lien établi entre assistance au pauvre valide et insertion par le travail a depuis lors constamment irrigué les politiques publiques »[1] ainsi que les lois adoptées par exemple en décembre 1988 (RMI) et en décembre 2023 (Plein-emploi)[2]. Le chômage est une épreuve à la fois pour l'individu, qui se retrouve privé de ressources liées à une activité professionnelle, et pour le système de protection sociale, dont le fonctionnement est tributaire de la bonne santé économique du pays. Le demandeur d'emploi n'est pas nécessairement une personne vulnérable s'il retrouve un emploi rapidement, la vulnérabilité sociale s'installe lorsque la recherche d'emploi ne se concrétise pas et que le chômeur arrive en fin de droits avec un risque de basculement vers une situation soit de pauvreté, soit de difficulté sociale pouvant déboucher sur une exclusion sociale. L'embellie en matière d'emploi soulage les comptes sociaux et réduit la dette de l'UNEDIC ; les crises économiques ou sanitaires ont un impact qui peut lourdement obérer l'avenir du modèle social. En 2020, le chômage a bondi de 7,5 % avec 3,8 millions de demandeurs d'emploi en catégorie A, soit une augmentation de 265 400 inscrits au 4e trimestre 2020 par rapport à celui de 2019. Deux ans plus tard, le taux de chômage a chuté à 7,4 % en avril 2022, le taux le plus bas depuis 15 ans ; ce qui a réduit mécaniquement le nombre de bénéficiaires du RSA. En 2022, pour la première fois depuis 2008, l'UNEDIC avait un solde positif (+ 4,2 Mds€) et a pu entamer le remboursement de sa dette de 60 Mds d'euros fin 2022, dont plus de 18 Mds sont liées aux mesures d'urgence prises pendant les périodes de confinement Covid-19 en 2020. Fin 2023, la projection indiquait un endettement de 55 Mds€ puis 50 Mds fin 2024. Il convient toutefois de préciser que ces projections ont été établies à partir de la réforme applicable depuis octobre 2021 et n'intégraient pas la dernière réforme applicable depuis le 1er février 2023 qui a pour effet de réduire, de façon inédite, les dépenses d'indemnisation de l'UNEDIC (v. *infra*, n° 125). De façon mécanique, le nombre de demandeurs d'admission à l'aide sociale

1. Borgetto M., « Pauvreté, travail, minima sociaux », RDSS 2025, p. 993.
2. Allègre G., « Les nouvelles lois sur les pauvres (1988-2023) : brève histoire des instruments et des justifications », RDSS 2025, p. 995.

destinée aux chômeurs en fin de droit a augmenté à partir de 2023 et va augmenter au fur et à mesure de la montée en puissance de la réforme de l'assurance chômage au risque d'une paupérisation croissante des demandeurs d'emploi et ce dans un contexte marqué par une réforme régressive du RSA (v. *infra*, n° 132 et s.).

110. Une mobilisation historique du système d'assurance-chômage pendant la période de pandémie Covid-19. Entre mars 2020 et mars 2021, près de 300 requêtes en référé devant le Conseil d'État étaient relatives à l'application du régime d'indemnisation des demandeurs d'emploi pendant la période de crise sanitaire. Ce constat n'a pas dissuadé le gouvernement de publier, la veille de l'annonce d'un troisième confinement synonyme de retour au chômage, le décret du 31 mars sur la réforme de l'assurance chômage[3]. À partir de mars 2020, l'État social a imposé l'indemnisation du chômage partiel (D. n° 2020-325, 25 mars 2020) aux centaines de milliers de personnes impactées par la Covid-19, ce dispositif ayant été financé à hauteur d'un tiers par l'UNEDIC. Dans ce cadre, au 17 mai 2020, environ 4 millions de salaires ont été remboursés au titre du mois d'avril, avec plus de 8 millions de salariés indemnisés. En avril 2020, de façon inédite, l'indemnisation sociale était versée à 9 millions de travailleurs en chômage partiel. Cette aide sociale inédite était conjoncturelle ; de façon structurelle, le gouvernement a décidé de réformer Pôle Emploi pour le remplacer en janvier 2024 par France Travail au cœur de la convention UNEDIC 2024-2027, laquelle est tripartite État-UNEDIC-France Travail.

111. Le parcours social du demandeur d'emploi : de l'assurance à l'aide sociale et au *workfare*. Le parcours de l'indemnisation des demandeurs d'emploi débute dans une ambiance assurantielle avec le versement d'une indemnité pendant une durée maximale de 24 mois et se poursuit malheureusement, parfois, dans une atmosphère d'aide sociale lorsque les demandeurs d'emploi sont en fin de droits. Cette double logique permet de comprendre la mixité du droit applicable et la dualité du contentieux, actionné parfois par des chômeurs dont l'indemnisation sociale est recalculée, comme l'a montré le contentieux des recalculés en 2004 ou la contestation en 2020-2021 de la réforme de 2019 relative au nouveau calcul de l'ARE. La réforme de l'assurance chômage dans le cadre de la loi sur le plein-emploi de décembre 2023 s'est traduite par la mise en place d'une « contracyclicité » qui, en pratique, réduit à la fois la durée et le montant de l'indemnisation sociale (v. *infra*, n° 123 et s.). Si tous les demandeurs d'emploi ne deviennent pas pauvres, le syndrome de la pauvreté a augmenté au contact de la pandémie de Covid-19 puis des conséquences de l'inflation depuis 2022, la lutte contre la pauvreté devenant, plus que jamais, une ardente obligation pour les acteurs de l'aide et de l'action sociales au moment même où la loi sur le plein-emploi de décembre 2023 change de façon contestable la situation juridique des bénéficiaires du RSA en les soumettant à la logique de la contrepartie et de la responsabilisation, marque d'un ancrage dans le champ de l'aide sociale d'un *workfare* ambigu (v. *infra*, n° 132 et s.).

3. Bissuel B., « Assurance-chômage : la réforme sous le feu des critiques », Le Monde 2 avr. 2021, p. 16.

1 • LE CHÔMEUR INDEMNISÉ : UNE PROTECTION SOCIALE À GÉOMÉTRIE VARIABLE

A - L'évolution du régime juridique de l'assurance chômage

1) L'invention et la progression du chômage

112. Création en 1958 du régime conventionnel d'assurance chômage et constitutionnalisation en 2022. La conception occidentale du chômage est apparue entre la fin du XIXe et le début du XXe siècle, ainsi que l'a démontré Christian Topalov[4], le chômage ayant été pensé à l'aune de l'horizon du plein-emploi. La France a mis en place, dans le cadre de l'accord du 31 décembre 1958 entre le patronat et une partie des syndicats, un régime conventionnel d'assurance chômage dont le fonctionnement problématique a amené le législateur à intervenir à la fin des années 1970 en raison de l'existence d'une inégalité peu admissible dans l'indemnisation des demandeurs d'emploi[5]. Par ailleurs, le chômage total était mieux indemnisé que le chômage partiel. La loi-cadre n° 79-32 du 16 janvier 1979 a imposé, par sa force normative, l'irruption du droit public[6] dans la démocratie sociale ainsi que de nouveaux principes d'indemnisation que les partenaires sociaux ont été obligés de prendre en compte lors de la négociation de la convention d'indemnisation des chômeurs.

Pour aller plus loin

S'il a rejeté dans sa décision du 15 décembre 2022 les griefs contre la loi réformant l'assurance chômage et prévoyant notamment une modulation du montant des allocations en fonction du contexte économique, le Conseil constitutionnel a néanmoins, pour la première fois, déduit des dispositions des 5e et 13e alinéas du Préambule de la Constitution de 1946 que « ces exigences constitutionnelles impliquent l'existence d'un régime d'indemnisation des travailleurs privés d'emploi »[7].

113. L'évolution imprévisible de la courbe du chômage au XXIe siècle : l'impact majeur des crises. Le poids contemporain du chômage dans la société française constitue un défi majeur pour l'avenir du système de protection sociale. Le nombre de chômeurs a crû de façon exponentielle dans le dernier quart du XXe siècle : 400 000 demandeurs d'emploi en 1973, 1 million en 1976, 2 millions en 1981, 3 millions en 1992 et environ 3,5 millions en 1997, soit 9 fois plus qu'en 1973 ! Pour la première fois depuis février 2000, le nombre de chômeurs était supérieur, en février 2005, à 2,4 millions et atteignait le seuil de 10 % de la population active. La politique de retour à l'emploi a commencé à porter ses fruits en 2007, le taux de chômage en juin 2007 n'ayant jamais été aussi bas depuis 25 ans (8 %, soit moins de 2 millions de demandeurs d'emploi).

4. Topalov C., *Naissance du chômeur, 1880-1910*, 1994, Albin Michel.
5. Daniel C., « La naissance du régime conventionnel d'assurance chômage, ou les ambiguïtés du paritarisme à la française », Rev. IRES 1997, n° 24, p. 13.
6. Moderne F., « Le nouveau régime de l'indemnisation du chômage et le droit public », Dr. soc. 1979, p. 505.
7. Cons. const., 15 déc. 2022, n° 2022-844-DC.

Ce record a toutefois été battu en 2022 avec un taux de chômage de 7,3 % mais en 2023, le taux de chômage n'a plus baissé avec environ 3 millions de demandeurs d'emploi en catégorie A et évolue vers une augmentation qui pourrait se situer pour l'année 2026 à environ 8 % au lieu de l'objectif fixé à 5 %.

L'impact des crises économiques (*subprimes* en 2008-2009, Covid-19 de 2020 à 2022 et inflation en 2022) sur le nombre de chômeurs

Le mois de janvier 2009 détenait le triste record d'augmentation du nombre de demandeurs d'emploi en un mois, avec plus de 90 000 chômeurs, en raison de la dégradation économique liée à la crise des *subprimes* (soit une augmentation dépassant 4 %, plus forte augmentation sur un mois en France depuis la création de l'ANPE – remplacée par Pôle emploi en 2009) pour un nombre total fin janvier 2009 de 2 204 500 demandeurs inscrits à Pôle emploi. Jamais la France n'avait été confrontée à une augmentation aussi rapide du chômage depuis la Seconde Guerre mondiale. La cessation d'activité liée à la Covid-19 au printemps 2020 a fait entrer le système d'indemnisation du chômage dans une période inédite d'effondrement sur un mois. En avril 2020, l'augmentation du nombre de chômeurs par rapport à mars était de + 843 000, soit + 22,6 %. Ce constat est dû au fait que les chômeurs ne sont pas sortis du dispositif d'indemnisation en raison de l'arrêt quasiment total des embauches. Sur l'année 2020, l'augmentation du nombre de chômeurs a dépassé 7,5 %, soit 265 000 demandeurs d'emploi supplémentaires pour l'année. Au premier trimestre 2021, le chômage était stabilisé à un niveau élevé, avec 3,8 millions de demandeurs d'emploi inscrits en catégorie A à Pôle emploi. Le déconfinement progressif à partir du 19 mai 2021 a logiquement modifié la courbe, alors même que la pandémie a réservé de bien mauvaises surprises habituelles avec ses vagues successives. La réponse sanitaire liée à la stratégie de vaccination a toutefois eu pour conséquence de ne pas bloquer la société en 2021-2022 et de rendre possible une dynamique exceptionnelle de créations nettes d'emploi en 2021 puis relativement significative en 2022 (+ 246 000), ce qui a permis d'importantes rentrées financières dopées par l'inflation dans les caisses de l'UNEDIC. Le nombre de demandeurs d'emploi est reparti à la hausse en 2025-2026, les conséquences pour l'UNEDIC étant toutefois atténuées en application de la réforme de l'ARE dans le cadre de la loi sur le plein-emploi de décembre 2023 (v. *infra*, n° 123 et s.).

114. Les montants de l'allocation d'aide au retour à l'emploi (ARE) : la double revalorisation en 2023. La partie fixe de l'allocation représentait en 2021 un montant de 12,05 € par jour + 40,4 % du salaire journalier de référence (SJR). Le montant plancher de l'ARE est égal à 57 % du SJR, le montant maximal de cette prestation ne pouvant excéder 75 % du salaire journalier de référence. De façon exceptionnelle, l'ARE a été revalorisée à deux reprises en 2023. Après une première revalorisation de 1,9 % le 1er avril 2023 en raison de la forte inflation, le montant de l'ARE a également été revalorisé de 1,9 % le 1er juillet 2023, la partie fixe de l'allocation représentant un montant de 12,95 € par jour (contre 12,05 € par jour en juillet 2020, 11,84 € en 2017 et 11,17 € en 2013) + 40,4 % du salaire de référence. Le montant plancher de l'ARE était égal depuis le 1er juillet 2023 à 31,59 € par jour (contre 29,38 € par jour depuis le 1er juillet 2020). Le montant maximal de l'ARE est de 274,80 € brut par jour. En 2026, le montant minimum de l'ARE est de 32,13 € et le montant maximal est fixé à 300,21 € brut par jour.

2) Les réformes de l'indemnisation sociale des chômeurs : « l'instrumentalisation du droit au chômage » ?

115. Des conventions UNEDIC en proie à une incessante réforme à partir de 2001. En 1979, l'accord sur l'assurance chômage du 16 mars a attribué à l'UNEDIC la gestion des versements et a généralisé l'accès au revenu de remplacement pour tous les salariés privés d'emploi. Le régime conventionnel a été profondément modifié en 1992 et 1993 dans un contexte marqué par une augmentation sans précédent du nombre de chômeurs. À l'époque, Michel Charasse, ministre du Budget, et François Périgot, président du Conseil national du patronat français (CNPF), avaient dénoncé « 700 000 faux chômeurs », auxquels ils imputaient le déséquilibre budgétaire de l'UNEDIC. Jusqu'à la fin de l'an 2000, ce régime était caractérisé par le versement d'une allocation unique dégressive dont le montant variait dans le temps et en fonction du salaire, de la durée d'affiliation (au moins 4 mois d'affiliation au cours des 8 derniers mois) et de l'âge du chômeur. Puis l'assurance chômage a subi, à partir de 2001, une importante modification avec l'activation du plan d'aide au retour à l'emploi (PARE) par la loi n° 2001-624 du 17 juillet 2001 portant diverses dispositions d'ordre social, éducatif et culturel (dite « loi *DDOSEC* »).

116. De la réforme de 2001 à la réforme de 2023 : une nouvelle conception de la période de chômage. Le nouveau régime d'assurance chômage était défini par la Convention du 1er janvier 2001 reconduite par celle du 1er janvier 2004, relative à l'aide au retour à l'emploi et à l'indemnisation du chômage, qui a créé une nouvelle relation vis-à-vis du chômage désormais ancrée dans le système d'indemnisation sociale. La période d'indemnisation est, en effet, devenue un espace-temps durant lequel le demandeur d'emploi doit être formé pour améliorer son « employabilité ». L'objectif fondamental du nouveau système n'est pas tant l'indemnisation que le retour, au plus vite, à l'emploi afin d'éviter que le chômeur devienne un exclu, c'est-à-dire bascule d'une logique d'assurance à une logique d'assistance. On rejoindra l'affirmation de Michel Borgetto qui soulignait, alors, le fait qu'en créant une confusion entre le revenu de remplacement et le retour à l'emploi, la convention de 2001 consacrant l'activation de la politique sociale de l'emploi a fait basculer l'indemnisation du chômage dans « une logique d'action sociale beaucoup plus proche de l'assistance »[8]. La première conséquence a été de créer le sentiment d'une attente légitime et d'un droit à indemnisation quasi contractuelle ne pouvant faire l'objet d'une remise en cause par les partenaires sociaux. Il s'ensuivra un contentieux juridique inédit. La réforme la plus récente s'applique applicable depuis 2023 (v. *infra*, n° 123 et s.) et intègre une nouvelle variable liée au contexte économique à l'instant T (idée de « contracyclicité ») confirmant le sentiment d'une certaine « instrumentalisation du droit du chômage »[9] par les pouvoirs publics. La loi n° 2022-1598 portant mesures d'urgence relatives au fonctionnement du marché du travail en vue du plein-emploi avait, en effet, confié au gouvernement la définition des mesures d'application du régime d'assurance chômage, au plus tard jusqu'au 31 décembre 2023. La réforme s'est donc effectuée en dehors du cadre normalement conventionnel sur la base du

8. Borgetto M., « La réforme du système d'indemnisation du chômage : vers un retour en force de la logique d'assistance ? », Dr. soc. 2001, p. 360.
9. Tournaux S., « L'instrumentalisation du droit du chômage », RDSS 2023, p. 396.

décret n° 2023-33 du 26 janvier 2023 relatif au régime d'assurance chômage. Ce décret a consacré une modulation du montant de l'ARE au titre des fins de contrat de travail intervenues à compter du 1er février 2023 adaptant en France un dispositif canadien[10].

3) Le contentieux des recalculés : les limites de l'individualisation de la protection sociale

117. La contestation contentieuse de l'agrément des réformes. Le nouveau dispositif de 2001 est né dans des conditions difficiles après deux refus d'agrément par le gouvernement de la convention qui avait été négociée par les partenaires sociaux. Ce refus a généré un intéressant contentieux, les organisations patronales ayant contesté le refus d'agrément et le décret transitoire[11] et les syndicats la légalité de l'arrêté du 4 décembre 2000 portant agrément de la convention du 1er janvier 2001[12].

Pour aller plus loin

L'Assemblée du contentieux du Conseil d'État a symboliquement rendu les deux arrêts le même jour en rejetant les prétentions des uns et des autres pour valider le nouveau dispositif qui consacre la logique anglo-saxonne du *workfare*, avec l'introduction d'une « culture gestionnaire » au sein d'un service public de l'emploi, dont l'évolution a été sur ce point fortement ralentie par la crise sanitaire depuis le printemps 2020. Ce contexte n'a pas empêché le Conseil d'État de rappeler au gouvernement les exigences de la légalité. Le Conseil d'État n'a pas hésité à annuler le nouveau mode de calcul du salaire journalier de référence (SJR) ainsi que certaines modalités de mise en œuvre du bonus-malus sectoriel prévues par le décret n° 2019-797 du 26 juillet 2019[13], confirmant ainsi l'importance de son contrôle juridictionnel sur les réformes réglementaires de l'assurance chômage. À la suite de cette annulation, le décret n° 2021-346 du 30 mars 2021 portant diverses mesures relatives au régime d'assurance chômage a aménagé le dispositif de réforme de l'assurance chômage adopté en 2019 en reportant au 1er juillet 2021 l'entrée en vigueur de la réforme de l'indemnisation de l'assurance chômage. Ce décret a également été suspendu par une ordonnance CFE-CGC n° 452210 rendue le 22 juin 2021.

118. La modification en 2002 de la réforme de 2001 : l'ouverture de la boîte de Pandore. L'avenant n° 5 du 27 décembre 2002, applicable à compter du 1er janvier 2004, a eu pour effet de priver, durant le premier trimestre 2004, environ 200 000 demandeurs d'emploi de leur allocation assurantielle. Face au recalcul de la durée de leur indemnisation, des demandeurs d'emploi n'ont pas hésité à saisir les tribunaux judiciaires et administratifs pour contester la réduction souvent significative de la durée dans le temps du versement de l'ARE.

---

10. Wood. D. E., « L'évolution de l'assurance chômage au Canada », Dr. soc. 2018., p. 647.
11. CE, 11 juill. 2001, MEDEF et CGPME : Dr. soc. 2001, p. 842, concl. Boissard S.
12. CE, 11 juill. 2001, Syndicat SUD Travail et a. : Dr. soc. 2001, p. 857, concl. Boissard S. – Dupeyroux J.-J., « Un étrange feuilleton », Dr. soc. 2001, p. 345 ; Lyon-Caen G., « Un agrément, des désagréments », Dr. soc. 2001, p. 379.
13. CE, 25 nov. 2020, n° 434920. Par voie de conséquence, l'arrêté (pris sur la base du décret du 26 juillet 2019) de la ministre du Travail du 27 novembre 2019 relatif aux secteurs d'activité et aux employeurs entrant dans le champ d'application du bonus-malus a été annulé postérieurement : CE, 16 juin 2021, n° 438234.

119. Le contentieux devant le juge judiciaire : la dimension non contractuelle du PARE. En cassation, le juge judiciaire suprême a rendu un arrêt très attendu dans lequel il affirme que le PARE ne revêt pas un caractère contractuel[14]. Pour la Cour, « le PARE signé par chacun des demandeurs d'emploi ne contenait aucun engagement de l'ASSEDIC de leur verser l'allocation d'aide au retour à l'emploi pendant une durée déterminée et [...] le taux et la durée de leur indemnisation résultaient de décisions d'admission au bénéfice de cette allocation prononcées par l'ASSEDIC, en application de l'article 36 du règlement annexé à la convention ». Cet arrêt redonne sa force à la démocratie sociale en jugeant que la cour d'appel d'Aix-en-Provence a violé dans son arrêt du 9 septembre 2004[15], par fausse application, l'article 1er de la convention du 1er janvier 2001 relative à l'aide au retour à l'emploi et à l'indemnisation du chômage en considérant que l'ASSEDIC devait maintenir aux bénéficiaires le versement de l'allocation d'aide au retour à l'emploi telle que fixée au moment de la signature du PARE, malgré la signature postérieure d'un avenant à la convention d'assurance chômage du 1er janvier 2001 réduisant la durée d'indemnisation et d'une nouvelle convention d'assurance chômage (le 1er janvier 2004).

120. Le contentieux récurrent de l'indemnisation des intermittents du spectacle : un contentieux emblématique. Les conventions UNEDIC se suivent et ne se ressemblent pas nécessairement selon la conjoncture économique. Un avenant du 18 décembre 2015 a été agréé par un arrêté du 19 février 2016 ; il prévoyait d'exclure du calcul du différé d'indemnisation spécifique les indemnités de rupture du contrat de travail allouées par le juge à la suite d'un arrêt rendu par le Conseil d'État[16]. Dans cet arrêt, la haute juridiction a précisé la jurisprudence *Association AC !* tout en l'enrichissant. Elle a, en effet, censuré l'arrêté agréant la nouvelle convention UNEDIC en reportant au 1er mars 2016 les effets de cette annulation. Le Conseil d'État a innové en annulant immédiatement des dispositions illégales, tout en précisant que ces dispositions sont divisibles de l'arrêté portant agrément de la convention UNEDIC à compter du 1er mars 2016.

121. Ouverture du droit à l'ARE pour des agents publics. Le droit à l'allocation d'aide au retour à l'emploi est également ouvert aux agents des employeurs publics mentionnés à l'article L. 5424-1 du Code du travail[17] ; il s'éteint lorsque le chômeur ne justifie pas de l'accomplissement d'actes positifs de recherche d'un emploi au sens de l'article L. 5411-6 du Code du travail, a fait des déclarations inexactes ou refuse, sans motif légitime, de suivre une action de formation, de répondre aux convocations des services compétents ou de se soumettre à une visite médicale destinée à évaluer son aptitude professionnelle à exercer tel ou tel emploi. Un fonctionnaire en disponibilité à sa demande ne peut pas percevoir l'ARE[18].

---

14. Cass. soc., 31 janv. 2007, n° 04-19646, ASSEDIC Alpes Provence et a. c/X. et a. : Dr. soc. 2007, p. 403, note Prétot X. ; D. 2007, p. 1469, note Willmann C.
15. CA Aix-en-Provence, ASSEDIC Alpes-Provence et UNEDIC c/ Lazari et a. ; v. Prétot X., « L'intangibilité des droits aux prestations de l'assurance chômage », Dr. soc. 2004, p. 958 ; Martin P., « Assurance-chômage : hasards et nécessité de la contractualisation des engagements », Dr. ouvrier 2004, p. 397.
16. CE, 5 oct. 2015, n° 383956, Association des amis des intermittents et précaires.
17. CE, 15 avr. 2015, n° 378893.
18. Cass. soc., 13 févr. 2019, n° 17-10925.

122. Le prolongement de l'indemnisation « conventionnelle » pendant la période de Covid-19. Les conditions d'indemnisation figuraient dans la convention d'avril 2017, dont l'application a été prorogée en raison de la crise sanitaire. Elles prévoyaient :

– un seuil minimal d'affiliation requis à 88 jours travaillés (ou 610 heures de travail) pour l'ouverture ou le rechargement d'un droit à l'ARE ;
– une durée d'indemnisation égale à la durée d'activité : un jour cotisé = un jour indemnisé ;
– une durée d'indemnisation comprise entre la durée minimale de 4 mois (88 jours travaillés) et maximale de 24 mois ou 730 jours pour les salariés âgés de 53 ans à compter du 1er novembre 2017 pour assurer une meilleure équité de l'indemnisation. À partir de 53 ans, la durée d'indemnisation peut être de 30 mois et à partir de 55 ans, de 36 mois maximum.

La convention d'assurance chômage du 14 avril 2017 s'est appliquée jusqu'au 30 juin 2021. Entre-temps, une nouvelle réforme a été menée à bien en 2019 en dehors de tout consensus dont l'application a été, en partie, différée en raison de la survenance de la crise sanitaire liée à la Covid-19. Elle succédait, à compter du 1er juillet 2021, à la convention de 2017 prorogée. Toutefois, un nouvel aléa juridique a obligé le gouvernement à revoir sa copie car le juge des référés du Conseil d'État a suspendu l'application du décret de mars 2021 à compter du 1er juillet 2021 (v. *infra*, n° 126).

B - La réforme dite de contracyclicité de l'assurance chômage : le retour de l'État social régressif

123. Les réformes et le contexte. Les réformes dans le champ du social sont étroitement tributaires du contexte dans lequel elles interviennent. Par exemple, la réforme du service public de l'emploi en 2008 et celle des conditions d'indemnisation des chômeurs ont été victimes du contexte très défavorable créé par la crise financière puis économique des *subprimes,* dont la France commençait à sortir en 2018-2019 seulement. La convention du 19 février 2009 a été négociée dans un contexte marqué par la crise économique et financière et par l'importante réforme de la loi du 13 février 2008, laquelle a créé un nouvel environnement institutionnel et juridique dont les partenaires sociaux ne pouvaient faire abstraction[19]. Les nouvelles conditions d'indemnisation des chômeurs ont été rattrapées d'une part, par le SARS-CoV-2 et la crise sanitaire apparue depuis le printemps 2020 et d'autre part, par le contexte économique de très forte inflation à partir de 2022. Le contexte a, de façon paradoxale, différé l'application de la réforme et renforcé la justification de celle-ci notamment afin de maîtriser la spirale de l'endettement chronique de l'UNEDIC au détriment de l'indemnisation des chômeurs.

19. Willmann C., « Fusion ANPE-UNEDIC et nouveaux droits et devoirs du demandeur d'emploi. Deux lois pour une même logique », JCP S 2008, n° 1475.

L'impact de la Covid-19 sur l'indemnisation des chômeurs

Le système d'assurance chômage à la française a été fortement sollicité depuis le début de la crise sanitaire, chacun pouvant constater que « l'assurance chômage a constitué un des remparts les plus sollicités pour faire face à la perte de revenus directs ou de remplacement de nombre d'actifs »[20]. Le gouvernement avait réformé en 2019 le système d'assurance chômage dans un contexte qui a rapidement condamné son entrée en vigueur, car l'État social se devait de venir en aide aux millions de travailleurs privés, pour des raisons sanitaires, d'exercer en présentiel et à temps plein leur activité salariée. La doctrine du « quoi qu'il en coûte » a bien eu un coût, mais la paix sociale doit-elle avoir un prix ? Fin 2020, la Cour des comptes relevait un déficit annuel supérieur à 16,4 milliards d'euros et une dette cumulée de 54 milliards d'euros. En 2020, l'UNEDIC a dû verser 7,5 milliards d'euros au titre de l'activité partielle (contre 40 millions d'euros en 2019), somme à laquelle s'ajoute une augmentation des allocations-chômage liée à la dégradation de l'emploi (+ 3,8 milliards d'euros). Avec une dette d'environ 37 milliards d'euros avant la crise, l'UNEDIC avait un endettement global de 54 milliards d'euros en 2020, avec une projection à 64 milliards en 2021 et un début de désendettement à partir de 2022. La réforme de l'Assurance chômage de 2023 a réduit la durée des droits de l'ensemble des allocataires afin de baisser, de façon mécanique et drastique, les dépenses d'indemnisation (v. *infra*, n° 124 et 125).

124. L'esprit de la réforme de l'assurance chômage de 2019 à 2026 : le changement de logique. Selon un ancien directeur du service juridique de l'UNEDIC, le régime conventionnel est désormais l'objet d'une « véritable emprise croissante de l'État »[21] depuis 2009 et surtout la loi pour la liberté de choisir son avenir professionnel du 5 septembre 2018 qui encadre le pouvoir de négociation des partenaires sociaux, notamment pour l'adoption des règles d'indemnisation. Cette loi a également induit un important changement dans le financement de l'assurance chômage à compter du 1er janvier 2019. L'assurance chômage est en effet financée en partie, depuis cette date, par une fraction de la CSG (en raison de la suppression des cotisations sociales finançant jusqu'à cette date le régime d'assurance-chômage[22]) ; ce qui change la donne puisque 40 % désormais du financement du régime conventionnel dépend d'un vote au Parlement. Le financement passe donc d'une logique bismarckienne (assurantielle) à une logique beveridgienne reposant sur la solidarité par l'impôt. Annoncée par le Premier ministre dans son discours de politique générale le 12 juin 2019, la réforme visait à réduire le coût de la prestation d'ARE, notamment en allongeant la durée de travail minimale pour être éligible. Le gouvernement avait également annoncé une « dégressivité de l'indemnisation pour les salariés qui touchent les salaires les plus élevés et qui peuvent retrouver du travail plus facilement que les autres », les cadres percevant entre 5 000 et 6 000 € de prestation (un millier de personnes seulement !) étant dans le viseur de cet aspect de la réforme devant durcir les conditions d'indemnisation, avec également l'idée d'un bonus-malus pour les employeurs de 5 à 10 secteurs sur les contrats courts. Ce système augmente la cotisation des employeurs qui mettent fin aux contrats courts en période creuse (sollicitant

20. Lafore R., « Le système de protection sociale à l'épreuve du Covid-19 : des constats et quelques enseignements », RDSS 2020, p. 981.
21. Domergue J.-P., « Assurance chômage : un régime conventionnel à l'agonie ? », RDSS 2023, p. 387.
22. Camaji L., « Le délitement de la logique salariale de l'assurance chômage », Dr. ouvr. 2020, p. 284.

ainsi le régime d'assurance chômage) et réduit celle de ceux qui ont un taux en réduction de leur rupture de contrat. Ce système de bonus-malus prévu par le décret de juillet 2019 a été censuré par le Conseil d'État[23] et réintroduit par le décret n° 2021-346 du 30 mars 2021 en tenant compte du contexte sanitaire lié à la Covid-19, la modulation du taux de contribution des employeurs ayant été différée au 1er septembre 2022. Après bien des péripéties juridiques, le système du bonus-malus a fait l'objet d'un avenant en juillet 2025 à la convention UNEDIC puis d'un arrêté de février 2026[24] rendant possible son application depuis le 1er mars 2026. Concrètement, à partir d'un montant plancher de 92,11 € par jour (ce qui correspond environ à un salaire mensuel antérieur de 4 915,33 €), le montant de l'indemnisation d'ARE est réduit de 30 % à compter du septième mois d'indemnisation. La dernière convention UNEDIC couvrant la période 2024-2027 a été adoptée le 15 novembre 2024 ; elle intègre dans son contenu la réforme dite de « contracyclicité » résultant de la loi sur le plein emploi de décembre 2023. Elle a fait l'objet d'un avenant le 7 juillet 2025 relatif au système de bonus-malus (v. *infra*, n° 125).

125. L'application fractionnée dans le temps de la réforme de l'assurance chômage : les effets pervers de la contracyclicité depuis février 2023. À la suite de l'annulation par le Conseil d'État du décret du 26 juillet 2019, le pouvoir réglementaire avait prévu que la réforme appliquerait, à partir du 1er juillet 2021, une nouvelle règle de calcul du salaire journalier de référence. Cette date a été reportée au 1er décembre 2021 car le juge de l'urgence a jugé, après avoir rejeté les griefs contre le cœur de la réforme (dégressivité de l'ARE, différé d'indemnisation), que les nouvelles modalités de calcul du salaire journalier de référence ne pouvaient entrer en vigueur dès le 1er juillet 2021 en raison d'un contexte économique incertain faisant que « les conditions du marché du travail (ne) sont à ce jour (pas) réunies pour atteindre l'objectif d'intérêt général poursuivi » par le gouvernement ; il en a résulté la suspension de l'exécution du décret du 30 mars 2021[25]. Pour percevoir l'ARE ou recharger le droit à indemnisation, il fallait 6 mois d'activité sur les 24 derniers mois (ou 36 mois pour les 53 ans et plus) contre 4 mois sur les 28 derniers mois jusqu'au 30 novembre 2021. La dernière réforme des conditions d'indemnisation des chômeurs (dite de « contracyclicité ») est entrée en vigueur le 1er février 2023 en dehors du cadre conventionnel sur la base du décret n° 2023-33 du 26 janvier 2023 relatif au régime d'assurance chômage pris en application de la loi n° 2022-1598 du 21 décembre 2022 portant mesures d'urgence relatives au fonctionnement du marché du travail en vue du plein-emploi[26]. Cette réforme dans le cadre du décret de contracyclicité de janvier 2023 réduit de 25 % la durée d'indemnisation tout en conservant une durée minimale d'indemnisation de 6 mois. L'impact de cette réforme a été perceptible dès 2025 et le sera encore plus à l'horizon 2027. À cette date, le dispositif s'appliquera de façon efficiente et aura un impact inédit qui représentera une économie de 4,4 Md€

---

23. CE, 20 nov. 2020, n° 434920.
24. Arrêté du 18 février 2026 portant agrément de l'avenant du 7 juillet 2025 modifiant la convention du 15 novembre 2024 relative à l'assurance chômage.
25. CE, ord. réf., 22 juin 2021, n° 4522101, CFE-CGC et a.
26. Willmann Ch, « Les réformes, sensibles et controversées, de l'indemnisation du chômage, par la loi n° 2022-1598 du 21 décembre 2022 », Dr. soc. 2023, p. 150 ; Joly L., « Le financement de l'assurance chômage : un facteur d'insécurité sociale », Dr. soc. 2022, p. 1033.

par an pour l'UNEDIC ! Depuis le 1er février 2023, le montant de l'indemnisation varie selon la conjoncture économique. Compte tenu du faible taux de chômage en 2023 (entre 7 % et 7,5 %), l'indemnisation des demandeurs d'emploi est donc écourtée ; en effet, les allocataires sont contraints de retrouver au plus vite un emploi, au risque, dans le cas contraire, d'être rapidement en fin de droits. Dès 2023, les demandeurs d'emplois étaient indemnisés en moyenne 100 jours de moins par rapport à la situation antérieure à cette réforme. Fin juillet 2025, 71 % des allocataires relevant de son champ d'application étaient concernés par la règle de contracyclicité.

La négociation et l'adoption de la Convention UNEDIC 2024-2027

Le gouvernement avait adressé le 1er août 2023 une lettre de cadrage des négociations de la prochaine convention UNEDIC 2024 qui a amené les partenaires sociaux à estimer que leur participation à ces négociations serait quasiment impossible. Les variables intégrées par Matignon dans cette lettre plaçaient les partenaires sociaux dans une position difficile car le document précisait que le cœur des dernières réformes imposées par l'État sera exclu de la négociation. Le principe de contracyclicité (décret du 26 janvier 2023) selon la situation du marché du travail, le calcul du salaire journalier de référence depuis 2019 ou encore la durée minimale d'emploi pour ouvrir un droit au chômage (6 mois pour les fins de contrats à compter du 1er décembre 2021) n'étaient donc pas négociables. En réalité, le gouvernement n'a pas adressé la lettre de cadrage prévue par l'article L. 5422-20-1 du Code du travail. Finalement, les partenaires sociaux ont signé la convention UNEDIC 2024 le 28 novembre 2023 mais l'agrément par décret a été reporté au mois de juin 2024 par le gouvernement, qui a bloqué l'application de l'accord jusqu'à cette date. Le 15 novembre 2024, après quatre ans de « mise à l'écart », les partenaires sociaux ont donc proposé une nouvelle Convention dans le cadre de leur pouvoir de négociation, amoindri par la loi de 2018, reflétant une évolution vers un « paritarisme vivotant »[27] de plus en plus étatisé ayant pu amener la doctrine à évoquer une « instrumentalisation »[28] qui pourrait déboucher à terme sur une reprise en main de l'État sur l'assurance chômage. Au total, sous le double effet de la réforme réglementaire (2023) et conventionnelle (2024), le nombre de chômeurs indemnisés a reculé de plus de 60 000 en 2025 et devrait réduire encore de plus de 30 000 en 2026 alors même que le marché de l'emploi se dégrade ; ce qui relativise le lien artificiellement créé entre le plein emploi et l'indemnisation des chômeurs et confirme la régression sociale de la prise en charge des chômeurs.

126. La précarisation croissante des chômeurs. Le droit de l'aide et de l'action sociales a vu prospérer en son sein un droit de la vulnérabilité qui a été rattrapé par les contraintes sanitaires depuis la catastrophe de la Covid-19. Dans plusieurs ordonnances rendues en octobre 2020[29], le Conseil d'État a décidé de suspendre le décret de 2020 qui avait rétréci le périmètre des personnes vulnérables éligibles au dispositif du chômage partiel. L'enjeu social était considérable, car le décret donnait de la vulnérabilité sociale une nouvelle définition permettant de réduire de façon significative les situations dans lesquelles des salariés privés pouvaient entrer dans le dispositif de chômage partiel en raison du risque de développer une forme grave d'infection au virus SARS-CoV-2. Or, selon le juge de l'urgence, les choix des critères pour établir la vulnérabilité ou non d'un individu ne reposent pas sur des motifs suffisamment étayés

27. Ferkane Y, « Un paritarisme vivotant », RDT 2023, p. 8.
28. Tourneaux, S., « L'instrumentalisation du droit du chômage », RDSS 2023, p. 396.
29. CE, ord. réf., 15 oct. 2020, nos 444425, 444916, 444919, 445029 et 445030.

et créent un doute sérieux quant à la légalité des normes réglementaires qui énoncent les critères en question. Cette décision est assez révélatrice de la tendance d'une part, à recourir à la technique juridique pour réduire le périmètre des bénéficiaires de droits sociaux et d'autre part, à appliquer une conception restrictive de la vulnérabilité. Si l'on ajoute à cela une indemnisation moins longue et moins importante, le constat d'une précarisation croissante des chômeurs confirme l'inversion des priorités. Dans sa dimension financière, la crise de l'endettement de l'UNEDIC est la principale justification de la réforme dite de contracyclicité qui, derrière ce terme technique, cache une dégradation préoccupation de la situation sociale des demandeurs d'emploi. De fait, dès la première année d'application en 2023, le nombre de chômeurs en fin de droit a augmenté de façon très significative pour retrouver le niveau de 2019 (antérieur à la Covid-19). Fin 2025, l'indemnisation des chômeurs représentait une dépense sociale de 9 Mds€ pour l'UNEDIC, soit une baisse de 3 % par rapport à l'année précédente. En outre, le nouveau mode de calcul du salaire journalier de référence a réduit de 16 % en moyenne le montant de l'allocation. Comme il fallait s'y attendre, la part, parmi les nombreux nouveaux chômeurs en fin de droit, de ceux qui bénéficient de l'Allocation de solidarité spécifique (ASS) – système d'aide sociale – est en nette augmentation ; elle est passée de 13 % mi-2022 à 20 % mi-2025 !

2. LE RÉGIME D'ASSISTANCE OU LE CHÔMEUR SECOURU

127. La question sensible des chômeurs en fin de droits : lutte contre la pauvreté et insertion sociale. On sait que l'alinéa 5 du Préambule de la Constitution de 1946 impose un devoir de travailler et le droit d'obtenir un emploi, les chômeurs en fin de droit étant au cœur de cette gestion des contraires. Un lien de cause à effet peut exister entre la durée d'indemnisation dans le cadre de l'ARE dont on sait qu'elle est réduite depuis 2023 et le nombre de demandes d'allocation d'aide sociale. Le prolongement de la crise sanitaire avait amené le gouvernement à prolonger jusqu'à la fin du mois de juin 2021 l'indemnisation des chômeurs en fin de droits entre le 30 octobre 2020 et le 30 juin 2021 inclus. Cette mesure effective en octobre 2020 a permis de maintenir les personnes concernées dans une situation sociale qui, sans cette décision, aurait pu les plonger dans la précarité. 700 000 demandeurs d'emploi ne pouvant plus percevoir l'ARE ou l'allocation de solidarité spécifique (ASS) étaient concernés par cette mesure qui a coûté, d'octobre 2020 à avril 2021, plus de 2,5 milliards d'euros. Le décret du 31 mars 2021 sur la réforme de l'assurance chômage avait acté ce maintien des droits lié au contexte exceptionnel de la pandémie de Covid-19. Le nombre de bénéficiaires des allocations du régime d'assistance a augmenté de façon très sensible en 2020 avant de connaître une très nette décrue n'épousant plus les courbes de contamination au virus du SARS-CoV-2. Ensuite, à partir de février 2023, période d'application de la réforme de l'assurance chômage, le nombre de chômeurs en fin de droit demandant à bénéficier, par conséquence, de l'aide sociale (ASS) a augmenté de façon très significative contrairement aux allocataires du RSA dont le nombre stagne depuis 2023.

A - L'allocation de solidarité spécifique (ASS) : l'aide sociale de droit commun des chômeurs en fin de droits

128. La nécessaire assistance sociale de certains demandeurs d'emploi en fin de droits. Le régime d'assistance aux demandeurs d'emploi a pour objet d'apporter une aide aux chômeurs qui ne peuvent plus bénéficier de l'allocation au titre du régime d'assurance. Sous la IIIe République déjà, des allocations d'assistance versées par les bureaux de bienfaisance prenaient le relais du revenu de remplacement versé par les caisses de chômage. De façon quelque peu critiquable, Jean Carbonnier, que l'on a connu plus inspiré, liait la persistance du chômage au comportement individuel en écrivant que l'on « s'est habitué à vivre avec le chômage, sa présence suggère que le non-travail peut être un modèle de vie. Le droit à la paresse est réhabilité »[30]. En 2026, il n'est plus possible de raisonner de la sorte, notamment parce que le même doyen écrivait que « le droit est trop humain pour prétendre à l'absolu de la ligne droite ». La solidarité s'impose lorsque le chômeur en fin de droits ne réussit pas à sortir d'une situation sociale qui risque de le placer sur la trajectoire de l'exclusion.

129. L'allocation de solidarité spécifique, le dernier filet de secours avant le RSA. Lorsque le chômeur arrive en fin de droits de versement de l'ARE, France Travail (depuis janvier 2024 et non plus Pôle Emploi) lui adresse, quel que soit son âge[31] (C. trav., art. L. 5423-1), une demande d'admission à l'ASS. Aucune démarche n'est effectuée par le demandeur d'emploi, l'agent de France Travail adressant directement les imprimés nécessaires à la constitution du dossier d'ASS aux chômeurs en fin de droits qui peuvent en bénéficier. L'ASS a été créée en 1984 ; il ne s'agit pas d'une prestation chômage au sens de l'article 3, paragraphe 1, sous h) du règlement européen du 29 avril 2004[32] mais d'une aide sociale incessible et insaisissable prévue par les articles L. 5321-1 et suivants du Code du travail ; elle est versée tous les 6 mois par l'État aux travailleurs privés d'emploi qui ont épuisé leurs droits à l'allocation d'assurance chômage et qui satisfont à des conditions d'activité antérieure (5 ans d'activité salariée dans les 10 ans précédant la fin du contrat de travail) et de ressources. Cette allocation est également versée aux demandeurs d'emploi âgés de plus de 50 ans qui font le choix de cette aide sociale si son montant est supérieur à celui de l'ARE. L'ASS peut être cumulée avec les ressources professionnelles si le bénéficiaire reprend une activité salariée inférieure à 78 heures par mois. En 2022[33], le montant journalier de l'ASS était de 17,21 € (contre 16,91 € par jour depuis le 1er avril 2021). Les montants des plafonds de ressources à ne pas dépasser depuis le 1er avril 2026 varient en fonction de la situation familiale du demandeur, de 1 363,60 € par mois pour une personne seule à 2 142,80 € par mois pour une personne vivant en couple. Pour une personne seule, les montants entre le 1er avril 2025 et le 1er avril 2026[34] étaient les suivants : 570 € (soit 19,01 € par jour). Pour un couple, le montant est de 1 570,30 € par mois (de 30 jours) pour des ressources mensuelles inférieures à

30. Carbonnier J., *Droit et passion du droit*, 1996, Flammarion, p. 161.
31. Le demandeur ne doit toutefois pas avoir atteint l'âge légal de départ en retraite et avoir cotisé suffisamment pour prétendre à la retraite à taux plein.
32. CAA Paris, 13 juill. 2022, n° 20PA03307.
33. D. n° 2021-523, 29 avr. 2021.
34. D. n° 2025-302 du 31 mars 2025 revalorisant l'allocation de solidarité spécifique.

1 520,80 €. Depuis le 1er avril 2026, le montant de l'ASS est de 19,48 € par jour, soir quasiment 585 € pour un mois de 30 jours. Le montant de l'ASS est dégressif selon les ressources. Par exemple, si la personne perçoit 800 €/mois, le montant de l'ASS sera de 563,60 € (1 363,60 € – 800 €).

Le bénéfice de l'ASS est préalable à celui du RSA. Sauf à commettre une irrégularité, un tribunal administratif ne peut rejeter la requête contre une décision refusant le versement de l'ASS lorsque Pôle emploi ne lui a pas transmis le dossier du demandeur contenant les éléments pertinents permettant d'apprécier la légalité ou non du refus de versement de cette aide sociale[35]. Le bénéficiaire de l'ASS n'est pas réputé avoir repris une activité professionnelle synonyme de fin de droit lorsqu'il s'avère que la société qu'il a créée n'a eu aucune activité effective avant la date de fin de période de l'indu que l'administration entend récupérer[36]. Pôle emploi a l'obligation d'informer l'allocataire de toute réforme concernant le versement de celle-ci et des allocations auxquelles le chômeur en fin de droits est éligible[37]. L'ASS n'est plus cumulable avec l'AAH depuis 2017. En cas de contestation d'une décision refusant l'attribution de l'ASS, ce sont les juridictions administratives qui sont compétentes pour connaître de ce contentieux avec, parfois, un dysfonctionnement lié à la « mode » des désistements provoqués par le juge, pouvant nuire au demandeur[38]. Dans son discours de politique générale le 30 janvier 2024, le Premier ministre avait annoncé la suppression de l'ASS et le basculement de ses bénéficiaires vers le RSA mais la Ve République ayant évolué vers l'instabilité ministérielle en 2024 cette réforme n'a pas eu lieu. L'ASS a pu commémorer son quarantième anniversaire ! Quoi qu'il en soit, l'existence de cette aide sociale est plus que jamais nécessaire en raison de l'application de la réforme de l'indemnisation des chômeurs dans le cadre de la loi sur le plein-emploi.

Pour aller plus loin

Lors de sa création en 1984, l'ASS était versée à 100 000 bénéficiaires, le nombre n'ayant eu de cesse d'augmenter pour dépasser les 530 000 en 1996. Alors que le nombre d'allocataires de l'ASS était en baisse depuis 4 ans – il est passé de 427 500 en moyenne en 2016, à 407 700 en 2017, puis à 367 500 en 2018 –, le gouvernement a anticipé une forte augmentation des demandeurs pour l'année 2021 en raison de l'impact de la crise de la Covid-19. En septembre 2020, 379 900 personnes percevaient ce minimum social, une hausse de 6 % sur un an, et de 10,7 % depuis mai 2020. Fin janvier 2021, le nombre de demandeurs avait baissé et s'établissait à 321 900 personnes. En 2022, la baisse a été très sensible avec une diminution de près de 15 % et 275 600 personnes fin décembre 2022 seulement. 254 200 allocataires étaient à dénombrer en septembre 2024. Une tendance inverse est observée à partir d'octobre 2024, le nombre d'allocataires a amorcé une nette augmentation et atteignait 291 200 en novembre 2025 (soit une augmentation de 11,4 % par rapport à novembre 2024). Le bénéficiaire de l'allocation de solidarité spécifique au taux plein a ainsi vu son allocation revalorisée de 21 € par mois, passant de 516 € à 537 €.

35. CE, 18 févr. 2019, n° 414022.
36. CE, 13 oct. 2023, n° 460426.
37. CE, 18 mars 2019, n° 414814.
38. CE, 27 juill. 2022, n° 442531.

B - L'allocation pour demandeur d'asile (ADA)

130. Les modalités et montants de l'ADA. L'ADA est le troisième visage d'une prestation d'aide sociale qui était dénommée « allocation d'insertion » (AI) jusqu'en 2006, puis « allocation temporaire d'attente » (ATA)[39]. L'article 23 de la loi du 29 juillet 2015 relative à la réforme du droit d'asile et le décret du 21 octobre 2015 sur l'allocation pour demandeur d'asile (ADA) ont créé une allocation qui se substitue à compter du 1er novembre 2015, pour les demandeurs d'asile, à l'allocation temporaire d'attente et dont le barème prend désormais en compte – contrairement à celui qui était prévu dans le cadre de l'ATA – le nombre de personnes composant la famille du demandeur d'asile et accompagnant celui-ci[40]. La loi du 29 juillet 2015 relative à la réforme du droit d'asile a créé cette allocation au périmètre plus restreint que l'ATA, le montant de l'ATA étant de 13,73 € par jour depuis le 1er avril 2026. L'ADA est gérée par l'Office français de l'immigration et de l'intégration (OFII) dans les conditions prévues à l'article L. 744-9 du CESEDA, qui a pour effet de ne plus rendre cette catégorie d'étrangers éligible à l'ATA depuis le 1er novembre 2015. Le juge administratif a précisé que n'entrait pas dans le périmètre de la fraude justifiant le versement de l'ADA le fait pour un demandeur d'asile en France, de chercher à obtenir parallèlement l'asile dans un autre État membre de l'Union[41]. Pour bénéficier de cette prestation, le demandeur doit avoir des ressources mensuelles inférieures au montant du RSA, soit en 2025-2026, moins de 646,52 € par mois (contre 635,71 € en 2024). Refusant de sacrifier le droit d'asile sur l'autel de la Covid-19, le Conseil d'État a enjoint au ministre de l'Intérieur de reprendre l'enregistrement des demandes formées par des personnes présentant une vulnérabilité particulière[42]. Depuis le 1er avril 2025, son montant est de 6,80 € par jour et peut atteindre 14,20 € par jour si le demandeur d'asile ne dispose pas d'un hébergement gratuit. En 2026, la dotation pour l'ADA dans la loi de finances est de 300 M€.

131. Les bénéficiaires de la protection subsidiaire sont également éligibles à l'ADA ; raison pour laquelle le nombre d'allocataires a augmenté de 45 % en 2022, les Ukrainiens ayant été nombreux à former des demandes alors que jusqu'à présent, aucune demande n'avait été formée. En outre, en 2022, l'augmentation des demandes d'asile était supérieure à 25 %. Pour bénéficier de l'ADA, l'étranger doit préalablement accepter les conditions matérielles d'accueil (CESEDA, art. L. 744-1)[43] et remplir les conditions d'âge et de ressources et s'engager notamment à ne pas exercer d'activité professionnelle. En 2025, 127 000 demandeurs d'asile ont bénéficié de l'ADA pour un montant moyen de 320 €. L'ADA cesse d'être versée lorsque le demandeur d'asile est, soit débouté, soit, se voit reconnaître le statut de réfugié ou encore en cas de transfert vers un autre État compétent pour traiter la demande d'asile.

---

39. Willmann C., « L'ATA : entre gestion des flux migratoires et politiques de lutte contre la pauvreté et l'exclusion », RDSS 2008, p. 949.
40. CE, 27 juin 2016, n° 392253. Important arrêt qui précise que cette modification (prise en compte de la composition de la famille du demandeur) rend sans objet la requête contre le décret n° 2015-754 du 24 juin 2015 relatif à l'ATA qui devient, dès lors, injusticiable en raison de la régularisation par l'Administration de la demande d'annulation « en tant que ne pas » contre cet acte réglementaire.
41. CE, 17 avr. 2019, n° 428749, OFII.
42. CE, ord. réf., 30 avr. 2020, n° 440250, OFPRA : AJDA 2020, p. 1748, note Aubin E.
43. CAA Paris, 13 juill. 2022, n° 21PA04194.

Pour aller plus loin

Les demandeurs d'asile isolés ne sont pas éligibles à l'ADA[44], car ils sont pris en charge par le département au titre de l'ASE. Si le demandeur n'a pas commis de fraude, l'OFII ne peut légalement cesser de lui verser l'ADA, le juge des référés ne pouvant toutefois imposer le versement rétroactif de cette aide sociale[45]. Par transposition, on peut déduire d'un arrêt que le demandeur d'asile concerné par la procédure de remise dite Dublin aux autorités nationales compétentes pour instruire sa demande est également éligible à l'ADA[46] et doit bénéficier des conditions minimales d'accueil[47].

3. LE REVENU DE SOLIDARITÉ ACTIVE ET LA LUTTE CONTRE LA PAUVRETÉ

132. Évolutions de la politique de lutte contre la pauvreté et aggravation de la pauvreté en France depuis la crise sanitaire de la Covid-19. Ainsi que le souligne Robert Lafore, la politique sociale de lutte contre la pauvreté est marquée par de nombreuses « variations autour de l'allocation de subsistance »[48]. Cette politique remonte à 1988 avec la création historique du RMI, remplacé 20 ans plus tard par le RSA. La survenance de la Covid-19 a eu des conséquences sur la pauvreté. La situation en France s'est nettement dégradée dans le contexte de la Covid-19 puis de la très forte inflation en 2022-2023. Lors de cette période, le taux de pauvreté a progressé de près de 0,9%. Auparavant, dans le contexte de la Covid-19, le Secours populaire avait évoqué en octobre 2020 une augmentation de la pauvreté après le second confinement en relevant que près de 1,3 million de personnes avaient sollicité lors de ce seul mois une aide auprès de ses permanences à comparer avec les 3,3 millions sur l'ensemble de l'année 2019. Le nombre de personnes sous le seuil de pauvreté – fixé à 60 % du revenu médian de la population – est passé de 13 % en 2008 à 14,60 % en 2021 puis 15,4 % à partir de 2023. Ce taux est resté stable depuis et en 2026, le cap des 10 millions de personne pauvres va être franchi. Le droit subjectif à l'aide sociale permet à l'État de jouer son rôle activement dans la République sociale, comme l'a montré l'adaptation du versement des prestations sociales lors de la période d'état d'urgence sanitaire en 2020-2022. Postérieurement à la pandémie, le gouvernement de Mme Borne a opté, de façon contestable, pour une reconfiguration de la situation juridique des bénéficiaires du RSA en la corrélant à la logique économique de plein emploi. La loi du 18 décembre 2023 sur le plein-emploi décide, en effet, de conditionner désormais le versement du RSA à la poursuite d'une activité professionnelle minimale faisant ainsi du travail la contrepartie d'une aide sociale dont la finalité est de retrouver un emploi au plus vite, le RSA évoluant vers un modèle plus activé dans lequel l'allocataire est soumis à des obligations renforcées (v. *infra*, n° 137).

44. CE, 23 déc. 2016, n° 394819.
45. CE, ord., 17 avr. 2019, n° 428749.
46. CE, 4 déc. 2013, n° 359670, Association Dom'Asile : AJDA 2014, p. 1049, note Aubin E.
47. CE, 17 avr. 2013, n° 335924, CIMADE, GISTI : AJDA 2013, p. 2451, note Aubin E.
48. Lafore R., « Aux frontières de l'action sociale et de l'emploi : les dilemmes des politiques d'insertion », RDSS 2025, p. 1019.

A - Le RSA : dernier recours des chômeurs en fin de droits

1) La finalité du RSA

133. L'idée du RSA : asseoir l'aide sociale sur des revenus d'activité. L'idée d'un RSA a été défendue par Martin Hirsch avant d'être reprise dans un rapport du Conseil économique et social (CES) en mai 2005. Elle consiste à asseoir une aide sociale sur des revenus d'activité et s'avère séduisante *a priori,* car elle « tire vers le haut » en associant le retour à l'emploi à un gain en termes de ressources tout en favorisant la qualité de l'emploi. La finalité du cumul des prestations de solidarité et des revenus d'activité est de faciliter la sortie durable, voire définitive, de l'assistance et de remédier également au phénomène des travailleurs pauvres. Après avoir été expérimenté en 2007-2008, le RSA a été généralisé à partir de juin 2009, puis étendu à certains jeunes de moins de 25 ans à compter du 1er septembre 2010. Le RSA a été instauré en décembre 2008, 20 ans après le RMI qu'il a remplacé, le changement de l'acronyme révélant l'approche différente de la lutte contre la pauvreté, l'idée de revenu minimum étant remplacée par celle de revenu de solidarité.

134. Le cumul temporaire des revenus de l'assistance et du travail. Le RSA permet de cumuler, sur une période déterminée, les revenus de l'assistance et ceux du travail afin que l'addition des sommes perçues permette réellement aux personnes concernées de mesurer clairement la différence entre leur situation matérielle, tributaire de l'aide sociale, et celle qui résulte d'une reprise d'activité, y compris à mi-temps afin que les femmes puissent reprendre un travail compatible avec la charge d'un enfant. Ainsi que l'avait souligné M. Hirsch, devenu haut commissaire aux solidarités actives devant les sénateurs, « les meilleurs avocats du RSA, ce sont les personnes directement concernées, celles qui chaque mois calculent leur "reste à vivre" ».

135. Vers un pouvoir d'achat des (travailleurs) pauvres ? Qualifié par son promoteur de « pouvoir d'achat des travailleurs pauvres » et d'outil visant à lutter contre le phénomène de la « trappe à l'inactivité », le RSA est un minimum social qui avait pour objet de réduire d'un tiers, sur 5 ans, le nombre de travailleurs pauvres en leur faisant franchir le seuil de pauvreté, lequel représente 60 % du SMIC (soit 1 288 € pour une personne seule en 2023). Parmi les 9,8 millions de personnes pauvres en 2023 (selon les chiffres fournis en 2025), 1,5 million exercent une activité professionnelle tout en se trouvant en situation de privation matérielle et sociale, ce qui, normalement, devrait constituer « un oxymoron »[49]. La notion de pouvoir d'achat était au cœur de la loi n° 2022-1158 du 16 août 2022 prévoyant plusieurs mesures pour contenir les conséquences de l'inflation et de l'augmentation des dépenses énergétiques en raison surtout de la guerre en Ukraine.

49. Ratti. L., « Pauvreté des travailleurs : éléments pour la compréhension d'un oxymoron du droit du travail », RDT 2024. 618

Supprimer les effets de seuil

Le RSA vise à supprimer les effets de seuil qui ont pu dissuader les bénéficiaires du RMI ou de l'allocation de parent isolé (API) de reprendre une activité à temps partiel rémunérée au SMIC, hypothèse dans laquelle ils perdent de l'argent. Afin de lutter contre ce phénomène de désincitation au travail, l'article 18 de la loi *TEPA* du 21 août 2007[50] dispose que « Le revenu de solidarité active a pour objectif d'assurer l'augmentation des ressources d'une personne bénéficiaire d'un minimum social qui prend ou reprend un travail, exerce ou accroît son activité afin d'atteindre un revenu garanti qui tient compte des revenus d'activité professionnelle et des charges de famille ».

136. RSA et cohésion sociale. La finalité du RSA est multiple : il est le dernier recours des chômeurs en fin de droits remplissant les conditions pour en bénéficier ; il est également amené à jouer un rôle essentiel dans le maintien d'une certaine cohésion sociale[51]. Il convient de rappeler, à cet égard, que dans le plan de relance du gouvernement en 2021, 36 milliards d'euros sont inscrits dans la rubrique « Cohésion ». Les relations entre le droit et la pauvreté illustrent les métamorphoses du modèle d'aide sociale en France[52] et la volonté, dès 2005,[53] de résoudre une nouvelle équation sociale dans la lutte contre la pauvreté.

2) *Les bénéficiaires du RSA*

Si l'approche catégorielle rencontre des limites dans le droit de l'aide et de l'action sociales[54], elle permet néanmoins de mesurer l'innovation que constitue le RSA dans la lutte contre la pauvreté et l'exclusion sociale. En mars 2022, on dénombrait moins de 1,9 million de bénéficiaires du RSA (1 896 100 allocataires), ce qui représentait une augmentation par rapport au nombre de fin décembre 2021 confirmant le caractère atypique de l'année 2021. Le 28 juillet 2022, le ministre du Travail affirmait qu'« Aujourd'hui nous avons presque deux millions d'allocataires du RSA, c'est deux fois plus qu'il y a dix ans » avant de justifier la réforme du RSA consistant à créer un lien de causalité entre le versement de ce dernier et l'exercice d'une activité professionnelle (voir *infra*, n° 146 et 153). En septembre 2023, il y avait environ 1,84 million d'allocataires du RSA en France, ce nombre étant identique fin décembre 2025. On constate, depuis 2023, une relative stabilité du nombre de bénéficiaires du RSA. Fin décembre 2025, 1,84 million de foyers sont bénéficiaires du revenu de solidarité active (RSA), ce nombre étant stable par rapport à décembre 2024 (+ 0,2 %).

---

50. L. n° 2007-1223, 21 août 2007 en faveur du travail, de l'emploi et du pouvoir d'achat.
51. Sur cette notion, Faberon F. (dir.), *De la cohésion sociale : théories et pratiques*, 2020, Recherches sur la cohésion sociale.
52. Lafore R., « Droit et pauvreté : les métamorphoses du modèle assistanciel français », RDSS 2008, p. 111.
53. Hirsch M., *Au possible, nous sommes tenus. La nouvelle équation sociale*, 2005, Doc. fr.
54. Capelier F., « Besoins fondamentaux, projets personnalisés et logique de parcours : nouveaux paradigmes du droit de l'aide et de l'action sociales », RDSS 2019, p. 729.

a) Le RSA, les travailleurs pauvres et la pauvreté du travail : un cercle vicieux ou vertueux ?

137. L'application du RSA aux travailleurs pauvres : la création progressive d'une nouvelle relation entre l'aide sociale et l'emploi. L'originalité du RSA tient à l'élargissement du champ d'application aux travailleurs pauvres, c'est-à-dire des personnes qui malgré leur condition de salarié ont des revenus qui ne dépassent pas 60 % du niveau de vie médian selon le critère choisi par les pays de l'Union européenne depuis 2004. Il y a plus de 2 millions de ménages qui sont des travailleurs pauvres et, au sein de cette catégorie, les femmes seules avec un ou plusieurs enfants sont nombreuses. Il y a eu, en France, un déplacement de la pauvreté auquel le RSA entend remédier en ciblant les personnes travaillant à temps partiel, les femmes représentant 85 % des salariés au sein de cette catégorie. En complétant le revenu d'activité, le RSA permettait à son bénéficiaire d'atteindre au moins le seuil de pauvreté fixé à environ 900 € en 2010. Le « RSA chapeau » était un complément social versé au travailleur pauvre égal au RSA de base (« RSA socle ») diminué de 38 % du montant du revenu d'activité. Pour une personne seule, le RSA complémentaire cessait d'être versé lorsqu'elle gagnait l'équivalent d'un SMIC net à temps plein, c'est-à-dire 1 073 € par mois en janvier 2011 (1,5 SMIC pour un couple sans enfant). Globalement décevant, le bilan du RSA chapeau a amené les pouvoirs publics, avant même la remise du rapport *Sirugue* d'avril 2016 sur la réforme des *minima* sociaux[55], à le supprimer à compter du 1er janvier 2016 pour le remplacer par la prime d'activité[56]. Celle-ci met fin à l'existence des deux RSA ; elle est, en effet, une prestation régie par le Code de la sécurité sociale (art. L. 841-1 et s.) qui vise, comme le RSA chapeau, à accroître les revenus des actifs dont les ressources sont trop modestes pour pouvoir s'en sortir dignement face aux besoins de la vie quotidienne. Cette prestation d'aide sociale est versée sous condition de ressources (2 000 € nets mensuels pour une personne seule) par les caisses d'allocations familiales (CAF) et les caisses de la Mutualité sociale agricole (MSA). Le montant de la prime d'activité correspond à la différence entre un montant forfaitaire, dont le niveau varie en fonction de la composition du foyer et du nombre d'enfants à charge, et les ressources du foyer (v. *infra*, n° 143). Au 1er avril, le montant revalorisé de la prime d'activité représente 638,28 € pour une personne seule sans enfant.

La systématisation du lien entre travailleur et bénéficiaire du RSA

« Verser une allocation ne suffit pas. Ce que nous voulons, c'est que chacun s'en sorte et retrouve sa dignité grâce au travail. (...) Ne pas perdre la volonté tenace de l'insertion » (Discours de politique générale de la Première ministre Elisabeth Borne, juillet 2022). La relation entre la qualité de travailleur pauvre et celle de bénéficiaire du RSA est amenée à se développer en raison de la réforme du RSA qui part du constat selon lequel le bénéfice du RSA ne permettrait pas, dans sa formule actuelle, de retrouver un emploi et donc de réintégrer le circuit des financeurs de l'aide et de l'action sociales après avoir été bénéficiaire de la solidarité nationale. Après la publication le 16 août 2022 de la loi *Pouvoir d'achat*,

55. Sirugue C., *Repenser les minima sociaux : vers une couverture socle commune*, Rapport AN, 18 avr. 2016.
56. L. n° 2015-004, 17 août 2015 relative au dialogue social (qui instaure la prime d'activité).

le gouvernement a annoncé une réforme du RSA sur la base d'une expérimentation menée à partir de l'automne 2022 sur le territoire de 5 à 10 départements. Les départements volontaires proposent aux bénéficiaires du RSA d'exercer une activité hebdomadaire de 15 à 20 heures en contrepartie du versement de la prestation sociale. À l'issue de cette expérimentation une généralisation du nouveau RSA a été engagée pour 2024-2025. La poursuite d'une activité professionnelle (un minimum d'activité) devient une condition juridique de versement et par voie de conséquence de cessation de versement de la prestation en cas d'inexécution de cette obligation. Le glissement vers cette nouvelle forme de RSA inscrit ce dernier dans la logique anglo-saxonne si ambiguë du *Workfare*. Cette politique s'inspire clairement, sans le dire, de la politique américaine mise en place en 1996 (*Personal Responsibility and Work Opportunity Reconciliation Act*) qui a consisté à conditionner les aides sociales à l'accomplissement de tâches communautaires en inscrivant les demandeurs d'emploi dans la logique de la « responsabilisation et des politiques de retour à l'emploi »[57]. Alors que le RSA originel de 2008 voulait réduire le nombre de travailleurs pauvres dans son volet activité, le RSA réformé en 2023 met l'accent sur le comportement qui doit être de plus en plus actif du bénéficiaire du RSA soumis au devoir de travailler pour se voir reconnaître le droit de recevoir cette prestation de solidarité nationale.

b) L'accès des étrangers au RSA

138. L'accès contrarié des étrangers au RSA. Si les étrangers peuvent percevoir le RSA, les conditions d'éligibilité à cette nouvelle prestation posent clairement la question de savoir si le RSA n'est pas discriminatoire envers cette catégorie d'individus. Les étrangers doivent, en effet, attester une condition de résidence en France « stable et effective » et détenir, depuis au moins 5 ans[58] – cette condition de séjour avait été imposée par la loi du 26 novembre 2003 réformant le RMI, un titre de séjour les autorisant à travailler en France (CASF, art. L. 262-4, 2°), cette condition n'étant pas susceptible de faire l'objet d'une interprétation neutralisante y compris pour les citoyens européens non nationaux, sous réserve toutefois qu'une erreur de droit ne soit pas commise dans l'appréciation de leur situation[59]. Par ailleurs, sont également exclus du bénéfice du RSA les citoyens européens qui entrent en France pour y chercher un emploi ou y demeurent à ce seul titre, cette mesure permettant de lutter contre le « tourisme social » qui pourrait être induit par l'usage de la qualité de citoyen de l'Union[60]. Ce droit méfiant illustre les limites de la citoyenneté européenne au contact des exigences nationales, à l'image de celles qui ont amené la France à imposer la notion d'« abus du droit de séjour » afin de ne pas appliquer la protection sociale notamment aux Roms[61], contrariant ainsi l'idée même d'une marche vers

57. Nativel C., « *Workfare* et transformations de l'aide aux chômeurs », Informations sociales 2010/3, n° 159, p. 60.
58. À Mayotte (art. L. 542-6, III, 1° du CASF), l'effet dissuasif est trois fois plus long, les étrangers devant en effet détenir un tel titre de séjour depuis...15 ans (!) ; ce qui rend inaccessible, dans les faits, l'accès à cette aide sociale dans un contexte migratoire très tendu en raison de la proximité des Comores.
59. CE, 18 févr. 2019, n° 417021.
60. Cette condition avait été imposée par l'article 63 de la loi n° 2007-290 du 5 mars 2007 aux bénéficiaires du RMI, cette loi ayant étendu ce principe pour le bénéfice de l'API, de la CMU de base et de l'AAH.
61. Math A., « Roms et autres : la protection sociale des ressortissants communautaires », Dr. soc. 2010, p. 1037.

l'égalité des droits sociaux. Lorsqu'un étranger a la qualité d'ascendant à charge d'un ressortissant français, il ne remplit pas la condition de ressource prévue à l'article L. 262-2 du CASF pour être éligible au RSA sauf si un changement intervient dans sa situation et que ce changement « dans sa situation depuis la délivrance de ce titre de séjour, justifie qu'il ne peut plus, du fait de ce changement, être regardé comme entièrement pris en charge par son descendant, la condition de ressources devant être alors examinée au regard de l'ensemble des ressources du foyer »[62]. Par ailleurs, les frères et sœurs d'un réfugié mineur doivent être pris en compte dans la détermination des droits au RSA[63].

La constitutionnalité de l'accès différé des étrangers au RSA

On sait déjà que l'accès aux droits sociaux des citoyens européens non nationaux et des étrangers n'est pas inconditionnel, tant s'en faut. Dans sa décision n° 2011-137 QPC du 17 juin 2011[64], le Conseil constitutionnel a validé l'article L. 262-4 du CASF en jugeant que la condition contestée instituait « entre les Français et les étrangers d'une part, et entre les étrangers d'autre part, selon qu'ils ont ou non une résidence stable en France, une différence de traitement en rapport avec l'objet de la loi ».

c) L'accès de certains jeunes au RSA

139. L'extension limitée du RSA à certains jeunes de moins de 25 ans : une réforme à réformer. L'extension du RSA à certains jeunes de moins de 25 ans a été prévue par la loi de finances pour 2010, laquelle a fait l'objet, sur ce point, d'une validation par le Conseil constitutionnel dans l'importante décision rendue le 29 décembre 2009[65]. Le Conseil rappelle, dans un premier temps, que la loi du 1er décembre 2008 généralisant le RSA avait déjà prévu la possibilité pour certains jeunes de moins de 25 ans de percevoir cette aide sociale. Le législateur avait repris l'exception existant déjà pour le RMI concernant les jeunes de moins de 25 ans assumant la charge d'un ou plusieurs enfants nés ou à naître. Dans un second temps, le Conseil juge que le législateur pouvait, sans méconnaître le principe d'égalité, étendre cette exception aux seuls jeunes de moins de 25 ans ayant exercé une activité professionnelle pendant au moins 2 ans. En outre, le Conseil constitutionnel a considéré que le principe constitutionnel de compensation était respecté, car le financement de cette extension doit être pris en charge par le Fonds national des solidarités actives (FNSA) pour le dernier trimestre 2010. Quoi qu'il en soit, au regard de ses conditions d'accès, il semble difficile d'évoquer l'existence d'un RSA jeunes.

140. La légalité du RSA ciblé sur certains jeunes seulement. Saisi du décret d'application du RSA jeunes, le Conseil d'État s'est livré à une lecture téléologique de la loi afin de vérifier que le pouvoir réglementaire n'avait pas dénaturé la lettre et l'esprit de celle-ci[66]. Dans le cadre de ce contrôle, il a considéré que le décret ne

---

62. CE, 26 avr. 2022, n° 449780, Dépt de la Drôme.
63. CE, 30 déc. 2021, n° 446929, Dépt de l'Oise.
64. Cons. const., 17 juin 2011, n° 2011-137 QPC, Zeljko S. : AJDA 2011, p. 1232 ; Constitutions 2011, p. 581, chron. Tchen V.
65. Cons. const., 29 déc. 2009, n° 2009-599 DC, Loi de finances pour 2010.
66. CE, 27 oct. 2011, n° 343943, CFDT : AJDA 2011, p. 2098.

faisait que préciser la volonté du législateur, lequel a posé le principe d'une condition d'activité à laquelle est subordonné le bénéfice de cette prestation. Appliquant la jurisprudence *Arrighi*, l'arrêt rappelle que « la conformité d'une telle condition, dans son principe, aux exigences constitutionnelles résultant des dixième et onzième alinéas du Préambule de la Constitution de 1946, qui impliquent la mise en œuvre d'une politique de solidarité nationale en faveur des personnes défavorisées, ne saurait être contestée devant le Conseil d'État, statuant au contentieux, en dehors de la procédure prévue à l'article 61-1 de la Constitution ». Il appartient, en revanche, au juge administratif de vérifier, dans le cadre de son office, si les mesures prises pour l'application de la loi n'ont pas elles-mêmes méconnu ces exigences. Or, pour le Conseil d'État, le pouvoir réglementaire pouvait, sans les méconnaître, subordonner au *quantum* contesté le bénéfice du revenu de solidarité active pour les jeunes de moins de 25 ans.

Le rejet d'un nouveau RSA jeunes en période de Covid-19

Une proposition de loi proposant d'ouvrir le RSA aux jeunes à partir de 18 ans au lieu de 25 ans a été rejetée le 6 mai 2021. Cette proposition visait à apporter une réponse à la paupérisation des jeunes liée aux conséquences de la crise sanitaire et illustrée par une augmentation très significative de la demande alimentaire des étudiants auprès des épiceries sociales des universités et des organismes caritatifs. Il existe depuis de nombreuses années un débat entre une aide sociale universelle ouverte à toute personne à partir de 18 ans et des dispositifs ciblés sur des aides ponctuelles pour accompagner les jeunes vers un premier emploi. Cette hésitation entre l'universalité et le ciblage est au cœur des logiques contradictoires en apparence du droit de l'aide et de l'action sociales, mais qui sont en réalité deux solutions juridiques à un seul et même fléau social.

3) L'éligibilité au RSA et la situation juridique du bénéficiaire du RSA

141. Les droits et devoirs du bénéficiaire du RSA. La loi du 1er décembre 2008 pose des droits et devoirs du bénéficiaire du RSA (CASF, art. L. 262-27 à L. 262-39 et R. 262-66 à R. 262-72), lequel a droit à un accompagnement social et professionnel.

Afin de faciliter l'orientation des demandeurs vers un accompagnement social et professionnel adapté, le décret n° 2009-716 du 16 juin 2009 a autorisé la création d'un traitement de données à caractère personnel mis à la disposition des organismes instructeurs du RSA (CASF, art. R. 262-102 à R. 262-121). Le mot « accompagnement » est devenu un leitmotiv dans le droit de l'aide et de l'action sociales du XXIe siècle illustrant l'individualisation recherchée dans le dispositif d'insertion des demandeurs d'emploi de longue durée. Entre 2008 et 2026, la gestion des bénéficiaires du RSA a connu plusieurs évolutions importantes qui ont eu en commun de renforcer la pression sur les allocataires. Il n'est pas sûr, en 2026, que les droits soient équilibrés par rapport aux devoirs ainsi que l'atteste le contrôle croissant des bénéficiaires désormais inscrits dans une logique contractuelle ambiguë : le contrat d'engagement unifié (v. *infra*, n° 152 et s.).

142. Éligibilité au RSA en 2026. Pour être éligible à l'allocation de RSA, le demandeur ne doit pas disposer de ressources supérieures au montant forfaitaire du RSA ; la CAF prend les trois mois de revenus qui précèdent la demande et calcule la moyenne des revenus sur cette période. Pour une personne seule, le seuil à ne pas dépasser est de 646,52 € en 2026. Pour un couple sans enfants, le seuil est fixé à 969,78 € et passe à 1 163,74 € pour un couple avec un enfant. Dans le cas d'un couple avec deux enfants ne disposant pas d'aide au logement, le seuil atteint 1 357,70 € nets par mois.

143. Montants du RSA depuis 2022. Le juge administratif a rappelé une évidence en jugeant illégale une délibération d'une collectivité ultramarine qui voulait transformer le RSA en prestations alimentaires ou d'hébergement ; on sait désormais que la démonétisation partielle du revenu de solidarité active n'est pas une option juridique[67]. Le juge judiciaire est compétent pour connaître de la demande d'annulation d'un commandement de payer un indu de RSA[68]. En raison de l'inflation, la loi du 16 août 2022 pour la protection du pouvoir d'achat a augmenté le montant du RSA de 4 % de façon rétroactive au 1er juillet 2022 ; ce qui était la plus forte augmentation depuis la création de cette prestation d'aide sociale.

Les montants du RSA : de la revalorisation inédite liée à l'inflation en 2022 à la revalorisation contenue en 2026

Les montants après la revalorisation de 4 % au 1er juillet 2022 dans le cadre de la loi pour la protection du pouvoir d'achat étaient les suivants :
- 598,54 € pour une personne seule et sans enfant (+ 23 €) ;
- 897,81 € pour une personne seule avec un enfant (+ 34 €) ;
- 1 077,37 € (contre 996,68 € / mois en 2021-2022) pour une personne seule avec deux enfants (+ 40 €).

Outre la revalorisation du RSA, les allocataires de cette aide financière bénéficieront à la rentrée d'un chèque alimentaire de 100 € par foyer, auxquels s'ajouteront 50 € par enfant (prime inflation).

En 2023-2024, la prestation de RSA est de :
- 607,75 € (contre 564,78 € en avril 2020, 559,74 € en 2019, et 550,93 € le 1er avril 2018, 537 € en avril 2017 et 524,68 € au 1er avril 2016) pour une personne seule sans aide au logement ;
- 911,62 € (contre 847,17 € au 1er avril 2020 et moins de 750 en 2014) pour un allocataire seul avec une personne à charge ; 1 093,95 € avec deux personnes à charge et 1 337,05 € avec trois personnes à charge ;
- 1 093,95 € en couple avec une personne à charge, 1 276,26 € en couple avec deux personnes à charge. La situation juridique du bénéficiaire du RSA à l'aune de la recherche d'emploi

Le RSA a été revalorisé à hauteur de l'inflation (+ 0,8 %) au 1er avril 2026. Le montant forfaitaire pour une personne seule est passé de 646,52 € à environ 651,69 €. Un couple sans enfant pourra percevoir jusqu'à 977,54 €, et une personne seule avec deux enfants jusqu'à 1 173,05 €. Cette revalorisation sera visible sur les versements de mai 2026.

144. L'acceptation d'un emploi convenable, l'obligation d'orientation et l'appréciation du train de vie du demandeur de RSA. Le bénéficiaire du RSA doit accepter un emploi convenable au sens de la loi du 1er août 2008 sur les droits et devoirs des demandeurs d'emploi. Le décret du 1er mars 2012 a renforcé l'obligation d'orientation des bénéficiaires du RSA, qui doivent signer soit un contrat d'engagements réciproques (CER), soit un projet personnalisé d'accès à l'emploi (PPAE). Le

67. CE, 8 févr. 2017, n° 399584, Préfet délégué de Saint-Barthélemy.
68. T. confl., 14 juin 2021, n° 4212.

décret du 15 avril 2009 prévoit, quant à lui, les éléments à prendre en compte pour évaluer le train de vie du demandeur (CASF, art. R. 262-74 à R. 262-81). Pour bénéficier du RSA, le demandeur voit en effet ses ressources faire l'objet d'une appréciation « serrée » par l'administration sociale. L'article 16 du décret du 15 avril 2009 précise que les montants des primes forfaitaires (CASF, art. L. 262-11 ; CSS, art. L. 524-5) et des primes de retour à l'emploi créant un intéressement des bénéficiaires de *minima* sociaux (C. trav., art. L. 5133-1 et L. 5425-3) ne sont pas pris en compte pour déterminer le droit au RSA mentionné à l'article L. 262-1 du CASF. Lorsque l'allocataire du RSA ne remplit pas ses obligations en matière de recherche d'emploi ou d'insertion professionnelles, le président du conseil départemental est en droit de suspendre le versement du RSA mais ne peut pas remonter le cours du temps pour réviser de façon rétroactive les droits au RSA de ce bénéficiaire[69]. Le recours jugé irrecevable pour tardiveté contre un indu de RSA n'interdit pas au bénéficiaire du RSA de contester le bien-fondé de la créance en formant un recours contre le titre exécutoire[70].

Contrôle de la bonne foi de l'allocataire en cas d'omission de déclaration

Le juge administratif contrôle l'effectivité de la bonne foi de l'allocataire ayant omis de déclarer des ressources dont la prise en compte aurait eu pour conséquence de ne pas le rendre éligible au versement du RSA. Le juge tient compte du caractère répété ou non de l'omission pour déduire l'existence d'une bonne ou d'une mauvaise foi[71]. Il a été jugé, s'agissant d'un travailleur indépendant bénéficiaire du RSA, qu'il faut rechercher si le chiffre d'affaires annuel du demandeur est inférieur au plafond prévu à l'article L. 262-46 du CASF[72]. Le gérant d'une société (SARL) doit déclarer les revenus qu'il tire de cette activité s'il demande le RSA[73] de même que la personne qui tire des revenus de la sous-location d'un bien[74]. Dans une autre affaire, il a été jugé que le bénéficiaire du RSA qui thésaurise les prestations de RSA versées avec une somme de près de 80 000 € (fruit de la vente d'une maison dont il a hérité) sur son compte courant ne peut faire l'objet d'une récupération en indu au seul motif qu'il ne serait pas, pour cette raison, dans une situation de besoin justifiant qu'il demande la perception du RSA. Pour dire la chose autrement, « avoir un compte en banque bien garni ne suffit pas à présumer l'existence d'un train de vie confortable »[75] !

145. La recentralisation expérimentale du RSA. Une expérimentation de recentralisation de la gestion et de la prise en charge du RSA par l'État a été menée en Seine-Saint-Denis en partant du constat selon lequel le reste à charge annuel du département de la Seine-Saint-Denis est passé de 100 millions d'euros en 2012 à

---

69. CE, 26 avr. 2022, n° 453176.
70. CE, 9 févr. 2024, n° 473732.
71. CE, 17 nov. 2017, n° 400606 : Lebon T. ; AJDA 2018.1491, note Rihal H.
72. CE, 26 avr. 2022, Métropole de Lyon, n° 441370.
73. CE, 18 févr.2019, n° 416043. Toutefois, si les sommes créditées sur le compte courant d'un associé de société correspondent à un prêt sans intérêts consenti à la société, ces sommes ne doivent pas être prises en compte pour apprécier le niveau de vie du bénéficiaire du RSA (CE, 6 mars 2025, n° 482566). De même, les parts sociales n'ont pas à être prises en compte dans les ressources du demandeur s'il s'avère que la société n'a effectué aucune distribution à ses associés (CE, 28 nov. 2025, n° 493321).
74. CE, 1er févr. 2024, n° 476074.
75. H.Rihal note sous CE, 20 décembre 2024, n° 487594 ; *AJDA* 2025., p. 814.

227 millions d'euros en 2020, soit une augmentation de 120 %. Lors de cette même période, le coût du RSA augmentait de 54 % pour atteindre 551 M€ en 2020, soit plus d'un quart des dépenses de fonctionnement annuelles du département. Après un an de négociation, un accord historique a été trouvé en septembre 2021 entre l'État et ce département pour une expérimentation sur 5 ans, à partir de janvier 2022. Après bien des atermoiements et pour répondre à une demande des départements, il a été décidé de recourir à l'expérimentation dans la gestion du RSA. L'article 43 de la loi n° 2021-1900 du 30 décembre 2021 (loi de finances pour 2022) a mis en place l'expérimentation d'une recentralisation du RSA qui concerne trois départements (la Seine-Saint-Denis à partir du 1er mars 2022, les Pyrénées-Orientales à la même date et l'Ariège à compter du 1er janvier 2023). L'expérimentation mise en œuvre dans les trois départements a été prolongée jusqu'au 31 décembre 2031 par une disposition de la loi n° 2026-103 de finances pour 2026 finalement adoptée fin février 2026.

146. La soumission depuis 2024 du bénéficiaire du RSA à la logique de la contrepartie et de l'activité. La loi sur le plein-emploi a décidé de systématiser la connexion du RSA à la politique de plein-emploi en imposant l'inscription automatique de ces derniers à France Travail et en les soumettant à l'obligation d'effectuer une activité de 15 heures par semaine. Cette contrepartie a été généralisée à l'ensemble des bénéficiaires du RSA en 2025. Cette réforme complique singulièrement le parcours des bénéficiaires du RSA dont la situation dépend désormais de deux Codes (le Code du travail et le CASF) et trois acteurs institutionnels : la CAF, France Travail et le département[76]. Cette réforme prévoit également une nouvelle sanction dénommée « suspension-remobilisation » qui consiste à rétablir de façon rétroactive le versement de l'allocation lorsque le bénéficiaire qui n'a pas respecté la contrepartie des heures d'activités prévues décide de respecter la contrepartie s'inscrivant dans la logique non plus de l'aide sociale, mais de la politique d'accès à l'emploi, qui applique à la France de 2026 la phrase du gouvernement anglais pendant la mise en œuvre, à partir de la fin des années 1990, de la politique du *New Deal for the Unemployed* (« Nouvelle donne pour les chômeurs ») : « *Work for those who can, security for those who cannot* » (« Le travail pour ceux qui peuvent, la sécurité pour ceux qui ne peuvent pas »). On aura compris que l'utilisation du verbe pouvoir devient implicitement synonyme de « devoir »[77], le versement du RSA étant conditionné en 2026 à un engagement actif vers le retour à l'emploi (v. *infra,* n° 152).

B - L'action sociale visant à lutter contre la pauvreté

147. La pauvreté saisie par le droit. Le droit européen joue un rôle essentiel dans la lutte contre la pauvreté. Il n'est pas inutile de rappeler que dans le cadre des interventions sociales financées par le FSE sur la période 2013-2020, 43 % des destinataires des opérations étaient des bénéficiaires de *minima* sociaux. Ainsi que le relevait le professeur Étienne Picard, « la pauvreté ne forme pas, à proprement parler, une catégorie que le droit aurait forgée en tant que telle : une notion que le droit aurait

---

76. M.Long, « La réforme du RSA », *RDSS* 2025, p. 1007.
77. Nativel C., « *Workfare* et transformations de l'aide aux chômeurs », Informations sociales 2010/3, préc.

élaborée, cernée et pensée juridiquement, en son unité et sa spécificité, pour lui donner un contenu identifiable en droit et lui attacher des effets de droit particuliers »[78]. Si elle n'est pas un concept juridique[79], la pauvreté a bien été saisie par des normes pour, d'une part, favoriser à l'échelle de l'Union européenne une meilleure inclusion sociale (v. *supra*, n° 93 et s.) et, d'autre part, rendre possible une action sociale visant à contenir – à défaut de l'aplatir – la courbe de progression de la pauvreté, tout particulièrement depuis la crise sanitaire du printemps 2020. La lutte contre la pauvreté est plurielle et catégorielle.

1) La prévention des ruptures de droits sociaux pendant la pandémie de Covid-19

148. L'impact de la Covid-19 sur la pauvreté en France. Après avoir fait un nombre très important de victimes, notamment au sein de la population âgée, la catastrophe sanitaire de la Covid-19 a eu pour effet d'accroître la pauvreté en France. Or, comme le précise Julien Damon, l'aggravation de ce constat risquait de s'accentuer dans les mois suivant le retour vers une vie moins anormale[80]. Dans l'immédiat, avant même le second confinement, un million de Français ont basculé dans la pauvreté, faisant ainsi franchir la barre des 10 millions de personnes pauvres dans notre démocratie sociale. L'État n'a pourtant pas été inerte, puisqu'il n'y a jamais eu autant de dépenses publiques dans le domaine social qu'en 2020-2021. En France, l'État a décidé d'accorder au mois de mai 2020 – sur la base du décret n° 2020-6519 du 5 mai 2020 – une aide exceptionnelle de 150 € (+ 100 € par enfant à charge) aux familles modestes, c'est-à-dire plus de 4 millions de foyers dont un membre au moins perçoit le revenu de solidarité active (RSA) ou l'allocation de solidarité spécifique (ASS) ou bien bénéficie des allocations logement comme les allocations personnalisées de logement (APL). Cette aide exceptionnelle était justifiée par les conséquences du confinement qui ont eu pour effet d'augmenter de façon significative les dépenses alimentaires de ces familles dont les enfants peuvent bénéficier, en temps normal, d'un tarif social à la cantine scolaire. Plus de 3,5 millions d'allocataires ont bénéficié de cette aide exceptionnelle qui a représenté un coût de 827 178 424 €. Ce dispositif a été prolongé à l'automne 2020 pour contenir la vague de paupérisation[81] et a amené 4,3 millions de bénéficiaires de prestations d'aides sociales à recevoir cette aide pour un montant de plus de 927 M€.

149. Dispositifs exceptionnels pendant la pandémie de Covid-19. Le directeur général délégué à la Caisse nationale des allocations familiales (CNAF) a recensé les dispositifs exceptionnels d'aide au nom de la solidarité nationale pendant la crise sanitaire, avec notamment cette « aide exceptionnelle de solidarité »[82] pour les foyers modestes, démunis et pour les jeunes précaires confrontés à des difficultés financières en lien avec les conséquences de la pandémie.

---

78. Préface de la thèse de Roman D., *Le droit public face à la pauvreté*, *op. cit.*, p. V.
79. Imbert P.-H., « Droit des pauvres, pauvre(s) droit(s). Réflexions sur les droits économiques, sociaux et culturels », RDP 1989, p. 739.
80. Damon J., « Pauvreté : l'aggravation devrait être pour demain », RDSS 2021, p. 201.
81. D. n° 2020-1453, 27 nov. 2020.
82. Marinacce F., « Les mesures de maintien des droits et de prévention des ruptures de droit en période de crise sanitaire », RDSS 2021, p. 221.

2) La lutte sectorielle contre la pauvreté

150. De la précarité au précariat : la pauvreté malgré le travail. La progression du « précariat » est illustrée par la floraison de contrats précaires s'inscrivant dans la logique ambiguë de la flexicurité et, en cas de chômage, d'activation des dépenses sociales dans le cadre d'un accompagnement vers l'emploi, synonyme le plus souvent de retour à des emplois peu stables. Comme l'écrit Robert Castel, la précarité n'est plus « une étape dans le parcours professionnel mais un état » compte tenu de la généralisation des contrats qui a créé un « statut du précariat » (une précarité permanente), le but étant désormais de « promouvoir une société de pleine activité, très différente d'une société de plein-emploi ». Fin 2025, la France a renoué avec les statistiques de la pauvreté remontant au milieu des années 1990.

Si la lutte contre la pauvreté s'inscrit dans le cadre d'une « politique transversale », pour reprendre la terminologie pertinente des Professeurs Borgetto et Lafore, force est de constater que les pouvoirs publics ciblent des catégories spécifiquement touchées par ce fléau social. Il en va ainsi des personnes en situation de handicap qui se trouvent dans une situation spéciale à l'aune du droit applicable aux personnes pauvres. Les personnes en situation de handicap faisaient partie de celles qui ont bénéficié d'une prolongation de leurs droits et prestations sur la base de la loi du 23 mars 2020. Au-delà de cet aspect conjoncturel, l'analyse de la pauvreté de certaines personnes en situation de handicap doit être menée sous l'angle de l'emploi ou non, même si l'on constate qu'il existe également « une pauvreté malgré un travail »[83], parallèlement à une pauvreté sans le travail que la fonction égalisatrice des prestations sociales a vocation à atténuer.

151. La progression de la pauvreté des étudiant(e)s : une question sociale non anticipée par l'État. Les jeunes sont également placés dans une situation spécifique comme l'a démontré Christophe Willmann, qui a pu évoquer « une équation impossible »[84]. Si les jeunes précaires ont reçu, en juin 2020, une aide exceptionnelle de 200 €[85] qui a pu être versée à plus de 550 000 jeunes, les étudiants et bénéficiaires d'une APL étaient exclus de ce dispositif. Or, on sait que la fermeture précipitée des universités et établissements d'enseignement supérieur en mars 2020 prolongée de façon maladroite depuis a plongé des dizaines de milliers d'étudiant(e)s dans la précarité, comme le montre la très forte demande de secours alimentaires parmi la population estudiantine. Les centres régionaux des œuvres universitaires et scolaires (CROUS) ont joué, en partenariat avec les universités, un rôle essentiel dans l'accompagnement social des étudiants qui plongeaient dans la précarité[86]. Fin mars 2021, 378 400 étudiants ont bénéficié au moins une fois dans le mois d'un repas à 1 euro, soit une augmentation de 24 % par rapport au mois de février. En mars 2021, 11 700 étudiants ont bénéficié d'une aide spécifique ponctuelle attribuée par les services sociaux des CROUS en cas de situation d'urgence ou de détresse avérée, contre 8 000 un an auparavant, soit une

83. Aubin E., « Pauvreté et handicap, oxymore de l'action publique ? », *in* Aumond F. (dir.), *Handicap, pauvreté et droit(s)*, 2020, UCA, Handicap et citoyenneté, p. 145.
84. Willmann C., « Jeunes et pauvreté, l'équation impossible », RDSS 2021, p. 255.
85. D. n° 2020-760, 24 juin 2020.
86. Cadoret C., « De la crise sanitaire à la crise sociale : regards sur le rôle des CROUS pour venir en aide aux étudiants », RDSS 2021, p. 232.

hausse de 47 %. L'inégalité sociale a été accrue par le passage en mode distanciel qui a révélé, quant à lui, l'existence d'une fracture numérique entre les usagers de l'enseignement supérieur.

Un accompagnement contractuel dans le cadre de la PACEA et de la Garantie jeunes

Depuis le 1er janvier 2017, le parcours d'accompagnement contractualisé vers l'emploi et l'autonomie (PACEA) a été mis en place en application de la loi dite *El Khomri* (ou « loi *Travail* »), n° 2016-1088 du 8 août 2016 (C. trav., art. L. 5131-3 et L. 513-4). Ce dispositif visant à accompagner les jeunes vers un emploi implique en amont un diagnostic de la situation du jeune par la mission locale compétente. Ce dispositif devait montrer en puissance en 2021, selon le décret n° 2020-1783 du 30 décembre 2020. Entre 2019 et 2021, près d'un million de jeunes sont sortis d'un PACEA. Les jeunes s'inscrivant dans ce parcours bénéficient d'une allocation PACEA en fonction de leur situation et de leurs besoins. Le montant mensuel de l'allocation ne peut pas excéder le montant mensuel du revenu de solidarité active (RSA) hors forfait logement (soit près de 565 € depuis le 1er janvier 2021). Cette allocation vise à apporter un soutien temporaire au jeune en voie d'insertion. Elle se distingue de la Garantie jeunes mise en place de façon expérimentale en 2013 avant d'être généralisée à l'ensemble du territoire à partir de 2017. Il s'agit d'une mesure spécifiquement ciblée sur les jeunes en situation de précarité, parfois dénommés les jeunes NEET (ni en emploi, ni en études, ni en formation) ; son montant mensuel en 2026 est de 552,29 €. Depuis mars 2022, le Contrat d'engagement jeune (CEJ) remplace la Garantie jeunes. L'allocation du CEJ est versée par France Travail.

C - Conditionnalité du RSA depuis le 1er janvier 2025 et rejet d'une allocation sociale unique

152. Les nouvelles exigences du législateur depuis janvier 2025 à l'encontre des bénéficiaires du RSA : la contractualisation problématique du RSA. La lettre et l'esprit de la loi n° 2023-1196 du 18 décembre 2023 sur le plein-emploi visent à renforcer la conditionnalité du RSA en obligeant notamment les bénéficiaires du RSA à s'inscrire sur la liste des demandeurs d'emploi auprès de France Travail qui remplace Pôle emploi depuis janvier 2024. Alors qu'en 2022, la Cour des comptes constatait que le contrat d'engagement réciproque « n'est qu'une formalité sans réelle portée »[87], la loi de décembre 2023 assouplit les sanctions.

Les bénéficiaires du RSA sont désormais soumis à la conclusion d'un contrat d'engagement qui renforce leurs obligations en contrepartie du versement de la prestation sociale. Le Code du travail a été modifié pour définir les modalités et le contenu du contrat d'engagement[88]. *A priori*, la nouvelle loi semble plus exigeante quant à la contrepartie attendue du bénéficiaire de l'aide sociale et soulève de nouveau la question de la pertinence d'appliquer aux bénéficiaires du RSA une logique contractuelle nécessairement biaisée dans le droit de l'aide et de l'action sociales. Depuis le 1er janvier 2024, des bénéficiaires du RSA (environ 40 % du nombre total de bénéficiaires) étaient tenus de s'inscrire comme demandeur d'emploi auprès de France Travail. L'innovation tient également au fait que le conjoint, le concubin ou le ou la partenaire lié(e) par un

87. C. comptes, *Le revenu de solidarité active*, Rapport public, évaluation d'une politique publique, 2022.
88. C. trav., art. L. 5411-6.

contrat de PACS doit également être inscrit comme demandeur d'emploi. Le Conseil constitutionnel a validé cet élargissement du périmètre humain dans sa décision du 14 décembre 2023 en jugeant que le législateur a poursuivi un objectif d'intérêt général. L'article L. 262-27 du CASF modifié par la loi de décembre 2023 inscrit de façon automatique les bénéficiaires du RSA en qualité de demandeurs d'emplois dont l'orientation est décidée, en principe, par la présidence du conseil départemental et par exception par l'opérateur France Travail, si le département a conclu une convention en ce sens ou si l'autorité exécutive du département n'a pas pris la mesure dans le délai prévu. Le 1er mars 2024 a été rendue publique la liste des 29 départements supplémentaires concernés par l'expérimentation du RSA renforcé, la généralisation de cette réforme étant intervenue le 1er janvier 2025. Depuis cette date, ce sont 1,2 millions de personnes supplémentaires ayant la qualité de demandeurs d'emploi qui sont rattachées à France Travail tout en étant soumises à l'obligation de signer un contrat d'engagement pour effectuer une activité comprise entre 15 et 20 heures par semaine.

153. Le renforcement des sanctions contre les bénéficiaires du RSA. La loi de décembre 2023 a souhaité préciser et renforcer les sanctions à l'encontre des bénéficiaires du RSA qui ne respecterait pas les obligations prévues par le contrat d'engagement en créant un dispositif de « sanction-remobilisation »[89]. Toutefois, comme l'a souligné Hervé Rihal, à la lumière de la jurisprudence la plus récente du Conseil d'État, il n'est pas sûr que 15 ans après la loi de décembre 2008, la réforme entreprise se traduise par un contrôle effectivement renforcé des bénéficiaires du RSA, notamment dans le respect de l'obligation d'activité d'une durée hebdomadaire de 15 heures par semaine, parce qu'il sera difficile pour les travailleurs sociaux et les agents de France Travail de gérer la masse des dossiers auxquels ils devront faire face[90]. D'autre part, on sait que la logique du contrat a du mal à s'appliquer dans le champ du droit de l'aide et de l'action sociales, comme l'ont montré le PARE ou encore le contrat jeune majeur, notamment parce que le juge administratif suprême est réticent à admettre la qualification de contrat à des engagements que doivent souscrire les personnes bénéficiant d'une prestation sociale. Par exemple, en 2019, il a été jugé qu'en regardant le contrat d'engagement comme « un contrat de droit public » et qu'en estimant par la suite qu'il était saisi d'un litige contractuel, le juge administratif de première instance avait « méconnu le champ de la loi »[91].

De même, s'agissant des conséquences du non-respect des obligations du bénéficiaire du RSA, le Conseil d'État a jugé que les décisions de suspension et de radiation prises à l'encontre du bénéficiaire du RSA ne revêtaient pas le caractère d'une sanction[92] ; il s'ensuit que le juge du plein contentieux doit examiner les droits de l'intéressé en tenant compte de l'ensemble des circonstances de fait qui résultent de l'instruction et notamment des pièces justificatives fournies en cours d'instance par le requérant, contrairement à ce qu'avait décidé le juge de première instance qui avait refusé de tenir compte de telles pièces justificatives.

---

89. Long M., « La réforme du RSA », RDSS 2025, p. 1007.
90. Rihal H., « Le renforcement des devoirs des bénéficiaires du RSA : beaucoup de bruit pour pas grand-chose », Dr.soc. 2024., p. 50.
91. CE, 4 déc. 2019, n° 418975 ; AJDA 2020, p. 951, note M. Long ; RDSS 2020, p. 177, note H. Rihal.
92. CE, 2 oct. 2023, n° 466599, Ogier.

154. L'allocation sociale unique : un nouveau serpent de mer dans le droit de l'aide et de l'action sociales – Depuis le rapport Sirugue de 2016, il est régulièrement proposé de fusionner les différentes prestations sociales visant à lutter contre la pauvreté au profit d'une allocation sociale unique. En 2017, le candidat Emmanuel Macron avait promis la création d'un « versement social unique » qui devait prendre la forme d'un RUA (Revenu Universel d'Activité) dans le cadre de la stratégie de prévention et de lutte contre la pauvreté 2018-2022. Reportée, cette idée a fait sa réapparition au lendemain de la dissolution de juillet 2024, le gouvernement Barnier ayant annoncé l'adoption d'une « allocation sociale unique » (ASU) qui devait voir le jour en 2025. Le Premier ministre suivant, François Bayrou, avait annoncé l'insertion de cette réforme dans le cadre du projet de budget pour 2026 sur la base d'un rapport parlementaire publié en juillet 2025[93]. Le 14 novembre 2025, le nouveau Premier ministre (à deux reprises), Sébastien Lecornu a annoncé que le gouvernement déposerait un projet de loi en faveur de l'allocation sociale unique en décembre 2025 en justifiant cette réforme par une volonté à la fois d'efficacité (pour lutter contre le non-recours aux droits estimé à 34 % pour le RSA) et de justice sociale. Celle-ci serait matérialisée par l'idée d'une « solidarité à la source »[94] préparée par la réforme réglementaire consistant à indiquer, depuis le 1er janvier 2024[95], le montant net social sur les bulletins de salaire. Ce dernier est « le revenu que les usagers doivent déclarer pour bénéficier du RSA ou de la prime d'activité »[96]. À cela s'ajoute, depuis le 1er mars 2025, une simplification des demandes du RSA qui faciliterait le basculement vers une automatisation du versement de la future aide sociale unique. Malgré ces annonces à répétition, le projet d'une ASU n'a toujours pas vu le jour en avril 2026 et devrait de nouveau faire son apparition dans le contexte de l'élection présidentielle du printemps 2027.

BIBLIOGRAPHIE

ALFANDARI É., « Revenu minimum, insertion, activité : logique économique et/ou logique sociale ? », RDSS 2004, p. 3.

ALLÈGRE G., « Les nouvelles lois sur les pauvres (1988-2023) : brève histoire des instruments et des justifications », RDSS 2025, p. 995 » ; « À quoi sert le renforcement de la conditionnalité du RSA ? », Dr. soc. 2024, p. 64.

AUBIN E., « Pauvreté et handicap, oxymore de l'action publique ? », *in* AUMOND F. (dir.), *Handicap, pauvreté et droit(s)*, 2021, UCA, Handicap et citoyenneté, p. 143 ; « Focus sur le contentieux du revenu de solidarité active », AJCT 2013, p. 328.

93. Colin-Oesterlé.N et Rune. S, Rapport sur l'opportunité et les modalités de la création d'une allocation sociale unique, Mission « flash », Commission des affaires sociales, juill. 2025.
94. Pour une analyse de ce mécanisme, Marié R., « La solidarité à la source : un progrès social en trompe-l'oeil ? », Dr. soc. 2022, p. 1041.
95. D. n° 2023-1378 du 28 déc. 2023 portant adaptation des dispositions relatives au revenu de solidarité active, à la prime d'activité et à la composition du bulletin de paie.
96. Jacob N, « Le projet d'allocation sociale unique, entre lutte contre le non-recours aux droits et incitation à l'emploi », RDSS 2025, p. 1040.

Borgetto M. et Lafore R., « Pauvreté, travail, minima sociaux », RDSS 2025, p. 993 ; « La lancinante question du revenu universel », in *Mélanges en l'honneur du professeur Hervé Rihal*, 2021, PUJP, p. 291.

Cavat H., « Conditionnalité du RSA – et des allocations chômage !- à des heures d'activité obligatoires : de quel droit ? », RDT 2025, p. 32.

Chauffaut D., « Le revenu universel d'activité : évolution ou révolution des *minima* sociaux ? », RDSS 2018, p. 975.

Ciaudo A., « Le contentieux de l'indu de revenu de solidarité active », AJDA 2013, p. 294.

Cytermann L., « L'inclassable RSA », Dr. soc. 2009, p. 315.

Damon J., *Éliminer la pauvreté*, 2010, PUF, préf. Hirsch M. ; « Que pensent les Français de la pauvreté ? », Dr. soc. 2010, p. 1043 ; « Le rapport "*Hirsch*" : filiation, contenu et enjeux », RDSS 2005, p. 610 ; « Pauvreté : l'aggravation devrait être pour demain », RDSS 2021, p. 205 ; « La pauvreté dans l'Union européenne : définitions, indicateurs, stratégies », RDSS 2020, p. 1113.

Domergue J.-P., « Assurance chômage : un régime conventionnel à l'agonie ? », RDSS 2023, p. 387.

Donier V., « Les ambivalences de la résidence dans le contentieux du RSA », RDSS 2013, p. 63.

Ginon A.-S., « Chômage et vulnérabilités : entre généralisation des destinataires et personnalisation des prestations d'accompagnement ? », RDSS 2023, p. 426.

Jacob N., « Le projet d'allocation sociale unique, entre lutte contre le non-recours aux droits et incitation à l'emploi », RDSS 2025, p. 1037.

Lafore R., « Aux frontières de l'action sociale et de l'emploi : les dilemmes des politiques d'insertion », RDSS 20205, p. 1019 ; « Le système de protection sociale à l'épreuve du Covid-19 : des constats et quelques enseignements », RDSS 2020, p. 981.

Long M., « La réforme du RSA », RDSS 2025, p. 1007.

Marinacce F., « Les mesures de maintien des droits et de prévention des ruptures de droit en période de crise sanitaire », RDSS 2021, p. 221.

Perivier H., « Le RSA ou le mélange des genres », Dr. soc. 2009, p. 1043.

Ratti L., « Pauvreté des travailleurs : éléments pour la compréhension d'un oxymoron du droit du travail », RDT 2024, p. 618.

Rihal H., « Une mission périlleuse pour les juges du fond. Le contrôle de la fraude dans l'évaluation du droit au bénéfice du revenu de solidarité active » ; AJDA 2025, p. 814 ; « Le renforcement des devoirs des bénéficiaires du RSA : beaucoup de bruit pour pas grand-chose », Dr. soc. 2024, p. 50 ; « La généralisation du RSA », AJDA 2009, p. 198.

Roman D., « Devoir de travailler et protection sociale : d'une problématique de la dette sociale à la question des "devoirs sociaux" », RDSS 2009, p. 63.

Tournaux S., « L'instrumentalisation du droit du chômage », RDSS 2023, p. 396.

Wilmann C., « Jeunes et pauvreté, l'équation impossible », RDSS 2021, p. 255.

CHAPITRE 5

L'aide et l'action sociales en faveur des personnes âgées

155. Une politique d'aide sociale ancienne confrontée au défi du vieillissement et de la longévité. Dans son magistral ouvrage *La vieillesse* publiée par Gallimard en 1970, Simone de Beauvoir écrivait que l'« on reconnaît le degré de civilisation d'une société à la place qu'elle accorde aux personnes âgées ». La vieillesse est une construction sociale à la recherche d'une définition univoque. « La vieillesse ne peut être définie de manière satisfaisante », selon Jean Foucart, « parce qu'elle n'est pas une donnée, un fait naturel mais une construction historique et culturelle. Il y a d'ailleurs souvent confusion entre le vieillissement, phénomène biologique aux implications nombreuses tant au niveau individuel (somatique, psychique) qu'au niveau collectif (démographique, économique, politique) et la vieillesse qui est une lecture singulière. (...) »[1].L'assistance aux personnes âgées est l'une des plus anciennes formes d'aide sociale, le département étant compétent pour organiser ce service d'aide sociale depuis la loi du 10 août 1871. L'importante loi du 14 juillet 1905, qui constituait l'une des grandes lois d'assistance de la IIIe République, prévoyait soit une aide financière variable versée tous les mois, soit un placement en hospice afin d'assister les vieillards français âgés de 70 ans au moins dont le domicile de secours était acquis après 5 ans de résidence dans une commune à partir de la loi du 31 décembre 1907. Aujourd'hui, en raison de l'allongement constant de l'espérance de vie, la notion d'âge n'est plus pertinente pour fonder la politique de soutien aux personnes âgées, « les seniors constituant une catégorie sociale à géométrie variable »[2] avec l'apparition d'un quatrième âge, d'un cinquième âge et de centenaires dont le nombre est appelé à progresser de façon exponentielle d'ici 2050. L'expression « Grand Âge » est désormais utilisée pour décrire ce phénomène que constitue l'entrée de la France dans une société de longévité, c'est-à-dire une société dans laquelle le nombre de personnes âgées est en augmentation constante et s'accompagne, par ailleurs, d'une augmentation de l'espérance de vie.

156. La progression inexorable du vieillissement de la population française : un défi humain, juridique et social sans précédent. « La France doit se préparer au défi du grand âge ». En consacrant son éditorial du 13 août 2022 à la question du grand âge, le quotidien *Le Monde* relevait que le vieillissement de la population s'accentuera

1. Foucart J., « La vieillesse : une construction sociale », Pensée plurielle, 2003/2, n° 6, p. 7.
2. Dupeyroux J.-J., « L'âge en droit social », Dr. soc. 2003, p. 1045.

sur la période 2030-2050 ; par exemple, la part des personnes âgées de plus de 75 ans passera à un peu plus de 8 % en 2005 à plus de 13 % en 2035. Il y avait, en France, 4,5 millions de personnes âgées de plus de 65 ans en 1945 et 8 millions en 1990 ; en 2000, il y avait 6,7 millions de personnes âgées de plus de 70 ans, elles étaient 8 millions en 2010 et 9,5 millions en 2020. En 2026, il y a un peu plus de 4 millions de personnes âgées de 75 à 84 ans ; en 2030, il y aura plus de 6 millions de personnes âgées dans cette tranche d'âge, soit une augmentation de près de 50 % en une décennie. En 2022, il y a 2,6 millions de personnes âgées de plus de 85 ans, nombre qui va augmenter de 90 % entre 2030 et 2050 cependant que sur cette même période le nombre de personnes en perte d'autonomie augmentera de plus de 40 %. La consultation d'autres données chiffrées permet d'affirmer que le vieillissement est désormais devenu un défi politique, comme l'a montré la grande concertation de 2019 sur le grand âge et l'autonomie malheureusement non suivie d'effets avec le renoncement à la loi sur le grand âge lors du quinquennat 2022-2027. En 2060, ce sont près de 24 millions de personnes qui seront âgées de 60 ans et plus, pour 73 millions d'habitants, soit 32 % de l'ensemble de la population. Malgré un consensus apparent sur la nécessité d'adopter une loi sur le grand âge, le gouvernement ne semble pas avoir saisi l'urgence de la situation, ainsi que l'a relevé Luc Broussy, qui évoque l'obligation d'investissements massifs pour répondre au défi du vieillissement en France[3]. Alors que le vieillissement se poursuit et s'accentue, les politiques publiques s'adaptent à la marge comme le montre la loi sur le bien-vieillir d'avril 2024 qui n'apporte pas de réponse concrète à la question du financement de la dépendance à l'horizon 2030-2050. La France semble pratiquer « le déni de démographie. Non seulement notre pays ne s'est pas vu vieillir mais en plus, il refuse de l'admettre »[4].

Les chiffres du vieillissement de la société française

En 1955, 230 000 personnes seulement étaient âgées de plus de 85 ans, contre 680 000 en 1985, plus d'un million en 2005, 2 millions en 2015, et enfin une projection de 2,5 millions en 2040, soit dix fois plus en moins d'un siècle ! À cette même date, il y aura plus de 150 000 centenaires en France et une personne sur trois sera âgée de plus de 60 ans. Or, la canicule d'août 2003 et la pandémie de Covid-19 en mars-avril 2020 ont montré, s'il en était besoin, l'extrême fragilité physique des personnes du « quatrième âge »[5], la moitié des victimes en 2003 et les trois quarts en 2020 relevant de cette dernière catégorie de personnes âgées d'au moins 85 ans. Sous l'angle des finances sociales, on relève qu'en 2021, la dépense nette en faveur des personnes âgées dépendantes a diminué de 1,1 % par rapport à 2020 (année qui « fausse » les statistiques en raison du contexte que l'on sait) pour atteindre 7,38 milliards d'euros. Cette dépense sociale liée à la diminution ou perte de l'autonomie des personnes âgées essentiellement composée de la dépense d'APA (allocation personnalisée d'autonomie) qui représente 84 % de son total. Dans un rapport intitulé « Démographie et finances publiques », publié le 2 décembre 2025, la Cour des comptes a

3. Broussy L., « Grand âge : la certitude du réchauffement climatique n'a d'égale que l'inéluctabilité du vieillissement de la population », Le Monde, 20 août 2023.
4. Sbaihi M., *Le grand vieillissement*, Alpha, coll. » Essai », 2024, p. 18.
5. Thévenet A., *Le quatrième âge*, 2e éd., 1992, PUF ; *id.*, « Un nouveau troisième âge », RDSS 1985, p. 101 ; Hemon D. et Jougla É., *Surmortalité liée à la canicule d'août 2003 : causes médicales des décès (1er-20 août 2003), suivi de la mortalité (21 août 2003-31 décembre 2003)*, Rapport de recherche de l'INSERM, 2004, Doc. fr.

mis en évidence l'impact du vieillissement sur la société en affirmant qu'il aura « des conséquences profondes sur l'économie et les finances publiques, tant en matière de dépenses (retraites, santé, dépendance, éducation) que de recettes (fiscalité, cotisations) ».

157. Le rapport *Laroque* : un nouveau regard sur le vieillissement de la société. L'important rapport *Laroque* de 1962[6] a contribué à renouveler l'approche des interventions sociales et sanitaires auprès des personnes âgées en mettant l'accent sur les actions rendant possible le maintien de celles-ci à leur domicile. Il adressait également un avertissement — non entendu – contre la procrastination en constatant que rien n'était fait pour anticiper le coût de la dépendance et l'impact du vieillissement sur le modèle social au cœur du système de répartition pour les retraites : « Il importe de (r)agir contre cet optimisme né à la fois de la méconnaissance des données démographiques et d'une extension abusive de la notion de droits acquis ! ».

De même, ce rapport défendait l'idée d'un passage d'une aide sociale ciblée sur les personnes âgées les plus nécessiteuses à une politique d'aide sociale et d'action médico-sociale touchant l'ensemble de la population âgée. Il restait toutefois de nombreuses zones d'ombre dans la politique sociale de soutien des personnes âgées, qui a été réformée à plusieurs reprises à partir du milieu des années 1990[7].

Le retour de Beveridge depuis août 2020 dans la prise en charge de l'autonomie ?

Depuis la loi du 7 août 2020 relative à la dette sociale et à l'autonomie, l'article L. 111-2-1 du Code de la sécurité sociale comporte un nouveau III, qui dispose que « La Nation affirme son attachement au caractère universel et solidaire de la prise en charge du soutien à l'autonomie, assurée par la sécurité sociale ».

158. L'éthique et les droits sociaux des personnes âgées en EHPAD confrontées à la Covid-19. Au-delà d'un bilan humain désastreux avec 35 000 victimes entre avril 2020 et avril 2021 parmi les résidents d'EHPAD, force est de constater que « le droit à la vie privée et familiale a été grandement entravé au cours de la crise sanitaire et de façon bien plus importante pour les personnes résidant en EHPAD que pour le reste de la population ». Ce constat dressé par la Défenseure des droits dans le rapport du 4 mai 2021 sur les droits fondamentaux des personnes âgées tire les conséquences de l'accroissement préoccupant des réclamations relatives à des atteintes aux droits fondamentaux des aînés pendant la Covid-19. Si ce constat d'une dégradation inacceptable de la situation des personnes âgées lors de la première vague de Covid-19 n'est pas propre à la France, il a revêtu une intensité dramatique dans notre pays, illustrée par l'appel de l'Association des jeunes gériatres (AJG) du 27 janvier 2021 : « Covid-19 : mettons fin à l'épidémie d'âgisme ». Cet appel dénonce, à juste titre, les déclarations – y compris parfois des milieux médicaux – justifiant, au nom de l'urgence sanitaire, l'introduction de discriminations fondées sur l'âge et le lieu de résidence.

---

6. Commission d'étude des problèmes de la vieillesse du Haut Comité Consultatif de la population et de la famille, *Politique de la vieillesse*, 1962, Doc. Fr (Rapport Laroque) ; réédité chez l'Harmattan en 2014.
7. Bordeloup J., « Les rayons et les ombres de la politique actuelle menée en direction des personnes âgées », Dr. soc. 1984, p. 656.

Pour aller plus loin

Le juge des référés du Conseil d'État a su tirer les conséquences des interdictions à destination des résidents des EHPAD en 2020 en décidant de suspendre, un an plus tard[8], des mesures d'interdiction de sortie « jusqu'à nouvel ordre, des EPHAD formulées sous forme de recommandations diffusées par le ministère des Solidarités et de la Santé aux établissements médico-sociaux hébergeant des personnes âgées, en particulier les établissements d'hébergement des personnes âgées dépendantes (EHPAD) ». Pragmatique, le juge a intégré dans son raisonnement l'arrivée et le développement de la vaccination en notant qu'au début du mois de mars 2021, plus de 80 % des résidents des EHPAD et des unités de soins de longue durée et 43 % des soignants avaient reçu au moins une dose de vaccin, et plus de 50 % des résidents et 23 % des soignants, les deux doses requises pour être regardés comme vaccinés. Pour le juge, une interdiction totale en mars 2021 est disproportionnée et doit être suspendue car une telle recommandation est « susceptible d'emporter des effets notables sur la liberté d'aller et de venir des résidents de ces établissements et constitue dès lors, au regard de son contenu, une atteinte grave à cette liberté ». En revanche, en avril 2022, le même juge a refusé de voir dans l'imposition du port du masque en intérieur pour les personnes âgées accueillies en établissement médico-social une atteinte grave et manifestement illégale à une liberté fondamentale[9]. Le juge a notamment motivé sa décision par le fait qu'au 14 avril 2022, « le taux d'incidence pour 100 000 habitants se maintient à un niveau très élevé et augmente chez les personnes âgées de plus de 70 ans. Il résulte également de ces données que le taux hebdomadaire de patients Covid-19 nouvellement hospitalisés et admis en services de soins critiques est bien plus élevé pour les personnes âgées de plus de 70 ans ».

1 • L'AIDE ET L'ACTION SOCIALES FACE AU VIEILLISSEMENT DE LA SOCIÉTÉ

159. L'hétérogénéité des prestations et interventions sociales à destination des personnes âgées. La politique d'aide et d'action sociales relative aux personnes âgées revêt trois formes[10] :

- l'aide à domicile[11], qui peut être accordée soit en espèces, soit en nature ;
- l'aide en nature, accordée sous forme de services ménagers ;
- l'aide financière, qui peut être liée (allocation personnalisée d'autonomie) ou non (allocations de vieillesse relevant de la sécurité sociale) à la dépendance plus ou moins grande des personnes concernées.

Depuis l'acte II de la décentralisation applicable à compter du 1er janvier 2005, le département est le chef de file de la politique sociale relative aux personnes âgées ; il « définit et met en œuvre l'action sociale en faveur des personnes âgées. Il coordonne, dans le cadre du schéma départemental d'organisation sociale et médico-sociale mentionné à l'article L. 312-4 [du CASF], les actions menées par les différents intervenants, définit des secteurs géographiques d'intervention et détermine les modalités d'information du

8. CEJR, 3 mars 2021, n° 449759.
9. CEJR, 20 avr. 2022, n° 463012, Association des directeurs au service des personnes âgées et a.
10. CASF, art. L. 231-1. Il existe également de nombreuses aides sociales facultatives initiées et mises en œuvre par les communes, les CCAS et CIAS ainsi que les départements consistants, par exemple, à fournir une aide aux vacances, à créer des clubs de retraités pour maintenir le lien social ou à distribuer des colis, des cadeaux ou autres bons d'achat.
11. CASF, art. L. 113-1.

public »[12]. Depuis la loi de 1997, la question sociale du vieillissement est essentiellement abordée sous l'angle de la dépendance et de la perte d'autonomie, synonyme d'entrée en période de déprise, c'est-à-dire, de début de dépendance appréciée à l'aune des critères prévus par la grille AG-GIR (v. *infra*, n° 193). Toutefois, il convient de rappeler que les communes jouent un rôle également essentiel à travers les ESMS qui accueillent des personnes de plus en plus âgées dont la fragilité croissante ne doit pas faire oublier l'impératif éthique de leur garantir une vie digne, décente intégrant la notion de vieillissement en bonne santé dans une société de longévité.

160. Améliorer la qualité de vie dans une société vieillissante, : une ligne d'horizon ? Parallèlement aux interventions sanitaires et sociales au domicile des personnes âgées et à la politique de soutien à leur placement dans des familles d'accueil ou des établissements spécialisés, les pouvoirs publics ont créé en 1997 et systématisé en 2001 une nouvelle aide sociale individualisée en faveur des personnes âgées reposant sur la notion de dépendance ; celle-ci est définie comme le critère permettant de « mesurer le besoin d'aide d'une personne pour accomplir les actes essentiels de la vie ou dont l'état nécessite une surveillance particulière »[13]. Victime de son succès, l'APA a dû faire l'objet d'un plan de sauvetage en 2003, cependant que la loi du 30 juin 2004 a jeté les bases d'un nouveau financement de cette politique sociale en faisant jouer pleinement la solidarité nationale afin de soutenir l'autonomie des personnes dépendantes. La loi dite *ASV* (Adaptation de la société au vieillissement) du 28 décembre 2015 a intégré de nouveaux paramètres amenés à se développer afin de rendre possible un vieillissement en bonne santé que ce soit au domicile, chez un particulier, en institution sociale et médico-sociale ou dans une structure intergénérationnelle. À rebours du gouvernement qui met l'accent, par manque de moyens, sur le « virage domiciliaire », on se ralliera bien volontiers à l'analyse du professeur de gériatrie Frédéric Bloch qui invite à mettre fin à la « dichotomie entre domicile et EHPAD »[14] pour préférer la notion de parcours résidentiel développée par Colette Eynard (v. *infra*, n° 213) qui s'inscrit dans la logique d'un passage du domicile à une résidence service puis de celle-ci à l'EHPAD, lequel ne doit pas être perçu comme un lieu de relégation. À cet égard, et malgré les réserves et critiques avancées, le fait de permettre depuis la loi sur le bien vieillir d'avril 2024 aux résidents d'être accueillis dans les ESMS avec leur animal de compagnie est un progrès qu'il faut saluer même si les conditions d'application restreignent sévèrement l'effectivité de ce nouveau droit subjectif des usagers d'EHPAD. L'accueil se fait sous réserve, notamment, de la capacité des résidents à assurer les besoins physiologiques, comportementaux et médicaux de leurs animaux. Un arrêté du 3 mars 2025 (publié au Journal officiel du 4 mars 2025[15]) en détaille les principales modalités applicables depuis le 5 mars.

---

12. CASF, art. L. 113-2.
13. Mercat-Brun M., « Âge et dépendance : un regard comparé », Dr. soc. 2003, p. 1084.
14. Bloch F., « En finir avec la dichotomie entre domicile et EHPAD : l'enjeu de la mutation des établissements d'hébergement pour personnes âgées », in Fauré G. et Sédillot S., (dir), *Vieillir chez soi de l'Antiquité à nos jours*, Lextenso éditions/LGDJ, 2024, p. 265.
15. Arrêté du 3 mars 2025 relatif aux conditions d'accueil des animaux de compagnie en EHPAD prévu par l'article 26 de la loi n° 2024-317 du 8 avril 2024 portant mesures pour bâtir la société du bien vieillir et de l'autonomie.

Pour aller plus loin

La réforme sur le grand âge devait être le marqueur social du quinquennat 2017-2022 ; elle aura finalement été sacrifiée sur l'autel de la démocratie sanitaire victime également du report de la réforme des retraites qui a été politiquement connectée à cette question sociale alors même que la corrélation revêt un caractère artificiel. Malgré une représentation nationale plus fragmentée que jamais depuis les législatives de juin 2022 et surtout de juillet 2024 à la suite de la dissolution de juillet 2024 qui a réédité la malheureuse expérience de 1997 à cette différence près qu'à l'époque le chef de l'État avait accepté la logique de la cohabitation, la question d'une réforme du grand âge est pourtant une ardente obligation afin de rendre possible l'aide et l'action sociales nécessaires à l'amélioration de la qualité de vie des personnes âgées dans une société de longévité. Le nombre de seniors dépendants âgés de plus de 60 ans devrait passer de 2,7 millions en 2022 à plus de 4 millions en 2050, et celui des personnes âgées de 75 ans et plus de plus de 6,4 millions en 2022 à plus de 12 millions en 2050. Les EPHAD accueillent d'ores et déjà de plus en plus de personnes très âgées et en fin de vie ; ce qui imprime une dimension de plus en plus fortement sanitaire à l'accueil des résidents dans ces structures. Finalement, c'est une petite loi (issue d'une proposition de loi déposée en avril 2023) sur le bien vieillir en France qui a été adoptée en avril 2024 sans réels bouleversements mais avec quelques ajustements, la grande loi de programmation ayant pris du plomb (constitutionnel) dans son aile après que la ministre en janvier 2024 (Mme Vautrin) eût évoqué le 20 janvier 2024 la probable inconstitutionnalité d'une telle loi, l'article 34 de la Constitution ne retenant pas « la notion de loi de programmation pour le secteur médico-social » !

A - Favoriser le maintien des personnes âgées à domicile : un « virage domiciliaire » ?

1) *Les actions sanitaires au domicile des personnes âgées*

161. Les services de soins infirmiers à domicile (SSIAD) et les SAD : la réforme de juillet 2023 et le décret rectificatif de mars 2026. Ces services constituent la première intervention sanitaire visant à permettre le maintien au domicile des personnes âgées en faisant venir vers elles des professionnels de la santé qui dispensent des soins à leur domicile dans le cadre de services autorisés par le préfet et qui relèvent de la loi n° 2002-2 du 2 janvier 2002 rénovant l'action sociale et médico-sociale[16]. Le Conseil d'État a précisé qu'un SSIAD ne peut être autorisé que si ses conditions de fonctionnement permettent de garantir que les aides-soignants qui y apportent leur concours interviennent sous la responsabilité d'un personnel infirmer ; celui-ci peut soit être recruté en propre par le service, soit demeurer sous statut libéral et intervenir comme vacataire en vertu d'une convention[17]. Un décret précise[18] les conditions de fonctionnement des services de soins infirmiers à domicile réservés aux personnes âgées d'au moins 60 ans, malades ou dépendantes, les interventions devant être assurées par des infirmiers, des aides-soignants ou des pédicures podologues, des ergothérapeutes ou des psychologues en tant que de besoin. Dans le contexte de la pandémie de Covid-19, le gouvernement a décidé d'augmenter de

16. CASF, art. L. 312-1, 6° et 7°.
17. CE, 13 oct. 2003, n° 248710, Fédération nationale des infirmiers, à paraître au *Lebon T.*
18. D. n° 2004-613, 25 juin 2004 relatif aux conditions techniques d'organisation et de fonctionnement des services de soins infirmiers à domicile, des services d'aide et d'accompagnement à domicile et des services polyvalents d'aide et de soins à domicile : JO 27 juin 2004, p. 11713.

façon significative (entre 13 % et 15 %) le salaire des 209 000 personnels des SSIAD et des SSAD (services d'aide et d'accompagnement à domicile). Cette revalorisation demandée depuis des années a eu un impact sur les dépenses d'APA et de PCH, le surcoût pour les départements ayant été évalué à 75 millions d'euros en 2021 dont 70 % étaient pris en charge par l'État. En 2022, ce dernier s'était engagé à couvrir 50 % de la dépense supplémentaire. L'objectif d'un virage domiciliaire met l'accent sur la volonté de nombre de personnes âgées de vivre à leur domicile tout en étant en situation de perte d'autonomie. Il convient toutefois de rappeler que la volonté des gouvernants de privilégier cette option en baissant à l'horizon 2030 de 5 % le taux d'institutionnalisation (présence dans les EHPAD), des allocataires de l'APA devra nécessairement s'accompagner du développement de solutions alternatives entre ce maintien à domicile et l'accueil dans un établissement social et médico-social. Vieillir chez soi n'est pas nécessairement synonyme d'une meilleure qualité de vie et ne permet pas toujours de « vieillir dans la dignité »[19]. Comme le relève à juste titre, Brigitte Croff, « réussir le virage domiciliaire passe par une transformation de l'aide à domicile afin que le domicile ne soit plus le premier lieu de maltraitance mais le lieu de vie choisi et assumé »[20].

La LFSS pour 2022 (loi n° 2021-1754 du 23 décembre 2021 de financement de la sécurité sociale pour 2022) a procédé à une importante réforme des services d'aide à domicile en procédant à leur reconfiguration dans le cadre d'une notion globale : les services autonomie (CASF, art. L. 313-3-1) dont le régime juridique a été précisé par le décret n° 2023-608 du 13 juillet 2023. Le décret n° 2023-323 du 28 avril 2023 procède à la réforme des SSIAD et le décret n° 2023-608 du 13 juillet 2023 modifie le régime juridique des SSIAD. Ces derniers ont désormais vocation à faire partie intégrante du service autonomie et à fusionner avec les SAD (Service Autonomie à Domicile). En 2023, le financement des SSIAD a été réformé afin de mieux tenir compte des besoins en soins et du niveau de perte d'autonomie des usagers. Cette réforme est mise en œuvre de façon progressive pour déboucher en 2027 sur une convergence tarifaire avec un forfait global de soins qui sera calculé en tenant compte d'un socle et de l'intervention auprès de la personne âgée concernée en fonction de ses besoins. Sur le plan tarifaire la réforme avance mais sur un plan organisationnel et institutionnel, force est de constater que la réorganisation dans le cadre des SAD est laborieuse tant et si bien qu'un nouveau décret a été pris le 3 mars 2026[21] pour apporter des correctifs, des ajustements et des rectifications afin de rendre possible dans des conditions satisfaisantes la transformation des SSIAD. En juin 2025, 85 % des SSIAD étaient en cours de rapprochement avec un SAD. Il reste donc à franchir la dernière étape d'ici 2027.

---

19. Berrut G., *Vieillir dans la dignité*, le Cerf, 2022.
20. Croff B., « Vieillir chez soi en situation de perte d'autonomie : les enjeux d'un choix éclairé à l'horizon 2030 », Après-demain, n° 62, 2022, « Dépendance : données & défis », p. 23.
21. Décret n° 2026-155 du 3 mars 2026 relatif à la tarification des soins infirmiers à domicile pour les personnes âgées et personnes handicapées.

Précision sur la réforme de l'hospitalisation à domicile (HAD) de 2022-2025

L'HAD est une intervention sanitaire mise en œuvre dans le cadre du droit hospitalier qui rend possible le maintien à domicile des personnes âgées (CSP, art. D. 6124-194 et suivants depuis le décret du 31 janvier 2022 qui abroge les articles D. 6124-306 à D. 6124-312). Préconisée dans le rapport *Laroque* de 1962[22], l'HAD s'est surtout développée lors des dernières années 1990, le milieu hospitalier offrant, en 2002, plus de 4 700 places, 33 départements ne proposant toutefois aucune place (contre près de 60 places 3 ans plus tôt). Conformément à l'article R. 712-2-1 du Code de la santé publique, l'HAD permet d'assurer au domicile de la personne âgée des soins qui « se différencient de ceux habituellement dispensés à domicile par la complexité et la fréquence des actes ». L'ordonnance du 4 septembre 2003 simplifiant l'organisation et le fonctionnement du système de santé devrait favoriser le développement des structures d'HAD, en raison notamment de la suppression de la carte sanitaire. Les conditions techniques de fonctionnement de l'activité d'hospitalisation à domicile ont fait l'objet d'un important décret n° 2022-102 du 31 janvier 2022. Une réforme des autorisations entrée en vigueur en 2023 est effective depuis janvier 2025 et s'est accompagnée en 2023 d'une augmentation de 4 % des prises en charge HAD avec une progression des soins palliatifs et une augmentation préoccupante de 10 % en 2023 des prises en charge pour chimiothérapie.

2) La reconfiguration des services à domicile pour une meilleure qualité de vie

162. Le développement des services à la personne : une nécessité pour le virage domiciliaire. La loi n° 2005-841 du 26 juillet 2005 sur le développement des services à la personne et portant diverses mesures en faveur de la cohésion sociale (dite « loi *Borloo* ») affichait de grandes ambitions pour notamment le secteur des emplois de service en évoquant la création de 500 000 emplois en 3 ans afin, non pas de « changer la vie », mais d'améliorer la qualité de vie des personnes dépendantes. Le recrutement massif dans le secteur de l'aide à domicile est une condition *sine qua non* pour rendre possible le « virage domiciliaire » appelé de ses vœux par les pouvoirs publics mais également les acteurs de la *Silver economy*, ces derniers rappelant la nécessité d'aménager les logements pour les adapter au vieillissement de la société. Le fait pour les personnes âgées vieillissantes de rester le plus longtemps possible à domicile implique de mettre en place une véritable politique de prévention de la perte d'autonomie. L'arrêté du 23 décembre 2025 applicable à compter du 1er janvier 2026 précise que les prix des prestations de services d'aide et d'accompagnement à domicile mentionnés à l'article L. 347-1 du Code de l'action sociale et des familles ne peuvent augmenter de plus de 2 % en 2026 par rapport à l'année précédente contre 3,85 % en 2025.

163. Le rôle essentiel des services à domicile 20 ans après la loi Borloo. Le premier article de la loi du 26 juillet 2005 a modifié le Code du travail en obligeant les associations et entreprises dont l'activité porte, notamment, sur l'assistance aux personnes âgées ayant besoin d'une aide personnelle à leur domicile ou d'une aide à la mobilité dans l'environnement de proximité favorisant leur maintien à domicile, à faire l'objet d'un agrément délivré par le représentant de l'État. En revanche, l'article 2

22. Laroque P., *Politique de la vieillesse*, 1962, Doc. fr.

de cette même loi précise que les services d'aide à domicile des centres communaux et intercommunaux d'action sociale (CCAS et CIAS) sont dispensés du régime d'autorisation prévu aux articles L. 313-1 et suivants du CASF pour leurs activités relatives aux tâches ménagères, familiales ou à l'entretien du cadre de vie. De même, pour les aides à domicile comme les tâches ménagères, le bricolage ou le jardinage, l'agrément est facultatif. L'article 7-1 de la loi du 26 juillet modifie l'article L. 232-7 du CASF en prévoyant que « Si le bénéficiaire [de l'APA] choisit de recourir à un salarié ou à un service d'aide à domicile agréé dans les conditions (...) du Code du travail, l'allocation personnalisée d'autonomie destinée à le rémunérer peut être versée sous forme de chèque emploi-service universel » (CESU)[23]. Sur le plan sanitaire, on rappellera l'importante réforme de 2023 concernant les SSIAD qui doivent converger vers une nouvelle tarification et se transformer en SAD (v. *supra*, n° 161).

B - L'aide ménagère, une aide sociale légale gérée par le département

164. Conditions d'accès à l'aide ménagère légale. L'article L. 113-1 du CASF prévoit que « toute personne âgée de 65 ans privée de ressources suffisantes peut bénéficier, soit d'une aide à domicile, soit d'un accueil chez des particuliers ou dans un établissement ». L'article L. 231-1 du CASF précise que l'aide ménagère – qui permet à la personne âgée de rester à son domicile grâce à l'aide qui lui est apportée – peut être versée soit en nature, soit en espèces à toute personne éligible ; elle constitue une aide sociale obligatoire relevant de la compétence du département. La participation qui peut être demandée aux bénéficiaires des services ménagers accordés au titre de l'aide en nature est fixée par arrêté du président du conseil général. Pour bénéficier de cette aide sociale, la personne âgée étrangère doit justifier d'une condition de résidence ininterrompue en France métropolitaine d'au moins 15 ans avant d'avoir atteint l'âge de 70 ans[24]. L'aide ménagère concerne les personnes âgées classées en GIR 5 et GIR 6, qui ne sont donc pas éligibles à l'APA. « L'aide financière comprend l'allocation simple et, le cas échéant, une allocation représentative de services ménagers. [...] L'aide en nature est accordée sous forme de services ménagers » (CASF, art. L. 231-1). Si les ressources mensuelles sont inférieures à 1 043,59 € par mois en 2026 pour une personne seule et 1 620,18 € pour un couple, la prestation d'aide ménagère est prise en charge par l'aide sociale départementale (ASD). Au-delà de ces seuils, la prise en charge est effectuée par la caisse de retraite. Cette aide sociale peut faire l'objet d'une récupération sur tout héritage supérieur à 46 000 €.

165. Le Conseil d'État a précisé que les fonctions d'aide à domicile devaient être exercées par les agents sociaux territoriaux. Les autres agents peuvent, à la rigueur, livrer des repas au domicile des personnes âgées dans la mesure où cette activité n'entre pas dans le cadre de l'aide à domicile, contrairement à ce que soutenait l'Union nationale

23. Le nouvel article L. 129-5 du Code du travail dispose que « [...] Les prestations sociales obligatoires ou facultatives ayant le caractère de prestation en nature destinées à couvrir tout ou partie du coût des services mentionnés au 1° ou au 2° peuvent être versées sous la forme du chèque emploi-service universel [...] ».
24. CASF, art. L. 111-2, 4°.

des centres communaux d'action sociale (UNCCAS)[25]. L'enjeu était financier, puisque l'article L. 241-10 du CSS exonère des charges patronales les agents affectés dans les CCAS ou les CIAS qui remplissent les missions d'aide à domicile.

166. L'aide ménagère en nature. Sous cette forme, l'aide ménagère est versée aux personnes âgées de plus de 65 ans ou plus de 60 ans en cas d'inaptitude au travail et consiste à apporter une aide matérielle limitée à 30 heures par mois (48 heures pour un couple). Cette intervention sociale a été initiée par les bureaux d'aide sociale dans le cadre de l'aide sociale facultative. Elle est devenue une prestation d'aide sociale légale en 1962 et relève de la compétence du département depuis 1983. L'aide ménagère légale est obligatoirement organisée dans la commune ou par l'intercommunalité, la demande d'admission devant être adressée au CCAS ou CIAS ou, à défaut, à la mairie de la résidence du demandeur.

167. Les bénéficiaires participent, à hauteur de 6 % du coût de la prestation, au financement de cette aide sociale, qui a bénéficié en 2002 à moins de 50 000 personnes en raison de l'application de l'APA. Il convient de préciser que l'aide à domicile constitue, contrairement à l'APA, une avance remboursable sur succession du bénéficiaire après son décès s'il laisse plus de 46 000 € à ses ayants droit.

168. L'aide ménagère en espèces. Ce second visage de l'aide ménagère consiste à verser à la personne âgée une allocation simple et, éventuellement, une allocation représentative de services ménagers dans trois hypothèses prévues à l'article L. 231-1 du CASF.

169. L'allocation représentative de services ménagers (ARSM). Cette allocation est une aide sociale légale versée lorsqu'il n'existe pas de service d'aide ménagère organisé dans la commune ou que celui-ci s'avère insuffisant pour couvrir les besoins. De même, si la personne âgée préfère percevoir une aide en espèces au lieu d'une aide en nature, elle doit manifester expressément cette volonté, qui s'impose au département.

170. Montants de l'allocation représentative de services ménagers. Le montant de cette aide ne peut dépasser 60 % du coût des services ménagers accordés à la personne concernée. Celle-ci ne doit pas disposer, comme pour l'accès à l'aide ménagère en nature, de ressources mensuelles supérieures à 1 043,59 € par mois en 2025-2026 pour une personne seule et 1 620,18 € pour un couple.

C - L'hébergement des personnes âgées dans des familles ou établissements spécialisés

171. Les solutions d'accueil des personnes âgées en dehors de leur domicile. Lorsqu'elles ne veulent – ou ne peuvent – plus rester à leur domicile, les personnes âgées sont soit accueillies par des particuliers, soit placées dans des établissements sociaux ou médico-sociaux relevant de la loi du 2 janvier 2002 rénovant l'action

25. CE, 23 oct. 2002, Union nationale des CCAS : AJDA 2003, p. 195, note Ghebali-Bailly M. Le Conseil d'État s'est référé au décret n° 92-849 du 28 août 1992 portant statut particulier des agents sociaux territoriaux.

sociale et médico-sociale. Lorsqu'elles sont étrangères, les personnes âgées doivent justifier d'une résidence ininterrompue en France métropolitaine d'au moins 15 ans avant d'avoir atteint l'âge de 70 ans.

1) L'accueil chez un particulier

172. L'accueil habituel et à titre onéreux d'une personne âgée chez un particulier – qui doit être titulaire d'un agrément délivré par le président du conseil départemental[26] – a été mis en place par la loi n° 89-475 du 10 juillet 1989, substantiellement modifiée par la loi de modernisation sociale du 17 janvier 2002. Les retraits d'agrément sont prononcés par le président du conseil général en cas de violation des conditions d'accueil prévues par le CASF. Le Conseil d'État a ainsi annulé pour erreur de droit une ordonnance rendue dans le cadre de la procédure du référé-suspension au seul motif que l'accueillant familial avait hébergé une quatrième personne, en méconnaissance des dispositions de l'article L. 441-1 du code précité[27]. Au fond, le juge administratif contrôle la motivation de l'arrêté du président du conseil général ainsi que les faits attestant l'existence de problèmes relationnels rendant difficiles l'instauration de relations stables et confiantes entre les personnes hébergées et l'accueillant familial[28]. Le retrait d'agrément ne constitue pas une sanction mais une mesure de police ; dès lors, la simple mise en demeure suffit, les dispositions de la loi n° 2000-321 du 12 avril 2000 relative aux droits des citoyens dans leurs relations avec les administrations n'étant pas applicables[29]. Le cumul de la fonction d'accueillant familial et d'une activité de chambre d'hôtes justifie légalement le retrait de l'agrément que l'on sait en raison du manque de disponibilité de l'accueillant familial à l'égard des personnes âgées, alors même que celui-ci n'hébergeait aucune personne âgée à la date du retrait[30]. La loi du 28 décembre 2015 prévoit que les accueillants familiaux peuvent désormais faire l'objet d'une rémunération versée par le CESU ; ce dernier constitue un procédé simple et dématérialisé particulièrement adapté aux besoins des personnes âgées accueillies.

La légalisation du contrat d'accueil par la loi ASV

L'accueil fait également l'objet d'un formalisme juridique matérialisé par un contrat écrit conclu entre l'« accueillant familial », qui peut être une personne ou un couple, et la personne âgée accueillie[31]. Ce contrat, entré dans le CASF en 2015 seulement avec la loi *ASV* du 28 décembre 2015[32], prévoit un projet d'accueil personnalisé au regard des besoins de la personne accueillie et comprend, en annexe, la Charte des droits et libertés de la personne accueillie. Ce contrat a pour but d'affirmer que la relation entre l'accueillant

26. Ghebali-Bailly M., « L'agrément de l'accueil familial des personnes âgées ou handicapées adultes », RDSS 1993, p. 384 et 564. Le juge administratif a précisé que l'agrément n'a pas de caractère *intuitu personae* concernant les personnes accueillies et ne peut donc avoir un champ d'application restreint à des personnes âgées nommément désignées, CAA Bordeaux, 13 nov. 2001, Mme Latour : RDSS 2002, p. 338, concl. Rey J.-L.
27. CE, ord., 8 déc. 2004, n° 267305, Département des Bouches-du-Rhône.
28. CE, 27 juin 2005, n° 257051, Département de la Charente-Maritime.
29. CAA Bordeaux, 24 mai 2005, n° 02BX01284, Mme Marie-Josée X. c/ Département de la Gironde.
30. *Ibid.*
31. CASF, art. L. 442-1.
32. L. n° 2015-1776, 28 déc. 2015 relative à l'adaptation de la société au vieillissement.

et la personne âgée ne peut en aucun cas instaurer un lien de subordination, car elle place cette dernière dans une plus ou moins grande situation de dépendance matérielle et morale à l'égard de l'accueillant familial. Le recours au contrat permet de déterminer les droits et obligations réciproques des parties et d'individualiser les conditions d'accueil de la personne âgée. Des personnes morales de droit public ou de droit privé peuvent également avoir la qualité d'employeurs d'accueillants familiaux avec l'accord du président du conseil général. Dans une telle hypothèse, parallèlement au contrat d'accueil, un contrat de travail est conclu entre l'accueillant familial et son employeur pour chaque personne accueillie à titre permanent[33].

2) *L'hébergement dans un établissement social ou médico-social : les personnes âgées dans les EHPAD*

173. Approche quantitative et qualitative de l'accueil des personnes âgées en EHPAD. En 1960, La France proposait près de 220 000 places dans les EHPAD étant précisé qu'à l'époque, le nombre de personnes âgées par rapport à la population globale était élevé. En 2026, chaque jour, près de 620 000 personnes âgées séjournent dans un établissement d'hébergement pour personnes âgées dépendantes (EHPAD). En 2025, il y avait environ 7 500 EHPAD (chiffre relativement stable depuis 2021) dont près de 45 % étaient des structures publiques, contre 31 % pour les structures associatives et 24 % pour les structures privées. Le prix médian en hébergement permanent d'une chambre individuelle en EHPAD s'élève à 2 004 € par mois. La loi *ASV* a clarifié, dans ses articles 57 à 62, les règles relatives au tarif d'hébergement en EHPAD en imposant un socle minimal de prestations dans le tarif de l'hébergement en établissement (CASF, art. L. 342-2) et en affirmant que toute clause prévoyant un prix distinct pour une prestation relevant de ce socle minimum est réputée non écrite (CASF, art. L. 342-3), le décret n° 2016-1814 du 21 décembre 2016 ayant précisé les conditions d'application de cette réforme. La loi *ASV* prévoit également un taux maximal d'augmentation des prix dans les EHPAD fixé chaque année par décret. Le Conseil d'État a précisé que le régime financier et la tarification des EHPAD relèvent du domaine de la loi en vertu de l'article 34 de la Constitution[34]. Toutefois, depuis 2022, les EHPAD sont confrontés à des difficultés financières en raison de l'augmentation du coût de l'énergie, d'une part, qui augmente de plusieurs dizaines de milliers d'euros la facture d'électricité, et d'autre part, des denrées alimentaires, certains EHPAD méconnaissant la loi EGalim[35] pour freiner la hausse de ces dépenses. Enfin, la revalorisation des personnels dans le cadre du Ségur de la santé a pour conséquence d'augmenter la masse salariale des établissements même si tous les agents publics ne sont pas concernés par cette réforme validée sur ce point par la décision QPC n° 2023-1084 du 21 mars 2024. *Last but not least*, alors que le gouvernement pousse les établissements à investir dans la formation de leurs personnels, il n'est pas rare que les ARS prennent en charge seulement le tiers du financement promis. La convergence de tous ces facteurs a eu pour effet de plonger un nombre significatif d'EHPAD dans une situation déficitaire d'au moins 100 000 euros au titre de l'exercice 2023.

---

33. CASF, art. L. 443-12.
34. CE, 9 juill. 2018, n° 407426, Département du Val-d'Oise.
35. La loi EGalim oblige les établissements ayant une restauration collective à garantir au moins 50 % de produits durables et de qualité dont 20 % au moins doivent être des produits biologiques.

Pour aller plus loin

La place des EHPAD dans la société française a été au cœur d'une polémique liée au scandale Orpea révélé en 2022 par la parution du livre choc du journaliste Victor Castanet (*Les fossoyeurs*, Fayard) honoré du prix Albert Londres en novembre 2022 en raison de l'incroyable enquête d'investigation réalisée pour les besoins de l'écriture de cet ouvrage sans concession sur la marchandisation de l'accompagnement du grand âge. Au-delà de la distinction entre les EHPAD privés (tel est le cas de ceux qui relèvent du groupe Orpea qui accueille 250 000 personnes âgées dans ses 350 établissements[36] ou du groupe Korian, leader européen dans le secteur des maisons de retraite avec plus de 700 EHPAD implantés dans quatre pays européens) et publics, c'est le modèle même de l'EHPAD qui est réinterrogé en raison du vieillissement de la société et de la proportion croissante de personnes âgées souffrantes. Une tribune publiée dans le quotidien *Le Monde* en mars 2022 plaidait en faveur du remplacement des EHPAD par des « établissements gériatriques spécialisé (EGS) qui formeraient une nouvelle catégorie au sein du Code de la santé publique et qui participeraient du service public hospitalier »[37]. Ce virage sanitaire serait la conséquence, selon les auteurs de cette intéressante contribution, du constat selon lequel aujourd'hui, « plus de 80 % des nouveaux entrants dans les EHPAD souffrent de poly-pathologies souvent doublées de troubles neurodégénératifs (Alzheimer et assimilés) ».

174. Les EHPAD : des ESMS exposés aux crises climatiques, sanitaire et financière. Les établissements sociaux et médico-sociaux (ESMS) sont placés dans une situation juridique prévue par la loi du 2 janvier 2002. Les ESMS accueillant les personnes âgées ont fait l'objet du décret n° 2003-1123 du 26 novembre 2003. Les crises (climatique comme la canicule en 2003 ou sanitaire liée à une pandémie comme la Covid-19, v. *infra*, n° 175) agissent comme des révélateurs des insuffisances parfois structurelles des EPHAD. Les 10 500 EHPAD ont dû faire face, en 2003, au gel d'un budget de 185 millions d'euros qui devait financer le plan de modernisation et d'amélioration de leur qualité d'accueil. Le drame humain lié à la canicule de la première quinzaine d'août 2003 a toutefois rappelé le gouvernement à ses obligations en la matière, même si l'on a pu assister parallèlement à la recherche de la responsabilité de directeurs d'établissements. Ainsi, le directeur d'une maison de retraite dans laquelle une octogénaire est décédée par déshydratation durant la canicule a été mis en examen le 16 octobre 2003 pour homicide involontaire[38]. Le pouvoir réglementaire a pris deux décrets le 7 juillet 2005 imposant des dispositifs à mettre en place dans les EHPAD afin de faire face à une éventuelle canicule[39]. La première obligation consiste à intégrer dans le projet d'établissement le « plan bleu » obligeant les EHPAD à désigner un référent responsable en cas de crise climatique ou sanitaire. Les établissements concernés (EHPAD obligés de conclure une convention tripartite) doivent également

36. Le 1er février 2023, la Caisse des dépôts et consignations a annoncé un changement de capital au sein du groupe Orpea, qui amène concrètement la CDC à prendre le contrôle de ce groupe (avec 50,2 % du capital de celui-ci) afin d'éviter une procédure de redressement judiciaire à Orpea. Par ailleurs, Orpea a démis de ses fonctions le directeur général du groupe en janvier 2022 et nommé, un an plus tard, le professeur d'éthique médicale Emmanuel Hirsch, directeur de l'éthique au sein du groupe.
37. Christy H., Moussi N. et Tachon R., « La fin des EHPAD, c'est l'opportunité de s'attaquer au problème du vieillissement d'une autre manière », Le Monde 31 mars 2022.
38. C. pén., art. 221-6.
39. D. n° 2005-768, 7 juill. 2005 et A., 7 juill. 2005 : JO 9 juill. 2005 – D. n° 2005-778, 11 juill. 2005 et A., 11 juill. 2005 : JO 12 juill. 2005.

aménager une pièce rafraîchie selon les modalités de l'Agence française de sécurité sanitaire environnementale, devenue l'ANSES en 2010.

L'expérimentation a été mobilisée pour proposer une nouvelle tarification dans les EHPAD. La loi de financement de la sécurité sociale (LFSS) pour 2024, modifiée par la LFSS 2025, instaure, en effet, une expérimentation visant à simplifier et harmoniser la tarification de ces ESMS. L'article 82 de la LFSS 2025 a modifié le dispositif prévu par l'article 79 de la LFSS 2024 en lançant une expérimentation portant sur la fusion des sections « soins » et « dépendance » pour 23 départements volontaires à l'échelle nationale. En pratique, depuis le 1er juillet 2025, les EHPAD et unités de soins de longue durée (USLD) de ces deux départements expérimentateurs sont financés selon un forfait global unique qui intègre soins et entretien de l'autonomie. Le forfait global unique a pour conséquence de supprimer l'APA en établissement. Cette expérimentation s'achèvera le 31 décembre 2026.

La tarification en EHPAD : toujours plus ?

La question des tarifs d'hébergement et du coût des prestations en EHPAD est essentielle. La loi *ASV* du 28 décembre 2015 a précisé que les établissements devaient prévoir un socle de prestations minimales relatives à l'hébergement : le socle de prestations. Dans les établissements hébergeant des personnes âgées non habilitées à recevoir des bénéficiaires de l'aide sociale, les prix du socle de prestations et des autres prestations d'hébergement ne peuvent augmenter, pour les contrats en cours, au-delà d'un pourcentage fixé au 1er janvier de chaque année par arrêté interministériel. Le nouvel article L. 342-3 du CASF précise que le socle de prestations fait l'objet d'un prix global. Dès lors, toute clause prévoyant un prix distinct pour une prestation relevant de ce socle est « réputée non écrite », c'est-à-dire inopposable. Pour l'année 2024, l'arrêté du 26 décembre 2023 fixe à 5,48 % le montant maximal de l'augmentation des tarifs pour l'hébergement et les prestations minimales d'accueil des personnes âgées dans les EHPAD. En 2023, le pourcentage était de 5,14 %, ce qui représente tout de même plus de 10 % autorisés sur deux ans ! Pour 2025, cette augmentation était limitée à 3,21 %. En 2026, l'arrêté du 24 décembre 2025 fixe le pourcentage d'augmentation maximale du prix du socle de prestations et des autres prestations d'hébergement de certains établissements d'hébergement pour personnes âgées dépendantes à 0,86 % seulement. Lorsque des EHPAD n'accueillent pas des bénéficiaires de l'aide sociale (APA ou ASH), le président du conseil départemental peut fixer des tarifs supérieurs à ce pourcentage réglementaire. Depuis le 1er janvier 2025, l'entrée en vigueur du décret n° 2024-1270 du 31 décembre 2024[40] permet aux EHPAD habilités à l'aide sociale à l'hébergement d'appliquer des tarifs d'hébergement pouvant aller jusqu'à + 35 % du tarif aide sociale. Si cette réforme apporte de l'oxygène pour les EHPAD en situation de crise financière pour nombre d'entre eux, les prix des EHPAD vont augmenter pour la majorité des résidents qui ne perçoivent pas l'ASH (celle-ci concerne entre 15 % et 20 % des résidents).

175. Dignité et droits de la personne en EHPAD pendant la pandémie de Covid-19[41]. Les leçons de l'histoire n'ayant pas été retenues, la survenance de la pandémie de Covid-19 a provoqué une situation catastrophique dans les EHPAD lors

40. Décret n° 2024-1270 du 31 décembre 2024 relatif aux tarifs afférents à l'hébergement dans les établissements pour personnes âgées dépendantes totalement ou majoritairement habilités au titre de l'aide sociale à l'hébergement.
41. Hirsch E., « Dignité et droits de la personne en EHPAD », LinkedIn, 5 mai 2021.

de la première vague marquée par plus de 15 000 décès (30 000 décès au 31 août 2022), pour l'essentiel dans ces établissements, en raison de refus de soins par des services des urgences débordés par une épidémie hors de contrôle. Les personnels des EHPAD ont dû gérer une situation sanitaire contre laquelle ils n'étaient ni prêts ni armés. Certains ont même décidé de se confiner dans l'établissement pour ne pas risquer de contaminer les résidents. Force est également de constater que les droits fondamentaux des personnes âgées ont été sacrifiés, les personnes âgées ayant été coupées de leurs proches et confinées dans leur chambre par peur de les voir mourir de la Covid-19. Dans certains EHPAD, la visite des familles a ainsi été interdite pendant 7 mois. Nombreuses sont les personnes âgées qui se sont laissées glisser vers la mort physique après cette « mort sociale » inédite sous la Ve République[42]. La singularité du droit de l'aide et de l'action sociales tient au fait que, selon la lettre du Code de l'action sociale et des familles non modifiée pendant l'état d'urgence sanitaire, l'État ne pouvait formuler que des recommandations, car il relève de la responsabilité juridique des directions d'EHPAD de décider elles-mêmes des mesures privatives de déplacements et libertés au sein de l'établissement. Le rapport de la Défenseure des droits a pu évoquer, à cet égard, les effets pervers d'un droit souple à l'origine de solutions et de protocoles sanitaires variables d'un EHPAD à l'autre, parfois même au sein d'une même ville. Selon la Défenseure des droits, il faudrait « limiter le recours au droit souple pour toute mesure attentatoire aux droits et libertés des personnes accueillies ».

Les leçons éthiques et juridiques après la Covid-19 en EHPAD : la création d'un droit de visite

Les leçons ont été rapidement tirées avec le souhait, lors des deux autres confinements, de rendre possibles les visites de proches. Comme le relève Emmanuel Hirsch, professeur d'éthique médicale et directeur de l'Espace éthique Île-de-France, l'éthique permet d'apprendre que « les personnes n'étaient jamais assimilables à des catégories, et pour être âgées il n'en importe pas moins de les reconnaître dans leur singularité et dans leurs droits inaliénables »[43]. Le 6 mai, la ministre en charge de l'Autonomie a proposé la création d'un « référent consentement » qui serait désigné par les résidents de l'EHPAD ou leurs proches. Ce référent serait un médiateur dans la résolution de conflits entre l'établissement et un résident. Toutefois, certains n'hésitent pas à considérer qu'une telle réforme qui réduirait le pouvoir des directions d'EHPAD après la crise qu'elles ont traversée serait vouée à l'échec[44], et même inopportune dans un contexte sanitaire toujours anxiogène. Dans un ouvrage collectif, une directrice écrit que « les pratiques sanitaires se sont imposées, impérieuses, sans que nous ayons le temps de nous interroger sur la pertinence de les adopter dans nos structures. L'urgence à laquelle nous étions confrontés ne nous a pas donné le temps de réfléchir, de faire des choix concertés »[45]. Des leçons ont été tirées de la coupure sociale pendant cette période. La loi sur le bien-vieillir d'avril 2024 a créé un nouveau droit subjectif : le droit de recevoir une visite une fois par jour ! La loi a innové en créant un nouvel article L. 311-5-2 qui prévoit que les établissements pour personnes âgées et personnes handicapées « garantissent le droit des personnes qu'ils accueillent

42. « Covid 19 : l'arrêt des visites en EHPAD était-il une forme de maltraitance ? », petitsfreresdespauvres.fr, 12 juin 2020.
43. Hirsch E., « Dignité et droits de la personne en EHPAD », *op. cit.*
44. Jérôme B., « Des familles dénoncent les "EHPAD prisons" », Le Monde, 16-17 mai 2021, p. 12.
45. Vincent M.-O., *in* Pol-Droit R. et Monneron D. (dir.), *Éthique du grand âge et de la dépendance*, 2020, PUF.

de recevoir chaque jour tout visiteur de leur choix. Sauf si le résident en exprime le souhait, aucune visite ne peut être subordonnée à l'information préalable de l'établissement ». Le directeur de l'établissement ne peut s'opposer à une visite que si elle constitue une menace pour l'ordre public à l'intérieur ou aux abords de l'établissement ou si le médecin coordonnateur ou, à défaut, tout professionnel de santé consulté par le directeur de l'établissement estime qu'elle constitue une menace pour la santé du résident, pour celle d'autres résidents ou celle d'une personne qui y travaille. Il s'agit d'une nouvelle catégorie de décision administrative faisant grief. Pour Hervé RIHAL et Martine LONG, « ce droit de visite est la meilleure garantie contre l'isolement puisqu'il permet un lien social et contre la maltraitance puisque le visiteur la percevra si elle existe » (v. n° 176).

176. La question centrale du consentement de la personne âgée à l'entrée dans un EHPAD : les apports du décret du 29 décembre 2025. L'entrée dans un EHPAD pose la question essentielle du consentement exprimé par la personne âgée[46]. Le rapport à la volonté et au temps est spécifique dans ce type d'ESMS, qui est la dernière demeure pour les personnes âgées qui y sont accueillies. Pour la philosophe Geneviève Fraisse, « dans la grande fresque des droits de l'humanité, le consentement individuel, singulier, garant du sujet et de son intégrité doit plaire à tout le monde, et le consentement mutuel, par sa réciprocité, en est l'expression privilégiée »[47]. Le consentement peut être exprimé expressément par écrit ou de façon tacite. Un gériatre reconnu, Claude Jeandel, fait également la différence entre le consentement et l'assentiment. Selon lui, même si des troubles cognitifs évoluent chez une PA, il est possible de recueillir l'assentiment de celle-ci car « si une personne n'a plus sa capacité de discernement, elle peut exprimer dans son langage corporel ce qui est important pour elle et ce qu'elle souhaite, il faut faire attention aux petites perceptions »[48]. Il y a un langage corporel de la personne âgée qui, parfois, se substitue à l'expression orale du consentement. Afin de mieux protéger les personnes âgées, la loi sur le bien vieillir d'avril 2024 exige que le consentement soit formalisé dans le contrat de séjour et le document individuel de prise en charge (DIPC) sur deux questions sensibles de l'accueil en EHPAD.

Pour aller plus loin.

Le *décret n° 2025-1395 du 29 décembre 2025* (entré en vigueur deux jours plus tard et pris pour l'application de l'article L. 311-4 du Code de l'action sociale et des familles (CASF), relatif au contrat de séjour et au DIPC) a modifié les dispositions sur le contrat de séjour. Ce dernier doit désormais contenir une nouvelle annexe relative au consentement de la personne âgée quant au contrôle d'une part, de l'espace privatif (article L. 313-13-1 du CASF) et d'autre part, le consentement concernant la collecte, la conservation et le traitement des données personnelles recueillies au cours de la prise en charge, dans le respect du RGPD (application de l'art. L. 312-9 du CASF).

46. Tacnat-Auzzino D., « La place du consentement de la personne âgée lors de l'entrée en EHPAD », Gérontologie & Société 2009, Lefebvre des Nöettes V., « Enjeux éthiques du consentement à l'entrée en EHPAD », Rhizome, déc. 2019, Bulletin national santé mentale et précarité.
47. Fraisse G., Du consentement, éditions du Seuil, Paris, 2007, p. 21.
48. Jeandel Cl., « Éthique et droit en situation de dépendance : de la limite des limitations, ou les limites des capacités en situation incertaine », in Droit, éthique et dépendance, p. 99.

177. Le rôle essentiel de la personne de confiance depuis 2016. Le consentement peut être direct ou indirect. Dans ce dernier cas de figure, la loi du 28 décembre 2015 a innové en permettant aux personnes âgées accueillies dans un EHPAD de désigner une personne dite « de confiance » (PDC) qui est devenue en dix ans une figure importante de l'action sociale à destination d'une personne âgée accueillie dans un ESMS. Le décret n° 2016-1395 du 18 octobre 2016 a précisé les conditions dans lesquelles les personnes accueillies dans un établissement social ou médico-social vont être informées par le directeur ou son représentant de leur droit à désigner une personne de confiance en application de l'article L. 311-5-1 du Code de l'action sociale et des familles. La PDC peut accompagner la personne âgée lors de l'entretien préalable à la conclusion du contrat de séjour[49]. De même, la personne de confiance est consultée au cas où la personne intéressée rencontre des difficultés dans la connaissance et la compréhension de ses droits. Si la personne le souhaite, la personne de confiance l'accompagne dans ses démarches et assiste aux entretiens médicaux afin de l'aider dans ses décisions[50]. Il peut arriver que le consentement devienne virtuel et que de mauvaises pratiques amènent l'autorité administrative à prendre des mesures pour rapprocher les pratiques des standards de protection exigés par la loi et le règlement. Lorsqu'il estime que les conditions d'accueil et d'hébergement ne permettent pas de garantir la santé, la sécurité ou le bien-être moral et physique des personnes hébergées, le préfet peut, en cas d'urgence et après avoir enjoint aux responsables de l'établissement de remédier aux insuffisances ou abus constatés, prendre un arrêté ordonnant la fermeture provisoire, voire définitive, du lieu d'accueil pour les personnes âgées[51].

Contentieux relatif à l'accueil des personnes âgées

En cas de contestation, le juge administratif vérifie :
– d'une part, que le responsable de l'établissement a bien été mis à même de présenter des observations, alors même que l'activité exercée n'a pas fait l'objet d'une autorisation ;
– d'autre part, qu'il existe bien des menaces pesant sur la santé, la sécurité ainsi que la qualité de vie des personnes âgées hébergées[52].

Conformément aux dispositions de l'article L. 132-3 et de l'article R. 231-6 du CASF, une somme minimale doit être laissée aux personnes âgées hébergées dans un établissement médico-social. À cet égard, l'Assemblée du contentieux du Conseil d'État a précisé que ni le CASF ni le règlement départemental d'aide sociale (RDAS) n'obligent le département à majorer le montant de la somme laissée à la disposition d'une personne âgée hébergée dans un centre en raison des dépenses nécessaires à l'acquisition d'une assurance responsabilité civile[53].

49. CASF, art. L. 311-4.
50. CASF, art. L. 311-5-1 al. 2 et 3).
51. CASF, art. L. 441-2.
52. CE, 2 févr. 2005, n° 263948, Ministre de la Santé, de la Famille et des Personnes handicapées c/ Association l'Orchidée : en l'espèce, le Conseil d'État confirme l'arrêt de la CAA de Marseille du 14 octobre 2003 annulant les arrêtés préfectoraux de fermeture d'un établissement en raison, notamment, de l'ineffectivité de la condition d'urgence justifiant une telle mesure.
53. CE, ass., 14 déc. 2007, n° 286891, Département de la Charente-Maritime : Dr. adm 2008, p. 32.

3) La prévention et la lutte contre la maltraitance des personnes âgées

178. Un phénomène au carrefour de la psychologie et du droit. La maltraitance des personnes âgées est une réalité qui a suscité peu d'études systématiques, alors même qu'elle est en progression[54], notamment dans l'entourage familial des millions de personnes âgées qui vivent chez elles et ont besoin d'une aide régulière. Ainsi que le souligne Robert Hugonot, médecin gérontologue fondateur de l'association « Allô maltraitance des personnes âgées et/ou handicapées » (ALMA), on ne peut toutefois « plus se limiter seulement aux sévices au sein de la famille, il faut aussi les étudier dans les institutions qui accueillent 20 % des octogénaires »[55]. Commise sur des personnes vulnérables ayant autorité, la violence institutionnelle[56] est une notion qui n'est pas saisie en tant que telle par le droit pénal – sauf à évoquer un « habillage juridique complexe et perfectible »[57] – et qui recouvre plusieurs réalités. Au-delà de ses manifestations les plus visibles consistant à infliger des coups, voire des sévices aux personnes âgées[58], la maltraitance peut également être psychologique et financière, ou résulter d'une action physique comme le ligotage, ou encore d'une inaction. Selon le spécialiste Robert Hugonot, la typologie de la maltraitance des personnes âgées comprend sept catégories : violences physiques, psychologiques, financières[59], médicamenteuses, violation des droits du citoyen, négligences actives (placement autoritaire, enfermement, ligotage) et négligences passives (oubli, autonégligence). Parmi les violences physiques, il convient de mentionner les violences sexuelles commises sur les personnes âgées qui sont rarement analysées alors qu'elles sont malheureusement assez fréquentes et extrêmement traumatisantes pour les femmes âgées concernées, « le grand âge, l'isolement et les troubles cognitifs facilitant l'abus de faiblesse et les violences sexuelles chez les personnes âgées vulnérables et ce, quel que soit le lieu de vie des victimes, domicile ou établissement d'accueil »[60].

---

54. V. toutefois Terrasson de Fougères A., « La maltraitance des personnes âgées », RDSS 2003, p. 176 et plus récemment, Casagrande A. Moisdon-Chataigner S, « Les enjeux de la lutte contre la maltraitance : vers de nouveaux engagements », RDSS 2024, p. 369.
55. Hugonot R., La vieillesse maltraitée, 2003, Dunod, p. 12.
56. Lagraula-Fabre M., « La violence institutionnelle dans les établissements sociaux et médico-sociaux, une question de droit ? », RDSS 2005, p. 110.
57. Dechepey-Tellier J., « Grand âge, perte d'autonomie et maltraitance : analyse à l'épreuve du droit pénal, un habillage juridique complexe et perfectible », RDSS 2024, p. 951.
58. Un auteur cite les exemples du ligotage et des barrières, Hugonot R., La vieillesse maltraitée, 1998, Dunod. Une directrice de maison de retraite a ainsi été condamnée pour complicité de coups mortels à la suite du décès d'une personne âgée souffrant de la maladie d'Alzheimer parce qu'elle avait ordonné au personnel de nourrir de force les malades qui refusaient de s'alimenter. Une aide-soignante a provoqué le décès de l'un d'entre eux en « lui serrant la gorge avec le bras au point de fracturer l'os hyoïde en lui faisant ingurgiter des aliments avec brutalité » : Cass. crim., 9 févr. 1993.
59. Dugne J., « Maltraitances financières des personnes âgées : un fléau qui fait grand bruit », RDSS 2018, n° 84, p. 607 ; Koskas A., *Les maltraitances financières à l'égard des personnes âgées. Un fléau silencieux*, Rapport remis à la secrétaire d'État chargée des personnes âgées et de l'autonomie, 2017.
60. Vignon-Barrault A., « Les violences sexuelles chez les personnes âgées : enjeux juridico-éthiques », RDSS 2023, p. 502.

179. Tardiveté du traitement social et juridique de la maltraitance : la définition juridique de la maltraitance depuis février 2022. La France accusait un important retard dans la détection des cas de maltraitance, ainsi que l'atteste la création, en 2002 seulement, d'un Comité national de vigilance contre la maltraitance des personnes âgées (CNVMPA)[61]. La même année, le rapport de M. Debout, *Prévenir la maltraitance des personnes âgées,* remis à la secrétaire d'État aux Personnes âgées a estimé à 20 000 le nombre de personnes âgées maltraitées et a opéré une intéressante distinction entre la maltraitance par action et la maltraitance par omission[62]. En 2021, la fédération 3977 a reçu quasiment le double d'appel (37 519) et a traité 8 830 dossiers. Le traitement social de cette réalité consiste à agir en amont, en prévenant les diverses formes de maltraitance, et en aval, en assurant une prise en charge de la personne âgée faisant l'objet d'une maltraitance. Il aura fallu attendre 2022 pour que la maltraitance soit définie dans les principes généraux du CASF ! Depuis le 7 février 2022, la maltraitance est enfin définie par la loi, ce qui devrait, espérons-le, faciliter une meilleure compréhension de ses contours et des enjeux. La loi n° 2022-140 du 7 février 2022 relative à la protection des enfants a, en effet, introduit dans le CASF un article L. 119-1 qui forme un nouveau chapitre à lui seul. Cet article dispose qu'« (...) au sens du présent code (CASF) vise toute personne en situation de vulnérabilité lorsqu'un geste, une parole ou un défaut d'action compromet ou porte atteinte à son développement, à ses droits, à ses besoins fondamentaux ou à sa santé et que cette atteinte intervient dans une relation de confiance, de dépendance, de soin ou d'accompagnement ». La loi précise également le rapport entre la maltraitance et la temporalité en indiquant que « les situations de maltraitance peuvent être ponctuelles ou durables, institutionnelles ou non. Leur origine peut être individuelle, collective ou institutionnelle. Les violences et les négligences peuvent revêtir des formes multiples et associées au sein de ces situations ». On constate l'insuffisance de la définition qui n'évoque pas, par exemple, la maltraitance financière et se montre évasive en évoquant une dimension multiple et des « formes » diverses que le législateur ne s'est pas hasardé à définir. Mais il faut parfois savoir se satisfaire d'une réelle avancée et tel est bien le cas avec l'entrée dans le Code dédié d'une notion longtemps restée dans le seul giron du domaine médical *largo sensu.*

Pour aller plus loin

En dernier lieu, la loi n° 2024-317 du 8 avril 2024 sur le bien vieillir en France instaure une nouvelle instance territoriale destinée à recueillir les signalements de maltraitance des personnes âgées en situation de dépendance. Ce sont des cellules de recueil et de traitement des alertes en cas de maltraitance de personnes âgées ou handicapées vulnérables au niveau départemental (CASF, nouv. art. L. 119-2).

61. A., 16 nov. 2002 portant création du Comité national de vigilance contre la maltraitance des personnes âgées : JO 6 déc. 2002, p. 20110.
62. Debout M., *Prévenir la maltraitance des personnes âgées*, CES, janv. 2002.

180. Développement de la prévention au début du XXIe siècle. La prévention s'est développée en 2002 avec la parution d'une importante circulaire[63] visant à sensibiliser les acteurs et à briser les tabous en améliorant la détection des cas de maltraitance. La prise en charge a pour but de mettre fin le plus rapidement possible à une situation de maltraitance, qui peut être révélée par la personne âgée elle-même grâce à la mise en place d'un numéro spécial créé par l'association ALMA[64]. ALMA a recueilli depuis sa création en 1995 plus de 13 000 signalements, 75 % des personnes maltraitées étant des femmes.

Maltraitance des personnes âgées en EHPAD pendant et après la Covid-19 : les recommandations de la Défenseure des droits

Les atteintes aux libertés et aux droits fondamentaux des personnes âgées lors de la première vague de l'épidémie au printemps 2020 ont pu amener des associations à s'interroger sur l'existence d'une maltraitance institutionnelle[65]. L'émotion et le droit font souvent mauvais ménage, tout particulièrement dans le domaine sensible de la situation des personnes âgées en période de pandémie, inédite sous la Ve République. Le confinement en chambre était-il une forme de maltraitance ? La suspension des visites pendant de longs mois était-elle légale ? Autant de questions qui amènent à s'interroger sur l'ascension de la mise en cause des EHPAD pendant la Covid-19[66] avec des directions en première ligne qui ont dû parfois gérer des injonctions contradictoires. De son côté, le juge administratif suprême a validé dans un premier temps les mesures prises notamment concernant l'accès problématique aux soins des personnes âgées vivant en EHPAD[67]. La Défenseure des droits a publié le 15 janvier 2023 son rapport « Suivi des recommandations sur le rapport sur les droits fondamentaux des PA accueillies en EHPAD » dans lequel un bilan est dressé des 61 recommandations formulées en mai 2021[68] ; elle constate que l'État n'est pas à la hauteur des enjeux de l'accompagnement des PA. Entre mai 2021 et décembre 2022, la Défenseure des droits a reçu près de 300 nouvelles réclamations dénonçant des atteintes aux droits fondamentaux dans les EPHAD. La maltraitance par excès ou négligence représente 43 % des saisines de la Défenseure des droits. On lit notamment que « certains soins, comme ceux qui relèvent de la toilette, sont organisés dans une logique comptable pour réduire les effectifs du personnel » et que le décalage important entre les besoins des résidents et les effectifs réellement proposés par les EHPAD persiste. De même, La Défenseure des droits déplore qu'un outil de mesure fiable et partagé par l'ensemble des autorités de régulation et de contrôle, au niveau national, permettant d'évaluer, d'objectiver et de comparer les différentes situations de maltraitance, fasse encore défaut.

63. Circ. DGAS n° 2002-280, 3 mai 2002 relative à la prévention et à la lutte contre la maltraitance envers les adultes vulnérables, et notamment les personnes âgées.
64. Busby F., « La maltraitance envers les personnes âgées », Rev. Gendarmerie nat. 2002, n° 3, p. 27.
65. « Covid-19 : l'arrêt des visites en EHPAD était-il une forme de maltraitance ? », petitsfreresdespauvres.fr, 12 juin 2020.
66. Jaafar D., « Covid-19 ou la résistible ascension de la mise en cause des établissements d'hébergement de personnes âgées dépendantes (EHPAD) », RDSS 2020, p. 905.
67. CE, 15 avr. 2020, n° 439910, Accès aux soins des personnes résidant en EHPAD.
68. Le rapport de mai 2021 de la Défenseure des droits était intitulé : *Les droits fondamentaux des personnes âgées accueillies en établissement d'hébergement pour personnes âgées.*

D - L'accueil temporaire des personnes âgées

181. Préconisation d'un développement de l'accueil de jour en EHPAD par la loi sur le bien vieillir de 2024. L'accueil temporaire est une action sociale qui permet de lutter contre l'isolement des personnes âgées vivant en milieu rural durant l'hiver ou en milieu urbain durant l'été. Située entre le maintien à domicile et le placement, cette action sociale n'avait pas de véritable cadre légal avant l'intervention de la loi du 2 janvier 2002 rénovant l'action sociale et l'action médico-sociale, alors même qu'elle constitue « un soutien pour le maintien à domicile »[69]. Le pouvoir réglementaire a précisé, en mars 2004, les conditions dans lesquelles l'accueil temporaire des personnes âgées devait être organisé dans certains établissements et services mentionnés aux articles L. 312-1, I et L. 314-8 du Code de l'action sociale et des familles[70]. Le décret définit l'accueil temporaire comme un accueil organisé pour une durée limitée, le cas échéant sur un mode séquentiel, à temps complet ou partiel, et qui comporte ou non un hébergement, y compris en accueil de jour. La loi sur le bien vieillir a préconisé le développement de l'accueil temporaire dans les EHPAD et PUV (Petites Unités de Vie), un accueil de jour prévu par l'art. L. 312-1 du CASF (VI bis). Le décret d'application pris le 2 septembre 2025[71] précise que le seuil en deçà duquel les EHPAD peuvent assurer un accueil de jour pour chacune de leurs places disponibles est fixé à 60 places.

L'accueil temporaire vise à développer ou maintenir les acquis et l'autonomie de la personne accueillie et faciliter ou préserver son intégration sociale tout en lui permettant, ainsi qu'à son entourage, de bénéficier de périodes de répit. L'accueil temporaire peut être organisé en complément des prises en charge habituelles en établissements et services, qu'il s'agisse d'établissements de santé au sens de l'article L. 6111-2 du Code de la santé publique ou d'établissements sociaux ou médico-sociaux au sens du I de l'article L. 312-1 du CASF. À compter du 18 mars 2004, les établissements et services sociaux et médico-sociaux mentionnés aux 2°, 6°, 7° et 12° du I de l'article L. 312-1 du CASF disposent d'un délai de 3 ans pour se mettre en conformité avec les dispositions relatives au fonctionnement des structures d'accueil temporaires.

E - Le développement insuffisant de l'hébergement intergénérationnel

182. La juridicisation de l'habitat intergénérationnel. L'entrée de la France dans la société de longévité a amené des acteurs à convaincre les pouvoirs publics de raisonner différemment en intégrant la logique du parcours résidentiel d'une personne âgée en fonction de l'évolution de ses besoins mais également de sa dépendance. Après qu'elle a décidé de quitter le domicile au sein duquel elle résidait, la personne âgée peut entrer dans une résidence autonomie ou dans un habitat intergénérationnel qui constitue une alternative au maintien à domicile (expression qu'il faudrait sans

69. Thévenet A., « L'accueil temporaire en établissement : un soutien pour le maintien à domicile », Vie départementale et régionale mai 2004, n° 223, p. 11.
70. D. n° 2004-231, 17 mars 2004 : JO 18 mars, p. 5252.
71. D. n° 2025-875, 2 septembre 2025 relatif aux modalités d'accueil de jour dans les établissements d'hébergement de personnes âgées dépendantes et dans les petites unités de vie.

doute remplacer en raison de sa connotation) et l'accueil dans un EHPAD. Il convient de relever, dans cette logique, l'intervention de la loi ELAN du 23 novembre 2018[72] qui a fait entrer dans le CASF la notion d'habitat intergénérationnel. L'article L. 118-1 du CASF dispose, en effet, que « la cohabitation intergénérationnelle solidaire permet à des personnes de soixante ans et plus de louer ou de sous-louer à des personnes de moins de trente ans une partie du logement dont elles sont propriétaires ou locataires dans le respect des conditions fixées par le contrat de cohabitation intergénérationnelle solidaire prévu à l'article L. 631-17 du Code de la construction et de l'habitation, afin de renforcer le lien social et de faciliter l'accès à un logement pour les personnes de moins de trente ans. ». Cette cohabitation solidaire donne tout son sens à la notion de parcours résidentiel proposée par la regrettée Colette Eynard, décédée en 2023, dont les travaux ont apporté une grande valeur ajoutée à la réflexion sur cette notion insuffisamment prise en compte par les pouvoirs publics qui éprouvent des difficultés à penser différemment le lien entre les générations dans une société de longévité (v. *infra*, n° 214).

2. LE SOUTIEN DE L'AUTONOMIE DES PERSONNES ÂGÉES

183. Les logiques du soutien financier des personnes âgées. La politique de soutien financier des personnes âgées combine les deux logiques de l'assurance et de l'assistance, de la sécurité et de l'aide sociales. La logique de l'assurance est illustrée par le droit à une retraite qui doit, selon la loi, être équitable, l'ajout de cet adjectif masquant des inégalités selon les situations dans lesquelles se trouvent les travailleurs des deux secteurs (public et marchand). Le droit de l'Union européenne valide la différence de traitement pour l'accès à une prestation d'aide sociale entre les personnes âgées ayant la citoyenneté européenne et celles qui ont la qualité de ressortissant de pays tiers. Saisie d'une question préjudicielle par la Cour constitutionnelle italienne, la CJUE a précisé le 5 mars 2026 que le droit de l'Union (art. 12, § 1, sous e), de la directive 2011/98/UE du Parlement européen et du Conseil, du 13 décembre 2011) « ne s'oppose pas à une réglementation nationale qui soumet l'octroi, aux ressortissants de pays tiers d'une prestation prenant la forme d'une allocation sociale destinée aux personnes âgées de plus de 65 ans (depuis le 1er janvier 2019, plus de 67 ans) se trouvant dans une situation économique précaire et disposant d'une capacité de travail limitée en raison de leur âge à une condition de détention d'un permis de séjour de l'Union pour résidents de longue durée »[73].

184. La politique de soutien financier répondant à une finalité sociale poursuit deux objectifs. Il existe en effet une distinction entre, d'une part, les aides financières non liées à la dépendance mais à l'âge des bénéficiaires – qui se traduisent par le versement d'une retraite et d'allocations supplémentaires – et, d'autre part, l'allocation personnalisée d'autonomie (APA), qui est une prestation d'aide sociale répondant à une logique

72. Loi n° 2018-1021 du 23 nov. 2018 portant évolution du logement, de l'aménagement et du numérique.
73. CJUE, 5 mars 2026, aff. n° C-151/24, *Luevi* ; AJDA 2026., p. 503.

de solidarité nationale et qui est versée aux personnes âgées dépendantes entrant dans les quatre premiers GIR.

A - L'allocation de solidarité aux personnes âgées (ASPA) et l'allocation supplémentaire d'invalidité (ASI)

185. Origines et montants de l'ASPA. Cette première forme d'aide sociale légale se traduit par le versement aux personnes âgées d'allocations visant à leur garantir un « minimum vieillesse », expression remplacée en 2004 par l'allocation de solidarité aux personnes âgées (ASPA). L'ordonnance n° 2004-605 du 24 juin 2004[74] a modernisé le minimum vieillesse en instaurant l'ASPA dont le régime juridique figure à l'article L. 815-1 du Code de la sécurité sociale. L'ASPA est une aide subsidiaire versée à toute personne justifiant d'une résidence stable et régulière et ayant atteint l'âge de 65 ans, abaissé à plus de 60 ans en cas d'inaptitude au travail. Il convient de préciser une durée de résidence régulière inhabituellement longue pour les étrangers puisqu'elle est passée de 5 à 10 ans depuis 2012 (CSS, art. L. 816-1). Versée au titre de la solidarité nationale, l'ASPA a vu son montant augmenter d'un tiers entre 2008 et 2020, illustrant la volonté des gouvernants de mieux lutter contre la paupérisation des personnes âgées. D'avril 2025 à avril 2026, les plafonds de ressources étaient les suivants : 12 523,08 € par an pour une personne seule et 19 442,16 € par an pour un couple. L'ASPA doit être demandée auprès de la caisse d'assurance vieillesse. Il convient de préciser que l'ASPA fait partie des prestations sociales récupérables par l'État au moment de la succession de l'allocataire et qu'une disposition particulière exige que les étrangers justifient d'un titre de séjour de 10 ans pour la percevoir, cette condition ayant été jugée compatible avec la Convention européenne des droits de l'Homme[75]. La récupération sur succession s'effectue aux dépens des héritiers ou d'un légataire particulier dès lors que l'actif successoral est au moins égal en 2026 à 108 586,14 € en 2025. Seule la part de succession dépassant ces montants peut être récupérée.

La revalorisation progressive de l'ASPA

Au 1er janvier 2008, le montant de l'APSA était de 628,10 € par mois pour une personne seule et 1 126,77 € pour un couple. Lors de la conférence sociale du 6 février 2008, le chef de l'État avait annoncé une revalorisation de 25 % de l'allocation de solidarité d'ici 2012, avec une avance à valoir de 200 € attribuée à titre exceptionnel et versée au plus tard le 31 mars 2008[76]. Entre 2017 et 2022, le montant de cette aide a été revalorisé de 14 % pour arriver à un montant supérieur de 60 % au RSA. Cette revalorisation substantielle a amené l'ASPA à franchir pour la première fois en 2020 le seuil des 900 €. Depuis le 1er janvier 2020, elle a augmenté de 35 € par mois et atteignait le montant de 903,20 € ; la précédente augmentation de 35 € remontait à janvier 2019. Au 1er janvier 2021, la revalorisation était de 0,4 %, ce qui représente un montant de 906,81 € par mois pour une personne seule et 1 407,82 € par mois pour un couple. Au 1er avril 2022, la revalorisation

74. Ord. n° 2004-605, 24 juin 2004 simplifiant le minimum vieillesse : JO 26 juin 2004.
75. Cass. 2e civ., 4 mai 2016, n° 15-18957.
76. D. n° 2008-241, 7 mars 2008.

a permis à l'ASPA d'atteindre le montant de 916,78 €. Avec la revalorisation au 1er juillet 2022 liée à la loi sur le pouvoir d'achat, le montant de l'ASPA dépasse la barre des 950 € pour atteindre, précisément, le montant de 953 €. Les montants sont les suivants pour 2025-2026 : pour une personne seule sans ressource, 1 043,59 € (contre 961 en 2024, 903,20 € par mois en 2020 et 868 € par mois en 2019) ; pour un couple, 1 620, 18 € par mois. Comme on le voit, le seuil du millier d'euros a été franchi en 2025. Pour une personne âgée vivant seule et qui perçoit un revenu de 500 € par mois, le montant de l'ASPA est de 543,59 € par mois en 2026 (1 043,59 € – 500 = 543,59 €).

186. Existence d'une allocation supplémentaire d'invalidité (ASI) dans l'attente de l'ASPA. Une ASI a été créée en 1957 et peut être versée, dans la limite du plafond de ressources applicables à l'ASPA, aux personnes atteintes d'une invalidité générale réduisant leur capacité de travail ou d'une invalidité générale au moins égale[77] (personnes qui perçoivent une pension d'invalidité ou de vieillesse) et aux personnes n'ayant pas encore atteint l'âge minimum prévu pour bénéficier de l'ASPA et qui ne remplissent pas les conditions de résidence exigées (CSS, art. L. 815-30). Depuis le 1er janvier 2021, sa gestion a été transférée à la Sécurité sociale pour être en cohérence avec le financement des prestations d'invalidité. Fin décembre 2021, 67 200 personnes bénéficiaient de l'ASI. En 2022, le nombre d'allocataires a légèrement augmenté de près de 2 % pour atteindre 68 400 (101 000 bénéficiaires en 1999), étant précisé que 9 allocataires sur 10 sont au moins âgés de 40 ans. Pour bénéficier de l'ASI, les ressources d'un couple ne doivent pas dépasser entre le 1er avril 2025 et le 1er avril 2026 est de 914,85 € par mois pour une personne seule et 1 530,60 € par mois pour un couple. Le montant maximum de l'ASI versé chaque mois est égal à la différence entre 914,85 € et le montant minimal de la pension d'invalidité (335,29 €), ce qui donne 579,56 € maximum par mois.

Revalorisation substantielle de l'ASI en janvier 2024

Le montant de cette allocation a été revalorisé de façon significative en 2020 et 2021. L'ASI versée est ainsi passée de 702 à 750 € en 2020. Au 1er avril 2021 (D. n° 2020-1802 du 30 décembre 2020), le montant de l'ASI est passé de 750 à 800 € pour une personne seule et de 1 312,50 à 1 400 € pour un couple, soit une augmentation de 6,7 % pour la seule année 2021-2022. Après ces deux augmentations substantielles, à partir de 2022, le montant de l'ASI a été revalorisé à l'aune de l'inflation. Au 1er janvier 2024, la revalorisation s'est élevée à 5,3 % (contre 0,8 % en janvier 2023), soit un montant de 1 012,02 € par mois pour une personne seule (majoration de 50,94 € par rapport à janvier 2023) et 1 571,16 € par mois pour un couple (majoration de 79,08 € par rapport à janvier 2023). Au 1er janvier 2026, l'ASI a été revalorisée de 0,9 %.

77. CSS, art. L. 815-24.

B - Le soutien des personnes âgées fondé sur la dépendance croissante : de la PSD à l'APA

1) La création provisoire de la prestation spécifique dépendance (PSD) : la « pré-APA »

187. Un dispositif originellement expérimental. Amorcée en 1994 dans le cadre d'un dispositif expérimental qui s'est traduit par le versement dans douze départements volontaires d'une prestation expérimentale dépendance (PED)[78], annoncée en 1995 par le nouveau chef de l'État puis reportée pour des raisons notamment budgétaires, l'instauration d'une nouvelle politique sociale fondée sur la dépendance des personnes âgées a fait l'objet d'une importante loi début 1997 qui a mis en place un dispositif temporaire dans l'attente d'une loi créant une allocation personnalisée d'autonomie[79]. La loi n° 97-60 du 24 janvier 1997 a créé, en effet, une prestation spécifique dépendance (PSD) qualifiée par le Conseil constitutionnel d'« allocation d'aide sociale qui répond à une exigence de solidarité nationale »[80].

Précision sur la constitutionnalité de la décentralisation de l'aide sociale relative à la dépendance des personnes âgées

Dans sa décision sur la loi de janvier 1997, le Conseil a écarté le grief relatif à l'inconstitutionnalité de la décentralisation de cette politique au profit du département en rappelant que les conditions d'accès à la PSD devaient être posées par le pouvoir réglementaire de façon uniforme sur l'ensemble du territoire, procédure qui permet de garantir le respect du principe d'égalité en matière d'accès aux droits sociaux.

188. Le ciblage trop restrictif de la PSD. La principale condition d'éligibilité à la PSD tenait à l'existence d'un degré de dépendance établi par une équipe médico-sociale grâce à la grille AG-GIR (autonomie, gérontologie, groupes iso-ressources), la loi de 1997 réservant l'accès à la PSD aux personnes les plus dépendantes relevant des trois premiers GIR – soit environ 140 000 personnes au 30 juin 2001. Les caractéristiques de la PSD ont pu amener le conseiller d'État, M. Belorgey, à écrire que cette aide sociale « punissait la dépendance »[81] en écartant de son champ d'application un trop grand nombre de personnes âgées et en faisant jouer, de façon automatique, les cas de suspension de versement de cette allocation sociale. En outre, plusieurs catégories de personnes âgées (notamment les personnes handicapées) étaient pénalisées en raison du changement des critères d'éligibilité qui ont pu provoquer des ruptures de prise en charge[82].

---

78. L. n° 94-637, 25 juill. 1994 relative à la sécurité sociale, art. 38. Ce dispositif expérimental pouvant varier d'un département à l'autre consistait à verser soit une prestation spécifique, soit une somme permettant d'améliorer l'allocation compensatrice pour tierce personne (ACTP).
79. Mercat-Bruns M., « Âge et dépendance : un regard comparé », Dr. soc. 2004, p. 1084.
80. Cons. const., 21 janv. 1997, n° 96-387 DC.
81. Belorgey J.-M., « La dépendance punie », *in Mélanges Élie Alfandari*, 1999, Dalloz, p. 219.
82. Belorgey J.-M., « Du handicap à la dépendance : la trappe ? », Dr. soc. 1999, p. 700.

2) L'instauration de l'allocation personnalisée d'autonomie (APA) : la première APA de 2001

a) Qualification juridique de l'APA

189. Une prestation d'aide sociale légale. La loi n° 2001-647 du 20 juillet 2001 a instauré l'allocation personnalisée d'autonomie (APA) qui s'est substituée, à compter du 1er janvier 2002, à la PSD. Qualifiée, par le sénateur Charasse, d'« OVNI auquel s'appliquent les règles de l'aide sociale », l'APA est à mi-chemin des logiques propres à l'aide sociale et à la sécurité sociale. Figurant dans le CASF[83] et qualifiée par le Conseil constitutionnel[84] d'« allocation d'aide sociale qui répond à une exigence de solidarité nationale », elle relève de l'aide sociale décentralisée, le président du conseil général étant compétent pour prendre la décision d'attribution. En outre, la prestation de solidarité active est versée sans contrepartie de cotisation.

190. Une prestation d'aide sociale universelle. Toutefois, l'APA n'est pas ciblée, contrairement aux prestations d'aide sociale, et ressemble davantage sur ce point à une prestation de Sécurité sociale s'inscrivant dans une logique universelle. L'APA est en effet accordée à « toute personne âgée résidant en France qui se trouve dans l'incapacité d'assumer les conséquences du manque ou de la perte d'autonomie liée à son état physique ou mental ; [elle] est destinée aux personnes qui, nonobstant les soins qu'elles sont susceptibles de recevoir, ont besoin d'une aide pour l'accomplissement des actes essentiels de la vie ou dont l'état nécessite une surveillance régulière »[85].

191. L'APA est une prestation en nature attribuée sans condition de ressources, la prise en compte de ces dernières n'étant pas une condition d'attribution de l'APA, mais un facteur de modulation de son montant. Au titre du mimétisme avec une prestation de Sécurité sociale, il faut souligner que l'APA est financée par une fraction prélevée sur la CSG, le Conseil constitutionnel ayant avalisé ce financement à condition que le montant du prélèvement ne mette pas en péril l'objectif d'équilibre de la sécurité sociale. De même, contrairement à la PSD, il n'existe pas d'action en récupération sur succession ; il a été précisé, sur ce point, que seules les sommes versées au titre de l'APA étaient exonérées de toute action en récupération[86].

192. Des stratégies d'évitement contestables. Certains départements essaient parfois de se dispenser de payer en contestant leur compétence puis en refusant de saisir le juge de l'aide sociale ; celui-ci doit pourtant être saisi par le second président de conseil départemental se déclarant incompétent afin que la juridiction détermine la collectivité débitrice de l'aide sociale aux personnes âgées (CASF, art. L. 122-4). Se montrant pragmatique et soucieux d'éviter les « stratégies d'évitement »[87], le Conseil d'État a innové en jugeant que l'office du juge de l'aide sociale – la Commission centrale d'aide sociale (CCAS) à l'époque – doit l'amener à se prononcer sur le domicile de secours lorsque le second département s'estimant incompétent « oublie » de la

83. CASF, art. L. 232-1 et s.
84. Cons. const., 18 juill. 2001, n° 2001-447 DC.
85. CASF, art. L. 232-1.
86. Rép. min. n° 21806 : JOAN Q 15 sept. 2003, p. 7163.
87. Borgetto M., « Vingt ans de jurisprudence en matière d'aide sociale. Histoires drôles, drôles d'histoires », *in Mélanges Élie Alfandari*, *op. cit.*, p. 18.

saisir, cette inertie ayant pour effet de priver la personne âgée de l'aide sociale demandée[88]. Lorsque les personnes âgées sont sans résidence stable jusqu'au dépôt de la demande d'aide sociale, le fait de séjourner dans un établissement social ou sanitaire n'a pas pour effet de leur faire acquérir un domicile fixe situé dans cet établissement[89], le domicile de secours et le lieu de résidence reflétant des réalités distinctes que la CCAS ne peut confondre sans commettre d'erreur de droit[90]. Pour les demandeurs étrangers, le législateur de 2001 a supprimé l'exigence d'une résidence ininterrompue de 15 ans avant l'âge de 70 ans.

b) Caractéristiques de l'APA

193. Versement à domicile ou en établissement. L'APA peut être versée à domicile[91] ou bien en établissement lorsque la personne âgée fait l'objet d'un accueil institutionnel[92]. Dans les deux cas, la grille AG-GIR constitue l'outil d'éligibilité à l'APA permettant d'évaluer le degré de la perte d'autonomie du demandeur. La principale innovation de l'APA consiste à étendre aux personnes classées en GIR 4 – en application de la grille nationale que l'on sait – le bénéfice de cette aide sociale ; d'où, une explosion du nombre de bénéficiaires qui est passé de 140 000 pour la PSD à 800 000 pour l'APA. De même, la loi de 2001 supprime la condition relative aux ressources qui existait dans le cadre de la PSD. Désormais, les ressources sont prises en compte pour calculer le montant de l'APA, qui varie également selon que la personne âgée vit chez elle[93] ou perçoit l'APA en établissement[94].

Pour aller plus loin

Le nombre de personnes âgées dépendantes a augmenté de 2,1 % pour l'APA à domicile en passant de 750 600 en 2020 à 766 400 en 2021. Pour les bénéficiaires de l'APA en établissement, l'augmentation est de 1 % entre 2020 (497 500) et 2021 avec un passage de bénéficiaires au-dessus de la barre des 500 000 en 2021 (502 500 précisément). La dépense de l'APA en établissement représente 40 % de la dépense brute d'APA. Si l'on additionne les bénéficiaires de l'APA à domicile et en établissement, fin 2021, l'APA était versée à 1 268 900 personnes âgées. En 2022, il y avait 764 900 APA versées à des personnes âgées à domicile et 505 500 pour des APA en établissements, soit 1 270 400 bénéficiaires

---

88. CE, 27 juin 2005, Mme A. Gabbi et autres : RDSS 2005, p. 793, concl. Stahl ; AJDA 2006, p. 53, note Rihal.
89. CE, sect., 28 juill. 1989, Département des Hauts-de-Seine : RDSS 1990, p. 132, concl. Tuot T.
90. CE, 27 juill. 2005, Département du Val-d'Oise : RDSS 2005, p. 1033, concl. Devys C.
91. CASF, art. L. 232-3 à L. 232-7.
92. CASF, art. L. 232-8 à L. 232-11.
93. CASF, art. L. 232-3.
94. CASF, art. L. 232-8.

La grille AG- GIR

GIR 1	Les personnes sont confinées au lit ou au fauteuil, ont perdu leur autonomie mentale, corporelle, locomotrice et sociale. Elles nécessitent une présence indispensable et continue d'intervenants.
GIR 2	Les personnes confinées au lit ou au fauteuil dont les fonctions mentales ne sont pas totalement altérées et qui nécessitent une prise en charge pour la plupart des activités de la vie courante ou personnes dont les fonctions mentales sont altérées mais qui ont conservé leurs capacités motrices.
GIR 3	Les personnes ayant conservé une autonomie mentale et partiellement leur autonomie locomotrice. Elles nécessitent toutefois quotidiennement – et plusieurs fois par jour – des aides pour leur autonomie corporelle.
GIR 4	Les personnes n'assument pas seules leur transfert mais une fois levées peuvent se déplacer à l'intérieur du logement. Elles doivent être aidées pour la toilette et l'habillage.
GIR 5	Comporte des personnes âgées ayant seulement besoin d'une aide ponctuelle pour la toilette, la préparation des repas et le ménage.
GIR 6	Réunit les personnes âgées n'ayant pas perdu leur autonomie pour les actes essentiels de la vie courante.

194. Lorsque l'allocation personnalisée d'autonomie est accordée à une personne résidant à domicile, elle est affectée à la couverture des dépenses de toute nature relevant d'un plan d'aide élaboré par une équipe médico-sociale[95]. Le bénéficiaire de l'APA participe à sa prise en charge en fonction de ses ressources[96]. La loi *Borloo* du 27 juillet 2005 sur les services à la personne a modifié l'article L. 232-7 du CASF pour rendre possible la rémunération du salarié fournissant le service au bénéficiaire de l'APA sous forme de chèque emploi-service universel.

195. Couverture des frais d'hébergement en EHPAD. Lorsque la personne âgée est placée en établissement, l'APA permet de couvrir les frais d'hébergement et de prise en charge, un minimum devant être garanti aux personnes âgées accueillies après paiement des prestations à leur charge[97]. Le législateur a appréhendé la situation dans laquelle deux bénéficiaires de l'APA mariés ou pacsés vivraient, l'un à domicile et l'autre en établissement. Selon l'article L. 232-10 du CASF, le montant des prestations du second est fixé de manière à garantir un montant minimal dans les conditions prévues à l'article R. 232-10 du CASF.

Pour aller plus loin

La Cour de cassation a donné une nouvelle définition du retour à meilleure fortune qu'elle a appliqué au détriment d'un département, en jugeant qu'une cour d'appel viole la loi en retenant que la bénéficiaire de l'aide sociale est revenue à meilleure fortune à la suite de la vente d'un immeuble, alors qu'il ressortait de ses constatations que cette vente n'avait pas eu pour effet d'augmenter substantiellement la valeur globale de son patrimoine[98]. En l'espèce, le

95. CASF, art. L. 232-3.
96. CASF, art. L. 232-4.
97. CASF, art. L. 232-9.
98. Cass. 2e civ., 12 nov. 2020, n° 19-20478 : RDSS 2021, p. 130, note Riancho S.

département du Pas-de-Calais avait actionné le recours en récupération de l'aide sociale versée pour son hébergement dans un EHPAD en raison de la vente par la bénéficiaire d'un bien qui lui appartenait en indivision.

196. Montée en charge de l'APA : une prestation d'aide sociale trop généreuse ? Les caractéristiques de l'APA permettent de comprendre la montée en charge de cette aide sociale qui a provoqué des difficultés financières dans un quart environ des départements français qui ne pouvaient pas faire face, en 2003, au paiement de cette prestation sociale ; cela a provoqué une intervention ponctuelle du législateur en 2003 et une réforme structurelle en 2004 dont les conséquences ont été amoindries par la loi *ASV* de décembre 2015. Rien ne permet d'indiquer que la prochaine réforme de l'APA comportera des dispositions prolongeant celles de 2015 qui allaient enfin dans le sens d'une compréhension des enjeux humains et sociaux en évoquant la nécessaire adaptation de la société au vieillissement.

197. L'absence de recours en récupération sur succession. Au grand dam des départements, l'APA est une aide sociale qui ne peut faire l'objet d'un recours en récupération sur succession ou donation[99], contrairement à la PSD, qui pouvait donner lieu à une récupération. Les départements ne peuvent donc pas récupérer cette créance sociale perçue par les personnes âgées lorsque celles-ci décèdent. La suppression du droit à récupération sur la succession permet de comprendre les nombreuses « suggestions » de demandes d'APA formées par les enfants et petits-enfants, qui ont eu pour effet de banaliser cette aide sociale.

3) Les réformes de l'APA depuis 2004

198. Données quantitatives sur l'APA. Les dépenses liées à l'APA ont augmenté de 96,4 % en 2003 par rapport à 2002 (3,3 milliards d'euros) ; l'application de l'APA représentant un coût d'environ 2,5 milliards d'euros en 2002, 3,7 en 2003 et en 2004 pour un nombre de bénéficiaires évalué à 865 000 personnes au 31 décembre 2004 contre 792 000 un an plus tôt, soit une augmentation de 9,2 % en 2004 qui fait suite à une progression de 31 % en 2003. Cette progression exponentielle a nécessité l'adoption, en 2003, d'un plan de sauvegarde. Au 31 décembre 2004, on dénombrait 865 000 bénéficiaires de l'APA contre 792 000 un an plus tôt ; 59 % des bénéficiaires vivent à domicile et 41 % en établissement, le montant moyen de l'APA à domicile étant de 488 € par mois, contre 406 € pour l'APA perçue en établissement. Par ailleurs, 83 % des bénéficiaires sont âgés d'au moins 75 ans. Au 1er janvier 2017, 7,6 % des personnes âgées de plus de 60 ans (17 millions de personnes sont âgées de plus de 60 ans en France) percevaient l'APA. L'APA était versée à 1 264 030 de bénéficiaires (757 400 pour l'APA à domicile et 528 100 pour l'APA en établissement) pour une dépense totale de 5,7 milliards d'euros. En 2018, l'APA a été versée à 1 252 030 bénéficiaires (5,8 milliards d'euros). Fin 2021, selon le rapport de l'ODAS publié en juin 2022, l'APA était versée à 1 268 900 personnes âgées. Fin 2022, il y avait un peu plus de 1 270 000 bénéficiaires de l'APA. En 2025, le nombre de bénéficiaires est estimé dans

---

99. CASF, art. L. 232-19.

une fourchette entre 1 400 000 et 1 500 000 avec une répartition 60 % à domicile et 40 % en ESMS. Les projections les plus réalistes estiment que d'ici 2040, 2 millions de personnes âgées seront allocataires soit 500 000 de plus en moins de 15 ans !

a) La réforme de mars 2003 : une APA moins généreuse

199. La réforme de l'APA opérée par la loi n° 2003-289 du 31 mars 2003 établit de nouvelles modalités de calcul de la participation du bénéficiaire de l'APA applicables depuis le 1er avril 2003 et reflète une volonté de faire participer davantage les personnes âgées à leur propre prise en charge. Avant cette réforme, les bénéficiaires ne participaient pas au financement de la prestation lorsque leurs ressources mensuelles étaient inférieures à 1,02 du montant de la majoration pour tierce personne mentionnée à l'article L. 355-1 du Code de la sécurité sociale (930,05 € par mois, soit 945,62 €).

200. Le décret n° 2003-278 du 28 mars 2003 relatif aux conditions d'attribution de l'allocation personnalisée d'autonomie, à partir du 1er avril 2003, précise que, pour être exonéré de toute participation, le bénéficiaire de l'APA à domicile doit désormais disposer de ressources mensuelles inférieures à 0,67 fois le montant de la majoration pour aide constante d'une tierce personne (soit 623,13 €). De même, avant 2003, si les ressources mensuelles étaient inférieures à 3,40 fois le montant de cette majoration (soit 3 162,17 €), un ticket modérateur progressif était dû par le bénéficiaire de l'APA. Avec la réforme de mars 2003, le plafond des ressources est abaissé à 2,67 fois le montant de la majoration (soit 2 483,23 €) et le montant de la participation a été élevé.

Précision sur la participation du bénéficiaire de l'APA au plan de financement

Avec cette réforme, une personne âgée qui participait à hauteur de 309,45 € au 1er janvier 2003 voit cette participation passer à 556,03 €. De même, une personne en GIR 1 percevant l'APA à domicile participait, depuis le 1er avril 2003, à la prise en charge de sa dépendance à hauteur de 174 €, alors qu'elle ne payait rien avant cette date. Depuis le 1er janvier 2008, la personne âgée ne participait pas financièrement à sa prise en charge si ses revenus étaient inférieurs à 677,25 € par mois.

201. Si les ressources du bénéficiaire dépassent le plafond, le ticket modérateur qui était égal à 80 % du montant du plan d'aide utilisé atteint désormais 90 % de cette somme. Cette participation est calculée en multipliant le montant de la fraction du plan d'aide utilisé en application de l'article L. 232-3 du CASF par 90 % (P = A × 90 %). Pour assurer le financement de l'APA en 2003, le législateur a créé un concours spécifique versé à titre exceptionnel pour 2003 aux 25 départements qui rencontraient des difficultés de financement de cette aide sociale. Avec cette réforme, le financement de l'APA a été assuré par les départements pour un tiers, l'État pour un deuxième tiers et le Fonds de financement de l'APA (FFAPA) pour le dernier tiers[100].

100. D. n° 2003-900, 19 sept. 2003, qui répartit 48 millions d'euros, à titre d'acompte pour le FFAPA, aux 25 départements concernés par le plan de sauvetage ; D. n° 2003-1057, 5 nov. 2003 relatif à l'allocation personnalisée d'autonomie et modifiant les décrets n° 2001-1084 et n° 2001-1085 du 20 novembre 2001 et n° 2003-278 du 28 mars 2003 : JO 7 nov. 2003, p. 19019.

202. Le contrôle renforcé de l'effectivité des dépenses. La loi du 31 mars 2003 a également renforcé le contrôle de l'effectivité des dépenses en précisant qu'à la demande du président du conseil général, le bénéficiaire de l'APA est tenu de produire tous les justificatifs de dépenses correspondant au montant de l'APA perçu. Par ailleurs, l'ouverture des droits s'effectue, pour l'aide à domicile, à la date de notification de la décision du président du conseil général, et non plus à celle du dépôt du dossier.

203. Il convient également de préciser que, depuis le 1er janvier 2005, il n'existe plus d'action conjointe État-département[101]. Le département est désormais le seul interlocuteur, il « conduit l'action sociale en faveur des personnes âgées et assure la coordination de l'action gérontologique dans le cadre du schéma d'organisation sociale et médico-sociale »[102].

b) Le plan de solidarité nationale pour les personnes dépendantes de 2004 : une APA plus solidaire

204. La vulnérabilité croissante de la société liée au vieillissement. La vieillesse physiologique, c'est-à-dire le début de la dépendance, est atteinte à 76 ans en moyenne, la période de déprise touchant un nombre sans cesse plus élevé de personnes âgées. À la suite du grand nombre de victimes dues à la canicule de la première quinzaine d'août 2003 – qui a été la première catastrophe climatique du XXIe siècle, le gouvernement a décidé de présenter, le 6 novembre suivant, un programme de « réforme de solidarité des personnes dépendantes » qui concernait les personnes âgées dépendantes, soit 800 000 personnes âgées et 750 000 personnes handicapées.

205. Ce programme figure dans la loi n° 2004-626 du 30 juin 2004 relative à la solidarité pour l'autonomie des personnes âgées et des personnes handicapées[103]. Avec cette loi, le gouvernement a voulu que la solidarité soutienne à l'avenir l'autonomie des personnes concernées. La loi met en place un dispositif de veille et d'alerte destiné à éviter un drame sanitaire comparable à celui de l'été 2003. En pratique, chaque département doit arrêter un plan d'alerte et d'urgence au profit des personnes âgées en cas de risques exceptionnels liés, notamment, à des conditions climatiques extraordinaires[104]. Le plan prend également en compte, grâce au recueil d'informations effectué en ce sens par les maires, les personnes les plus vulnérables en raison de leur isolement[105]. Ce recueil de données (identité, âge et domicile) permet de favoriser l'intervention des services sociaux et sanitaires auprès des personnes âgées qui en font la demande. Le Plan Bleu a été déclenché en mars 2020 à partir de l'entrée en France en état d'urgence sanitaire.

206. La création, le rôle de la CNSA et le nouveau risque social depuis 2024. La disposition phare de la loi du 30 juin 2004 reste la création, au 1er juillet 2004, d'une Caisse nationale de solidarité pour l'autonomie (CNSA) qui s'est substituée au FFAPA et qui doit récolter d'ici 2008 environ 9 milliards d'euros. Cette cinquième caisse de la

---

101. Jusqu'à cette date, selon les termes de l'article L. 113-2 du CASF, un schéma de coordination gérontologique était signé conjointement par le préfet et le président du conseil départemental.
102. CASF, art. L. 113-2.
103. JO 1er juill. 2004, p. 11944.
104. CASF, art. L. 116-3.
105. CASF, art. L. 121-6-1.

Sécurité sociale, dirigée à l'époque par M. Denis Piveteau, maître des requêtes au Conseil d'État (depuis février 2022, la CNSA était présidée par Jean-René Lecerf, ancien sénateur remplacé depuis février 2026 par un président par intérim, Bruno Lachesnaie), a été installée par le Premier ministre le 2 mai 2005. Le financement de l'APA est le premier poste de dépense de la CNSA. Les missions de la CNSA ont été actualisées par l'article 32 de la LFSS pour 2021 et l'ordonnance du 1er décembre 2021 relative à la mise en œuvre de la création de la cinquième branche du régime général de la Sécurité sociale relative à l'autonomie.

En 2026, la CNSA est chargée de :

- veiller à l'équilibre financier de la 5e branche dont elle établit les comptes. Elle est notamment chargée de la gestion du risque ;
- piloter et assurer l'animation et la coordination des acteurs participant à leur mise en œuvre des politiques de soutien à l'autonomie des personnes âgées et des personnes handicapées ;
- participer au financement des aides en faveur des personnes âgées dépendantes et des personnes handicapées ;
- contribuer à l'information des personnes âgées, des personnes handicapées et de leurs proches aidants ;
- contribuer à la recherche et à l'innovation dans le champ du soutien à l'autonomie des personnes âgées et des personnes handicapées ;
- contribuer à la réflexion prospective sur les politiques de l'autonomie ;
- contribuer à l'attractivité des métiers participant à l'accompagnement et au soutien à l'autonomie des personnes âgées et des personnes handicapées.

207. Les concours de la CNSA. Le décret n° 2004-1384 du 22 décembre 2004[106] a précisé les règles relatives au montant du concours versé aux départements et prévu par l'article 12-III de la loi du 30 juin 2004. Il précise notamment que les associations d'aide à domicile ainsi que les CCAS et CIAS et, le cas échéant, les communes peuvent prétendre au concours de la CNSA pour certaines dépenses liées qui s'entendent comme des dépenses à caractère non permanent pouvant toutefois faire l'objet d'une programmation pluriannuelle.

Précision sur les concours financiers versés aux départements

En raison de l'application depuis janvier 2016 de la loi *ASV*, la CNSA verse désormais deux concours financiers supplémentaires aux départements : le forfait autonomie (qui vise à renforcer les missions de prévention des résidences autonomie) et le concours « Autres actions de prévention » qui permet de soutenir les programmes prévisionnels des conférences des financeurs. En 2021, la CNSA a versé 2,38 Mds € de participation aux dépenses des départements en matière d'allocation personnalisée d'autonomie ; en 2025, le montant était de 2,54 Mds, il est passé à 3,29 Mds en 2026. Un montant exceptionnel de 150 millions d'euros sera versé aux départements en 2024 afin de rehausser le taux de couverture des dépenses d'APA.

106. JO 23 déc. 2004, p. 21817.

208. Les contrôles de la CNSA sur l'utilisation des dotations publiques aux EHPAD : l'exemple emblématique du contentieux avec le groupe Orpea en 2022. À la suite de la publication d'un livre choc sur les pratiques du groupe Orpea, groupe privé de maisons de retraite accueillant environ 2 % des personnes âgées en établissement et qui a été accusé de mauvais traitements à ses usagers – et de privilégier la rentabilité de ses investissements en priorisant ses bénéfices sur la qualité de vie de ses résidents comme a pu l'établir le rapport conjoint de l'IGAS et l'IGF sur les comptes d'Orpea de 2017 à 2020 –, la CNSA a mis en demeure Orpea de rembourser plus de 55 millions d'euros de dotations publiques. Pour la CNSA, le constat de nombreuses irrégularités dans la gestion de ces dotations publiques « détournées de leur finalité au regard des textes en vigueur » – expression de la notification de la CNSA adressée au groupe Orpea – justifie cette demande qui laissait augurer un contentieux historique entre cet opérateur privé et la CNSA. Par exemple, des charges de personnels non qualifiés ont été imputées sur les subventions de la Sécurité sociale alors que les personnels faisant fonction d'aides-soignants dans les EHPAD ne peuvent voir leurs salaires être imputés sur les subventions. Après s'être défendu en invoquant une tolérance des ARS sur ce point et la pénurie d'aide soignants dans le secteur de l'accueil des personnes âgées en établissement, le groupe Orpea a toutefois décidé le 22 novembre 2022 de ne plus contester le montant des sommes et de rembourser la totalité des subventions publiques afin de « tourner la page des errements du passé » ; parallèlement à son changement de nom en 2024 (*Emeis* qui signifie « Nous » en grec), le groupe a mis en place un robuste secteur de l'éthique au sein de son activité dirigé par le professeur émérite d'Éthique médicale de l'Université Paris Saclay, M. Emmanuel Hirsch.

Pour aller plus loin

La LFSS pour 2023 a renforcé le contrôle de l'État sur les établissements sociaux et médico-sociaux et particulièrement sur l'utilisation des financements publics qui leur sont attribués. L'objectif était de combler les angles morts du contrôle, révélés notamment par un rapport du Sénat en 2022 sur le contrôle des EHPAD[107]. La LFSS 2023 a doublé l'astreinte en cas de non-respect des injonctions post-contrôle et a renforcé les sanctions financières.

209. Les ressources de la CNSA jusqu'en 2026. En 2020, les ressources propres de la CNSA avoisinaient les 28 milliards d'euros, soit une augmentation de près de 100 % (96,7 % précisément) depuis 2006. En 2021, le budget de la CNSA a franchi la barre des 30 milliards d'euros pour atteindre 31,6 Mds €. L'essentiel du financement des ressources de la CNSA provient de la CSG avec un taux désormais de 1,93 %, soit 28,1 Mds € qui représentent 90 % du total de son financement. En 2024, le budget global de la CNSA est supérieur à 40 Mds € avec un excédent de la branche Autonomie supérieur à 1 Md €. Pour alimenter le fonds de la CNSA, la loi fondatrice a également créé une nouvelle cotisation de 0,3 % due par les employeurs privés et publics et assise sur un jour d'augmentation du temps de travail[108] – appelée

---

107. Bonne B. et Meunnier M., *Le contrôle des EHPAD*, Rapport n° 771 (2021-2022), déposé le 12 juill. 2022, Sénat.
108. C. trav., art. L. 212-16.

« journée de solidarité » – effectué, à partir de 2005, faute d'un autre jour déterminé au sein de chaque fonction publique, le lundi de Pentecôte. Le choix de cette date a été très critiqué, notamment par les syndicats et... les professionnels du tourisme. Dans la fonction publique d'État, bon nombre d'enseignants du primaire ont même mis en avant l'absence de production par les enfants d'une richesse pour justifier leur opposition à ce jour de travail imposé par la force du droit, certains syndicats ayant même évoqué le retour de la « corvée » (!). La contribution de solidarité rapporte chaque année environ 2 milliards d'euros au budget de la CNSA. Une autre ressource provient de la contribution additionnelle de solidarité pour l'autonomie (Casa) entrée en vigueur depuis le 1er avril 2013. Elle est prélevée sur le montant brut (0,30 %) de certains avantages de vieillesse versés aux personnes domiciliées en France : les retraites, les pensions d'invalidité, les allocations de préretraite. La Casa rapporte un peu plus de 800 millions d'euros chaque année. Un reliquat de dotation de l'Assurance maladie versé au titre du Ségur de la santé représente 400 millions d'euros.

Pour aller plus loin

Saisi d'un référé-liberté visant la circulaire du 15 décembre 2004 et la note du 20 avril 2005 relatives au lundi de Pentecôte travaillé, le Conseil d'État a affirmé que « la liberté du salarié de ne pas être astreint à un travail forcé est une liberté fondamentale »[109] ; il a toutefois jugé « qu'il n'apparaît pas [...] que la mise en œuvre de la loi sur la "journée de solidarité" prévoyant qu'en dehors d'accords de branche ou d'entreprise fixant un autre jour, le lundi de Pentecôte sera travaillé et modifiant à cet effet la durée annuelle du travail sans rémunération supplémentaire [...] méconnaisse l'article 4 de la Convention européenne des droits de l'Homme et porte une atteinte grave et manifestement illégale à la liberté de travail du salarié ». Au niveau local, le juge de l'urgence a affirmé, quant à lui, que si le maire pouvait seulement déterminer une autre date que le lundi de Pentecôte pour faire travailler les agents communaux, il n'était pas compétent pour supprimer l'application de la journée de solidarité[110]. Cette ordonnance rappelle que le principe même de la solidarité nationale ne saurait varier d'une collectivité territoriale à l'autre, contrairement aux modalités visant à en assurer le respect.

210. Pour les salariés du secteur privé, ce jour pouvait être le lundi de Pentecôte ou un autre jour en fonction des branches collectives. La « résistance du corps social à l'injonction gouvernementale » qui a amené 56 % des salariés seulement à travailler le 16 mai 2005 résiderait, selon Jean-Yves Boulin, « dans les mutations profondes qui se sont produites dans le champ de la durée du travail et les usages du temps »[111]. Cette explication revient toutefois à oublier la finalité de cette journée de solidarité en faisant primer la « civilisation des loisirs » sur la nécessité de renforcer le lien social entre les générations.

c) La réforme de l'APA dans le cadre de la loi ASV du 28 décembre 2015

211. Les apports de la loi ASV. La loi *ASV* a pris le contre-pied de la réforme de 2003-2004, qui était contextuelle, en décidant de revaloriser de façon substantielle les montants de l'APA afin de réduire le reste à charge devenu de plus en plus important pour les personnes âgées. Un titre entier est consacré à l'accompagnement de

109. CE, 3 mai 2005, n° 279999, Confédération française des travailleurs chrétiens : AJDA 2005, p. 972.
110. TA Amiens, 28 avr. 2005, n° 0501068, Préfet de l'Oise : AJDA 2005, p. 973.
111. Boulin J.-Y., « Pentecôte : les raisons de la grogne des salariés », Le Monde 15-16 mai 2005, p. 13.

l'autonomie en revalorisant l'APA à domicile afin de limiter le poids du reste à charge pour les plans d'aide les plus lourds et en diminuant le ticket modérateur pour les personnes les plus modestes en vue de limiter la sous-consommation des plans d'aide pour des raisons financières. La loi *ASV* prévoit la compensation intégrale par l'État des dépenses nouvelles liées à cette amélioration de l'APA (revalorisation des plafonds, nouveau barème de participation, module répit pour les aidants). Pour mieux anticiper les conséquences du vieillissement de la société – le nombre de personnes dépendantes sera supérieur à 2 millions en 2040 (1 250 000 en 2015), date à laquelle le coût de cette politique sociale sera supérieur de 10 milliards d'euros par an dans toutes ses dimensions (sécurité et aide sociales) –, la loi a créé dans chaque département une conférence des financeurs de la prévention de la perte d'autonomie des personnes âgées. La loi *ASV* était un premier pas ; une nouvelle réforme ayant été lancée en 2019 dans le cadre d'une concertation nationale sur le grand âge et l'autonomie, ce dernier mot ayant été transformé en risque social par une loi adoptée entre deux confinements liés à la Covid-19 en août 2020. Purement technique et financière, cette loi ne saurait toutefois être assimilée à la loi sur le grand âge attendue depuis 2019 et reportée *sine die*.

3. La création d'un risque autonomie et les questions en suspens sur la réforme du grand âge

A - Le rapport Libault de 2019 : un changement de logique contrarié par la force des choses

212. Le rapport *Libault*[112] a défendu un changement de logique, voire de paradigme, dans la politique sociale du vieillissement et de la longévité au sein de la société française en présentant une liste de 175 propositions visant à refonder politiquement la prise en compte du vieillissement de la population et la dépendance. Il proposait notamment l'instauration d'une nouvelle journée de solidarité à l'image de celle instaurée en 2004. Celle-ci permettrait de créer un apport financier important estimé à 3 milliards d'euros. Il était également question d'élaborer un plan national pour les métiers du grand âge, d'accorder un soutien financier de 550 millions d'euros à destination des services d'aide et d'accompagnement à domicile pour améliorer le service rendu à la personne âgée et de revaloriser les salaires des professionnels ; il préconisait, enfin, le recrutement significatif de personnels dans les ESMS afin de faire face à l'augmentation prévisible du nombre d'usagers entre 2025 et 2050.

213. La prise en compte du parcours résidentiel multiforme des personnes âgées. Pour améliorer la qualité de vie dans les EHPAD, le rapport *Libault* proposait une hausse de 25 % du taux d'encadrement en EHPAD, soit 80 000 postes en plus auprès des personnes âgées (pour une dépense de 1,2 milliard d'euros). Ce rapport précisait clairement que l'État ne pouvait pas se reposer uniquement sur les aidants dont on mesure,

112. Libault D., *Concertation grand âge et autonomie*, mars 2019.

sans difficulté, l'intérêt. Il faut inverser les logiques juridiques de l'aide et de l'action sociales et médico-sociales en développant le soin à domicile au détriment du soin en établissement. Colette Eynard a publié un remarquable ouvrage sur ce parcours résidentiel[113] de la personne âgée désireuse de quitter son logement pour une autre forme d'habitat inclusif, adapté ou collectif et qui craint de ne plus se sentir chez elle. Développer l'habitat inclusif est une solution avancée, car cet habitat se caractérise par le respect du libre choix de la personne. Il est un lieu de vie ordinaire et porteur d'un projet de vie sociale. La loi *ÉLAN* du 23 novembre 2018[114] a créé dans son article 129 l'habitat inclusif, notamment pour les personnes âgées, qui a été inséré à l'article L. 281-1 du Code de l'action sociale et des familles. Ce dernier dispose que l'habitat inclusif « est destiné [...] aux personnes âgées qui font le choix, à titre de résidence principale, d'un mode d'habitation regroupé, entre elles ou avec d'autres personnes [...] ». Quel est l'objectif commun également précisé par ce nouvel article du CASF ? Les personnes qui se regroupent ont un projet de vie sociale et partagée. Ce projet est défini par un cahier des charges national fixé par arrêté des ministres chargés des personnes âgées, des personnes handicapées et du logement. Dans sa contribution de mars 2019 pour une loi d'orientation autonomie et grand âge, le conseil de la CNSA affirme que la pleine citoyenneté de la personne passe par « le droit à vivre chez soi quel que soit l'âge, la situation de santé, quel que soit le mode de vie. Le chez-soi détermine la capacité de la personne à vivre au cœur de la société ». Un appel au changement de paradigme est là encore perceptible ; le domicile où bien vieillir n'est pas forcément celui où on a vécu la première partie de la retraite. Peut-être faudra-t-il « choisir son dernier domicile en fonction de la diminution programmée de son autonomie », comme le relevait Luc Broussy dans son rapport sur l'adaptation de la société au vieillissement remis en 2013[115]. Le rapport remis par Luc Broussy en mai 2021 préconise notamment le développement de l'habitat intergénérationnel qui permet d'intégrer la logique du parcours résidentiel au grand âge afin de « vieillir dans un chez soi collectif » permettant de mieux lutter contre la solitude et la coupure du lien ultranationalistes[116]. Un récent rapport a préconisé le déploiement à grande échelle de l'habitat inclusif (CASF, art. L. 281-1)[117], la création d'une aide à la vie partagée et l'installation de la CNSA dans le rôle d'opérateur national de maîtrise d'œuvre sur la thématique globale du logement des personnes en perte d'autonomie. L'article 134 de la loi *3DS* du 21 février 2022 confère au président du conseil départemental la compétence pour coordonner le développement de l'habitat inclusif et l'adaptation des logements au vieillissement de la population en précisant qu'il est compétent pour coordonner le développement de l'habitat inclusif défini à l'article L. 281-1 du CASF, notamment en présidant la conférence prévue à l'article L. 233-3-1 du même code, et l'adaptation des logements au vieillissement de la population.

---

113. Eynard C., *Le parcours résidentiel au grand âge. De l'utopie à l'expérience*, 2016, L'Harmattan. On lira également l'étude de Desgorces R., « La résidence de la personne en fin de vie », RDSS 2017, p. 294.
114. L. n° 2018-1021, 23 nov. 2018 portant évolution du logement, de l'aménagement et du numérique.
115. Broussy L., *Adaptation de la société française au vieillissement de la population : France, année zéro !*, 2013.
116. Moisdon-Chataigner S., « Des alternatives pour le logement des personnes âgées : partage, regroupement et habitat intergénérationnel », RDSS 2019, p. 617.
117. « Demain, je pourrai choisir d'habiter chez vous ! », rapport de D. Piveteau et J. Wolfrom, juin 2020.

214. Vers un changement de moyens dans la politique sociale du grand âge ? Le rapport *Libault*, toujours dans cette perspective de changement de moyens, souhaitait que les EHPAD soient financés, à l'avenir, par l'assurance maladie avec une fusion des sections tarifaires et dépendance, une telle évolution étant de nature à confirmer le rapprochement des deux galaxies que sont l'approche sanitaire et l'accompagnement social. La DREES a estimé, en décembre 2020, que le nombre de nouvelles places nécessaires dans les EHPAD d'ici à 2030 serait de 110 000 (soit un total de 720 000 personnes âgées en EHPAD en 2030). En février 2026, un nouveau rapport de la DREES estime qu'il faudrait créer 365 000 places en EHPAD entre 2025 et 2050 et créer sur cette période entre 150 000 et 200 000 emplois afin de pouvoir apporter l'accompagnement social et sanitaire minimal aux personnes âgées vivant à leur domicile ou accueillies en EHPAD. Si aucune réforme n'intervient, les EHPAD seront amenés, à l'horizon 2050, à accueillir uniquement des personnes âgées dépendantes au détriment des personnes âgées autonomes.

La réforme devait normalement amorcer le « virage domiciliaire » consistant à privilégier le maintien à domicile des personnes âgées et à les orienter vers d'autres types d'habitat que les EHPAD. L'idée d'une loi sur le grand âge a finalement été abandonnée en 2022, Jean-Christophe Combe, le nouveau ministre en charge des Solidarités et de l'Autonomie dans le gouvernement Borne 2 (juillet 2022) ayant évoqué seulement une augmentation des dotations dans la LFSS pour 2023 (notamment pour les salaires des soignants en EHPAD) et la création d'une grande conférence nationale pour mieux faire émerger la question du grand âge dans le débat public alors que la concertation nationale a eu lieu en 2018-2019. En dernier lieu, on sait qu'en février 2026, la ministre en charge de la Dépendance a annoncé qu'elle démissionnait et qu'elle ne serait pas en mesure de présenter le Plan Grand Âge qu'elle avait préparé, ce renoncement ayant pour effet de différer une fois encore ce Plan devenu une nouvelle Arlésienne du droit de l'aide et de l'action sociales.

La connexion du droit de l'aide et de l'action sociale au droit du numérique et à la compliance

Souvent sous-estimée dans le champ du vieillissement, l'innovation technologique doit avoir toute sa place dans l'évolution souhaitable des actions et interventions sanitaires et sociales à destination des personnes âgées. Un *think tank* a publié en septembre 2019 un intéressant rapport sur le grand âge et le numérique[118] qui livrait des pistes pour la préparation du projet de loi « grand âge et autonomie ». De façon significative, le 5e conseil national de la silver économie organisé par le Conseil national de la silver économie (CNSE) a notamment traité, à partir du rapport remis par l'avocate Solenne Brugère et le philosophe de l'éthique Fabrice Gzil[119], les questions éthiques et juridiques liées à l'usage des nouvelles technologies dans le champ du grand âge. Le numérique est amené à jouer un rôle important dans la qualité de vie, à condition qu'il s'accompagne d'une réflexion juridique et éthique. Loin de maintenir les personnes âgées au domicile – expression

118. Matières grises et Capgmini, *Grand âge et numérique : objectif 2030. Rattraper le retard français*, sept. 2019.

119. Me Solenne Brugère, du cabinet B Ethics Avocats, et le philosophe Fabrice Gzil, de l'Espace éthique Île-de-France. On lira leur remarquable rapport *Vieillissement et innovations technologiques : enjeux éthiques et juridiques. Pour des technologies au service des capabilités et du bien commun*, déc. 2019.

problématique, comme n'a pas manqué de le relever Jean Philippe Arnoux, directeur Silver économie et accessibilité chez Saint-Gobain –, la place croissante des innovations technologiques auprès des personnes âgées vise à améliorer leur qualité de vie à leur domicile en luttant notamment contre l'isolement et la solitude. Toutefois, le développement des objets connectés, qui sont des assistants personnels à commande vocale, n'est pas sans poser des problèmes de respect de la vie privée et de l'éthique[120]. Le droit du numérique va devoir se saisir de toute urgence de la question des objets connectés placés auprès des personnes particulièrement vulnérables que sont, parfois, les personnes âgées. Le rapport *Brugère-Gzil* remis le 28 novembre décembre 2019 a clairement invité l'innovation technologique au cœur de la qualité de vie des personnes âgées en abordant la question de l'accompagnement des aînés par des « robots sociaux »[121] ou émotionnels. On peut citer l'exemple du robot japonais Paro, à finalité thérapeutique. Les auteurs de ce rapport ont mis l'accent sur la nécessité de garantir cet accompagnement via la technologie dans des conditions appelant de toute urgence une réflexion juridique et éthique afin d'éviter une « marchandisation du lien social », pour reprendre leur heureuse expression. Ce rapport précise, avec raison, que la technologie doit « viser à améliorer la qualité de vie des aînés et non pas à allonger à tout prix leur durée de vie ». Telle est la logique du programme japonais mis en œuvre à Kanagawa ces dernières années qui vise « à rajeunir le vieillissement en (donnant) de la vie aux années plutôt que d'ajouter des années à la vie ».

B - L'activation progressive de la nouvelle branche autonomie

215. L'étonnante loi n° 2020-992 du 7 août 2020 relative à la dette sociale et à l'autonomie. Les réponses apportées à la question sociale du vieillissement de la société française ont eu pour conséquence de rendre la frontière de plus en plus poreuse entre le droit de l'aide et de l'action sociales et le droit de la Sécurité sociale. La question d'un cinquième risque de la Sécurité sociale était devenue un serpent de mer ces 20 dernières années, jusqu'à ce que le gouvernement décide de créer, au lendemain de la crise sanitaire liée à la canicule de l'été 2003, la CNSA, qui annonçait logiquement la création d'un nouveau risque de sécurité sociale. Il aura fallu une autre crise, sanitaire cette fois, pour que le gouvernement décide de graver cette option dans le marbre d'une loi ratifiée le 7 août 2020 par le chef de l'État au fort de Brégançon. Le 6 novembre 2003, le Premier ministre de l'époque avait déclaré, après le drame sanitaire lié à la canicule, que « la reconnaissance de la dépendance et les besoins nouveaux qu'elle occasionne doivent conduire à la création d'une nouvelle branche de la protection sociale ». Deux ans plus tard, sans créer une branche, le gouvernement avait installé une nouvelle caisse de sécurité sociale : la Caisse nationale de solidarité pour l'autonomie (CNSA). De façon logique, la CNSA s'est vue confier par la LFSS 2021 la gestion du risque dépendance porté sur les fonts baptismaux par les deux lois (organique et ordinaire) du 7 août 2020. La LFSS a inséré dans le CASF un nouvel article L. 14-10-1 qui précise notamment que la CNSA « gère la branche

120. Aubin E., *Les personnes âgées et les robots. Innovation technologique, droit et éthique*, 2021, Berger-Levrault, Au fil du débat.
121. Aubin E., « Réflexions pour un statut pour le "robot collaboratif", acteur social et sanitaire auprès des personnes âgées », *in* Aubin E., Kasagi É., Levoyer L. et Saito T. (dir.), *Regards croisés en France et au Japon sur les conséquences juridiques et sociales du vieillissement*, 2019, PUJP, p. 227.

mentionnée au 5° de l'article L. 200-2 du Code de la sécurité sociale et, à cet effet, a pour rôle (...) de veiller à l'équilibre financier de cette branche. À ce titre, elle établit les comptes de celle-ci et effectue le règlement et la comptabilisation de toute opération relevant de cette branche. Elle est chargée de la gestion du risque ». De façon surprenante, compte tenu de l'annonce en 2019 d'une grande loi sur l'autonomie et le grand âge, la petite loi adoptée en août 2020 se contente de créer un risque autonomie dont elle annonçait la montée en puissance en 2024. L'article 33 de la LFSS pour 2021 a confié une autre mission au conseil de la CNSA en le chargeant de formuler « un avis et des recommandations sur les pistes de financement de la politique de soutien à l'autonomie ». Intitulé « Une utopie atteignable », l'avis rendu le 19 mars 2021 proposait une trajectoire de financement à partir de 2022 pour rendre la branche autonomie pleinement efficiente en 2030. De façon assez inédite, la loi créant un risque dépendance a renvoyé à un rapport devant être remis en septembre 2020 le soin de prévoir les pistes pour le financement de la nouvelle politique de dépendance. Le rapport *Vachey* de septembre 2020 a rempli cet office en précisant que le périmètre de la branche autonomie passerait de 27 milliards (montant des ressources propres de la CNSA en 2020) à 42 milliards en raison des transferts sociaux vers cette branche. Dans un second temps, une ordonnance a été prise pour procéder aux ajustements juridiques rendus nécessaires par la création de cette branche autonomie qui est venue perturber le droit de l'aide et de l'action sociales et notamment la formalisation de celui-ci au sein du CASF.

L'ordonnance n° 2021-1554 du 1er décembre 2021 : la formalisation juridique de la branche autonomie

Rattrapé par le temps en raison des conséquences de la pandémie de Covid-19, le gouvernement devait impérieusement adapter le droit de l'aide et de l'action sociales à la création de cette nouvelle branche autonomie. Tel était l'enjeu de l'ordonnance n° 2021-1554 du 1er décembre 2021 (relative à la mise en œuvre de la création de la 5e branche Autonomie du régime général de la Sécurité sociale). L'ordonnance assure la mise en cohérence avec cette importante réforme sociale des dispositions à la fois du CSS et du CASF (voir *supra*, n° 22). Selon l'étude d'impact de l'ordonnance prise sur la base de l'habilitation de l'article 32 de la LFSS pour 2021, l'intelligibilité du droit applicable à cette nouvelle branche implique de transférer dans le CSS des dispositions sur la CNSA qui figuraient dans le CASF. Ce transfert normatif illustre la poussée de la logique universelle inhérente à la Sécurité sociale au détriment de l'approche catégorielle du droit de l'aide et de l'action sociales.

216. Les contours juridiques et la consistance financière de la branche autonomie. La loi du 7 août 2020 insère un nouveau III dans l'article L. 111-2-1 du CSS qui dispose que « La Nation affirme son attachement au caractère universel et solidaire de la prise en charge du soutien à l'autonomie, assurée par la sécurité sociale. La prise en charge contre le risque de perte d'autonomie et la nécessité d'un soutien à l'autonomie sont assurées à chacun, indépendamment de son âge et de son état de santé ». Le conseiller d'État Jean-Michel Belorgey a évoqué, s'agissant du risque autonomie, la crainte d'un enfermement des personnes âgées dans un « risque spécifique, aux frontières indécises et malléables [pouvant] susciter de multiples occasions de rupture dans ce qu'il est maintenant convenu d'appeler les parcours des personnes concernées »[122]. Les lois du 7 août 2020 ont opté pour la création d'un risque dépendance au sein de la protection sociale, le rapport de l'inspecteur général des finances Laurent Vachey remis le 14 septembre 2020 ayant formulé, vainement, des propositions visant notamment à solliciter de façon inédite le patrimoine des personnes âgées pour financer la nouvelle branche autonomie. La CNSA a retenu l'idée d'une recette de CSG autonomie (CSGA), compartiment de la CSG affecté à l'autonomie. Cette ressource à assiette large et à taux faible (0,28 %) pourrait reposer sur l'ensemble des revenus d'activité, des revenus de remplacement, du patrimoine, des placements et des jeux. Son assiette pourrait être élargie aux droits de mutation à titre gratuit pour ne pas impacter les petites successions et aux droits de successions.

En 2022, les dépenses de la CNSA se sont élevées à 35,2 Mds €, dont 28,2 Mds € au titre de l'objectif global des dépenses (OGD) permettant le financement des établissements sociaux et médico-sociaux. Environ 4 Mds € ont été consacrés aux concours versés aux départements pour le cofinancement au titre des dépenses d'APA et de PCH. En 2025, la CNSA a consacré plus de 42 Mds€ à l'aide à l'autonomie des personnes âgées ou handicapées, Le Conseil de la CNSA a adopté le 10 décembre 2025 le budget initial 2026 de la branche Autonomie. Une enveloppe pour le développement de l'habitat intermédiaire s'élève à 100 M€, dont près de la moitié pour le développement des résidences autonomie. La Cour des comptes n'a toutefois pas manqué de relever que cette nouvelle branche était déjà déficitaire. On rappellera, à cet égard, que la LFSS pour 2026 a créé la CFA, une nouvelle ressource issue du relèvement de la contribution sociale généralisée (CSG) sur les revenus du capital, qui doit générer entre 1,4 et 1,5 Mds€ supplémentaires pour la branche Autonomie, l'essentiel de cette somme ayant vocation à combler le déficit. Au regard de ce constat, la Cour des comptes a rendu un rapport fin 2025, évoquant des « fragilités préoccupantes »[123]. La branche autonomie finance en premier lieu les ESMS (33,3 Mds€ en 2025, soit 78 % des charges de la CNSA) et en second lieu, les es prestations individuelles, dont le cofinancement avec les départements de l'APA et la prestation de compensation du handicap (PCH) à hauteur de 7,7 Mds€ (soit 18 % des charges en 2025).

---

122. Belorgey J.-M., « Le risque autonomie : de l'euphémisme à la stigmatisation », RDSS 2021, p. 74.
123. Cour des comptes, La CNSA : des fragilités préoccupantes, une consolidation nécessaire, Rapport du 5 nov. 2025.

BIBLIOGRAPHIE

Aubin E., *Les personnes âgées et les robots. Innovation technologique, droit et éthique*, 2021, Berger-Levrault, Au fil du débat ; « Les robots et la prise en charge des personnes âgées. Enjeux éthiques et cadre juridique », in H. Joinet et C. Laborde (dir.), *Veillir, et alors ?*, PUF, 2024 ; « Les robots sociaux au service du grand âge : l'urgence de l'éthique », Revue Après-demain, 2022, n° 63 ; « Réflexions pour un statut pour le "robot collaboratif", acteur social et sanitaire auprès des personnes âgées », *in* Aubin E., Kasagi E., Levoyer L. et Saito T. (dir.), *Regards croisés en France et au Japon sur les conséquences juridiques et sociales du vieillissement*, 2019, PUJP, p. 227 ; « L'État social en France et la qualité de vie des personnes âgées : un changement de paradigme ? », Université de Tokyo, ISS (Institut des Sciences sociales) Research Series, n° 69, p. 5.

Aubin E., Kasagi E., Levoyer L. et Saito T. (dir.), *Les conséquences juridiques et sociales du vieillissement. Regards croisés en France et au Japon*, 2020, PUJP.

Belorgey J.-M., « Le risque autonomie : de l'euphémisme à la stigmatisation », RDSS 2021, p. 67 ; « La dépendance punie », in *Mélanges Élie Alfandari*, Dalloz, 1999, p. 219 ; « Du handicap à la dépendance : la trappe ? », Dr. soc. 1999, p. 700.

Berrut G., *Vieillir dans la dignité. L'évidence d'un défi*, Les éditions du Cerf, 2022.

Bordeloup J., « Les rayons et les ombres de la politique actuelle menée en direction des personnes âgées », Dr. soc. 1984, p. 656.

Borgetto M., « La personne âgée, sujet de protection du droit », RDSS 2018, p. 757.

Broussy L., « Nous vieillirons ensemble. 80 propositions pour un nouveau Pacte entre générations », rapport interministériel, mai 2021.

Castanet V., *Les fossoyeurs. Révélations sur le système qui maltraite nos aînés. Enquête sur le business du grand âge*, 2022, Fayard (nouvelle édition en Poche, 2023).

Cour des comptes, *La CNSA : des fragilités préoccupantes, une consolidation nécessaire*, Rapport du 5 nov. 2025.

Dechepey-Tellier J., « Grand âge, perte d'autonomie et maltraitance : analyse à l'épreuve du droit pénal, un habillage juridique complexe et perfectible », RDSS 2024, p. 951.

Défenseure des droits, *Les droits fondamentaux des personnes âgées accueillies en établissement d'hébergement pour personnes âgées*, rapport, mai 2021 ; *Suivi des recommandations du rapport sur les droits fondamentaux des personnes âgées accueillies en EHPAD* ; rapport, janv. 2023.

Desgorces R., « La résidence de la personne en fin de vie », RDSS 2017, p. 294.

Dufeu-Schubert A., *Réussir la transition démographique et lutter contre l'âgisme*, Rapport remis au Premier ministre, déc. 2019.

Dupeyroux J.-J., « L'âge en droit social », Dr. soc. 2003, p. 1045.

Fauré G. et Sedillot S (dir), *Vieillir chez soi de l'Antiquité à nos jours. Regards sur le maintien à domicile des personnes âgées en perte d'autonomie,* CEPRISCA – Centre Loisel, Lextenso/LGDJ, 2024.

Hemon D. et Jougla E., *Surmortalité liée à la canicule d'août 2003 : causes médicales des décès (1er-20 août 2003), suivi de la mortalité (21 août-31 décembre 2003)*, Rapport de recherche de l'INSERM, 2004, Doc. fr.

Hugonot B., *La vieillesse maltraitée*, 2003, Dunod, Action sociale.

JAAFAR D., « Covid-19 ou la résistible ascension de la mise en cause des établissements d'hébergement de personnes âgées dépendantes (EHPAD) », RDSS 2020, p. 905.

KERSCHEN N., « La dépendance saisie par le droit social », RDSS 1992, p. 439.

KESSLER F., « L'APA, une nouvelle prestation ? », Dr. soc. 2001, p. 663.

KESSLER F. et RIEHM-COGNÉE A., « Une nouvelle réforme pour rien de l'aide aux personnes âgées dépendantes (commentaire de la loi du 31 mars 2003) », RDSS 2003, p. 514.

LAFORE R., « La réforme des retraites : le syndrome de Sisyphe », RDSS 2023, p. 581.

LAGRAULA-FABRE M., *La violence institutionnelle. Une violence commise sur des personnes vulnérables par des personnes ayant autorité*, 2005, L'Harmattan, Logiques juridiques.

LONG M. et RIHAL H., « La loi n° 2024-317 du 8 avril 2024 portant mesures 'pour bâtir la société du bien vieillir et de l'autonomie' », RDSS 2024, p. 700.

MERCAT-BRUNS M., « Âge et dépendance : un regard comparé », Dr. soc. 2003, p. 1084.

MONNERON D. et DROIT R.-P. (dir.), *Éthique du grand âge et de la dépendance*, 2021, PUF.

ODAS et Banque postale, *Les EHPAD et l'accompagnement des personnes âgées en perte d'autonomie*, 8 déc. 2021.

PRÉTOT X., « Le Conseil constitutionnel et la réforme des retraites. Ou la prééminence de l'État de finances sur l'État législateur... », RDSS 2023, p. 591.

Rapport de l'espace de réflexion éthique Île-de-France, « Pendant la pandémie et après, quelle éthique dans les établissements accueillant des citoyens âgés ? », janv. 2021.

SBAIHI M., *Le grand vieillissement*, Les éditions de l'Observatoire-Alpha, coll. « Essai », 2024.

CHAPITRE 6

La question sociale du handicap

217. Première approche du handicap. Le handicap est une situation dont on sous-estime souvent l'importance. Pourtant, en France, 4,3 millions de personnes âgées de 20 à 59 ans (c'est-à-dire 1 adulte sur 7) vivant à domicile ont une ou des limitations fonctionnelles et/ou une reconnaissance administrative de handicap et/ou un handicap ressenti. La CNSA et les départements consacrent chaque année environ 20 milliards d'euros à l'accompagnement des personnes en situation de handicap et à la compensation des conséquences de leur handicap. Au-delà des aspects quantitatifs, il faut se « méfier des mots »[1] en lien avec le handicap. Entrer dans le monde juridique du handicap n'est pas sans péril, car il est complexe[2] et situé au carrefour de normes dont l'intensité juridique est variable[3], comme l'écrit Hervé Rihal.

Pour aller plus loin

En 2021, la dépense nette d'action sociale départementale en faveur des personnes en situation de handicap a augmenté de 3,3 % pour atteindre 8,3 milliards d'euros. Les concours dédiés de la Caisse nationale de solidarité pour l'autonomie (CNSA) ont augmenté de 2,6 %. Il en résulte une charge nette pour les départements de près de 7,7 milliards d'euros. En 2022, la dépense nette en faveur des personnes en situation de handicap a augmenté de + 5,4 % par rapport à 2021 pour atteindre 8,71 milliards d'euros, ce constat étant dû à l'importante augmentation du montant de la PCH. Dans sa dernière analyse de l'action sociale départementale publiée en juin 2024, l'ODAS relevait qu'en 2023, le soutien aux personnes handicapées était en hausse de 580 millions pour s'établir à 9,3 milliards (soit + 6,7 %). Ainsi que l'a relevé la mission IGF et IGAS de mai 2025 sur les divergences territoriales dans les modalités d'attribution des aides sociales légales, c'est dans le domaine du handicap que l'évolution des dépenses est la plus dynamique avec, entre 2017 et 2023, une augmentation annuelle de plus de 7 % pour l'AEEH et la PCH. La hausse du nombre de bénéficiaires pour des raisons notamment démographiques et l'extension du périmètre des prestations constituent les deux principaux facteurs de ce dynamisme.

218. L'importance du choix des mots pour une réalité plurielle. Le handicap est un champ de l'aide et de l'action sociales dans lequel il faut fournir des efforts de conceptualisation afin de mettre en œuvre les aides et actions sociales adaptées à la

1. Pédrot P., « Handicap, aptitude à l'emploi et vulnérabilité », RDSS 2010, p. 791.
2. *Ibid.* Lire également Alfandari É., « Réflexions sur l'absence de définition juridique du handicap », RDSS 1985, p. 123.
3. Boujeka A., « Le handicap entre confluence, concurrence et confrontation des normes », *in Mélanges en l'honneur du professeur Hervé Rihal*, 2021, PUJP, p. 53.

situation des personnes concernées ; le rôle du juge administratif est essentiel pour mieux cerner les contours de la conception française du handicap[4]. Longtemps caractérisée par des « faiblesses et des aléas »[5], l'aide sociale en faveur des personnes handicapées est véritablement née, quelques années après le rapport *Bloch-Lainé*[6], avec la loi n° 75-534 du 30 juin 1975. La construction juridique du handicap[7] a donc été progressive à partir de la grande de loi de 1975 et celle de février 2005, date à partir de laquelle un nouveau regard sur le handicap a enfin amené les pouvoirs publics à raisonner non plus à partir de la personne handicapée elle-même, mais de l'environnement (sociétal, professionnel, personnel) dans lequel elle s'inscrit. L'approche par la différence de situation a consacré progressivement « une égalité différenciée »[8] ayant en ligne de mire l'égalité des chances. Depuis la réforme de 2005 – qui a pu être qualifiée de « colonne vertébrale du droit français du handicap »[9] – constitue un handicap, au sens de la loi, toute limitation d'activité ou restriction de participation à la vie en société subie dans son environnement par une personne en raison d'une altération substantielle, durable ou définitive d'une ou plusieurs fonctions physiques, sensorielles, mentales, cognitives ou psychiques, d'un polyhandicap ou d'un trouble de santé invalidant[10]. À l'aune du droit européen, la notion de handicap est entendue comme visant une limitation, résultant notamment d'atteintes physiques, mentales ou psychiques et entravant la participation de la personne concernée à la vie professionnelle[11], le juge ayant intégré les maladies graves et invalidantes dans la définition[12].

Le rôle essentiel des MDPH et la réforme d'avril 2022

Les MDPH créées par la loi du 11 février 2005 (CASF, art. L. 146-3) et instituées à partir de janvier 2006 sous la forme de GIP jouent un rôle essentiel d'accueil, d'information, d'accompagnement et de conseil des personnes handicapées et de leurs familles. Le décret n° 2022-639 du 25 avril 2022 a modifié l'état du droit pour préciser les conditions dans lesquelles la CNSA verse les concours financiers aux départements pour le fonctionnement et l'installation des MDPH. Il introduit une différenciation territoriale en prévoyant un lissage de l'évolution du concours versé à certains départements afin de tenir compte de leurs spécificités. Sont concernés par cette réforme les départements du Rhône, la Corse ainsi que Saint-Pierre-et-Miquelon. Le fonds départemental de compensation du handicap géré par les MDPH permet de verser aux personnes handicapées des sommes supplémentaires visant à les aider à faire face à des dépenses après qu'elles ont obtenu le soutien au titre de la PCH.

4. Rihal H., « La conceptualisation du handicap en droit français : l'aptitude à l'emploi à la lumière de la jurisprudence administrative », RDSS 2010, p. 816.
5. Bordeloup J., « Faiblesses et aléas d'une politique publique : les différentes actions menées en faveur des handicapés », Dr. soc. 1994, p. 586.
6. Bloch-Lainé F., *Étude du problème général de l'inadaptation des personnes handicapées*, 1968, Doc. fr.
7. Maggi-Germain M., « La construction juridique du handicap », Dr. soc. 2002, p. 1092.
8. Marliac C., « Handicap et droit : une perpétuelle quête ou un retour en arrière ? », *in* Arentsen M.-F. et Faberon F. (dir.), *Regards croisés sur le handicap en contexte francophone*, 2020, Presses universitaires Blaise Pascal, p. 267.
9. Guézou O. et Manson S. (dir.), *Droit public et handicap*, 2009, Dalloz, p. 2.
10. CASF, art. L. 114.
11. CJCE, 11 juill. 2006, n° C-13/045, Chacon Navas c/ Eurest Colectividades.
12. CJUE, 11 avr. 2013, n^{os} C-335/11 et C-333/11.

1 • L'ACTION SOCIALE À DESTINATION DES PERSONNES EN SITUATION DE HANDICAP

219. La loi n° 2005-102 du 11 février 2005 relative à l'égalité des droits et des chances, la participation et la citoyenneté des personnes handicapées consacre une « nouvelle conception du handicap »[13] caractérisée par une approche plus individualisée du handicap et de la situation de handicap en vue d'assurer l'égalité des chances – qui est au cœur de la justice sociale – et de promouvoir la citoyenneté et la participation des personnes handicapées à la vie sociale.

A - L'approche juridique de l'environnement sociétal des personnes handicapées

220. Distinction entre handicap et situation de handicap. Notion relativement récente, le handicap évoque une réalité médicale, sociale et juridique à la recherche d'une définition univoque génératrice de droits sociaux catégoriels. En quelques années, le terme « infirme » a été remplacé par celui de « personne en situation de handicap »[14]. À cet égard, la notion de handicap doit être distinguée de la « situation de handicap » dans la mesure où une personne dite handicapée n'est pas *ipso facto* placée dans une situation de handicap. « Le comprendre pour mieux le prendre en compte »[15] ; on pourrait résumer de la sorte la nouvelle approche du handicap, la perception de celui-ci ayant été faussée par sa représentation symbolique focalisée sur l'image du fauteuil roulant. Or, comme l'écrit Pierre Rabischong, « le polymorphisme du handicap crée des situations de vie complètement différentes ». Il n'existe donc pas d'approche abstraite du handicap, ce dernier devant être pensé dans le cadre de situations particulières. La situation de handicap a été définie par Vincent Assante dans le rapport du CES, en 2000, comme « l'existence de barrières environnementales, culturelles ou sociales créant un obstacle que la personne ne peut franchir en raison de sa ou ses particularités »[16]. De fait, une personne handicapée n'est, par exemple, pas placée dans une situation de handicap lorsqu'elle peut avoir accès, comme tout un chacun, à un emploi, un logement ou un service public ou privé ou qu'elle peut accéder dans des conditions satisfaisantes à un bâtiment ou des locaux.

221. L'approche jurisprudentielle de l'accessibilité. Soucieux de ne pas valider une disposition qui aurait eu pour effet de relativiser l'obligation d'accessibilité, le Conseil constitutionnel a censuré fin 2009 un cavalier législatif glissé dans la loi de finances rectificatives qui aurait permis de prévoir des dérogations à l'accessibilité des

---

13. Milano S., « La loi du 11 février 2005 : pourquoi avoir réformé la loi de 1975 ? », RDSS 2005, p. 361.
14. Hamonet C., *Les personnes handicapées*, 4e éd., 2004, PUF, coll. « Que sais-je ? », n° 2556, p. 3 puis *Les personnes en situation de handicap*, 6e éd., 2010. Le changement d'appellation de l'ouvrage illustre bien l'évolution de cette politique sociale qui passe de l'homme à l'amélioration de l'environnement dans lequel il s'inscrit.
15. Rabischong P., *Le handicap*, 2018, PUF, Que sais-je ?
16. Assante V., *Situations de handicap et cadre de vie*, Rapport du CES, 2000, éd. du Journal officiel, Avis et Rapports du CES, n° 10.

logements pour les personnes handicapées[17] après la censure partielle du décret sur cette accessibilité[18]. L'aide sociale en faveur des personnes handicapées est véritablement née dans le milieu des années 1970 avec la loi du 30 juin 1975, la seconde intervention du législateur en 1987 visant à faciliter l'emploi des travailleurs handicapés. L'accessibilité universelle est un élément essentiel de cette politique d'action sociale, car elle montre que ce n'est pas tant le handicap qui pénalise que l'environnement dans lequel la personne handicapée évolue. Le Conseil d'État a rendu un arrêt de principe en jugeant que le délai accordé pour rendre possible l'accès des personnes handicapées aux tribunaux créait un préjudice anormal pour une avocate handicapée et rompait le principe d'égalité devant les charges publiques[19]. L'accessibilité est spontanément reliée à la question des bâtiments. La loi de juillet 2011 contenait une disposition revenant sur le principe de l'accessibilité totale, d'ici 2015, des bâtiments neufs en prévoyant des mesures de substitution lorsque le promoteur se heurte à des impossibilités techniques. Le Conseil constitutionnel l'a censurée au motif qu'elle renvoyait au pouvoir réglementaire le soin de fixer les conditions de cette dérogation[20]. L'ordonnance du 29 janvier 2020 prise sur la base de l'article 49 de la loi ESSOC a abrogé l'article L. 111-7 CCH pour lui substituer un article L. 161-1 CCH qui se borne à énoncer que les bâtiments « sont accessibles à tous au sens de l'article L. 111-1 », la définition du bâtiment accessible faisant désormais abstraction de la notion de handicap, un tel constat ayant été logiquement et efficacement critiqué par la doctrine[21]. Le juge administratif annule, quant à lui, les erreurs grossières des normes techniques en matière d'accessibilité[22].

L'accessibilité concerne également les transports et fonde l'annulation d'un schéma directeur d'accessibilité du réseau de transports publics ne prévoyant l'aménagement, à cette fin, que de 40 % des points d'arrêts des lignes régulières du réseau de transport sans envisager d'aménagements pour 1 030 points d'arrêts, dont 380 sur des lignes régulières[23].

Une mise en place laborieuse de l'accessibilité malgré des initiatives intéressantes en matière culturelle

20 ans après son adoption, la loi du 11 février 2005 n'a pas totalement été appliquée dans ses dispositions sur l'accessibilité physique notamment des ERP même s'il faut se féliciter par exemple que 95 % désormais des ERP en lien avec la culture soient accessibles, les musées ayant mis en place de nombreuses initiatives permettant par exemple de toucher des reproductions d'œuvres, d'entendre des descriptions sonores détaillées, ou encore de sentir des éléments caractéristiques de telle ou telle œuvre. La loi n° 2015-988 du 5 août 2015 ratifiant l'ordonnance n° 2014-1090 du 26 septembre 2014 prévoyait la mise en accessibilité de 80 % des établissements recevant du public (ERP) dans les 3 ans et la mise en place d'agendas d'accessibilité programmée (ADAP) accordant des délais supplémentaires allant de 3 à 9 ans – au-delà de la date butoir fixée en janvier 2015 – pour la mise

17. Cons. const., 29 déc. 2009, n° 2009-600 DC.
18. CE, 21 juill. 2009, n° 295382.
19. CE, ass., 22 oct. 2010, n° 301572, Bleitrach.
20. Cons. const., 28 juill. 2011, n° 2011-639 DC.
21. Cafarelli F., « L'accessibilité des bâtiments : un chantier toujours inachevé », RDSS 2023, p. 5.
22. CE, 22 févr. 2018, n° 397360.
23. CE, 22 juin 2012, n° 343364, Communauté d'agglomération du pays voironnais.

en œuvre de l'accessibilité dans les ERP ; un dispositif similaire est prévu pour les transports publics et la voirie (routière et ferroviaire). Le décret sanctionnant les ERP qui n'ont pas formalisé leur engagement à mettre en place l'ADAP a été pris en mai 2016 seulement ; il précise la procédure de constat de carence qui peut amener à sanctionner les manquements aux engagements pris par le signataire dans l'agenda (D. n° 2016-478, 11 mai 2016). En outre, la loi n° 2015-300 du 18 mars 2015 consacre une gratuité de toutes les places de stationnement ouvertes au public pour les personnes handicapées titulaires de la carte européenne de stationnement et pour les tierces personnes qui les accompagnent.

222. L'existence de discriminations indirectes liées au handicap. Le juge européen se montre soucieux de lutter efficacement contre les discriminations « par ricochet » liées au handicap. Est ainsi jugé contraire au principe de non-discrimination le traitement défavorable dont est victime un employé dès lors que ce traitement était fondé sur le handicap de son enfant, auquel il dispense l'essentiel des soins dont celui-ci a besoin en raison de son état[24]. Les stipulations de la CSE ayant pour objet exclusif de régir les relations entre États, une association ne peut utilement s'en prévaloir pour contester les dispositions d'une loi garantissant des droits aux personnes handicapées[25]. Le Conseil d'État a également jugé que les conditions posées par la directive 2003/109/CE du Conseil du 25 novembre 2003 pour accéder au statut de résident de longue durée ne sont pas constitutives d'une discrimination indirecte à l'égard des personnes handicapées[26].

Pour aller plus loin

La loi n° 2021-502 du 26 avril 2021 visant à améliorer le système de santé par la confiance et la simplification comporte un chapitre consacré à la simplification des démarches des personnes en situation de handicap dont la CNSA a la charge, en application de l'article L. 14-16-1 du CASF. Une plateforme numérique d'information et de services personnalisés est créée dans le but de faciliter le parcours à la fois des personnes en situation de handicap, de leurs aidants et représentants légaux. En outre, après avoir créé en août 2019 cette obligation dans la fonction publique, un référent handicap est nommé dans chaque établissement relevant de l'article L. 6112-1 du Code de la santé publique.

B - Les aides et actions sociales relatives au maintien à domicile des personnes en situation de handicap

223. L'apport de la grande loi de 1975. La loi du 30 juin 1975 a prévu des mesures permettant d'apporter une aide aux personnes handicapées vivant à leur domicile sous forme d'aide ménagère dans le cadre des services de maintien à domicile (SMAD) en nature et d'allocation représentative de services ménagers (ARSM ; CASF, art. L. 241-1). L'objectif était de rendre possible le maintien des personnes handicapées dans leur milieu ordinaire de vie. L'aide ménagère est proposée par le département aux personnes handicapées dans les mêmes conditions que pour les personnes âgées.

24. CJCE, 17 juill. 2008, S. Colemen c/ Attridge Law et Steve Law.
25. CE, 4 juill. 2012, n° 341533, Confédération française pour la promotion sociale des aveugles et des amblyopes.
26. CE, 20 juin 2016, n° 383333.

224. Le rôle essentiel des aidants familiaux et de la place de l'aide familiale auprès des personnes handicapées. Présentés par Mme Bourguignon (ministre déléguée chargée de l'Autonomie) en septembre 2020 comme « les 8 à 9 millions d'invisibles qui sont les acteurs de première ligne de la solidarité », les aidants familiaux jouent un rôle essentiel, notamment auprès des personnes en situation de handicap. Entre 55 et 64 ans, une personne sur quatre en France est un proche aidant. Un rapport de la direction de la Recherche, des Études, de l'Évaluation et des Statistiques (DREES) a mis en évidence la fonction primordiale des aidants familiaux qui sont des membres de la famille non professionnels de l'accueil apportant des aides informelles (tâches ménagères, courses) à plus de 450 000 personnes handicapées[27]. Parmi l'entourage familial, plus de 60 % des aidants informels sont des femmes, la moitié des aidants ayant la qualité de conjoint de la personne handicapée. Toutefois, ainsi que le souligne le rapport *Bonnet* de 2004, qui avait été le premier à mettre l'accent sur ce phénomène social sous-estimé[28], le vieillissement des aidants familiaux et l'évolution des comportements avec l'accroissement de la mobilité professionnelle et de la dispersion géographique auront probablement pour effet de réduire d'ici quelques années la place de l'aide familiale et d'accroître, par voie de conséquence, les besoins d'assistance au titre de l'aide et de l'action sociales[29]. Les aidants familiaux sont dédommagés au titre du besoin d'aide humaine, lequel est un élément de la PCH détaillé par les articles L. 245-6 et L. 245-12 du CASF. La loi n° 2019-85 du 22 mai 2019 visant à favoriser la reconnaissance des proches aidants a légalisé le « baluchonnage » qui consiste à financer le remplacement temporaire d'un proche aidant auprès d'une personne handicapée.

C - L'accueil dans les établissements sociaux et médico-sociaux

225. Une action sociale essentielle pour les personnes handicapées. La première intervention sociale relative aux personnes handicapées concerne l'accueil de ces dernières dans des établissements sociaux ou médico-sociaux qui relèvent de la loi du 2 janvier 2002 rénovant l'action sociale et médico-sociale et se doivent de respecter la dignité des personnes accueillies[30]. En matière de handicap, 70 % de la dépense correspond à l'accueil et à l'hébergement (140 000 personnes).Les solutions offertes aux personnes handicapées sont similaires à celles dont bénéficient les personnes âgées à cette différence près que le spectre des personnes concernées est plus large en s'étendant de l'enfance de la personne aux personnes âgées handicapées en passant par celles et ceux qui travaillent au sein des ESAT ayant fait l'objet d'une

27. Dutheil N. (DREES), *Les aidants des adultes handicapés*, Études et Résultats août 2002, n° 186.
28. Bonnet M., *La prise en charge collective du handicap indépendamment de l'âge*, Rapport CES, févr. 2004. Ce rapport montre également que la fatigue et l'anxiété sont les principales conséquences de la fonction d'aidant.
29. Fautre Z., *Les aidants familiaux au sein du système de santé français*, mémoire de master, Université de Tours, mai 2021.
30. Cavalier V., « Identité et dignité de la personne accueillie dans un établissement médico-social », *in* Bénelbaz C. et Joye J.-F. (dir.), *Identité, dignité et handicap*, 2021, UCA, Handicap et citoyenneté, p. 25.

importante transformation juridique en août 2025 (v. *infra*, n° 226). Les personnes handicapées peuvent être soit prises en charge par les établissements mentionnés ci-dessus, soit accueillies par des particuliers dans des conditions identiques à celles qui ont été étudiées concernant l'accueil des personnes âgées par des « accueillants familiaux ».

226. L'accueil des personnes handicapées dans des établissements présente, toutefois, des particularités en raison d'une distinction entre les établissements spécialisés et les établissements sociaux. Les principaux établissements sociaux accueillant les personnes handicapées sont les foyers d'hébergement (FH) et les foyers à double tarification (FDT). Les foyers d'hébergement accueillent les travailleurs handicapés en milieu adapté ou en milieu ordinaire en fin de journée et de semaine. Les FDT, devenus des foyers d'accueil médicalisés, accueillent environ 13 500 personnes ; ils ont dû faire l'objet d'une légalisation après l'annulation des circulaires qui les avaient instaurés, à titre expérimental, afin de combler le manque de places dans les maisons d'accueil spécialisées (MAS)[31], lesquelles accueillent environ 60 000 personnes en situation de handicap. La loi du 2 janvier 2002 précitée a conféré une base légale à ces foyers dont la tarification est arrêtée par le président du conseil départemental pour ce qui concerne les frais d'hébergement et d'accompagnement (politique d'aide sociale) ; en revanche, les éventuels soins sont pris en charge par l'assurance maladie (logique de la sécurité sociale). Les FDT accueillent des personnes souffrant d'un lourd handicap et qui ne peuvent, pour cette raison, exercer une activité professionnelle. Les personnes concernées doivent solliciter la Commission des droits et de l'autonomie des personnes handicapées (CDAPH), dont l'intervention précède la décision d'admission à l'aide sociale.

Pour aller plus loin

La question se posait de savoir si une personne handicapée employée par un ESAT (environ 1 500 ESAT en 2025 offrant plus de 118 000 places) a la qualité de travailleur salarié ou celle d'usager d'un établissement social et médico-social[32]. Une réponse négative s'imposait. La Cour de cassation a clairement rappelé la singularité de la situation d'un travailleur handicapé employé par un ESAT en jugeant qu'« aux termes de l'article L. 311-4 du Code de l'action sociale et des familles, les personnes reconnues travailleurs handicapés et orientées par la CDAPH vers un établissement ou service d'aide par le travail sont usagers de ces établissements et ne sont pas liés à ceux-ci par un contrat de travail »[33]. Elle en déduit qu'un ESAT ne peut pas appliquer à une personne handicapée les dispositions du Code du travail sur la fin de contrat liée à une inaptitude[34]. L'enjeu juridique porte sur l'intensité de la protection apportée au

31. CE, 30 juin 1999, AGI et Département de Meurthe-et-Moselle.
32. Rihal H., « Le statut des personnes handicapées employées par les ESAT, entre travailleurs et usagers d'un établissement social », RDSS 2014, p. 46.
33. Cass. soc., 14 déc. 2022, n° 21-10263, RDSS 2023, p. 328, note Rousset G (comparer avec Cass. soc., 16 déc. 2015, n° 11-22.376).
34. En 2013, la Cour de cassation avait posé à la CJUE une question préjudicielle portant sur le point de savoir s'il était possible de verser une indemnité compensatrice de congés payés non pris à une personne handicapée travaillant dans un CAT (appellation remplacée depuis par celle d'ESAT) : Cass. soc., 29 mai 2023, n° 11-22.376. La Cour avait répondu que les personnes admises dans un CAT ont le statut de « travailleurs » pour autant que « les prestations effectivement accomplies par [ces dernières] soient susceptibles d'être considérées comme relevant normalement du marché de l'emploi » (CJUE 26 mars 2015, affaire C-316/13, Fenoll).

travailleur en ESAT qui a également et surtout la qualité d'usager d'un établissement social et médico-social. Pour cette raison, on ne peut que se montrer circonspect à l'égard du décret n° 2025-845 du 25 août 2025 relatif aux établissements et services d'accompagnement par le travail (ESAT) qui modifie la dénomination de ces ESMS – le mot accompagnement remplaçant l'aide – et facilite l'entrée des personnes handicapées en ESAT sur le marché de l'emploi. À lire ce décret, il n'est pas sûr que ce soit un progrès pour les personnes handicapées concernées car un ESAT doit rester, intrinsèquement, une structure de protection sociale et ne saurait se rapprocher du statut juridique d'un employeur comme un autre en cultivant de façon artificielle un rapprochement entre ces deux mondes du travail[35]. Le fait d'orienter les travailleurs en ESAT vers la logique de plein emploi au cœur de la loi du 18 décembre 2023 constitue un paralogisme et la manifestation contestable d'une « marchandisation du secteur social et médico-sociale » dénoncée avec raison par Hervé Rihal[36].

227. L'alerte du Défenseur des droits en 2021 sur la situation des personnes en situation de handicap pendant la Covid-19. Le Défenseur des droits a, dans une décision n° 2021-078 du 26 mars 2021, répondu à une sollicitation de la Médiatrice européenne sur la situation des personnes handicapées en France. Ce dialogue entre ces autorités illustre la volonté d'attirer l'attention des pouvoirs publics sur la nécessité de mieux lutter contre certaines discriminations dont sont encore victimes les personnes handicapées. Depuis le mois de mars 2020, le Défenseur des droits a reçu près de 3 000 saisines en lien avec la pandémie qui mettent en évidence la difficile conciliation entre respect des droits et protection des personnes, dont environ 80 dossiers relatifs à des difficultés observées au sein d'établissements médico-sociaux. Là comme ailleurs, la période d'état d'urgence sanitaire a été un révélateur de certaines insuffisances dans la prise en charge de certains bénéficiaires de l'aide sociale.

Pour aller plus loin

Dans le cadre d'une réclamation de 2018[37], la Défenseure des droits avait déjà publié des observations qui mettaient en évidence les insuffisances de l'aide et de l'action sociales à destination des personnes en situation de handicap.

D - L'action médico-sociale en faveur des personnes handicapées

228. L'action médico-sociale en faveur des personnes handicapées peut s'effectuer au domicile des personnes handicapées ou en établissement. La loi du 11 février 2005 dispose que « les établissements ou services qui accueillent ou accompagnent les personnes handicapées adultes qui n'ont pu acquérir un minimum d'autonomie leur assurent un soutien médico-social permettant le développement de leurs potentialités

35. Bertin E., « Brèves remarques sur la transformation des ESAT : un progrès pour les travailleurs handicapés ? », RDSS 2026, p. 124.
36. Rihal H., « La marchandisation du secteur social et médico-social », RDSS 2022, p. 634.
37. CEDS, réclamation n° 168/2018, 14 mai 2018, Forum européen des personnes handicapées et Inclusion Europe c/ France.

ainsi qu'un milieu de vie favorisant leur épanouissement personnel et social » (CASF, art. L. 344-1). Le décret n° 2005-223 du 11 mars 2005 précise que l'accompagnement médico-social des adultes handicapés comporte des prestations de soins et permet de prendre en compte des personnes dont les déficiences et les incapacités nécessitent des soins réguliers et coordonnés. En 2025, 495 000 personnes (321 000 adultes et 174 000 enfants) en situation de handicap ont été accueillies dans des établissements et services médicalisés. Plus de 8 250 structures sont prévues pour les adultes et un peu plus de 4 000 pour les enfants handicapés.

229. Situées au carrefour des logiques sanitaire et sociale, les maisons d'accueil spécialisées (qui sont un peu plus de 700 depuis 2025) accueillent des personnes n'ayant pu acquérir un minimum d'autonomie et dont l'état nécessite une surveillance médicale ainsi que des soins constants (22 500 places étaient financées en 2025). Les MAS sont totalement financées par l'assurance maladie, mais sont classées dans la catégorie des établissements médico-sociaux dont la création relève de la compétence du préfet[38]. Les frais de transport des personnes adultes handicapées accueillies en foyer d'accueil médicalisé (FAM au nombre de 1 077 en 2025 qui ont accueilli près de 30 000 adultes handicapés) et en MAS sont financés par les produits de la tarification de ces établissements (CASF, art. L. 344-1-2).

230. Le vieillissement des personnes handicapées : un angle mort de la politique d'aide sociale. Le vieillissement des personnes handicapées constitue un phénomène nouveau relevé dans un avis rendu par le Haut Conseil de la population et de la famille (HCPF) en novembre 2002. Les personnes handicapées vieillissantes peuvent également être accueillies dans des établissements prenant en charge des personnes âgées ; dans une telle hypothèse, cet accueil modifie la situation juridique de la personne handicapée au regard de la procédure de récupération en matière d'aide sociale, ainsi que l'a précisé le juge administratif suprême[39]. Quel que soit l'établissement d'accueil, on constate en pratique une tendance à reporter sur la personne handicapée une partie non négligeable du coût de la prise en charge. Afin de corriger partiellement cette dérive, le législateur a décidé, en 2002, d'interdire les recours en récupération de l'aide sociale versée aux personnes handicapées en cas de retour à meilleure fortune (CASF, art. L. 344-5). Toutefois, le Tribunal des conflits a précisé que si les débiteurs d'aliments de la personne handicapée (conjoint, enfants) sont exonérés de toute participation aux frais d'hébergement de celle-ci, les dispositions du Code ne font pas obstacle à la prise en compte de l'obligation de secours incombant au conjoint en application de l'article 212 du Code civil[40]. La décision du Tribunal des conflits illustre les difficultés juridiques liées à la rencontre des logiques différentes de l'aide sociale et du droit civil. Là comme ailleurs, la mixité du droit rencontre parfois des limites inhérentes aux logiques de chaque branche du droit.

38. CAA Marseille, 24 mars 2005, ministre de l'Emploi et de la Solidarité c/ Association régionale d'aide aux infirmes moteurs cérébraux.
39. CE, 25 avr. 2001, Garofalo.
40. T. confl., 17 déc. 2001, Département de l'Isère c/M. Lucand.

2. LE SOUTIEN DE L'AUTONOMIE DES PERSONNES EN SITUATION DE HANDICAP

231. Les distinctions académiques rencontrant nécessairement des limites dans le champ de la question sociale, l'approche transversale du handicap amène à analyser l'AAH qui est issue de la grande loi de 1975 puis la PCH créée par la seconde grande loi de 2005 ; l'une et l'autre ont vocation à soutenir financièrement l'inclusion sociale et l'autonomie des personnes en situation de handicap. Ainsi que le relève le volumineux rapport de l'IGF et de l'IGAS publié en 2025[41], les aides sociales légales dans le champ du handicap font intervenir de nombreux acteurs de l'instruction jusqu'au versement des prestations : les maisons départementales des personnes handicapées (MDPH), ou les maisons départementales de l'autonomie (MDA), pour leur instruction ; les Caf (et la MSA), pour l'AEEH et l'AAH, et les départements (PCH) pour leur versement, sur la base des décisions des commissions des droits et de l'autonomie des personnes handicapées (CDAPH). L'AAH et la PCH constituent les deux prestations sociales permettant d'apporter une aide financière pour la première et en nature (pour la seconde) aux personnes handicapées.

A - L'allocation adulte handicapé (AAH) : une prestation universelle non contributive de sécurité sociale

232. L'AAH : le revenu minimum de droit commun des personnes handicapées. Héritière des pensions d'invalidité servies au lendemain de la Première Guerre mondiale, l'AAH est une aide sociale créée par la loi n° 75-534 du 30 juin 1975. Il s'agit d'une prestation non contributive de la sécurité sociale financée par l'État et gérée par les CAF dont le montant est similaire à celui du minimum vieillesse. L'AAH est le second des *minima* sociaux les plus demandés en France ; elle revêt un caractère subsidiaire et différentiel. Le nombre de bénéficiaires a augmenté de 64 % entre 1980 et 1997 transformant cette aide sociale en minimum de droit commun garanti aux personnes handicapées et répondant à une logique de solidarité nationale à l'instar du RSA pour les personnes qui ne sont pas placées en situation de handicap. Contrairement à la PCH, l'AAH est destinée à garantir un minimum de revenus à l'allocataire, et non à compenser son handicap[42] ; son versement à un étranger ne peut être rétroactif, c'est-à-dire antérieur à la délivrance du titre de séjour régulier[43]. L'AAH n'est pas une prestation entrant dans le champ d'application des dispositions précitées du 9° de l'article L. 313-11 du Code de l'entrée et du séjour des étrangers et du droit d'asile, dès lors qu'elle n'a pas le caractère d'une rente d'accident du travail ou de maladie professionnelle. Il s'ensuit que l'étranger qui s'est vu attribuer l'AAH en raison de la reconnaissance par la CDAPH d'un taux d'incapacité permanente compris

41. IGF et IGAS, Divergences territoriales dans les modalités d'attribution des aides sociales légales (AAH, AEEH, PCH, APA, ASH) et panorama des aides extralégales, Rapport mai 2025.
42. Cass. 1re civ., 28 oct. 2009 : Bull. civ. I, n° 214.
43. Cass. 2e civ., 23 mai 2013.

entre 50 et 75 % ne peut se prévaloir de cette situation pour se voir délivrer de plein droit une carte de séjour temporaire[44].

233. Conditions d'accès à l'AAH. Le demandeur doit être âgé d'au moins 16 ans et être atteint d'une incapacité permanente au moins égale à 80 % ou d'une incapacité comprise entre 50 et 80 % en cas d'impossibilité de se procurer un emploi. Le Conseil d'État a précisé qu'en application du principe d'indépendance des législations, le bénéficiaire de l'ASS ne peut se voir retirer le bénéfice de cette allocation au motif qu'il serait dans l'impossibilité physique de se procurer un emploi et qu'il pourrait bénéficier de l'AAH[45]. De son côté, le juge judiciaire a précisé que lorsqu'elle souffre d'un handicap compris entre 50 et 79 %, la personne ne peut plus bénéficier de l'AAH lorsqu'elle atteint l'âge minimum d'ouverture du droit à pension de vieillesse[46]. Il existe également un critère objectif relatif à la difficulté d'accéder au marché du travail qui résulte du handicap (CSS, art. L. 821-2, 2°). Fin février 2021, 1,19 million de personnes bénéficiaient de l'AAH, soit une augmentation de 1,7 % en un an. Fin décembre 2025, 1,39 million de personnes étaient allocataires de l'AAH, soit une augmentation de 2,5 % par rapport à décembre 2024. La hausse des bénéficiaires s'explique en 2023 par la réforme de la déconjugalisation qui a fait entrer dans le dispositif les bénéficiaires de l'AAH en couple (22 300 personnes) et par l'augmentation de l'espérance de vie des personnes handicapées issues de la génération « Baby-boom ». Si l'on tient compte des conjoints et des enfants à charge, 1,99 million de personnes étaient couvertes par l'AAH fin 2023, soit 2,9 % de la population.

Une prestation rattrapée par les exigences constitutionnelles et européennes

Saisi le 17 février 2011 par la Cour de cassation d'une QPC, le Conseil constitutionnel a jugé qu'en excluant du bénéfice de l'AAH les personnes ayant occupé un emploi depuis une durée définie par décret, le législateur a fixé un critère qui n'est pas manifestement inapproprié au but poursuivi[47]. Un préfet commet une discrimination sur le handicap prohibée par la Convention européenne des droits de l'Homme en refusant le regroupement familial à l'épouse d'un ressortissant algérien bénéficiaire de l'AAH au motif que ce ressortissant ne dispose pas de ressources suffisantes[48].

234. Formalisation de la demande d'AAH. La demande d'AAH et du complément de ressources doit être adressée à la maison départementale des personnes handicapées (MDPH), qui transmet un exemplaire à la CDAPH (CSS, art. R. 821-2). L'AAH est recalculée chaque trimestre de façon à éviter de pénaliser les personnes dont l'activité est occasionnelle, ce mode de calcul permettant de tenir des salaires devenus inexistants.

235. Revalorisation significative de l'AAH et déconjugalisation de l'AAH depuis octobre 2023. Le nombre de foyers bénéficiaires de l'AAH a augmenté de 10 % depuis 2017. L'AAH représente chaque année un coût supérieur à 11 milliards d'euros

44. CAA Nantes, 5 juill. 2012, n° 11NT02889, Sadrettin X.
45. CE, 11 juin 2003, n° 238562, Roussel.
46. Cass. 2e civ., 24 janv. 2019, n° 18-10804.
47. Cons. const., 29 avr. 2011, n° 2011/123 QPC.
48. CE, 15 févr. 2016, n° 387977.

pour l'État social et bénéficie à environ 1,2 million de personnes en situation de handicap. Le montant de l'AAH a été revalorisé une première fois de 25 % entre 2011 et 2015 et atteignait depuis avril 2016 la somme de 808,46 € (soit une augmentation de plus de 200 € par mois par rapport au montant de 2004), puis une deuxième fois avec un passage de 810 € environ en novembre 2018 à près de 900 € à compter du 1er novembre 2019. Depuis la revalorisation exceptionnelle en 2022 (+ 4 %) et celle de 2023, le montant de l'AAH a augmenté de 5,6 % pour atteindre 971,37 € depuis le 1er avril 2023 (soit une augmentation de 1,6 % jusqu'au 31 mars 2024 contre 956,65 € de juillet 2022 au 31 mars 2023). Au 1er avril 2024, l'AAH augmentera de 4,6 % ; ce qui représentera un montant mensuel supérieur, pour la première fois, à 1 000 € (1 016 €). Depuis le 1er avril 2025, le montant de l'AAH pour une personne seule est de 1 033,32 € ; au 1er avril 2026, il a augmenté de près de 10 € pour passer à 1 041,59 €.

Le Conseil d'État a précisé que pour calculer le montant de l'AAH, il convient d'amputer du calcul des droits à l'AAH les frais réels (et non la déduction forfaitaire de 10 %) liés à l'exercice par la personne handicapée d'une profession[49]. Afin de mieux compenser les conséquences du handicap, la loi de 2005 a instauré un complément de ressources ainsi qu'une majoration pour la vie autonome (MVA), qui sont des prestations de sécurité sociale. Le montant de la MVA est de 104,77 € par mois depuis avril 2023. La garantie de ressources (CSS, art. L. 821-1-1) versée aux personnes handicapées ne pouvant pas travailler matérialise le droit de la personne handicapée à un « minimum de ressources d'existence » égal à 80 % du SMIC net.

La réforme en octobre 2023 en faveur de la déconjugalisation de l'AAH

Malgré les revalorisations, des associations – relayées par une proposition de loi rejetée à l'Assemblée le 17 juin 2021 – demandaient régulièrement la déconjugalisation de l'AAH ; c'est-à-dire l'absence de prise en compte des revenus du conjoint afin que son montant ne soit pas réduit. Le gouvernement était opposé à cette réforme dont le coût serait de plus de 700 millions d'euros car un minimum social ne peut faire abstraction de la solidarité entre époux en raison de la nature juridique et de la subsidiarité des prestations d'aide sociale... sauf que l'AAH est une prestation relevant du Code de la sécurité sociale. À la suite des élections législatives de juin 2022, la Première ministre E. Borne a annoncé dans son discours de politique générale l'adoption d'une réforme visant à déconjugaliser l'AAH. Cette réforme figurant à l'article 10 de la loi n° 2022-1158 du 16 août 2022 sur le pouvoir d'achat qui modifie l'article L. 821-1 du CSS s'applique depuis le 1er octobre 2023 (décret n° 2022-1694 du 28 décembre 2022) et a concerné dès novembre 2023 près de 120 000 personnes. L'individualisation de l'AAH est donc en marche désormais et seul l'avenir dira s'il s'agit d'une avancée ou d'une réforme qui pourrait creuser les inégalités de niveau de vie entre les personnes handicapées en neutralisant la subsidiarité de cette prestation sociale (puisque la solidarité nationale prime sur la solidarité familiale) et en « ignorant les effets protecteurs du plafond pour les couples dont l'allocataire travaille et dont le conjoint a des revenus d'activité nuls ou modestes »[50] comme le craint l'ancien directeur de cabinet de Mme Marie-Anne Montchamp, secrétaire d'État aux Personnes handicapées (2004-2006).

---

49. CE, 1er avr. 2019, n° 421160, Association des paralysés de France.
50. Milano S., « L'individualisation de l'AAH, et après ? », RDSS 2022, p. 123.

B - La prestation de compensation du handicap (PCH) : une prestation d'aide sociale au périmètre élargi

236. Origine et philosophie du droit à la compensation du handicap. La raison d'être de la compensation. Le droit à la compensation du handicap a été analysé comme une « révolution philosophique »[51] s'inspirant de la pensée de John Rawls. Cette notion doit être distinguée de celle de réparation de l'infirmité en vue de rétablir un ordre social, logique au cœur par exemple du Code de Hammurabi, roi de Babylone au XVIIe siècle avant Jésus-Christ. Selon le *Larousse*, le verbe « compenser » signifie « contrebalancer, équilibrer un effet par un autre, neutraliser, dédommager ». Un rapport sénatorial publié en 2002 avait jeté les bases d'une nouvelle politique d'aide sociale en faveur des personnes handicapées symbolisée par la création d'une allocation compensatrice individualisée (ACI). La loi de février 2005 sur l'égalité des droits et des chances des personnes handicapées a repris cette idée en instaurant une prestation de compensation du handicap (PCH) qui s'inspire de législations étrangères.

Pour aller plus loin

Le rapport sur la compensation du handicap au Royaume-Uni remis en février 2004 par l'inspectrice de l'IGAS Claire Aubin montre, toutefois, que la politique d'égalisation des chances dans une perspective de *mainstreaming* débouche sur la création de dispositifs de proximité relativement complexes. En pratique, l'objectif d'une compensation « sur mesure » recouvre parfois une réalité moins équitable. Cette impression est corroborée par deux autres rapports sur la politique de compensation en Italie et en Suède également publiés en 2004. Quoi qu'il en soit, la démarche intellectuelle qui a précédé l'adoption de la loi de 2005 avec ces réflexions préalables de droit comparé est à saluer, la qualité de la norme s'est nettement dégradée ces dernières années par rapport à cette méthode permettant d'avoir une vision globale et précise d'une question sociale avant l'intervention de la norme.

237. L'avancée normative vers un droit pragmatique à la compensation des conséquences du handicap. Sur le terrain normatif, l'article 53 de la loi de modernisation sociale du 17 janvier 2002 a modifié le CASF afin de reconnaître pour la première fois un droit à la compensation du handicap au profit des personnes handicapées. De fait, l'article L. 114-1 du code, devenu l'article L. 114-1-1, alinéa 1er depuis la loi du 11 février 2005, dispose que « la personne handicapée a droit à la compensation des conséquences de son handicap quelles que soient l'origine et la nature de sa déficience, son âge ou son mode de vie ». Le Conseil d'État s'est montré soucieux de faire jouer pleinement le droit à la compensation en jugeant illégale, en avril 2004[52], la décision estimant incompatible un handicap à un taux de 80 % avec la conduite des activités d'éducation physique ; l'arrêt précise que la commission d'aptitude aurait dû prendre en compte, au stade de l'appréciation de l'aptitude de la personne handicapée à exercer l'emploi public postulé, l'existence d'aménagements permettant de compenser. La loi n° 2020-220 du 6 mars 2020 visant à améliorer l'accès à la prestation de compensation du handicap a modifié plusieurs dispositions du CASF, dont l'article L. 146-5 qui a

51. Triomphe A., « La compensation du handicap dans la loi du 11 février 2005 : du mythe à la réalité », RDSS 2005, p. 71.
52. CE, 30 avr. 2004, n° 254106, mentionné au *Lebon T.*

fait l'objet, en vain, d'une QPC[53]. Relatif au fonds départemental de compensation du handicap chargé de verser des aides financières facultatives, cet article prévoit un plafonnement des frais de compensation restant à la charge des personnes handicapées après qu'elles ont reçu la PCH. Pour le Conseil, la Constitution n'oblige pas à imposer d'une part, un dispositif contraignant de réduction des frais de compensation du handicap et d'autre part, un financement obligatoire aux contributeurs des fonds départementaux.

La compensation du handicap, un mythe ?

Hervé Rihal estime, de son côté, que la compensation du handicap – qui manifeste l'idée d'égalité des chances elle-même au cœur de l'équité – est un « mythe »[54]. Selon cet éminent spécialiste du droit de l'aide et de l'action sociales, la prestation de compensation des handicaps recèle des « pièges » et constitue une « prestation peu incitative à l'insertion » pour au moins deux raisons : elle insiste trop sur les déficiences des personnes handicapées et repose sur la notion trop floue – et qui peut devenir discriminatoire, la PCH étant versée y compris aux personnes concernées ayant des revenus importants sans tenir compte de la subsidiarité de l'aide sociale – du projet de vie dans lequel il vaut mieux mettre l'accent sur sa dépendance que sur son autonomie. Enfin, elle garantit des « droits peu incitatifs à l'emploi ». En 2021, le nombre de bénéficiaires ayant reçu la PCH avait augmenté de 5,4 % par rapport à 2020 en franchissant pour la première fois la barre des 250 000 (252 500 bénéficiaires). En 2023, le nombre de bénéficiaires a augmenté de 13 000, ce nombre reflétant pour l'essentiel l'arrivée d'enfants (handicapés) à l'âge adulte. L'augmentation de bénéficiaires s'explique également par l'extension de la PCH à des handicapés psychiques ou mentaux.

C - Caractéristiques de la PCH

238. La reconnaissance d'un droit subjectif à la compensation du handicap. Destinée aux adultes handicapés à l'origine, la prestation de compensation du handicap est une aide sociale représentant « l'aspect individuel du droit à la compensation »[55] (CASF, art. L. 245-1). Le demandeur présentant un taux d'incapacité permanente au moins égal à 80 % doit être âgé d'au moins 20 ans et ne pas avoir atteint l'âge de 60 ans pour être éligible à cette nouvelle aide sociale, qui est à la compensation du handicap ce que l'APA est à la prise en charge de la dépendance. À partir de 60 ans, les personnes handicapées pouvaient demander l'APA, à l'exception de celles qui remplissaient la condition d'incapacité avant leurs 60 ans et de celles qui peuvent demander la PCH avant d'avoir atteint l'âge de 75 ans. L'état du droit a évolué avec le décret du 31 décembre 2020. Applicable depuis le 1er janvier 2021, ce décret permet de demander la PCH au-delà de 75 ans. Le décret du 27 octobre 2021 applicable à compter du 1er janvier 2022 permet désormais aux MDPH d'ouvrir le droit à la PCH sans limitation de durée pour les personnes dont le handicap n'est pas susceptible d'évolution favorable.

53. Cons. const., 24 mars 2023, déc. n° 2023-1039.
54. Couty É. et Rihal H., *Refondation du service public hospitalier et des politiques publiques relatives au handicap*, 2020, Pont 9, p. 238.
55. Triomphe A., « La compensation du handicap dans la loi du 11 février 2005 : du mythe à la réalité », RDSS 2005, p. 375.

Pour aller plus loin

La PCH a connu plusieurs extensions de son périmètre. Le premier important élargissement provenait de la loi du 19 décembre 2007 de financement de la Sécurité sociale pour 2008, laquelle a prévu qu'à partir du 1er avril 2008, la PCH pourrait être versée aux enfants handicapés. La suppression de cette barrière d'âge et l'exercice du droit d'option au profit des personnes handicapées qui percevaient l'allocation compensatrice (AC) en 2006 sont les deux facteurs explicatifs de l'importante montée en charge de la PCH depuis 2008. Depuis 2021, il existe un supplément : la PCH parentalité. Concrètement, depuis le 1er janvier 2021, les parents en situation de handicap d'un enfant de moins de 7 ans et qui sont éligibles à la PCH, ont droit à une aide spécifique qui prend la forme de forfaits compensant les aides humaines et aides techniques à la parentalité. Le décret n° 2022-570 du 19 avril 2022 applicable depuis le 1er janvier 2023 a mis en place un volet PCH « psy » qui étend le bénéfice de la PCH aux personnes souffrant d'une altération de la fonction psychique, mentale ou cognitive et de troubles neuro-dégénératifs (TND). De même, la loi n° 2025-138 du 17 février 2025 pour améliorer la prise en charge de la sclérose latérale amyotrophique et d'autres maladies évolutives graves a déplafonné la barrière d'âge ; ce qui a ouvert le périmètre de l'aide sociale.

239. Une prestation d'aide sociale sur le long cours. Versée sans conditions de ressources, la PCH constitue, comme l'APA, une prestation en nature dont le montant varie en fonction de celui des ressources du demandeur. Contrairement à l'APA, la PCH est versée sur des périodes allant de 3 ans à 10 ans en fonction de l'affectation individualisée des sommes concernées. Cette nouvelle allocation peut effectivement être affectée à des charges liées à un besoin d'aides humaines et techniques, à l'aménagement du logement et du véhicule de la personne handicapée ou encore à l'attribution et à l'entretien des aides animalières que représentent les chiens guides d'aveugles pour personnes handicapées visuelles et les chiens d'assistance pour les personnes atteintes d'un handicap moteur (CASF, art. L. 245-2).

Pour aller plus loin

Le montant maximum au titre de l'aide humaine est de 10 533,90 € sur 10 ans, tandis que celui de l'aide technique a été fixé à partir de 2006 à 3 960 € pour 3 ans. Le montant de l'aménagement du logement est égal à 10 000 € pour 10 ans et celui du véhicule et des surcoûts afférents à 5 000 € sur 5 ans, alors que les charges spécifiques atteignent un montant maximal de 100 € par mois, l'aide animalière 3 000 € sur 5 ans et les charges exceptionnelles 1 800 € pour 3 ans.

240. La PCH, l'APA des personnes handicapées. Le montant de la seule PCH a atteint 2,66 milliards d'euros en 2022. Universelle – comme l'APA – la PCH est versée mensuellement sur la base de tarifs et de montants fixés par nature de dépense dans la limite de taux de prise en charge pouvant varier selon les ressources du bénéficiaire ; les frais de compensation restant à la charge du bénéficiaire ne peuvent toutefois dépasser 10 % de ses ressources personnelles nettes d'impôt (CASF, art. L. 245-4). Comme pour l'APA, le montant des ressources n'est donc pas une condition d'éligibilité à l'aide sociale, mais constitue un facteur de modulation du montant de celle-ci. De même, la PCH donne lieu, comme l'APA, à une évaluation au domicile du futur bénéficiaire. Les ressemblances entre l'APA et la PCH, qui empruntent toutes deux aux techniques de l'assistance et de l'assurance, ont préparé, en théorie, la réflexion sur la création d'un cinquième risque social que constituerait la diminution de l'autonomie en raison de l'âge et/ou d'un handicap et dont on sait qu'il a été porté sur les fonts baptismaux par la loi du 7 août 2020 (*v. supra*, n° 215). Depuis le 1er janvier 2021, il existe une PCH parentalité puisque les parents en situation de handicap bénéficiant de la PCH ont droit à une aide pour la prise en charge des besoins relatifs aux actes quotidiens liés à la parentalité (recours à un tiers pour aider la personne handicapée à s'occuper de son enfant ou également, par exemple, acquérir un matériel informatique adapté à la situation). Cette réforme est mise en œuvre de façon progressive. On rappellera une autre évolution depuis mars 2020 qui tient compte du vieillissement des personnes handicapées. Une personne de 75 ans et plus dont le handicap a été reconnu avant 60 ans peut désormais demander la PCH. Cette disposition concerne 7 600 personnes et représente une dépense supplémentaire de 69 M€. Le nombre de bénéficiaires ayant des droits ouverts à la PCH a augmenté en 2022 de 3,5 %, soit + 10 700 pour atteindre 317 200 personnes en décembre 2022. Fin 2023, plus de 407 000 personnes bénéficiaient de la PCH pour une dépense annuelle brute de 3,3 Mds€. Entre 2017 et 2023, la dépense sociale liée à la PCH a augmenté de 50 %. Le nombre de bénéficiaires de l'ACTP a, quant à lui, diminué de 5,8 % et atteignait 43 800 personnes fin 2023.

Pour aller plus loin

La PCH ne pouvant faire l'objet d'une récupération en cas de retour à meilleure fortune, l'Administration doit déduire son montant de la perception par la personne handicapée d'une rente ayant le même objet, ainsi que l'a jugé le Conseil d'État en septembre 2013[56]. Cette décision précise « qu'en vertu des principes qui régissent l'indemnisation par une personne publique des victimes d'un dommage dont elle doit répondre, il y a lieu de déduire d'une rente allouée à la victime du dommage dont un établissement public hospitalier est responsable, au titre de l'assistance par tierce personne, les prestations versées par ailleurs à cette victime et ayant le même objet ; qu'il en va ainsi tant pour les sommes déjà versées que pour les frais futurs ». Cette déduction n'a toutefois pas lieu d'être lorsqu'une disposition prévoit – comme c'est le cas pour la PCH – que la prestation d'aide sociale ne peut donner lieu à remboursement en cas de retour à meilleure fortune du bénéficiaire.

D - Les facettes de la PCH

1) La PCH à domicile

241. Un décret pris 10 jours avant l'entrée en application de la PCH. Le pouvoir réglementaire a déterminé les conditions d'attribution de cette nouvelle prestation sociale fin 2005. Très attendus, les deux décrets d'application de décembre 2005 ont précisé les conditions d'âge, les critères de handicap et, de façon plus générale, les conditions dans lesquelles la PCH à domicile allait pouvoir être versée à compter de janvier 2006[57]. La condition de résidence permanente et régulière n'interdit pas des séjours hors de ce territoire, notamment pour études. La personne atteinte de cécité est considérée comme remplissant les conditions permettant l'attribution de l'élément de la PCH lié à un besoin d'aides humaines à hauteur de 50 heures par mois. La même solution s'applique aux personnes atteintes d'une surdité sévère, profonde ou totale à hauteur de 30 heures par mois. L'une des différences avec l'AC réside dans le fait que la PCH est versée dès lors que la personne rencontre une difficulté absolue à la

56. CE, 23 sept. 2013, n° 350799, CHU de Saint-Étienne, mentionné au *Lebon T.*
57. D. n° 2005-1588, 19 déc. 2005 ; D. n° 2005-1591, 19 déc. 2005.

réalisation d'une activité essentielle de la vie quotidienne ou une difficulté grave pour au moins deux activités (CASF, art. D. 245-4) alors que le critère de handicap pour l'AC était l'incapacité d'au moins 80 %. Le décret détaille avec précision :

- le panier des biens offert par cette nouvelle prestation sociale (CASF, art. D. 245-5 à D. 245-24) ;
- la procédure d'instruction de la demande (CASF, art. D. 245-25 à D. 245-30) ;
- le contenu de la décision d'attribution (CASF, art. D. 245-31) ;
- les durées maximales d'attribution de la prestation (CASF, art. D. 245-31) ;
- la date d'ouverture des droits et les conditions de cumul avec une prestation en espèces de sécurité sociale (CASF, art. L. 245-34).

Le pouvoir réglementaire a également précisé :

- les obligations du bénéficiaire (CASF, art. D. 245-50 à D. 245-56) ;
- les contrôles d'effectivité sur place ou sur pièces en vue de vérifier si les conditions d'attribution de la PCH sont ou restent réunies ou si le bénéficiaire a consacré cette prestation à la compensation des charges pour lesquelles elle lui a été attribuée (CASF, art. D. 245-57 à D. 245-60).

L'aide à domicile apportée à la personne handicapée constitue l'un des visages de la PCH. La partie « aides humaines » de cette prestation est prévue à l'article L. 245-3, 1° du CASF. Les dispositions relatives à la date d'ouverture des droits figurent à l'article D. 245-34 du CASF.

242. L'élément versé au titre de l'aide humaine peut être employé à rémunérer directement un ou plusieurs salariés en fonction des besoins du bénéficiaire, un membre de la famille pouvant être rémunéré à ce titre. L'aide sociale peut également servir à rémunérer un service prestataire d'aide à domicile agréé dans les conditions prévues à l'article L. 129-1 du CASF ou à dédommager un aidant familial n'ayant pas de lien de subordination avec la personne handicapée. Le département peut décider de suspendre le versement de la PCH lorsqu'il est établi que le « bénéficiaire n'a pas consacré cette prestation à la compensation des charges pour lesquelles elle lui a été attribuée » (CASF, art. L. 245-5). Les aides accordées dans le cadre de la PCH à domicile représentent plus de 30 % du nombre total des aides versées par les départements aux personnes handicapées, cette situation permettant de comprendre l'existence de pratiques parfois contestables visant à réduire le coût pour le département de cette dépense sociale. Il arrive, par exemple, que la PCH ne soit plus versée en raison d'une incompatibilité supposée entre celle-ci et la majoration pour tierce personne (MTP) s'ajoutant à une pension d'invalidité.

2) La prestation de compensation en établissement

243. La personne handicapée hébergée ou accompagnée dans un établissement social ou médico-social ou hospitalisée dans un établissement de santé a droit à la PCH (CASF, art. L. 245-11) dans les conditions prévues aux articles D. 245-73 à D. 245-78 du CASF. Le pouvoir réglementaire a pris tardivement le décret d'application de la prestation de compensation en établissement, en février 2007 seulement. Ce volet de la PCH permet de couvrir les besoins en compensation non pris en charge par les structures d'accueil des personnes handicapées. Par un jeu de renvoi des textes, l'ensemble des dispositions applicables à la PCH à domicile est applicable à la PCH en établissement (de santé, social ou médico-social). Des mesures dérogatoires sont toutefois prévues lorsque l'établissement fournit des moyens de compensation collectifs en matière d'aide humaine et d'aménagement du cadre de vie.

244. En définitive, la personne handicapée placée en établissement peut se voir accorder tous les éléments de la PCH à domicile, à l'exception des aides animalières. La PCH en établissement peut couvrir les charges spécifiques ne correspondant pas aux missions de l'établissement ou du service, ainsi que celles utilisées pendant les périodes d'interruption de l'hébergement en dehors de l'établissement.

245. L'exportation de la PCH en cas d'accueil dans un établissement situé dans un État frontalier. Si le conseil départemental le décide, les dispositions relatives à la PCH à domicile s'appliquent également à une personne handicapée ayant fait l'objet d'un tel placement, faute de possibilité d'accueil dans un établissement plus proche de son domicile.

L'extension de la PCH aux enfants handicapés de moins de 20 ans et la revalorisation de 4 % à partir du 1er juillet 2022

Depuis le 1er avril 2008, la condition d'âge minimal fixée à 20 ans pour être éligible à la PCH n'existe plus. Cela permet aux bénéficiaires de l'allocation d'éducation de l'enfant handicapé (AEEH), qui a remplacé en 2006 l'allocation d'éducation spéciale (AES) créée en 1975, de cumuler celle-ci avec la PCH dès lors qu'ils ont droit au complément de l'AEEH et qu'ils sont exposés, du fait du handicap de leur enfant, à des charges qui relèvent de la PCH. Le décret n° 2008-451 du 7 mai 2008 précise le régime de ce cumul de prestations en indiquant que le plan personnalisé de compensation comporte des propositions relatives aux montants respectifs de l'AEEH, de son complément et de la PCH. Si la personne n'exprime aucun choix, elle est présumée vouloir continuer à percevoir la prestation sociale concernée. Si elle ne perçoit aucune des deux prestations, il est présumé qu'elle souhaite bénéficier de l'AEEH. Si la décision de la CDAPH ne reprend pas les propositions du plan de compensation concernant l'AEEH ou la PCH, le bénéficiaire dispose d'un délai d'un mois pour modifier son choix auprès de la maison départementale des personnes handicapées (MDPH). L'AEEH repose sur une allocation de base d'un montant de 135,13 € par mois et par enfant y ouvrant droit depuis le 1er avril 2022. À la suite de la revalorisation de 4 % induite par la loi sur le pouvoir d'achat du 16 août 2022, le montant est passé à compter du 1er juillet 2022 à 140,53 € et 142,70 € en 2024. En 2026, le montant de l'AEEH de base est fixé à 151,80 € par mois. Plus de 350 000 personnes étaient bénéficiaires fin 2020 de l'AEEH puis 435 000 en 2022 (deux fois plus qu'en 2012)

BIBLIOGRAPHIE

ARENTSEN M.-F. et FABERON F. (dir.), *Regards croisés sur le handicap en contexte francophone*, 2020, Presses universitaires Blaise Pascal, Handicap & Citoyenneté.

ASSANTE V., *Situations de handicap et cadre de vie*, Rapport du CES, 2000, éd. du Journal officiel, Avis et Rapports du CES, n° 10.

AUMOND F. (dir.), « Handicap, pauvreté et droit(s) », UCA-Handicap et Citoyenneté, 2020.

BERTIN E., « Brèves remarques sur la transformation des ESAT : un progrès pour les travailleurs handicapés ? », RDSS 2026, p. 124.

Couty E. et Rihal H., *Refondation du service public hospitalier et des politiques publiques relatives au handicap*, 2020, éd. Pont 9, Renaissance des lumières.

Maggi-Germain N., « La construction juridique du handicap », Dr. soc. 2002, p. 1092.

Milano S., « L'individualisation de l'AAH, et après ? », RDSS 2022, p. 123.

Pédrot P., « Handicap, aptitude à l'emploi et vulnérabilité », RDSS 2010, p. 791.

Revillard A., *Des droits vulnérables. Handicap, action publique et changement social*, 2020, Presses de Sciences Po.

Rapport IGAS / IGF, *Convergence des droits des travailleurs handicapés en établissement et services d'aide par le travail (Ésat) vers un statut de quasi-salarié*, févr. 2024.

Rihal H., « La marchandisation du secteur social et médico-social », RDSS 2022, p. 634.

Triomphe A., « La compensation du handicap dans la loi du 11 février 2005 : du mythe à la réalité ? », RDSS 2005, p. 371.

CHAPITRE 7

L'ASE et pour les mineurs étrangers

246. Une politique d'aide et d'action sociales inscrite dans l'histoire. L'aide sociale à l'enfance (ASE) est une politique publique qui s'inscrivait, à l'origine, dans la logique de la charité propre à la société du Moyen-Âge. L'assistance publique a historiquement été créée pour prendre en charge les enfants dépourvus de famille ; l'expression « pupilles de l'État » reflète l'existence d'une substitution de l'État aux parents, la « mère » Patrie exerçant, en quelque sorte, l'autorité parentale par défaut. Laïcisé sous la IIIe République, le service de l'aide sociale à l'enfance a été institutionnalisé au niveau départemental par la loi du 27 juin 1904, qui reconnaissait de larges pouvoirs à l'administration d'État ; dès lors, l'impression qui domine lorsque l'on étudie la politique mise en œuvre à l'époque est que l'intérêt de la République transcendait l'intérêt de l'enfant. Cette conception de l'assistance aux enfants a été systématisée par la loi du 29 novembre 1943[1].

Pour aller plus loin

L'important rapport *Bianco-Lamy* remis en 1980 a jeté les bases d'une nouvelle aide sociale à l'enfance en prônant le passage du refuge pour enfants sans famille à un service pour les familles en difficulté. Ce rapport défendait également l'idée d'une déconcentration des décisions afin de développer de façon plus efficace les moyens alternatifs au placement[2]. À l'époque, l'aide sociale à l'enfance était l'une des politiques sociales les plus coûteuses et les moins efficaces, le nombre d'enfants assistés étant passé de 362 000 en 1959 à 560 000 au début des années 1980. Fin 2018, ce sont 350 000 jeunes (187 000 mesures de placement ont été prises et 168 000 actions éducatives) qui étaient pris en charge au titre de l'ASE, soit une augmentation de 35 % depuis 1996. En 2022, l'augmentation a été très marquée avec une hausse de 10,5 % du nombre de Mineurs étrangers Non Accompagnés (MNA), soit un total de 24 300 ; en revanche, le nombre de jeunes majeurs MNA a chuté de 7,5 % (17 300). Cette politique d'aide sociale a fait l'objet avec la réforme de février 2022 d'une troisième loi en 15 ans qui illustre de façon récurrente la volonté de l'État social de réinvestir ce secteur essentiel du droit de l'aide et de l'action sociales (v. *infra*, n° 253 et s.)[3]. En 2024, 405 500 mesures d'aide sociale à l'enfance (ASE) bénéficiaient à des mineurs et jeunes majeurs, soit une progression de 1,6 % pour l'année 2024.

1. Meyer P., *L'enfant et la raison d'État*, 1977, Seuil.
2. Bianco J.-L. et Lamy P., *L'aide à l'enfance demain. Contribution à une politique de réduction des inégalités*, 1980, Imprimerie nationale. Pour une critique de ce rapport, Xuereb J.-C., RDSS 1980, p. 269.
3. En ce sens, on lira avec profit l'étude de H. Rihal et D. Lecat, « Une nouvelle réforme de l'aide sociale à l'enfance », AJDA 2022, p. 977.

1. LES MISSIONS DE L'AIDE SOCIALE À L'ENFANCE

A - Le département, chef de file de l'aide et de l'action sociales à l'enfance

1) La départementalisation de l'ASE dans le cadre de la décentralisation

247. L'ASE *largo sensu* : la première dépense sociale du département. Départementalisée dans le cadre de l'acte I de la décentralisation, la protection de l'enfance constitue le troisième chef de compétence du département dans le domaine de l'aide sociale et représente le premier poste de dépenses, avec un coût annuel de 5,27 milliards d'euros en 2006 (+ 5,8 % par rapport à 2005), 8,4 milliards d'euros en 2020. Entre 1998 et 2021, les dépenses totales d'ASE ont été multipliées par 2,1 en euros courants, soit une augmentation de plus de 55 % en euros constants. En 2021, la dépense nette de la politique d'ASE a augmenté de près de 2 % par rapport à 2020, pour atteindre un peu plus de 9 milliards d'euros (8,14 Mds d'euros en 2020). Cet accroissement s'explique essentiellement par l'augmentation des dépenses de placement qui atteignaient 7 milliards d'euros (soit une augmentation de + 2 % par rapport à 2020). En 2022, la dépense nette de protection de l'enfance a fortement augmenté (+ 6,9 %). En 2024, les dépenses annuelles nettes de l'ASE s'élevaient à 11,2 Mds€ en 2024, en hausse de 7,1 % par rapport à 2023. Les actions éducatives ont augmenté de plus de 10 % et l'accueil des mineurs de 7 %. Entre 1998 et 2023, les dépenses totales d'ASE ont été multipliées par 2,6 en euros courants, soit une augmentation de 70 % en euros constants !

248. Un service placé sous l'autorité de la présidence du conseil départemental. Le service d'aide sociale à l'enfance est placé sous l'autorité du président du conseil général, ce dernier devant organiser, « sur une base territoriale les moyens nécessaires à l'accueil et à l'hébergement des enfants confiés au service ». Un projet de service de l'aide sociale à l'enfance est élaboré dans chaque département et précise notamment les possibilités d'accueil d'urgence, les modalités de recrutement par le département des assistants familiaux ainsi que l'organisation et le fonctionnement des équipes travaillant avec les assistants familiaux, qui en sont membres à part entière. Le département doit en outre disposer de structures d'accueil pour les femmes enceintes et les mères avec leurs enfants (CASF, art. L. 221-2). Afin de mettre en place ce projet, le département peut conclure, dans le cadre d'un partenariat, des conventions avec d'autres personnes publiques (collectivités territoriales et établissements publics spécialisés). La loi nº 2005-706 du 26 juin 2005 relative aux assistants maternels et aux assistants familiaux a, par ailleurs, créé une commission départementale de l'accueil des jeunes enfants (CDAJE), qui est une instance de réflexion, de conseil et de proposition sur l'organisation, le fonctionnement et le développement des modes d'accueil des jeunes enfants et, de façon plus générale, sur la politique conduite dans ce domaine au niveau départemental (CASF, art. L. 214-5).

249. L'aide sociale à l'enfance : une obligation de résultat. La politique d'aide sociale à l'enfance constitue l'une des interventions sociales les plus délicates à la fois dans sa mise en œuvre et dans ses conséquences car s'il n'est pas protégé, l'enfant risque de connaître des difficultés sociales dans sa vie d'adulte, avec les conséquences en cascade que l'on peut imaginer. En cas de danger pour l'enfant, les acteurs interviennent pour le protéger. À cet égard, il convient d'opérer une distinction entre la logique de la protection sociale, qui suppose l'adhésion des parents, et celle de la protection judiciaire, qui s'impose à ces derniers afin de protéger l'enfant. Franchissant un pas supplémentaire, la loi n° 2007-293 du 5 mars 2007 réformant la protection de l'enfance a fait du département le chef de file dans le domaine de la protection de l'enfance. L'obligation de résultat s'applique également aux mineurs non accompagnés (MNA). Dans une récente décision concernant les autorités d'un autre État du Conseil de l'Europe, la CEDH a jugé, concernant un MNA laissé dans une situation de dénuement, sans prise en charge sociale, que les autorités nationales n'ont pas assuré « des conditions de vie propres et adaptées à ses besoins pendant une période particulièrement longue [...] s'agissant d'un mineur non accompagné en situation irrégulière se disant victime d'un passé familial violent et traumatisé, c'est-à-dire un individu relevant de la catégorie des personnes les plus vulnérables de la société »[4].

Le retour de l'État social dans la protection de l'enfance

La lecture de la loi *Taquet* du 7 février 2022 montre clairement que l'ASE fait l'objet d'une recentralisation partielle d'un point de vue institutionnel (voir *infra*, n° 250) mais également matériel avec de nouvelles interventions de l'État social tant et si bien que la doctrine s'interroge, à juste titre, sur le fait de savoir « si l'on a bien fait de décentraliser la protection de l'enfance »[5]. La question de la pertinence de la départementalisation de l'ASE se pose notamment du point de vue du pilotage de cette politique sociale mais également de la prise en charge de certains mineurs tels que les mineurs non accompagnés (MNA), les départements ayant clairement demandé à l'État d'assumer à leur place cette responsabilité.

2) Les missions et bénéficiaires de l'ASE depuis la loi Taquet du 7 février 2022

250. Périmètre de la mission de la protection de l'enfance. De façon globale, la protection des enfants dans le cadre de l'ASE a pour objectif de lutter contre les « difficultés risquant de mettre en danger la santé, la sécurité, moralité de ces mineurs ou de compromettre gravement leur éducation ou leur développement physique, affectif, intellectuel et social » (CASF, art. L. 221-1). Le service de l'ASE poursuit plusieurs missions prévues à l'article L. 221-1 du CASF et qui ont en commun de répondre aux besoins du mineur en cas de carence, voire de démission, de l'autorité parentale. La loi n° 2022-140 du 7 février 2022 vise à développer une modalité d'accueil permettant de mieux garantir le bien-être affectif des enfants en obligeant désormais les services sociaux du département à proposer et évaluer la solution du recours au Tiers digne de confiance (TDC) instauré par la loi du 14 mars 2016. Prévue à l'article L. 221-2-1 du CASF, cette forme d'accueil par un membre de la famille de l'enfant vise à mieux garantir la sécurité affective de celui-ci en proposant la prise en charge de l'enfant sur cet autre fondement juridique que la mesure d'assistance éducative consistant à

4. CEDH, 23 janv. 2024, n° 24650/19.
5. Rihal H. et Lecat D., « Une nouvelle réforme de l'aide sociale à l'enfance », *op. cit.*, p. 982.

confier l'enfant à une personne n'ayant aucun lien affectif avec lui et dont le caractère systématique ainsi que le champ d'application peuvent nourrir, parfois, une approche critique[6]. Le Tribunal des conflits a rappelé qu'il incombe à la juridiction administrative de statuer sur une demande contestant la décision de refus d'admission à l'aide sociale au titre de la prise en charge des dépenses d'entretien, d'éducation et de conduite d'un mineur confié à un TDC par l'autorité judiciaire en application des articles 375-3, 375-5 et 433 du Code civil dans la mesure où « les recours contre les décisions relatives à l'admission à l'aide sociale relèvent de la juridiction administrative même en présence d'obligés alimentaires »[7]. La vulnérabilité des usagers concernés par la politique d'ASE permet de comprendre la dureté justifiée des décisions disciplinaires prises, par exemple, par le CCAS qui constate des manquements à l'obligation de probité en obtenant des rémunérations d'une personne vulnérable[8].

La recentralisation de l'ASE autour d'un État pilote

La loi n° 2022-740 du 7 février 2022 entend améliorer la coordination entre les différents acteurs impliqués dans cette politique d'aide sociale en prévoyant dans son titre VI un meilleur pilotage de la protection de l'enfance. La recentralisation est évidente à la lecture de l'article 36 de cette loi qui réintroduit dans le CASF l'article L. 121-10, lequel dispose que : « L'État assure la coordination de ses missions avec celles exercées par les collectivités territoriales, notamment les départements, en matière de protection de l'enfance et veille à leur cohérence avec les autres politiques publiques, notamment en matière de santé, d'éducation, de justice et de famille, qui concourent aux objectifs mentionnés à l'article L. 112-3. Il promeut la coopération entre l'ensemble des administrations et des organismes qui participent à la protection de l'enfance ». L'article 36 crée un organisme national unique (sous la forme d'un GIP) compétent pour appuyer à la fois l'État et les conseils départementaux dans la mise en œuvre des différentes interventions sociales visant à mieux protéger les enfants (CASF, art. L. 147-14).

251. Les missions du service de l'ASE. Les missions de l'ASE sont clairement listées à l'article L. 221-1 du CASF modifié, en dernier lieu, par la loi du 7 février 2022 qui a ajouté une nouvelle mission :

- 1° Apporter un soutien matériel, éducatif et psychologique aux mineurs, à leur famille, aux mineurs émancipés et aux majeurs âgés de moins de 21 ans confrontés à des difficultés sociales susceptibles de compromettre gravement leur équilibre ;
- 2° Organiser, dans les lieux où se manifestent des risques d'inadaptation sociale, des actions collectives visant à prévenir la marginalisation et à faciliter l'insertion ou la promotion sociale des jeunes et des familles, notamment celles visées au 2° de l'article L. 121-2 ;

---

6. Lecat D., « Le huron au tribunal pour enfants ou réflexions naïves sur les mesures d'assistance éducative des mineurs », *in Mélanges Hervé Rihal*, 2021, LGDJ, p. 427.
7. T. confl., 14 mars 2022, n° 4238 : JCP A, mars 2022, act. n° 239, Erstein L.
8. CAA Bordeaux, 4 avr. 2022, n° 19BX03398 : révocation légale d'un adjoint administratif principal au CCAS de La Rochelle où il exerçait les fonctions d'instructeur du service mandataire d'aide à domicile. Cet agent a commis plusieurs manquements dont un qui l'amenait à prodiguer des massages contre rémunération à des usagers prise en charge dont un présentait un état de vulnérabilité ayant justifié une mesure de protection après ces faits.

- 3° Mener en urgence des actions de protection en faveur des mineurs mentionnés au 1° ;
- 4° Pourvoir à l'ensemble des besoins des mineurs confiés au service et veiller à leur orientation, en collaboration avec leur famille ou leur représentant légal ;
- 5° Mener, notamment à l'occasion de l'ensemble de ces interventions, des actions de prévention des mauvais traitements à l'égard des mineurs et, sans préjudice des compétences de l'autorité judiciaire, organiser le recueil des informations relatives aux mineurs maltraités et participer à la protection de ceux-ci ;
- 5° *bis* Veiller au repérage et à l'orientation des mineurs victimes ou menacés de violences sexuelles, notamment des mineures victimes de mutilations sexuelles ;
- 5° *ter A* (loi du 7 février 2022) Apporter un soutien matériel, éducatif et psychologique au mineur qui se livre à la prostitution, même occasionnellement, réputé en danger.

Les missions du département dans le cadre de l'ASE peuvent l'amener à combler les carences de l'État en matière d'hébergement d'urgence en décidant de prendre les mesures pour rendre possible l'hébergement d'une ou plusieurs familles rencontrant des difficultés. De façon logique et fonctionnelle, une CAA en a déduit que le département jouant le rôle du « bon samaritain » pouvait légalement demander à l'État de lui rembourser les sommes exposées dans le cadre de cette compétence supplétive[9]. En l'espèce, le département du Puy-de-Dôme a versé à 102 familles des sommes au titre des articles L. 222-1 et suivants du CASF représentant une dépense globale de 1 272 464 €. Le département s'estimait victime du préjudice causé par la carence des autorités étatiques. Il est intéressant de relever qu'en première instance, le TA estimait que le département avait volontairement exercé une action sociale facultative dont il ne pouvait demander le paiement à l'État alors que la CAA considère qu'il s'agit bien d'une compétence supplétive[10].

252. Les personnes prises en charge dans le cadre de l'ASE (CASF, art. L. 222-5). Modifiée à plusieurs reprises, la liste des personnes prises en charge au titre de l'ASE reflète l'existence de tensions au sein de la société française. Ces personnes sont les suivantes :

- les mineurs qui ne peuvent provisoirement être maintenus dans leur milieu de vie habituel et les mineurs qui rencontrent des difficultés particulières nécessitant un accueil spécialisé, familial ou dans un établissement ou service (CASF, art. L. 312-1, I, 12°) ;
- les pupilles de l'État (mineurs en situation d'abandon du fait de la volonté, de la carence ou de l'absence de leurs parents) remis aux services dans les conditions prévues aux articles L. 224-4, L. 224-5, L. 224-6 et L. 224-8 du CASF. L'alinéa 1er de ce dernier article a été abrogé par la décision n° 2012-268 QPC du 27 juillet 2012, dans la mesure où les conditions de contestation de l'arrêté d'admission à la qualité de pupille de l'État violaient le droit à un recours juridictionnel effectif ;
- les mineurs confiés au service sur décision judiciaire en application du 3° de l'article 375-3 du Code civil, des articles 375-5, 377, 377-1, 380 et 411 du même code ou de l'article L. 323-1 du Code de la justice pénale des mineurs ;

9. CAA Lyon, 30 sept. 2021 : AJDA 2022, p. 357, note Duranton A.
10. CE, 13 juill. 2016, Département du Puy-de-Dôme, n° 399829.

– la dernière catégorie de personnes prise en charge est formée par les majeurs âgés de moins de vingt et un ans et les mineurs émancipés qui ne bénéficient pas de ressources ou d'un soutien familial suffisants, lorsqu'ils ont été confiés à l'aide sociale à l'enfance avant leur majorité, y compris lorsqu'ils ne bénéficient plus d'aucune prise en charge par l'aide sociale à l'enfance. Peuvent être également pris en charge à titre temporaire, par le service chargé de l'aide sociale à l'enfance, les mineurs émancipés et les majeurs âgés de moins de vingt-et-un ans qui ne bénéficient pas de ressources ou d'un soutien familial suffisants.

L'accueil des jeunes majeurs : une nouvelle obligation d'action sociale confrontée à une montée en charge

Si la question de la prise en charge des jeunes majeurs a été réellement abordée pour la première fois par la loi du 14 mars 2016, la loi du 7 février 2022 ne consacre pas moins de 5 articles à la prise en charge sociale de ce public. L'enjeu est de taille car selon les chiffres cités lors des débats parlementaires sur la loi de 2022, environ 25 % des SDF sont des jeunes majeurs issus de l'ASE. Pour affronter ce défi social, la loi décide d'assurer un droit de retour des jeunes majeurs anciennement pris en charge par l'ASE lorsqu'ils étaient mineurs. De même, une priorité est gravée dans le marbre de la loi pour l'attribution à ces jeunes majeurs d'un logement social. Pour faciliter l'insertion sociale de ces jeunes majeurs, les départements proposent désormais la conclusion d'un « contrat jeune majeur » qui est désormais obligatoire. De même, si le jeune majeur n'a pas d'emploi, l'article 10 de la loi du 7 février 2022 prévoit son entrée dans le dispositif de la « garantie jeunes » prévue par l'article L. 5131-6 du Code du travail. À l'évidence, la loi répondait à un besoin car cette nouvelle action sociale rencontre une montée en charge. En 2024, 32 600 jeunes majeurs ont bénéficié d'un accueil provisoire jeune majeur (APJM), soit une hausse de 6,5 % par rapport à 2023. Le comportement d'un jeune majeur peut amener légalement le département à cesser sa prise en charge avant le terme prévu dans le cadre du « contrat jeune majeur » signé avec lui[11], lequel contrat n'a pas de valeur ni de portée juridique comme on le constate régulièrement dans le domaine de l'aide et de l'action sociales[12].

3) L'épineuse question de la prise en charge des mineurs étrangers non accompagnés (MNA)

253. Les mineurs étrangers non accompagnés (MNA), une question sociale sensible. La situation juridique des MNA – appellation européenne qui a remplacé celle de mineur isolé étranger (MIE) qui s'appliquait en France jusqu'en 2016 – illustre le lien entre la question migratoire et l'action sociale[13]. En 2018, 28 600 MNA ont été accueillis, soit une augmentation de 6 300 sur un an, la part de ces mineurs parmi l'ensemble des mineurs accueillis étant passée de 6,8 % en 2015 à 17,7 % en 2018. En 2021, la fermeture des frontières effective jusqu'au mois de juin en raison de la Covid-19 a eu pour effet de réduire de plus de 11 % la présence de MNA sur le territoire français. Le

11. CE, 22 juill. 2020, n° 435974 ; AJDA 2021, p. 34, note H. Rihal.
12. CE, 4 déc. 2019, n° 41897 (rejet de la possibilité de contester par la voie d'un recours contentieux le contrat d'insertion signé par le bénéficiaire du RSA).
13. Hardy J.-P., « La "question migratoire" : nouvelle frontière de l'action sociale de l'État et nouveau défi pour le travail social », RDSS 2018, p. 146 ; Gbandama E., *Les mineurs non accompagnés : au croisement entre le droit des étrangers et le dispositif français de protection de l'enfance*, thèse de droit, Université de Clermont-Auvergne, janv. 2024.

nombre de MNA est passé de 24 900 en 2020 à 22 000 (– 11,6 %) en 2021 avant de connaître une importante augmentation de plus de 10 % en 2022 avec 24 300 MNA. En revanche, le nombre de majeurs MNA est passé de 17 000 en 2020 à 18 600 (+ 9,4 %) en 2021 avant de chuter de 7,5 % en 2022 avec 17 300 prises en charge en raison de la Covid-19. En 2023, 31 100 MNA ont été pris en charge, soit une augmentation de 28 % par rapport à 2022. L'impact sur la politique d'ASE de l'arrivée des MNA est loin d'être négligeable, non seulement sur un plan humain, mais également pour l'image de la France, comme l'a montré la première condamnation de la République française début 2019 par la CEDH, dans une affaire relative à un jeune mineur afghan n'ayant pu être pris en charge à Calais[14]. Dans le département de Paris, les MNA représentent plus du quart du nombre total des enfants accueillis dans le cadre de cette politique sociale. En outre, on estime que chaque année, entre 7 500 et 10 000 MNA sont accueillis hors structure sociale dans les hôtels ou équipements sportifs, une telle prise en charge étant parfois synonyme de « démission » de l'action sociale, les mineurs livrés à eux-mêmes pouvant alors tomber dans le cercle vicieux de la délinquance ou des « ruptures de parcours » pour reprendre l'expression du professeur Rihal dans un commentaire sous une affaire aussi édifiante que révélatrice des maux auxquels sont exposés les MNA en errance dans les centres-villes[15]. Si le recours à l'hébergement est un pis-aller, un président de département ne peut l'exclure au motif qu'un tel hébergement n'est pas prévu par le CASF[16]. Le juge se montrait pragmatique afin d'éviter que les MNA dorment dans la rue. La loi Taquet de février 2022 a toutefois pris en considération les recommandations du Défenseur des droits en décidant d'interdire l'accueil des MNA dans des hôtels de tourisme et les structures agréées jeunesse et sport[17]. Cette nouvelle disposition précise, toutefois, que « par dérogation (à l'interdiction que l'on sait) et à titre exceptionnel pour répondre à des situations d'urgence ou assurer la mise à l'abri des mineurs, cette prise en charge peut être réalisée, pour une durée ne pouvant excéder deux mois, dans d'autres structures d'hébergement relevant des articles L. 227-4 et L. 321-1 » du CASF. Le décret n° 2024-119 du 16 février 2024 précise les conditions d'application de cette dérogation à titre exceptionnel et pour une durée de deux mois seulement.

La protection européenne des MNA : les précisions des deux Cours européennes de 2022 à 2025

La CJUE a rendu quatre arrêts en août 2022[18] dans lesquels elle a précisé l'étendue de la protection apportée par le droit de l'Union aux MNA. Dans l'affaire C-19/21, le juge de l'Union précise que les MNA disposent d'un droit de recours permettant de contester la décision refusant leur protection internationale par les autorités d'un État membre sur le territoire duquel réside un proche du mineur concerné. Pour la Cour, ce droit au recours résulte de la combinaison des normes contenues dans le règlement Dublin et la Charte des droits fondamentaux de l'Union européenne. Ce droit s'applique uniquement au mineur en raison de l'intérêt supérieur de l'enfant et non au proche parent de ce dernier.

14. CEDH, 28 févr. 2019, n° 12267/16, Khan c/ France : AJCT 2019, p. 292, note Aubin E.
15. CE, 22 juill. 2020, n° 435974, Ville de Paris : AJDA 2021, p. 34, note Rihal H.
16. TA Toulouse, 12 mars 2019, n° 1602857.
17. CASF, art. L. 221-2-3. Les MNA peuvent toutefois être accueillis dans ces dernières structures en période de vacances scolaires, de congés professionnels ou de loisirs.
18. CJUE, 1er août 2022, nos C-273/20, C-279/20 et C-355/20 pour les questions préjudicielles posées par le juge allemand et n° C-19/21 pour la question préjudicielle posée par une juridiction néerlandaise.

En l'espèce, un MNA égyptien avait demandé une protection internationale à la Grèce afin de pouvoir retrouver son oncle qui vivait essentiellement aux Pays-Bas. L'administration de ce pays a refusé la prise en charge demandée par les autorités grecques en application du règlement Dublin ; ce qui a lié le contentieux. La CJUE a également jugé qu'un MNA avait droit au regroupement familial avec ses parents, y compris lorsqu'il devient majeur en cours de procédure[19]. S'il devient majeur au cours de la procédure, un MNA bénéficie alors du droit au regroupement familial en vertu de la directive 2003/86/CE du 22 septembre 2003[20]. En 2025, la CEDH a de nouveau condamné la France pour le défaut de prise en charge d'un ressortissant guinéen (orphelin de mère) dont les autorités françaises ont inversé la présomption de minorité sans toutefois lui délivrer les informations suffisantes permettant de contester utilement les motifs retenus par les autorités internes pour renverser la présomption de minorité dont il bénéficiait[21]. Quelques mois plus tôt, dans une affaire concernant la Grèce, la CEDH avait jugé qu'un État ne pouvait pas laisser un MNA (afghan) sans abri pendant près de six mois sans accès aux biens de première nécessité et sans tuteur légal désigné par les autorités[22].

Un dispositif expérimental mis en place en région parisienne a été validé par le Conseil d'État ; la décision du ministre de la Justice mettant en place un dispositif de répartition de ces mineurs ne fait ainsi pas grief, puisqu'elle ne s'impose pas au juge judiciaire[23]. Toutefois, en imposant aux parquets d'affecter les MIE (expression remplacée désormais par celle de MNA) selon une clé de répartition entre les départements reposant sur un critère non prévu par la loi (proportion de la population âgée de moins de 19 ans dans la population de chaque département), la circulaire a fixé illégalement un critère qui ne tient pas compte de l'intérêt de l'enfant (violation du Code civil) et méconnaît l'indépendance constitutionnelle des magistrats[24]. La délivrance d'une autorisation de travail à un mineur isolé (pour la conclusion d'un contrat d'apprentissage ou de professionnalisation) est de plein droit[25].

Pour aller plus loin

Un président de conseil départemental a pu prendre des arrêtés anti-accueil de MNA afin de mettre l'accent sur les difficultés rencontrées dans le financement de cette politique sociale, avant de se raviser le jour où le Conseil d'État aurait dû statuer sur cette décision[26]. Interdire au lieu d'innover était une position qui aurait assurément amené le juge administratif à rappeler les exigences de l'État de droit et de la République sociale. Le juge administratif est compétent pour connaître d'un recours formé par un département ayant pris en charge des MNA pour combler la carence administrative du service d'ASE d'un autre département et qui conteste, ensuite, la légalité de la décision de refus de prise en charge de ces mineurs par ce

19. CJUE, 30 janv. 2024, aff. C-560/20, Landshauptmann von Wien.
20. CJUE, 30 janv. 2024, aff. n° C-560/20, Landeshauptmann von Wien.
21. CEDH, A.C. c. France, 16 janvier 2025 (req. n° 15457/20) ; AJDA 2025, p. 1082, note Th. Onillon
22. CEDH, 23 janv. 2024, n° 24650/19, AJDA 2024, p. 136.
23. CE, 12 juin 2013, n° 357648, Département d'Eure-et-Loir, Département des Hauts-de-Seine.
24. CE, 30 janv. 2015, Département des Hauts-de-Seine.
25. CE, 15 févr. 2017, n° 407355.
26. CE, ord. réf., 23 août 2013, n° 371432, préfet de la Mayenne.

département pourtant désigné par l'autorité judiciaire (le procureur de la République)[27]. Pour le TA, le président du département qui refuse d'exécuter la décision judiciaire de prise en charge au titre de l'ASE a méconnu les dispositions de l'article L. 222-5 du CASF.

254. Une question sociale au cœur d'un contentieux symptomatique. L'État a décidé de mettre en place, dans une circulaire du 31 mai 2013, un nouveau dispositif d'accueil des MNA qui avait soulagé en partie les départements concernés en finançant les cinq premiers jours d'accueil, les recherches pour évaluer l'âge de l'étranger concerné ainsi que le transfert éventuel pour une prise en charge par un autre département. Une circulaire ne faisant pas le printemps, *quid* en cas de refus de prise en charge par le département d'un MNA ? En urgence, il a été jugé qu'un MNA pouvait former un référé-liberté contre une décision refusant de le prendre en charge, la décision du département de ne pas appliquer la décision du juge privant les MNA d'un droit de créance[28]. Le seul affichage par un président de département de l'arrêté indiquant un refus de prise de MNA en provenance d'États concernés par le virus Ebola à l'hôtel du département ne suffit pas à faire courir le délai de recours contentieux contre cet acte. Sont en revanche de nature à faire courir ce délai, soit la publication de l'acte au recueil des actes administratifs du département, soit sa publication, en complément de l'affichage à l'hôtel du département, dans son intégralité sous forme électronique sur le site internet du département, dans des conditions garantissant sa fiabilité et sa date de publication[29]. Un MNA ne peut former un recours pour excès de pouvoir contre la décision du département refusant de l'admettre à l'ASE. Dans ce cas, le mineur doit saisir le juge des enfants en application des articles 375 et 375-1 du Code civil, car au-delà de l'accueil provisoire de 5 jours, l'admission à l'ASE ne peut intervenir sans saisine et ordre donné en ce sens par l'autorité judiciaire[30].

La protection des mineurs non accompagnés n'est pas mieux assurée lorsque ces derniers ont la qualité de demandeur d'asile car ils sont exclus des aides et prestations apportées par l'OFII[31]. Les atermoiements de la France en la matière sont illustrés par une affaire jugée par la CEDH fin 2019[32]. Ce constat a amené la doctrine[33] à plaider en faveur d'un meilleur investissement de l'État dans la gestion des MNA ; elle a été en partie entendue avec l'intervention de la loi *Taquet* du 7 février 2022 (v. *infra*, n° 256).

255. La loi du 14 mars 2016 relative à la protection de l'enfant a ajouté une disposition sur les MNA dont la prise en charge continue de relever de la compétence départementale, avec un dispositif de répartition nationale (CASF, art. L. 221-2-2 et C. civ., art. 375-5). La loi limitant le recours aux examens radiologiques osseux pour déterminer l'âge du mineur étranger (C. civ., art. 388), le doute sur la minorité doit toujours profiter à l'enfant, et non à la personne publique compétente pour le prendre en

27. TA Rouen, 14 févr.2025, Seine-Saint-Denis (Dpt) c/Eure (Dpt), n° 2401923 ; AJDA 2025, p. 1498, conclusions L. Delacour.
28. CE, ord., 12 mars 2014, n° 375956, MNA confié au département par le juge des enfants.
29. CE, 3 déc. 2018, n° 409667, Ligue des droits de l'homme.
30. CE, 1er juill. 2015, n° 386769, Département du Nord.
31. Burriez D., « La protection des mineurs isolés demandeurs d'asile », AJDA 2020, p. 2125.
32. CEDH, 10 oct. 2019, M.D. c/ France, n° 50376/13.
33. Burriez D., « L'étatisation de la protection des mineurs isolés étrangers », AJDA 2019, p. 802.

charge, ainsi que l'avait rappelé le Défenseur des droits dans sa décision du 26 février 2016 relative à l'accès aux droits et à la justice des mineurs étrangers. Il existe cependant un chevauchement de compétences entre l'État et le département ; en cas d'afflux massif de MNA, l'État doit en effet intervenir de façon supplétive[34] dès lors que le département n'est pas en mesure d'exercer sa mission de protection des mineurs[35].

256. Le retour de l'État dans la gestion des MNA : du décret de janvier 2019 à la loi du 7 février 2022. L'État a décidé, en 2019, d'apporter une réponse réglementaire en renforçant son concours à la gestion de la situation des MNA *via* une meilleure régulation de la compétence des départements (D. n° 2019-57, 30 janv. 2019). La compétence du département précisée par le juge administratif consiste à évaluer l'âge du mineur et à l'orienter[36], ainsi qu'à lui apporter un hébergement d'urgence et une prise en charge effective[37]. Une carence caractérisée dans l'exercice de cette compétence sociale d'accueil des mineurs sans abri porte une atteinte grave et manifestement illégale à une liberté fondamentale[38]. La CEDH est très attentive au respect par les autorités publiques de l'exécution de décisions de justice rendues pour protéger l'intérêt supérieur des enfants et condamne toute carence dans la prise en charge d'un mineur étranger isolé ; les autorités publiques doivent ainsi faire tout ce que l'on peut raisonnablement attendre d'elles pour répondre à cette obligation juridique[39]. Le décret précité du 30 janvier 2019 (appui à l'évaluation de la minorité) autorisant la création d'un fichier des mineurs non accompagnés n'a pas fait l'objet d'une suspension par le Conseil d'État[40] à l'aune du respect de l'intérêt supérieur de l'enfant. En revanche, le juge administratif suprême a transmis la QPC sur la constitutionnalité de l'article L. 611-6-1 du CESEDA[41] au regard de droits et libertés garantis par la Constitution. La décision QPC n° 2019-797 a toutefois validé cet article créant un fichier des MNA qui ne viole pas l'exigence constitutionnelle de protection de l'intérêt supérieur de l'enfant.

Les apports de la loi *Taquet* du 7 février 2022 : troisième loi en 15 ans dans le domaine de l'ASE

Franchissant un cran dans la réponse normative, le retour de l'État s'est traduit par l'adoption de la loi dite *Taquet* du 7 février 2022, troisième loi en 15 ans dans le domaine de la protection de l'enfance. Cette nouvelle réforme adopte une approche globale et équilibrée de l'accueil notamment des MNA. En outre, cette loi fixe des nouveaux critères de répartition entre départements basés, d'une part, sur les critères socio-économiques et d'autre part, sur le nombre de bénéficiaires de contrats jeunes majeurs chez les mineurs non accompagnés.

L'objectif est clairement de mieux répartir la question sociale des MNA entre les départements. L'article 15 prévoit, quant à lui, le recours obligatoire au fichier national d'appui à

34. CE, 27 juill. 2016, n° 400055, Département du Nord.
35. CE, 8 nov. 2017, n° 406256, GISTI.
36. CE, 14 juin 2017, n° 402890, Assemblée des départements de France.
37. CE, ord., 27 déc. 2017, n° 415436, Département de Seine-et-Marne.
38. CE, ord., 25 janv. 2019, n° 427169.
39. CEDH, 28 févr. 2019, n° 12267/16, Khan c/ France.
40. CE, 3 avr. 2019, n° 428477.
41. CE, 15 mai 2019, n° 428478.

l'évaluation de la minorité (AEM) afin d'éviter les demandes multiples auprès de plusieurs départements par un individu dont la minorité n'est pas manifeste. Toutefois, cette nouveauté imprime clairement une dimension sécuritaire dans cette action sociale car elle oblige à présenter le MNA en préfecture. Si tel n'est pas le cas, le département risque alors de perdre une partie de la contribution financière de l'État. Quoi qu'il en soit, dans un avis adopté à l'unanimité le 12 juin 2025, la CNCDH dresse un bilan très mitigé de l'accueil des MNA en France, ces mineurs étant des victimes collatérales de la crise structurelle caractérisant l'ASE. Pour cette raison, une proposition de loi a été adoptée en première lecture à l'Assemblée nationale le 11 décembre 2025. Son intitulé vise à inverser les priorités en rappelant la nécessité de protéger les enfants. Cette proposition de loi vise « à protéger les mineurs isolés et à lutter contre le sans-abrisme ». Pour autant, cette proposition de loi est loin d'avoir achevé son parcours parlementaire.

B - La fonction « professionnalisée » de l'accueil familial

257. Le rôle et le statut des assistants maternels et des assistants familiaux. Les assistantes maternelles jouent un rôle important dans l'aide sociale à l'enfance. Chaque année, environ 300 000 professionnels accueillent environ 800 000 enfants âgés de moins de 6 ans (dont 500 000 de moins de 3 ans). Conformément à l'article L. 422-6 du CASF, les assistants maternels et les assistants familiaux employés par des collectivités territoriales sont des agents non titulaires de ces collectivités (L. n° 92-642, 12 juill. 1992 relative aux assistants maternels et assistantes maternelles). La loi du 26 juillet 2005 peut s'appliquer à leur situation et justifier la transformation de leur contrat en CDI de droit public[42]. Leur mission, qui constitue une alternative au placement en crèche, consiste à accueillir à leur domicile des enfants mineurs à titre permanent ou non permanent. Pour pouvoir exercer cette profession, les assistants maternels doivent recevoir un agrément délivré par le président du conseil départemental (CASF, art. L. 421-1) pour une durée de 5 ans (D. n° 92-1051, 29 sept. 1992, art. 8).

L'impact du Code général de la fonction publique (1er mars 2022) sur la situation statutaire des assistants maternels et familiaux

Depuis l'entrée en vigueur le 1er mars 2022 du Code général de la fonction publique, la situation statutaire des assistants maternels et des assistants familiaux figure à l'article L. 333-14 du CGFP qui dispose qu'ils sont « employés par une collectivité ou un établissement employé à l'article L. 4 [du CGFP] ». Ils ont la qualité d'« agents contractuels territoriaux soumis aux dispositions du chapitre II du livre IV du CASF ».

258. Contentieux relatif au licenciement des assistants maternels. L'autorité territoriale peut licencier une assistante maternelle dans les conditions prévues par l'article 18 du décret du 14 octobre 1994, qui renvoie sur ce point aux dispositions de l'article L. 422-1 du CASF. La décision n° 2001/119 QPC du 1er avril 2011 a validé l'article L. 423-8 du CASF relatif au licenciement des assistants maternels, cependant que le juge administratif a précisé les pouvoirs du président du conseil départemental désireux de retirer l'agrément d'un assistant maternel dont le conjoint a été

42. CAA Marseille, 9 oct. 2012, Mme Gille.

soupçonné, à tort, d'agression sexuelle sur l'enfant accueilli[43] ou lorsque l'assistant n'a pas signalé des faits de relations sexuelles imposées par son fils alors mineur à une jeune fille accueillie[44]. Le prononcé d'un non-lieu par le juge pénal ne dispense pas pour autant l'autorité administrative de procéder au retrait d'agrément de l'assistant maternel ; l'existence du non-lieu ne justifie pas, à lui seul, l'annulation de la décision de retrait de l'agrément en raison de l'autonomie des processus juridiques[45]. Faisant preuve d'une certaine sévérité, le juge a validé la suspension de l'agrément d'une assistante familiale en raison de la tentative de suicide du mineur 5 jours après son accueil[46].

259. Évolution de la situation statutaire des assistants maternels et des assistants familiaux. La situation statutaire a évolué avec la loi n° 2004-1 du 2 janvier 2004 relative à l'accueil et à la protection de l'enfance, qui a modifié les règles relatives à l'agrément[47]. Lorsque l'accueil a un caractère permanent, le nombre de mineurs accueillis ne peut être supérieur à trois, sauf dérogation accordée par le président du conseil départemental (CASF, art. L. 421-1, al. 2). La loi du 27 juin 2005 relative aux assistants maternels et aux assistants familiaux a renforcé la professionnalisation des travailleurs de ce secteur tout en distinguant clairement :

- les assistants maternels non permanents (AMNP), qui accueillent de jeunes enfants à domicile ou en crèche ;
- les assistants maternels permanents, désormais dénommés « assistants familiaux ».

L'amélioration du métier d'assistant familial par la loi du 7 février 2022

La loi du 7 février 2022 relative à la protection de l'enfance[48] a amélioré l'exercice du métier d'assistant familial partant du constat selon lequel la moitié des enfants pris en charge dans le cadre de l'ASE sont accueillis par les assistants familiaux. La loi garantit, dans son article 28, une rémunération minimale avec des revenus équivalents à 80 % au moins de la rémunération prévue au contrat lorsqu'ils accueillent moins d'enfants que le nombre stipulé dans le contrat (CASF, art. L. 423-30). La rémunération de l'assistant familial ne peut être inférieure au montant du SMIC. S'il est employé par une personne morale de droit public, l'assistant familial pourra poursuivre son activité au-delà de 67 ans – dans la limite de 3 ans – afin d'accompagner l'enfant accueilli jusqu'à sa majorité (CASF, art. L. 422-5-1). En raison du vieillissement des assistants familiaux qui pourrait réduire de façon drastique leur nombre, la loi autorise donc cet agent public à travailler au-delà de la limite d'âge mentionnée à l'article L. 556-11 du Code général de la fonction publique.

260. Le cadre légal des maisons d'assistants maternels (MAM). La loi n° 2010-625 du 9 juin 2010 a donné un cadre juridique aux maisons d'assistants maternels créées de façon expérimentale il y a 10 ans et qui servent de cadre au regroupement de ces travailleurs sociaux et prévoit que quatre assistants seulement pourront exercer dans

43. CE, 9 mars 2007, n° 336743, Département de l'Hérault ; CE, 9 mars 2012, n° 339851, Département de la Moselle.
44. CE, 26 déc. 2013, n° 354265, Département du Puy-de-Dôme.
45. CE, 17 déc. 2010, n° 328975, Département du Gard ; CE, 23 déc. 2011, n° 336743, Département de l'Hérault.
46. CE, 31 mars 2017, n° 395624.
47. Rihal H., « Du nouveau sur l'accueil et la protection de l'enfance », RDSS 2004, p. 433.
48. Rihal H. et Lecat D., « Une nouvelle réforme de l'aide sociale à l'enfance », AJDA 2022, p. 977.

une même maison (CASF, art. L. 424-1). Ce faisant, les maisons d'assistants maternels deviennent « un collectif de salariés aux employeurs différents »[49]. En outre, chaque parent peut autoriser l'assistant maternel accueillant son enfant à déléguer cet accueil à un ou plusieurs autres assistants exerçant dans la même maison. Le statut des assistants a été modifié concernant la formation professionnelle relative à l'exercice de cette fonction au sein de la maison d'assistants maternels (CASF, art. L. 424-5) et non à leur domicile, la formule du regroupement permettant de répondre plus efficacement aux besoins spécifiques des parents sans solution de garde. Les départements ont le choix ou non de recourir à cette solution dans le cadre d'une convention.

261. La distinction entre les assistants maternels non permanents et les assistants maternels permanents. Métier en pleine mutation, l'assistance familiale et maternelle a également été placée sur la « voie de la professionnalisation » grâce à la loi n° 2005-706 du 27 juin 2005 relative aux assistants maternels et aux assistants familiaux[50]. Cette loi distingue désormais ces deux métiers en retenant un critère fonctionnel inséré à l'article L. 421-1 du CASF :

- les AMNP, soumis aux dispositions du Code du travail ;
- les assistants familiaux, généralement recrutés par des personnes morales de droit public ou des associations.

L'ajout du mot « familial » pour ces derniers a pour objet de mettre en évidence le caractère structurant, pour l'enfant, de l'accueil permanent. Depuis la loi du 27 juin 2005, les assistants familiaux constituent, au sens de l'article L. 421-2 du CASF, les familles qui accueillent les mineurs relevant de la protection de l'enfance.

262. L'accueil en urgence, une nouvelle responsabilité des assistants familiaux légalisée en février 2022. Les pratiques devancent souvent les normes en droit de l'aide et de l'action sociales. La loi du 7 février 2022 corrobore ce constat en légalisant une pratique qui devenait courante ; à savoir l'accueil en urgence d'enfants. Elle introduit un nouvel article L. 422-4 dans le CASF qui dispose qu'« Afin de pouvoir assurer sans délai des accueils urgents et de courte durée, les services concernés peuvent spécialiser dans cette forme d'accueil certains des assistants familiaux qu'ils emploient ». Ces personnes s'engagent à recevoir immédiatement les enfants présentés par le service dans la limite d'un nombre maximum convenu avec lui. La loi précise qu'en contrepartie, elles perçoivent, durant les périodes où aucun enfant ne leur est confié, une indemnité de disponibilité. Plus les actions s'intensifient et se diversifient, plus la question des conséquences de ces activités sociales se pose et notamment celle de la personne responsable en cas de dommage causé à un enfant ou subi du fait d'une action de celui-ci.

---

49. Boulmier D., « Les maisons d'assistants maternels : interrogations sur les règles relatives au concept de garde collectif/individuel », RDSS 2010, p. 1135.
50. Rihal H., « La séparation des professions d'assistant maternel et d'assistant familial », RDSS 2005, p. 798.

2. LES RESPONSABILITÉS JURIDIQUES DU DÉPARTEMENT DANS L'ACTION SOCIALE À L'ENFANCE

A - La responsabilité sans faute de l'État au titre de l'assistance éducative

263. La jurisprudence *GIE Axa Courtage* : la garde du mineur, nouveau fondement de la responsabilité sans faute. Confirmant la « socialisation » de la responsabilité dans le domaine de la protection judiciaire de la jeunesse (PJJ)[51], la section du contentieux du Conseil d'État a engagé, en 2005, la responsabilité sans faute de l'État pour réparer le préjudice résultant, pour le département de l'Essonne, d'un incendie provoqué par un mineur dont la garde avait été confiée à un service relevant de la direction de la protection judiciaire de la jeunesse (DPJJ) du ministère de la Justice[52]. Le mineur avait, en effet, été placé dans l'institution spéciale d'éducation surveillée (ISES) de Savigny-sur-Orge en vertu d'une mesure d'assistance éducative (MAE) prise par le juge des enfants d'Évry sur le fondement de l'article 375 du Code civil.

264. Transposant à l'État, sur le terrain de la responsabilité pour faute, la logique appliquée dans l'arrêt *Mlle Vinot* d'octobre 2003 au service départemental de l'ASE, la section du contentieux fait découler la responsabilité sans faute de l'État des pouvoirs dont celui-ci se trouve investi lorsque le mineur a été confié à un service ou un établissement relevant de son autorité. L'originalité de l'arrêt *GIE Axa Courtage* réside dans le fait que le juge administratif suprême se fonde implicitement sur la notion de garde du mineur, comme la cour administrative d'appel de Douai en 2003, pour engager la responsabilité sans faute de l'État. Ainsi que le souligne le professeur Guettier, il y a là un déclin évident du risque en tant que fondement de la responsabilité sans faute de l'État, car « ou bien le risque suffisait et l'on n'avait pas besoin de la garde, ou bien il était inapproprié et dans ce cas la garde-chasse le risque »[53]. En retenant la garde d'autrui comme fondement de la responsabilité de l'État, le juge administratif suprême réduit l'exorbitance du droit de la responsabilité administrative en « civilisant » le fondement de la responsabilité de l'État en cas de dommages causés par un mineur pris en charge au titre de l'assistance éducative.

Pour aller plus loin

La responsabilité sans faute s'applique également aux dommages subis par un jeune majeur faisant l'objet d'une mesure de protection judiciaire[54].

---

51. Sur cette thématique, lire l'étude figurant dans le rapport du CE pour 2004, *Socialisation de la responsabilité*, 2005, Doc. fr.
52. CE, sect., 11 févr. 2005, n° 252169, GIE Axa Courtage : Lebon, concl. Devys ; AJDA 2005, p. 663, « Chronique générale de jurisprudence administrative » ; RDFA 2005, p. 595, note Bon P. ; JCP G 2005, I 145, n° 13, obs. Aubin E. ; RDSS 2005, p. 466, note Cristol D.
53. Guettier C., « Du droit de la responsabilité administrative dans ses rapports avec la notion de risque », AJDA 2005, p. 1503.
54. CE, 13 nov. 2009, n° 306517, ministre de la Justice.

265. La combinaison du risque et de la garde. Le Conseil d'État a rendu un arrêt dans lequel il conjugue à la fois le risque et la garde pour engager la responsabilité sans faute de l'état du fait des dommages causés par des mineurs placés au titre de l'assistance éducative[55]. En l'espèce, trois mineurs confiés à un établissement spécialisé habilité par l'État et le département à accueillir et encadrer des mineurs – pour le premier au titre de l'ordonnance du 2 février 1945 sur les mineurs délinquants et pour le second au titre des mesures d'assistance éducative – ont fugué de l'établissement et commis, à cette occasion, des dégradations et des vols. Pour le Conseil d'État, la responsabilité de l'État doit être engagée sur la base de la jurisprudence *Thouzellier* (le risque) pour les mineurs délinquants et sur le fondement de la garde dans le cadre de la mesure d'assistance éducative.

266. L'indifférence de la prise en charge effective par une autre personne morale. En 2008, le Conseil d'État a jugé que la responsabilité de l'État était engagée du fait de ses pouvoirs dans le cadre de la protection judiciaire de l'enfance, alors même que le mineur n'était pas sous la surveillance effective du service de la justice au moment des faits[56]. Cette solution est également appliquée par le juge judiciaire suprême lorsque le mineur pris en charge par un service éducatif crée un dommage à l'occasion d'un accueil régulier dans sa famille ; en effet, l'association chargée par décision du juge des enfants d'organiser et de contrôler à titre permanent le mode de vie du mineur demeure responsable, sur la base de l'article 1384, alinéa 1er du Code civil, du fait dommageable commis par ce dernier, y compris lorsqu'il est hébergé par ses parents, dès lors qu'aucune décision judiciaire n'a suspendu ou interrompu cette mission éducative[57].

267. Dommages causés par un mineur étranger pris en charge : la divergence entre les juges judiciaires et administratifs. Lorsqu'un mineur étranger isolé placé sous la tutelle du département crée un dommage, la responsabilité de ce dernier peut être engagée sur des fondements qui diffèrent parfois étrangement, selon le juge compétent, pour statuer contrairement à ce que l'on a pu observer concernant la responsabilité sans faute des mineurs sur le fondement de la garde. Ainsi, alors que la cour administrative d'appel de Nantes a engagé la responsabilité sans faute du département sur le fondement de la rupture de l'égalité devant les charges publiques pour réparer les conséquences d'un incendie allumé par une mineure étrangère isolée placée sous la tutelle de cette collectivité territoriale, la Cour de cassation a jugé, dans la même affaire, que la responsabilité du département devait être engagée en application de l'article 1384, alinéa 1er du Code civil, dans la mesure où le département avait la qualité de gardien.

---

55. CE, 17 mars 2010, garde des Sceaux, ministre de la Justice c/ Lauze : Lebon ; AJDA 2010, p. 1209, concl. Roger Lacan R.
56. CE, 17 déc. 2008, n° 301705, garde des Sceaux, ministre de la Justice.
57. Cass. crim., 8 janv. 2008, n° 07-81725, Association du foyer Beyris (viol commis sur sa sœur par un mineur pris en charge par un foyer lors d'un séjour chez sa mère) : RDSS 2008, p. 376, note Cristol D.

B - Le contentieux de l'ASE relatif au département

1) *Le plein contentieux relatif aux carences du département dans la prise en charge de mineurs*

268. Le juge administratif de la légalité et les carences du département. Le constat de départ en la matière est l'existence, au profit du président du conseil départemental, d'un large pouvoir d'appréciation pour accorder ou maintenir la prise en charge par le service de l'aide sociale à l'enfance d'un jeune majeur de moins de 21 ans éprouvant des difficultés d'insertion sociale faute de ressources ou d'un soutien familial suffisants. Dans le cadre de cette marge d'action, le président peut notamment prendre en considération les perspectives d'insertion qu'ouvre une prise en charge par ce service. Une récente étude a dressé la synthèse de la jurisprudence administrative relative à la carence des départements dans le domaine de l'action sociale à destination des enfants et mineurs[58]. Sophie Théron relève, à cet égard, que ce domaine de l'aide et de l'action sociales illustre la généralisation du recours de plein contentieux depuis l'important arrêt de section rendu le 3 juin 2019.

CE, sect., 3 juin 2019 : l'intégration des litiges de l'ASE dans le plein contentieux

« Lorsqu'il statue sur un recours dirigé contre une décision refusant une prise en charge par le service de l'aide sociale à l'enfance, il appartient au juge administratif, eu égard tant à la finalité de son intervention qu'à sa qualité de juge de plein contentieux, non de se prononcer sur les éventuels vices propres de la décision attaquée, mais d'examiner la situation de l'intéressé, en tenant compte de l'ensemble des circonstances de fait qui résultent de l'instruction et, notamment, du dossier qui lui est communiqué en application de l'article R. 772-8 du Code de justice administrative. Au vu de ces éléments, il lui appartient d'annuler, s'il y a lieu, cette décision en accueillant lui-même la demande de l'intéressé s'il apparaît, à la date à laquelle il statue, eu égard à la marge d'appréciation dont dispose le président du conseil départemental dans leur mise en œuvre, qu'un défaut de prise en charge conduirait à une méconnaissance des dispositions du Code de l'action sociale et des familles relatives à la protection de l'enfance et en renvoyant l'intéressé devant l'administration afin qu'elle précise les modalités de cette prise en charge sur la base des motifs de son jugement ». La principale conséquence de cette nouvelle jurisprudence est d'amener le juge à statuer non pas à la date de la décision contestée, mais à celle à laquelle il se prononce, comme ne manque pas de le rappeler le Conseil d'État[59].

269. L'office du juge des référés face à l'existence ou non d'une carence. La logique de l'arrêt de section du 3 juin 2019 se retrouve dans le contentieux du référé-liberté pour apprécier l'existence ou non d'un doute sérieux quant à la légalité du refus du département de prendre en charge un mineur au titre de l'ASE[60]. En pratique, le juge de l'urgence recherche si, à la date à laquelle il se prononce, les éléments du dossier et les circonstances de fait ressortant de l'instruction font

58. Théron S., « La carence du département en matière d'action sociale face au juge administratif », RDSS 2021, p. 329.
59. CE, ord. réf., 6 nov. 2019, n° 429430.
60. CE, ord. réf., 6 nov. 2019, n° 429430 ; CE, 22 nov. 2019, n° 433279 (absence de doute sérieux du refus de prise en charge au motif que le jeune est rémunéré par une entreprise qui l'accueille en contrat d'apprentissage).

apparaître, en dépit de cette marge d'appréciation, un doute sérieux quant à la légalité d'un défaut de prise en charge. Depuis juin 2019, le Conseil d'État vérifie que le juge des référés a bien tenu compte de l'ensemble des faits de chaque espèce, y compris le comportement de l'intéressé, qui peut justifier la décision refusant la prise en charge par l'aide sociale à l'enfance[61].

270. Le contrôle des refus de prise en charge en période de Covid-19. Le juge se montre protecteur dans ce contexte sanitaire en imposant au département l'accueil provisoire du mineur, même si ce dernier a saisi le juge des enfants, s'il apparaît que « l'appréciation portée par le département sur l'absence de qualité du mineur est manifestement erronée et que ce dernier est confronté à un risque immédiat de mise en danger de sa santé ou de sa sécurité »[62].

2) La responsabilité pour faute du département

271. La responsabilité liée aux mauvais traitements des enfants. Le Tribunal des conflits juge, constamment, que « la demande d'un mineur en réparation du préjudice que lui auraient causé les manquements de son tuteur dans l'accompagnement de ses démarches administratives est relative aux conditions d'exercice de la tutelle et concerne un droit qui relève essentiellement du droit civil », le juge judiciaire étant donc compétent y compris si la tutelle a été confiée à la commune par une décision du juge aux affaires familiales[63]. La compétence du juge judiciaire est également retenue en cas de faute commise par le service de l'ASE et ce « à supposer que le fait pour le service de l'aide sociale à l'enfance, auprès duquel le mineur a été placé par le juge des enfants, de ne pas avoir accompli avant sa majorité les démarches nécessaires à la souscription de la déclaration de nationalité visée au 1° de l'alinéa 3 de l'article 21-12 du Code civil soit constitutif d'une faute, celle-ci n'est pas détachable des obligations que le service de l'aide sociale à l'enfance assume dans l'exercice de la mission d'assistance éducative qui lui a été confiée par le juge judiciaire sur ce mineur »[64]. Pour le Tribunal, il s'agit d'une faute non détachable de ce service.

Il peut arriver que les enfants pris en charge subissent de mauvais traitements de la part des assistantes maternelles. Dans une telle hypothèse, le juge administratif estime que le président du conseil départemental ne commet pas une erreur manifeste d'appréciation en mettant fin au contrat de travail et en retirant son agrément à une assistante maternelle poursuivie pour des faits « consistant notamment en brimades et châtiments corporels d'une particulière gravité »[65] ; le retrait de l'agrément est également légal lorsque le fils d'une assistante maternelle est suspecté d'avoir commis des attouchements sexuels sur le mineur accueilli[66]. Dès lors que les circonstances justifient la suspension puis le retrait de l'agrément de l'assistant familial, il n'existe aucune illégalité fautive

61. CE, ord. réf., 22 juill. 2020, n° 435974 : AJDA 2021, p. 34, note Rihal H.
62. CE, 4 juin 2020, n° 440686 ; CE, 22 sept. 2020, n° 444634 ; CE, 22 oct. 2020, n° 445268 ; CE, 11 janv. 2021, n° 448276.
63. T. confl., 15 mai 2023, n° 4272, Camara c/ Département de la Seine-Saint-Denis ; AJDA 2023, p. 1939, note Rihal H.
64. T. confl., 15 mai 2023, n° 4272.
65. CAA Nantes, 17 oct. 2002, n° 99NT02134, Mlle B.
66. CAA Nancy, 18 mars 2004, n° 99NC02353, Département de Meurthe-et-Moselle.

susceptible d'engager la responsabilité du département[67]. En revanche, est annulé le retrait d'agrément prononcé sur la seule base de la parole de l'enfant et de l'accusation d'attouchement sexuel ayant fait l'objet d'un classement sans suite[68]. Le Conseil d'État a jugé qu'un département est responsable de l'intégralité du préjudice – évalué à 75 000 € – subi par une jeune fille victime, pendant ses 9 années de prise en charge au titre de l'ASE, en raison de mauvais traitements et de sévices infligés par deux assistantes maternelles[69]. Cette situation n'a été rendue possible que du fait de la carence du service du département chargé de l'ASE dans l'exercice du pouvoir du contrôle qui lui incombait des conditions de placement de l'intéressée dans des familles d'accueil. Le juge est d'autant plus exigeant, à l'aune de la responsabilité, lorsqu'il s'avère que le service de l'ASE a été informé de suspicions de comportements ne protégeant pas la sécurité, la santé et l'épanouissement des enfants[70].

3) Les cas de responsabilité sans faute du département

272. Un régime protecteur des acteurs de l'ASE. Le Conseil d'État a engagé la responsabilité sans faute du département envers une assistante maternelle agréée à raison des dommages subis par celle-ci et son conjoint du fait de l'enfant dont l'accueil lui a été confié[71]. La cour administrative d'appel de Nancy a engagé, quant à elle, la responsabilité sans faute du département à l'égard d'une assistante maternelle en raison d'un retrait d'agrément fondé sur de fortes suspicions – non avérées – d'agressions sexuelles sur un mineur par un membre de son entourage[72]. La notion civile de garde est désormais invoquée pour fonder juridiquement l'engagement de la responsabilité sans faute d'un département afin de réparer les dommages causés par un mineur pris en charge au titre de l'ASE. La cour administrative d'appel de Douai a ainsi appliqué l'article 1384, alinéa 1er du Code civil pour considérer que les services départementaux de l'ASE doivent contrôler et organiser à titre permanent le mode de vie du mineur placé en assistance éducative par une décision judiciaire[73]. L'emprunt au droit civil illustré par l'emploi du mot « garde » accolé au régime de responsabilité sans faute réduit, ici, l'exorbitance du droit de la responsabilité administrative. La responsabilité sans faute est engagée du fait des pouvoirs à un département à qui la garde d'un mineur a été confiée par le juge des enfants nonobstant le « souhait », dans l'ordonnance de celui-ci, d'un placement de l'enfant dans le foyer[74]. La responsabilité est transférée au département qui a, juridiquement, la garde du mineur. Dès lors, la responsabilité du département est engagée sans faute et ne peut être atténuée ou supprimée que dans les cas où elle est imputée à un cas de force majeure ou à une faute de la victime[75].

---

67. CAA Versailles, 29 sept. 2020, n° 17VE00268.
68. CE, 1er mars 2012, Département de la Moselle.
69. CE, sect., 13 oct. 2003, n° 244420, Mlle Vinot.
70. CAA Bordeaux, 26 oct. 2018, n° 16BX01282 ; CAA Versailles, 29 sept. 2020, n° 17VE00268.
71. CE, 23 juill. 2003, M. Calon et a.
72. CAA Nancy, 6 janv. 2005, Monnier.
73. CAA Douai, 8 juill. 2003, n° 01DA00529, Département de la Seine-Maritime.
74. CAA Nancy, 6 avr. 2006, Institut national de la recherche agronomique ; CE, 26 mai 2008, Département des Côtes-d'Armor.
75. CE, 26 mai 2008, n° 290495, Département des Côtes-d'Armor.

La création par la loi du 7 février 2022 de nouveaux collaborateurs bénévoles

Ainsi que l'ont précisé Hervé Rihal et Donatien Lecat[76], la création par la loi du 7 février 2022 de nouveaux collaborateurs bénévoles du service d'ASE tels que les marraines et les parrains amenés à entretenir une relation durable avec l'enfant accueilli (CASF, art. L. 221-2-6) aura pour effet d'engager la responsabilité sans faute du département en cas de dommage causé par l'enfant accueilli à leur domicile, le département étant toujours considéré, juridiquement, comme le gardien du mineur. Cette loi de 2022 a également créé le mentorat (Décret n° 2024-117 du 16 févr. 2024) qui permet à un enfant de bénéficier d'un mentor (CASF, art. L. 221-2-6). Au sens de cette loi, « le mentorat désigne une relation interpersonnelle d'accompagnement et de soutien basée sur l'apprentissage mutuel. Son objectif est de favoriser l'autonomie et le développement de l'enfant accompagné en établissant des objectifs qui évoluent et s'adaptent en fonction de ses besoins spécifiques. Le recours au mentorat doit être proposé à l'entrée au collège ».

273. Transfert de responsabilité vers le département. Le transfert de responsabilité est effectif, y compris dans l'hypothèse où le juge des enfants assortit sa décision de confier un mineur à la garde du service de l'ASE du souhait que ce mineur soit placé au sein d'un organisme de droit privé, lequel a la qualité de prestataire du conseil départemental. Ce souhait est toutefois sans incidence sur l'effectivité de la responsabilité sans faute du département, qui doit dès lors réparer les conséquences préjudiciables de la fugue du mineur dont il avait la responsabilité d'organiser, de diriger et de contrôler la vie[77]. Une fondation victime des agissements de deux mineurs pris en charge en vertu des jugements en assistance éducative peut également poursuivre la responsabilité sans faute du département[78].

274. Responsabilité du département du fait des dommages créés par un MNA. Lorsqu'un mineur non accompagné (MNA) placé sous la tutelle du département crée un dommage, la responsabilité de ce dernier peut être engagée sur des fondements qui diffèrent étrangement, parfois, selon le juge compétent pour statuer. Ainsi, alors que la cour administrative d'appel de Nantes a engagé la responsabilité sans faute du département sur le fondement de la rupture de l'égalité devant les charges publiques pour réparer les conséquences d'un incendie allumé par une mineure étrangère isolée placée sous la tutelle de cette collectivité territoriale, la Cour de cassation a jugé, dans la même affaire, que la responsabilité du département devait être engagée en application de l'article 1384, alinéa 1er du Code civil, dans la mesure où le département avait la qualité de gardien[79].

---

76. Rihal H. et Lecat D., « Une nouvelle réforme de l'aide sociale à l'enfance », étude préc., p. 982.
77. CE, 13 févr. 2009, n° 294265, Département de Meurthe-et-Moselle.
78. CE, 19 juin 2015, n° 378293, Département des Bouches-du-Rhône.
79. CAA Nantes, 30 juill. 2003, M. Castro ; Cass. 2e civ., 7 oct. 2004, Société Azur Assurance.

BIBLIOGRAPHIE

ALBERT N., « La responsabilité du service d'aide sociale à l'enfance : nouveaux développements », RFDA 2004, p. 164.

BON P., « Où en est la responsabilité de plein droit de l'administration du fait des personnes placées sous sa garde ? », RFDA 2013, p. 127.

BURRIEZ D., « La protection des mineurs isolés demandeurs d'asile », AJDA 2020, p. 2125.

CHAVRIER G., « Les responsabilités du département du fait des dommages résultant de l'organisation et de l'exécution du service public de placement des mineurs en danger », JCP A 2004, n° 1064.

DURANTON A., « Règlement de(s) compte(s) autour de l'hébergement d'urgence », AJDA 2022, p. 357.

GBANDAMA E., *Les mineurs non accompagnés : au croisement entre le droit des étrangers et le dispositif français de protection de l'enfance*, Thèse de droit, Université de Clermont-Auvergne, janv. 2024.

LECAT D., « Le huron au tribunal pour enfants ou réflexions naïves sur les mesures d'assistance éducative des mineurs », in *Mélanges Hervé Rihal*, 2021, LGDJ, p. 427.

LECOQ M., « La répartition des compétences juridictionnelles en matière d'aide sociale à l'enfance », RFDA 2024, p. 63.

RIHAL H., « Compétences et responsabilités du département en matière d'aide sociale à l'enfance », AJCT 2013, p. 332 ; « L'appel au maire », RDSS 2007, p. 47 ; « Responsabilité des départements du fait des actes des mineurs étrangers isolés », AJDA 2005, p. 280 ; « Du nouveau sur l'accueil et la protection de l'enfance », RDSS 2004, p. 433.

RIHAL H. et LECAT D., « Une nouvelle réforme de l'aide sociale à l'enfance », AJDA 2022, p. 977 ; RIHAL H., « Contrat et aide sociale, une rencontre impossible », AJDA 2021, p. 34.

TCHEN V., « Les méandres de l'accès à l'aide sociale des mineurs étrangers non accompagnés », *in* F. Faberon (dir.), *Le droit de l'aide et de l'action sociales à la croisée des chemins*, 2018, Cujas, p. 73.

THÉRON S., « La carence du département en matière d'action sociale face au juge administratif », RDSS 2021, p. 329.

CHAPITRE 8

L'accès aux soins des personnes démunies

275. Valeur juridique du droit à la protection de la santé. Au-delà de la question du coût de la santé et de l'accès aux soins des personnes démunies dont le bilan est plus que contrasté[1], se pose, en premier lieu, le débat relatif à la valeur juridique du droit à la protection de la santé et de la vie qui rencontre des limites illustrées par des affaires fortement médiatisées ces dernières années, montrant que l'idéologie est parfois en embuscade dans le traitement juridique de questions aussi sensibles pour l'être humain. L'accès aux soins constitue une politique transversale de première importance permettant de garantir le droit à la santé de toute personne, quels que soient ses revenus. En pratique, l'on constate, toutefois, que les personnes défavorisées ou placées en détention (plus de 85 000 en mars 2026, nombre sans précédent qui aggrave la surpopulation carcérale et l'indignité des conditions de détention matérialisée par de multiples condamnations de la CEDH et du juge administratif) sont des personnes souvent mal soignées, voire qui n'ont pas été soignées depuis des années, cette situation de déshérence sanitaire réduisant de façon significative leur espérance de vie. Entre « promesse et réalité »[2], l'accès aux soins est une politique d'aide et d'action sociales à finalité sanitaire visant à garantir l'égal accès à la protection de la santé et à rappeler que le « soin est un humanisme » pour reprendre l'intitulé d'une belle réflexion de la philosophe Cynthia Fleury[3].

Pour aller plus loin

L'accès aux soins est également relié à la préservation de la dignité de la personne humaine à laquelle le Conseil constitutionnel a reconnu une valeur constitutionnelle il y a trente ans[4]. Il convient de rappeler que l'article L. 1110-2 du CSP crée également un lien étroit entre la nécessité de soigner une personne malade et la préservation de sa dignité en disposant que « la personne malade a droit au respect de sa dignité ». Brigitte Feuillet a raison de rappeler que « l'accès aux soins nécessite, en parallèle, un droit à obtenir des prestations sociales »[5] pour garantir le droit à la santé. Le changement de logique remonte à la loi du 29 juillet 1998 de

1. Vignon Barrault A., « Précarité et accès aux soins : un bilan mitigé », RDSS 2023, p. 1083.
2. Feuillet B., « L'accès aux soins, promesse et réalité », RDSS 2008, p. 713.
3. Fleury C., *Le soin est un humanisme*, 2019, tracts Gallimard.
4. Cons. const., 27 juill. 1994 : D., 1995. Jur. 237, note Mathieu B.
5. Feuillet B., « L'accès aux soins, promesse et réalité », étude préc., p. 715.

lutte contre les exclusions qui a fait entrer la protection de la santé dans la liste des droits à garantir au profit des personnes les plus démunies[6]. Quelques mois plus tard, la CMU était créée.

276. L'accès aux soins des personnes les plus démunies en période de Covid-19. Ainsi que l'a démontré une étude doctrinale[7], la survenance et la propagation de la pandémie de Covid-19 ont eu et auront dans les années à venir des conséquences sur l'accès aux soins des personnes les plus démunies. Les inégalités en la matière ont été accentuées par cette pandémie qui a révélé, tel un miroir, les insuffisances de notre système de santé et la généralisation d'une forme d'injustice sociale dans l'effectivité du droit à la santé. Au-delà de l'aspect problématique aux soins, les personnes les plus démunies ont également souffert plus que jamais de l'isolement social et physique avec des conséquences sanitaires à prévoir dans les prochaines années. Pour les personnes sans domicile fixe, l'État a toutefois rapidement pris des mesures jusqu'en mars 2021 pour rendre possible leur hébergement dans des centres, des hôtels ou des structures provisoires tout en réussissant à limiter de façon significative le nombre de contaminations.

Pour aller plus loin

L'action sociale et sanitaire à destination des sans-abri et des personnes sans domicile fixe pendant la période d'état d'urgence sanitaire est à saluer ; ce que n'a pas manqué de faire la Cour des comptes dans son rapport publié le 18 mars 2021. Éminent spécialiste de la question sociale SDF, Julien Damon a également relevé l'importance de la mobilisation des pouvoirs publics dans ce contexte sanitaire extrêmement contraint[8] ainsi que le Conseil d'État qui a rejeté, au printemps 2020, des requêtes en référé en considérant qu'aucune inaction ou carence ne pouvait être reprochée aux pouvoirs publics dans l'action sociale et médico-sociale à destination des sans-abri pendant la période initiale d'expansion du coronavirus. Dans une décision en référé rendue le 2 avril 2020 (*n° 439763*), portant sur l'hébergement des personnes sans abri ou en habitat de fortune pendant le premier confinement, le juge des référés relève qu'« outre que les capacités d'hébergement ainsi mobilisées n'ont jamais été aussi importantes, l'administration fait valoir qu'elle poursuit ses efforts pour les accroître encore à brève échéance, notamment par les négociations en cours avec les professionnels des secteurs de l'hôtellerie et des centres de vacances afin d'identifier le plus rapidement possible les disponibilités supplémentaires, sans exclure de recourir à des réquisitions si cela s'avérait nécessaire » avant de préciser que les mesures prises par les pouvoirs publics ont permis d'assurer une protection efficace des personnes SDF face à l'épidémie de Covid-19.

277. Les interventions de l'État pour garantir le droit à la santé. Pour être garanti, le droit à la santé amène l'État social à prendre des mesures exceptionnelles en raison d'un contexte de dégradation sanitaire ou des mesures structurelles à destination des personnes éloignées pour des raisons financières d'une prise en charge complète de leurs dépenses de santé. Au titre des interventions exceptionnelles, on rappellera, par exemple, que pendant les premières vagues de la Covid-19 en 2020-

6. Verkindt P.-Y., « La santé des personnes les plus démunies et le rôle des organismes sociaux », RDSS 1999, p. 416.
7. Pédrot Ph., « L'accès aux soins des personnes les plus démunies à l'épreuve de la Covid », RDSS 2021, p. 255.
8. Damon J., « Les sans-abri face au coronavirus et au confinement », RDSS 2020, p. 877.

2021, les expatriés qui revenaient résider en France sans exercer une activité professionnelle entre le 1er mars 2020 et le 1er juin 2021, c'est-à-dire pendant la période de crise sanitaire liée au Covid-19, ont pu bénéficier d'une prise en charge immédiate de leurs soins dès leur arrivée sur le territoire français. Au titre des mesures structurelles, les pouvoirs publics ont adopté à partir de la fin du xxe siècle, des prestations visant à garantir l'universalité de l'accès aux soins. Toutefois, le non-recours aux soins des personnes précaires reste trop important[9] en 2026 ; une personne sur quatre serait concernée. Le développement de la dématérialisation accroît la fracture numérique[10] et augmente d'autant le non-recours aux soins en raison de la difficulté insurmontable que constitue l'accomplissement de certaines démarches lorsque les personnes sont concernées (et elles sont nombreuses) par l'illectronisme. L'existence de mauvaises pratiques consistant à refuser des soins à des personnes en situation précaire en les dissuadant d'accéder à des mesures de prévention ou de soins est un autre aspect de cette réalité, et ce malgré l'interdiction de telles discriminations à l'aune des dispositions figurant dans le Code de la santé publique mais également de l'éthique médicale, un tel refus constitue, également, l'un des motifs de discrimination mentionnés aux articles 225-1 du Code pénal.

278. Dimension universelle du droit à la santé. Cette dimension universelle est illustrée par la création de dispositifs juridiques permettant de prendre en charge les dépenses de santé des personnes qui n'ont pas suffisamment de ressources pour conclure des contrats avec les mutuelles. La création de la CMU, puis de la CMU-C remplacée par l'ACS et, depuis le 1er novembre 2019, de la C2S (Complémentaire santé solidaire) illustre les hésitations des pouvoirs publics à élargir le périmètre de la solidarité sociale aux personnes dont les ressources atteignent le seuil de pauvreté. Le débat sur le périmètre de l'aide médicale d'État (AME) bénéficiant à plus de 400 000 étrangers en situation irrégulière est tributaire, quant à lui, des échéances électorales et de leur cortège parfois d'indignité sémantique comme l'a tristement montré la séquence électorale du printemps 2022 puis la remise en cause de l'AME en 2023-2024 et enfin le contexte de l'élection présidentielle de 2027. La dimension universelle du droit à la santé est parfois contrariée par l'existence de mauvaises pratiques et/ou d'une volonté de limiter ce droit pour de biens mauvaises raisons, comme le montre la récurrence des réformes de l'AME. Les refus de soins parfois opposés aux personnes sous CMU-C ne sont malheureusement pas rares, comme l'atteste le contentieux en la matière dont un récent bilan a pu être dressé, mettant en évidence le caractère multifactoriel de cette discrimination[11].

---

9. Baldoureaux E., « Non-recours et renoncement aux soins et aux prestations », RGDM 2021, n° 80, p. 117.
10. Alonso. Ch., « Le développement du numérique en santé : une fausse bonne solution pour lutter contre les inégalités ? », RDSS 2023, p. 805.
11. Desprès C., « Retour sur le refus de soins à l'égard des bénéficiaires de la CMU-C : quelques pistes de compréhension d'un phénomène complexe », RDSS 2023, p. 814.

Refus discriminatoire d'accès aux soins d'un bénéficiaire de l'AME : la condamnation par le Conseil d'État en février 2026

Le Conseil d'État a jugé en février 2026 qu'un professionnel de santé commet une discrimination et viole l'article 1110-3 du CSP[12], en refusant de soigner une personne au motif qu'elle est bénéficiaire de l'AME[13]. En l'espèce, le médecin avait conditionné la délivrance des soins à l'exigence que le bénéficiaire de l'aide fasse l'avance des frais, une telle exigence devant être regardée « comme un refus de soin prohibé par ces dispositions », le Conseil d'État ajoutant que « la circonstance que le professionnel de santé rencontrerait des difficultés pour obtenir le remboursement des sommes qui lui sont dues par l'État est sans incidence à cet égard ». Dans un autre arrêt rendu le même jour, il est jugé qu'un « médecin ne peut justifier un tel refus par la circonstance qu'il ne disposerait pas des feuilles de soins nécessaires, dans cette situation administrative, à la prise en charge de la consultation dispensée d'avance des frais » étant précisé que « la circonstance que le médecin oriente la personne en cause vers un confrère ou un établissement hospitalier et que l'état de cette personne ne requiert aucun soin urgent n'est pas de nature à le délier de l'interdiction de refuser de donner des soins pour un motif discriminatoire »[14].

279. Vieillissement de la société et soins aux personnes âgées : l'état d'urgence ? Le vieillissement de la société française commence déjà à avoir un impact considérable sur le système de santé, étant précisé que la moitié des dépenses de santé d'une personne sont concentrées sur les cinq dernières années de son existence. Or la gériatrie est le secteur le plus impacté par la crise de l'hôpital, à telle enseigne que des gériatres ont lancé en août 2022 une alerte[15]. En juin 2022, la Fédération hospitalière de France (FHF) a relevé, dans une étude consacrée aux besoins en ressources humaines, que les services de gériatrie connaissaient la situation la plus critique de toutes les disciplines médicales, avec près de 85 % des établissements qui rencontrent des difficultés à assurer leurs recrutements. Les conséquences de cette situation qui amène de nombreux hôpitaux à fermer des lits voire des services sont d'ores et déjà perceptibles et parfaitement résumées par Antoine Piau, professeur de gériatrie du CHU de Toulouse : « On vieillit, c'est une très bonne nouvelle. Mais c'est archifaux de dire qu'on vieillit bien, en France. L'espérance de vie en bonne santé est plus mauvaise, car tout le système est fondé sur l'urgence et la réanimation »[16]. Si le service public hospitalier ne s'adapte pas en urgence au vieillissement de la société, la France deviendra la mauvaise élève dans la garantie des soins apportés aux plus âgés. Dans l'immédiat, chacun constate sans mal que les dysfonctionnements de la prise en charge en temps et en heure des soins des personnes âgées a pour conséquence une arrivée massive de celles-ci dans le service des urgences qui est devenu la « principale

12. Cet article du CSP dispose qu'« Aucune personne ne peut faire l'objet de discriminations dans l'accès à la prévention ou aux soins. / Un professionnel de santé ne peut refuser de soigner une personne [...] au motif qu'elle est bénéficiaire [...] du droit à l'aide prévue à l'article L. 251-1 du Code de l'action sociale et des familles ».
13. CE, 27 fév 2026, n° 501961.
14. CE, 27 févr.2026, n° 501956.
15. Bronner L., « C'est "une descente infernale" : l'alerte des gériatres pour les soins des personnes âgées », Le Monde, 9 août 2022.
16. Cité par Bronner L., « C'est "une descente infernale" : l'alerte des gériatres pour les soins des personnes âgées », art. préc.

unité gériatrique de l'hôpital »[17] comme le déplore à juste titre l'ancien directeur des affaires sociales dans une tribune publiée au *Monde* le 9 août 2022.

L'apparition d'inégalités régionales dans l'accès aux soins des personnes âgées dépendantes

Ainsi que l'a constaté un rapport de la Caisse des dépôts en mai 2022, il existe de grandes « disparités territoriales en matière de vieillissement et d'accès aux soins ». Cette étude a révélé l'existence d'importants contrastes géographiques à l'origine de ruptures du principe d'égal accès aux soins[18]. En outre, alors que la prévention est essentielle pour anticiper les conséquences de la perte d'autonomie des personnes âgées, force est de constater que selon les territoires, l'accès aux médecins généralistes (les déserts médicaux sont en progression) et la présence d'infirmières libérales et de masseurs-kinésithérapeutes donnent lieu à des différences de situations très contrastées.

1 • LE DÉBAT SUR LA VALEUR ET LA PORTÉE JURIDIQUES DU DROIT À LA SANTÉ

280. La sensibilité du débat juridique sur la fin de vie : les leçons de l'affaire *Humbert*. La reconnaissance d'un droit subjectif à la santé pourrait avoir pour effet d'accentuer la dérive consumériste et subjectiviste du droit de la santé ; elle impliquerait également, en creux, l'existence d'un droit à la non-santé, c'est-à-dire au suicide médicalement assisté. Ce débat a été relancé par l'affaire *Humbert* relative à l'euthanasie d'un jeune homme qui avait écrit en 2002 au président de la République pour lui demander le « droit de mourir », la mère du jeune homme ayant rendu possible un an plus tard la fin de ses souffrances en lui administrant une substance qui l'a plongé dans un coma avant de décéder à la suite de l'administration par un Docteur et en accord avec la famille d'une substance létale. Très médiatisé, le procès de la mère de Vincent Humbert et du Docteur Chaussoy s'est soldé en février 2006 par un non-lieu, la juge ayant motivé cette décision par l'existence d'une contrainte liée à des pressions familiales et médiatiques exercées. À la faveur de cette affaire, une loi a été adoptée le 22 avril 2005 qui, tout en excluant l'euthanasie, reconnaît le droit, pour un malade qui souffre trop, de refuser le traitement. Refusant le « faire mourir », la loi précise que « le médecin sauvegarde la dignité du mourant et assure la qualité de sa fin de vie en dispensant les soins visés à l'article L. 1110-10 ». Cette loi a rendu possible un débat parlementaire pendant lequel les questions d'éthique ont été aussi importantes que les enjeux juridiques.

Pour aller plus loin

La loi d'avril 2005 autorise le droit au « laisser mourir » qui consiste, pour le médecin, à limiter ou arrêter tout traitement lorsque le malade en phase terminale ou avancée d'une affection grave et incurable le décide. L'article 4 est au cœur de ce nouveau dispositif puisqu'il affirme

17. Gallat J.-Ph., « Le service des urgences est devenu la principale unité gériatrique de l'hôpital », Le Monde 9 août 2022, p. 26.
18. Jérôme B., « Grand âge : l'inégal accès aux soins selon les régions », Le Monde 22 mai 2022.

que « lorsqu'une personne, en phase avancée ou terminale d'une affection grave et incurable, quelle qu'en soit la cause, décide de limiter ou d'arrêter tout traitement, le médecin respecte sa volonté après l'avoir informée des conséquences de son choix » (CSP, art. L. 1111-4).

281. La loi du 22 avril 2005 consacre un « droit d'euthanasie passive » (D. Bailleul) *via* une procédure collégiale de fin de vie – dans les conditions prévues par les dispositions de l'article R. 4127-37-2 du CSP – illustrée par l'affaire *Lambert* (*infra*, n° 282) ; cette procédure collégiale ne devant pas être confondue avec le suicide, seul « problème philosophique vraiment sérieux de l'homme » pour reprendre l'expression de Camus dans *Le mythe de Sisyphe*. S'il existe un point commun avec le suicide dans la mesure où la personne concernée va, dans les deux cas, décider que la vie vaut ou ne vaut plus la peine d'être vécue, la reconnaissance du droit de « laisser mourir » s'effectue, dans la loi de 2005, par le truchement d'un tiers qui va rendre possible le décès de la personne en interrompant son traitement. *Quid* en cas de souffrances atroces liées à l'interruption du traitement ? On atteint, ici, les limites de la loi *Leonetti* ainsi que l'a illustré l'affaire *Pierra* dans laquelle le malade a mis six jours pour mourir dans d'atroces souffrances.

Pour aller plus loin

Le TGI de Dijon a rappelé, le 17 mars 2008, dans le cadre de l'affaire *Sebire* (hostile au suicide) que le juge ne pouvait légalement autoriser le médecin à donner la mort à un patient (euthanasie active). La question se pose de savoir s'il ne conviendrait pas de créer une exception d'euthanasie ou exception de l'assistance au suicide dans un tel cas de figure afin de permettre à un malade incurable de maîtriser sa mort et mourir dans la dignité. La position du législateur français est en avance sur celle de la CEDH qui a jugé, en 2002, que « le droit à la vie ne saurait être interprété comme conférant un droit diamétralement opposé tel que le droit de mourir ou le droit à l'autodétermination permettant à l'individu de choisir la mort plutôt que la vie » (*CEDH, 29 avr. 2002, Pretty c/ Royaume-Uni*).

282. La position de la CEDH dans l'affaire *Lambert* : l'articulation entre le droit à la vie, l'arrêt des soins et le respect des droits de l'homme. La CEDH a rendu un important arrêt dans l'affaire *Vincent Lambert*, patient tétraplégique en état végétatif depuis plusieurs années, autorisant, après le Conseil d'État, dans un arrêt rendu aux conclusions du rapporteur public Rémi Keller[19] l'arrêt du traitement de ce patient. Pour la Cour, l'exécution de la décision du Conseil d'État ne viole pas les droits de l'homme[20]. Le juge administratif a été de nouveau saisi pour annuler l'interruption de la procédure collégiale préalable (prévue par la loi du 2 février 2016) à une éventuelle décision d'arrêt du traitement de M. Lambert[21], le combat juridique ayant débouché en 2019 sur une nouvelle décision de la CEDH ouvrant la voie à l'arrêt des soins avec

19. CE, ass., 14 févr. 2014, n° 375081 : demande d'un rapport en référé puis au fond CE, sect., 24 juin 2014, n° 375090 : autorisation de l'arrêt du traitement en raison de la volonté exprimée par M. Lambert.
20. CEDH, 5 juin 2015, n° 46043/14.
21. CAA Nancy, 16 juin 2016, n° 15NC02132, Lambert ; CE, 24 avr. 2019, n° 428117 : rejet de la requête des parents de Vincent Lambert demandant la suspension de la procédure d'arrêt des soins.

le refus de suspendre la position[22], adoptée le 24 avril 2019 par le Conseil d'État, favorable à l'arrêt des soins en raison d'une « obstination déraisonnable » constatée par les juges du fond. Une saisie du juge civil avait permis de neutraliser l'arrêt des traitements, mais dans un arrêt rendu le 28 juin 2019[23], l'Assemblée plénière de la Cour de cassation a précisé que le juge judiciaire n'avait pas à statuer sur ce dossier en raison de l'absence de voie de fait commise par l'État, cette ultime décision ayant ouvert la voie au décès de Vincent Lambert, constaté le 11 juillet 2019 après l'intervention d'une dizaine de décisions rendues par des juridictions nationales et internationales ainsi que le Comité international des droits des personnes handicapées.

283. Les nouveaux droits de la loi *Claeys-Léonetti* n° 2016-87 du 2 février 2016. La loi *Claeys-Léonetti* n° 2016-87 du 2 février 2016, jugée conforme à la Constitution[24], crée de nouveaux droits en faveur des malades et personnes en fin de vie. Les principales dispositions de ce texte visant à faire évoluer le droit sur la fin de vie et l'accompagnement vers la mort ont pour effet de reconnaître un droit à la sédation profonde et continue associée à une analgésie pour accompagner l'arrêt de traitement en cas de pronostic vital engagé à court terme et susceptible d'entraîner une souffrance insupportable (CSP, art. L. 1110-5-2). Si le patient n'a pas été en mesure de manifester sa volonté, une procédure collégiale est prévue pour l'arrêt des traitements résultant d'une « obstination déraisonnable » (CSP, art. L. 1110-5-1). Si ces actes (arrêt de la nutrition et de l'hydratation artificielles) sont suspendus ou ne sont pas entrepris, le médecin sauvegarde la dignité du mourant et assure la qualité de sa vie en dispensant les soins palliatifs mentionnés à l'article L. 1110-10 du code précité. La loi rend contraignantes les directives anticipées qui expriment la volonté de la personne relative à sa fin de vie en ce qui concerne les conditions de la poursuite, de la limitation, de l'arrêt ou du refus de traitement ou d'acte médicaux (CSP, art. L. 1111-11).

La modification de la loi Claeys-Léonetti en 2026

Une proposition de loi sur les soins palliatifs, déposée le 11 mars 2025, a été adoptée le 27 mai 2025 par l'Assemblée nationale, le 28 janvier 2026 par le Sénat, et l'Assemblée l'a adoptée en seconde lecture le 25 février 2026. Cette proposition vise en premier lieu, à compléter l'approche juridique des soins palliatifs qui sont englobés dans une nouvelle notion d'« accompagnement et de soins palliatifs », laquelle propose une prise en charge globale et de proximité afin de préserver la dignité, l'autonomie et la qualité de vie du patient. En second lieu, cette nouvelle loi souhaite créer une nouvelle catégorie d'établissement : les maisons d'accompagnement et de soins palliatifs qui seraient des structures intermédiaires entre le domicile et l'hôpital. Ces nouvelles structures seraient instaurées à l'horizon 2034. Enfin, cette loi créé un nouveau droit opposable (à l'image du DALO) : le droit aux soins palliatifs, droit-créance dont la méconnaissance rendrait possible une saisine du juge administratif visant à garantir l'effectivité de ce nouveau droit subjectif. Une seconde proposition de loi va plus loin en proposant la création d'un droit à l'aide à mourir, ce texte ayant toutefois été rejeté par le Sénat. Il s'agirait de reconnaître un droit à l'aide à mourir pour les malades majeurs condamnés par une affection grave et qui en ont exprimé la demande, sous certaines conditions. Une clause de conscience serait

22. CEDH, 30 avr. 2019.
23. Cass. ass. plén., 28 juin 2019, n° 19-17330.
24. Cons. const., 2 juin 2017, n° 2017-632-QPC.

prévue pour les professionnels de santé qui refuseraient de participer à cette procédure à l'image de la clause de conscience existant pour la pratique de l'IVG. L'existence de ces deux propositions de loi reflète celle de la frontière – très délicate à appréhender à l'aune des enjeux éthiques et de la dignité de la personne humaine – entre laisser mourir (sédation profonde) et faire mourir (aide active).

284. La création en 2010 d'un congé d'accompagnement d'une personne en fin de vie (AJAP) : un nouveau droit subjectif bienvenu dans la République sociale. Tirant les conséquences de l'importance du mot accompagnement dans la solidarité sociale, la loi n° 2010-209 du 2 mars 2010 a créé une allocation journalière d'accompagnement d'une personne (AJAP) en fin de vie (phase avancée ou terminale d'une affection grave ou incurable) qui permet de compenser la perte de revenus subie par la personne qui décide d'interrompre pour ce motif son activité professionnelle pendant 21 jours. Les salariés comme les fonctionnaires et agents publics peuvent désormais prendre un congé de solidarité familiale fractionné ou transformé en période d'activité à temps partiel (CSS, art. L. 168-1 à L. 168-7) lorsqu'un descendant, un ascendant, un frère, une sœur ou une personne vivant à son domicile voit son pronostic vital être engagé ou qui se trouve en phase avancée ou terminale d'une affection grave et incurable. Ce congé donnant lieu au versement d'une nouvelle prestation de Sécurité sociale est accordé à la fois aux salariés et aux fonctionnaires. L'allocation cesse d'être due à compter du lendemain du jour du décès, le droit se montrant ici quelque peu brutal et pourrait atténuer cette impression en prolongeant le versement jusqu'au jour de l'enterrement du *de cujus*. Le décret n° 2011-50 du 11 janvier 2011 précise les conditions d'application de cette nouvelle forme de congé et de versement de cette allocation d'un montant journalier de 54,17 € en 2013-2014. L'AJAP est versée pendant 21 jours maximum (42 jours si l'allocataire travaille à temps partiel) et représentait, depuis le 1er avril 2022, un montant de 57,34 € par jour, soit une somme maximale pour 21 jours de 1 204,14 €. Au 1er janvier 2026, le montant est de 64,41 € par jour lorsque le travailleur interrompt son activité pour prendre ce congé et 32,21 € lorsqu'il réduit son activité et travaille à temps partiel tout en bénéficiant de ce congé de solidarité familiale dit de fin de vie. L'allocation est fractionnable dans le temps et entre plusieurs personnes accompagnantes. Ce décret concerne uniquement les salariés ainsi que les chômeurs indemnisés. Le décret n° 2013-67 du 18 janvier 2013 a étendu aux fonctionnaires ce droit social d'inspiration humaniste dont on peut s'étonner toutefois du caractère tardif. Le décret n° 2026-119 du 20 février 2026 a étendu les garanties des agents publics demandant à bénéficier de ce congé en précisant qu'en cas de suppression ou transformation de leur poste pendant leur absence, l'administration a l'obligation de les réaffecter dans un emploi similaire, de même grade le plus proche de son ancien lieu de travail. Auparavant, la loi n° 2014-459 du 9 mai 2014 a prévu l'octroi de jours de repos aux salariés parents d'un enfant gravement malade (C. trav., art. L. 1265-65-1).

2. L'ÉVOLUTION DE LA PROTECTION UNIVERSELLE MALADIE : LA COMPLÉMENTAIRE SANTÉ SOLIDAIRE

A - De la CMU à la PUMa

285. Origines de l'aide médicale gratuite. L'assistance médicale gratuite créée par la loi du 15 juillet 1893 est l'une des premières grandes lois d'assistance de la IIIe République[25]. Elle a, en réalité, légalisé une pratique qui avait amené près de cinquante départements à organiser, un an plus tôt, des services de médecine gratuite pour les indigents des campagnes. La loi de 1893 a mis en place, dans chaque commune, un bureau d'assistance chargé de dresser la liste des personnes concernées par l'assistance médicale gratuite, c'est-à-dire des personnes résidant depuis au moins un an dans la commune et qui étaient inscrites sur la liste des personnes à secourir. Cette grande loi a également conféré au département la compétence pour agir socialement afin de lutter contre la maladie touchant les personnes à secourir[26].

Pour aller plus loin

Afin de « socialiser » l'accès aux soins des personnes défavorisées, la loi du 29 juillet 1992 a assoupli le système de l'assurance-maladie et reconnu l'admissibilité de plein droit à l'aide médicale à plusieurs catégories de personnes défavorisées comme les bénéficiaires du RMI ou de l'allocation de veuvage. Pour remédier aux insuffisances de cette loi, il a été décidé, en juillet 1999, de créer une CMU qui garantit à tous les résidents de la France métropolitaine et des DOM une prise en charge des soins par un régime d'assurance-maladie et aux personnes dont les revenus sont les plus faibles le droit à une protection complémentaire et à la dispense d'avance de frais. La CMU dite de base bénéficie à toute personne (de nationalité française ou étrangère) ayant une résidence stable et régulière en France et qui n'a droit, à aucun titre, aux prestations en nature du régime d'assurance-maladie et maternité. La condition de résidence est toutefois inopposable aux réfugiés politiques éligibles à la CMU. Cette aide sociale « universelle » concerne des personnes qui n'avaient pas accès jusqu'alors aux soins comme les mineurs âgés de plus de 16 ans en situation de rupture familiale.

286. Conditions d'éligibilité à la PUMa en 2026. La CMU de base a été remplacée en janvier 2016 par la PUMa (Protection universelle maladie) qui, selon Didier Tabuteau, illustre la « rationalisation inachevée du financement de la sécurité sociale » (*RDSS 2016, p. 131*). Prévue par l'article 59 de la LFSS pour 2016 (CSS, art. L. 160-1 à L. 160-7), cette réforme garantit désormais à toute personne qui travaille ou réside en France de manière stable et régulière un droit à la prise en charge des frais de santé (remboursements des frais de santé hors prestations en espèces), sans démarche particulière à accomplir. La LFSS pour 2026 précise les conditions d'éligibilité à la

---

25. Barthélémy J., « L'effort charitable de la IIIe République », RDP 1910, p. 334. Le décret du 22 floréal an II proclamait déjà le principe de l'assistance médicale gratuite sans prévoir, toutefois, les moyens permettant d'en assurer l'effectivité. Une loi du 7 août 1851 a imposé aux hôpitaux l'admission, sans condition de domicile de secours, des individus qui tombaient malades sur le territoire de la commune.
26. Vimont S., « L'aide sociale et la lutte contre la maladie et les formes diverses d'inadaptation », Dr. soc. 1967, p. 192.

PUMA au nombre de trois : résider en France de façon stable et régulière ; être sans activité professionnelle ; et ne pas être redevable de la CSG, la CRDS et la cotisation d'Assurance maladie en vertu d'une convention internationale. Les personnes sans activité professionnelle bénéficient donc de la prise en charge de leurs frais de santé au seul titre de leur résidence stable et régulière en France, à savoir résider en France depuis au moins 3 mois à l'ouverture des droits puis au moins 6 mois par an. Un étranger ayant détenu un titre de séjour de quatre mois peut donc continuer à bénéficier de la PUMa pendant six mois supplémentaires, même sans démarche de renouvellement. Si le bénéficiaire est sans activité mais dispose d'un revenu du capital annuel en 2026 supérieur à 9 612 € (soit 20 % du plafond annuel de la sécurité sociale ou PASS) et que les revenus du capital dépassent 50 % du PASS (≈ 24 030 €), il doit alors acquitter la cotisation subsidiaire maladie, une taxe de 6,5 % qui s'applique sur la part des revenus du capital entre 50 % du PASS et 8 PASS. Pour les étudiants, la PUMa clarifie les bornes de l'année universitaire au sens du droit de la Sécurité sociale en faisant démarrer celle-ci le 1er septembre pour s'achever fin août.

B - La prestation complémentaire santé solidaire (C2S)

287. De la CMU-C à l'ACS et de l'ACS à la C2S : la succession des acronymes dans la complémentaire santé solidaire. Second étage du dispositif, la CMU complémentaire (CMU-C) a été remplacée par l'assurance complémentaire santé (ACS) qui permettait d'assurer la prise en charge des frais de soins des personnes ne disposant pas de ressources suffisantes pour être affiliés à une mutuelle (CSS, art. L. 861-1 à L. 861-10). Pour le rapporteur de la loi de 1999, le second volet de la CMU jouait un rôle fondamental « pour permettre un accès effectif aux soins des personnes les plus modestes pour lesquelles l'avance de frais est souvent un obstacle majeur à l'exercice de leur droit à la santé ». La CMU-C et l'ACS ont été remplacées toutes deux, à compter du 1er novembre 2019, par la C2S (Complémentaire santé solidaire). La CMU-C et l'ACS ont été remplacées en raison de l'importance de leur taux de non-recours. Le taux de non-recours à la CMU-C se situait entre 34 et 45 %, et celui de l'ACS entre 41 et 59 %. La prestation de C2S permet au demandeur de se faire rembourser la part complémentaire de ses dépenses de santé. Alors que, fin juin 2019, 7,1 millions de personnes étaient couvertes par une complémentaire santé grâce à la CMU-C et à l'ACS sur un nombre potentiel de bénéficiaires estimé entre 9,5 et 12,1 millions de personnes, la prestation de C2S vise à réduire le taux de non-recours. Le gouvernement a notamment mis en ligne un simulateur (mesdroitssociaux.gouv.fr) qui permet de vérifier l'éligibilité à la C2S. Il convient de préciser que l'allocataire du RSA bénéficie automatiquement de la CSS gratuite.

Si le demandeur dépasse les plafonds pour la CSS gratuite, il peut solliciter le bénéfice de la CSS payante sous réserve des plafonds de ressources à prendre en considération.

Pour aller plus loin

Le plafond de ressources pour pouvoir être éligible à la C2S a été fixé, à partir du 1er avril 2022, en application de l'arrêté du 24 mars 2022, et pour une personne seule à la perception de moins de 9 203 € de revenu annuel (767 € par mois). À compter du 1er avril 2025 et jusqu'au 31 mars 2026, le plafond de la Complémentaire santé solidaire gratuite était de 862 € par mois pour une personne seule et de 1 292 € pour un couple. Les plafonds sont, depuis le 1er avril 2026, 10 421 € pour l'année (868 € par mois) pour une personne seule et 15 632 € (soit 1 302 €) par mois pour un couple. Le droit à la protection complémentaire de santé solidaire s'est davantage universalisé mais comme on peut aisément le constater, il reste ciblé sur les personnes les plus défavorisées alors même que les frais de mutuelle ont considérablement augmenté ces dernières années. Là comme ailleurs, la question du champ d'application de la solidarité sociale se pose en tenant compte nécessairement des implications financières d'une plus grande générosité. Depuis le 1er avril 2022, l'attribution de la complémentaire santé solidaire est facilitée pour les personnes qui touchent l'allocation de solidarité aux personnes âgées (ASPA).

3 • L'AIDE MÉDICALE D'ÉTAT : UNE AIDE SOCIALE DE MOINS EN MOINS UNIVERSELLE ?

A - Les conditions d'accès à l'AME et le périmètre des soins concernés

288. L'AME : une prestation universelle à finalité multiple. Compte tenu des conditions d'éligibilité à la CMU, plusieurs catégories d'individus ne pouvaient pas accéder aux soins. La loi de juillet 1999 a remplacé, à compter de janvier 2000, l'aide médicale départementale par l'aide médicale d'État (CASF, art. L. 251-1 à L. 251-3). L'AME est la seule prestation d'aide sociale qui efface la condition de nationalité et de résidence en obligeant la Nation à protéger la santé de l'étranger en situation irrégulière.

Les différents volets de l'AME

L'aide de droit commun représente l'essentiel de cette prestation qui vise à protéger la santé des personnes étrangères vivant en France depuis au moins trois mois consécutifs en situation irrégulière et qui sont, par voie de conséquence, non éligibles (v. *supra*, n° 287) à la Protection universelle maladie (PUMa). Si les demandeurs d'asile bénéficient de la PUMa après trois mois de résidence en France, le rejet de leur demande d'asile a pour conséquence la cessation d'éligibilité à la PUMa et le basculement dans le dispositif d'AME, raison pour laquelle 14 % des bénéficiaires de l'AME sont des demandeurs d'asile déboutés. Il existe également l'AME pour soins urgents concerne les étrangers en situation irrégulière, sans condition de résidence, dès lors que leur pronostic vital est engagé ou qu'ils sont victimes d'une altération grave et durable de leur état de santé. Le budget consacré à ce volet pour soins urgents est de 70 millions d'euros en 2022. Une AME dite humanitaire rend possible les prises en charge ponctuelles de soins hospitaliers de personnes françaises ou étrangères ne résidant pas sur le territoire. Cette couverture est accordée au cas par cas par le ministère chargé de l'Action sociale et doit permettre, chaque année, à une centaine de personnes disposant de faibles revenus de régler une dette hospitalière. Son budget ne dépasse pas le million d'euros. Il existe, enfin, une AME accordée pour les personnes gardées à vue qui se limite à la prise en charge des médicaments et aux actes infirmiers prescrits.

289. Demande de l'AME et plafonds pour l'éligibilité à l'AME. L'AME est délivrée pour une durée d'un an renouvelable, le renouvellement n'étant pas automatique.

L'étranger doit déposer, deux mois avant la date d'expiration, une nouvelle demande d'AME auprès de la CPAM. Depuis la loi n° 2011-672 du 16 juin 2011 relative notamment à l'immigration, les étrangers doivent demander l'AME auprès de l'organisme d'assurance-maladie de son lieu de résidence (CASF, art. L. 252-1). Les services sociaux et les associations ou organismes à but non lucratif agréés à cet effet par le représentant de l'État dans le département apportent leur concours aux intéressés dans leur demande d'aide médicale de l'État.

Pour aller plus loin

En 2024, les plafonds mensuels de ressources étaient de 809 € par mois (9 719 € par an pour une personne seule), 14 578 € par an (1 214 € par mois pour deux personnes), 17 494 € par an (1 457 € pour trois personnes) puis 20 409 € par an (1 700 € pour quatre personnes (au-delà, 307 € par personne supplémentaire). En 2025-2026, le plafond des ressources est fixé à 862 € par mois pour une personne seule, 1 292 € pour deux personnes, 1 551 € pour trois personnes etc.

290. La montée en charge de l'AME ou le constat de la détresse humaine grandissante. L'AME constitue une aide sociale résiduelle qui s'est appliquée à un nombre sans cesse croissant de bénéficiaires : 75 000 fin 2000, le double fin 2001, 145 000 fin 2002 puis 171 000 fin 2003. Le nombre de bénéficiaires de l'AME a crû de près de 123 000 personnes entre la fin 2015 et la mi-2023, soit une progression de 39 % sur 7 ans et demi. Le coût de cette politique sociale est passé de plus de 210 millions d'euros pour les années 2000 et 2001 à 356 millions pour 2002, près de 490 millions en 2003 et environ 890 millions en 2016 (300 000 bénéficiaires dont beaucoup de jeunes et de femmes enceintes et 311 000 bénéficiaires en 2018). En 2019, le montant sollicité dans le cadre de la loi de finances pour la prise en charge de l'AME était de 934,9 millions d'euros (894 au titre de l'AME de droit commun et le reste pour les soins urgents), soit une augmentation de 6 % par rapport à 2018. Dans la loi de finances pour 2022, les crédits pour l'AME dépassaient le milliard d'euros (1,079 Md). En 2022, le dispositif comptait 411 364 bénéficiaires (AME de droit commun), soit environ 31 000 de plus qu'un an auparavant (380 762), étant précisé qu'un quart du nombre total des bénéficiaires sont des mineurs de nationalité étrangère qui ne sont pas assimilés à des étrangers en situation irrégulière. Ce constat permet d'affirmer que 75 % des bénéficiaires de l'AME (et non la totalité) sont des étrangers en situation irrégulière présents depuis au moins trois mois sur le territoire. La majorité des bénéficiaires sont des demandeurs d'asile déboutés. Le coût total de l'AME représentait pour l'année 2022 la somme de 1,186 Md d'euros. Fin 2023, ce dispositif concernait environ 466 000 bénéficiaires.

En 2024, le coût de l'AME était de 1,3 Mds€, soit une hausse de 15,5 % par rapport à 2023, et de 67,6 % en 10 ans, représentant 543Mds€. Le décret n° 2024-124 d'annulation de crédit en date du 21 février 2024 a supprimé près de 50 M€, de crédits, ce qui a conduit l'État à contracter une dette à l'égard de la CNAM de 185,10 M€. Entre 2011 et 2024, le nombre de bénéficiaires de l'AME a augmenté de plus de 120 %. En 2025, les crédits ont été reconduits au niveau de 2024, ce qui, en prenant en compte l'inflation, a eu pour conséquence une réduction de 110 M€.

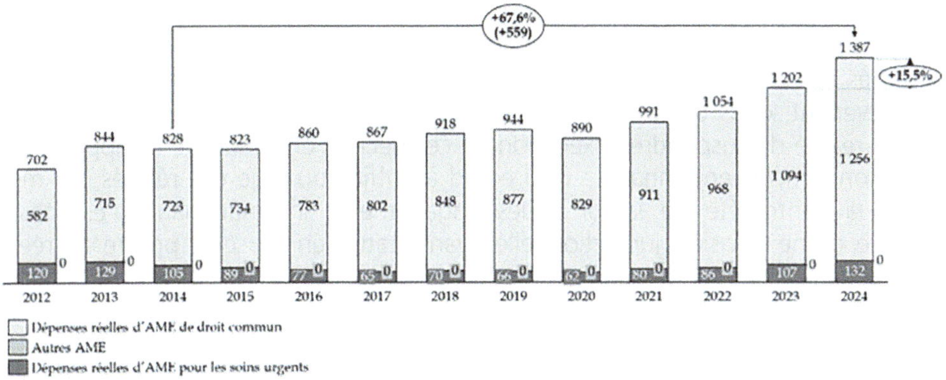

Source : Commission des finances du Sénat, Rapport d'information n° 841, juill. 2025.

Pour aller plus loin

Cette montée en charge permet de comprendre – à défaut de la justifier – la volonté de réduire la voilure dans des conditions parfois critiquables à l'aune de la protection de la santé. Afin de minimiser le coût de la consommation médicamenteuse, la loi de finances pour 2008 a prévu l'obligation, pour les bénéficiaires de l'AME, sauf exception, d'accepter la spécialité générique (CASF, art. L. 251-2). Par ailleurs, l'ordonnance n° 2021-1554 du 1er décembre 2021 (relative à la mise en œuvre de la création de la 5e branche Autonomie du régime général de la Sécurité sociale) a intégré dans la prise en charge des frais d'AME les frais de santé des personnes âgées et des personnes handicapées au titre de la protection sociale pour le soutien à l'autonomie. Sont concernés par cette innovation les frais de soins, ainsi que des frais de transport dans les conditions définies au 2° de l'article L. 160-8, des personnes âgées et des personnes handicapées dans les établissements et services sociaux et médico-sociaux mentionnés à l'article L. 314-3-1 du CASF. Ces nouvelles dispositions sont entrées en vigueur à compter du 14 mai 2022 en application de l'article 1er du décret n° 2022-801 du 12 mai 2022.

B - Les réformes de l'AME ou la loi versatile

291. Durcissement des conditions d'admission à l'AME. Les modalités d'admission des demandes d'AME ont été durcies par le pouvoir réglementaire en juillet 2005 afin de réduire la dépense et de mieux contrôler l'ouverture des droits. Le décret n° 2005-859 du 28 juillet 2005 modifie les conditions générales d'admission à l'AME et notamment la présentation de la demande formée par les étrangers qui sont désormais obligés de fournir une pièce d'identité. Les ressources prises en compte comprennent l'ensemble des ressources de toute nature, nettes de prélèvements sociaux obligatoires, de contribution sociale généralisée et de contributions pour le remboursement de la dette sociale, perçues au cours de la période des douze mois civils précédant le dépôt de la demande. Le décret n° 2005-860 du 28 juillet 2005 relatif aux modalités d'admission des demandes d'AME précise que l'étranger concerné doit, préalablement à la demande d'admission, fournir un dossier comportant un certain nombre de pièces justificatives. Pour justifier de la présence ininterrompue de trois mois au moins sur le territoire français, l'étranger peut fournir, à défaut du visa ou du tampon comportant la date d'entrée en France, une copie du contrat de location ou d'une quittance de loyer datant de plus de trois mois ou d'une facture d'électricité, de gaz, d'eau ou de téléphone remplissant la même condition. Les associations comme Médecins du monde ont fortement critiqué cette réforme en rappelant que les principaux étrangers concernés par l'AME sont sans papier et sans domicile, l'exigence d'une quittance de loyer devenant, dans ces conditions, une aberration juridique. En urgence, le Conseil d'État a refusé de suspendre l'exécution de ces décrets en raison de l'inapplication de l'exception d'inconventionnalité : « eu égard à l'office du juge des référés, un moyen tiré de la contrariété de la loi à des engagements internationaux n'est pas, en l'absence d'une décision juridictionnelle ayant statué en ce sens, propre à créer un doute sérieux quant à la légalité des actes administratifs dont la suspension est demandée »[27]. Au fond, quelques mois plus tard, le Conseil d'État a jugé que les stipulations de la convention relative aux droits de l'enfant du 26 janvier 1990 interdisent que les enfants connaissent des restrictions dans l'accès aux soins nécessaires à leur santé[28].

Pour aller plus loin

La question récurrente de la modification substantielle, voire la suppression pure et simple de l'AME, a de nouveau été au cœur de débats politiques ces dernières années. Le 7 novembre 2023, lors de la discussion relative à l'examen du projet de loi relative à l'immigration, le Sénat a adopté un amendement supprimant l'AME pour le remplacer par une aide médicale d'urgence (AMU) beaucoup plus restrictive. Dans un tel contexte, 3 000 soignants ont publié une tribune rappelant l'origine et la finalité de l'AME : « La remise en cause de l'AME ferait courir un risque majeur de désorganisation du système de santé, d'aggravation des conditions de travail des soignants et de surcoûts financiers importants »[29]. Le 11 novembre 2023, 3 500 médecins ont annoncé, en cas d'adoption de cette réforme législative supprimant l'AME, qu'ils appliqueraient la désobéissance civile en privilégiant le serment d'Hippocrate sur une loi dont les effets seraient contre-productifs pour la politique sanitaire. Le texte de la déclaration de désobéissance était en effet le suivant : « Moi, médecin, déclare que je continuerai à soigner gratuitement les patients sans papiers selon leurs besoins, conformément au Serment d'Hippocrate que j'ai prononcé ». L'AME a en effet été conçue pour préserver sanitairement le corps social contre des maladies venant d'autres pays, ainsi que l'a illustré la tragédie humaine liée à l'apparition et la propagation de la Covid-19. Ainsi que le rappelait une autre tribune publiée en 2022, « la biologie a cette vertu fondamentale de nous rappeler que nous sommes tous égaux en humanité »[30].

292. Réduction par le pouvoir réglementaire du panier de soins pris en charge dans le cadre de l'AME. Un décret du 17 octobre 2011 relatif à la prise en charge des frais de santé par l'AME ainsi qu'au droit au service des prestations a réduit, quant à lui, le panier de soins en excluant de la prise en charge dans le cadre de cette aide sociale les cures thermales et la procréation médicalement assistée. Un autre décret pris le 3 février 2015 a décidé, quant à lui, d'exclure de la prise en charge les médicaments dont le service médical rendu (SMR) a été classé comme faible, ce qui concrètement a pour effet d'augmenter le risque de voir des personnes

27. CE, réf., 21 oct. 2005, Assoc. Aides et a.
28. CE, 7 juin 2006, Association Aides et a.
29. Tribune, « L'appel de 3 000 soignants : "Nous demandons le maintien de l'aide médicale d'État pour la prise en charge des soins des personnes étrangères" », Le Monde, 2 nov. 2023.
30. Lis-Raoux C., « L'abandon de l'aide médicale d'État est à la fois dangereux médicalement, absurde économiquement et indigne moralement », Le Monde, 21 avr. 2022.

renoncer à se soigner par l'intermédiaire de ces médicaments. Le juge rappelle toutefois les bonnes pratiques qui doivent prévaloir en matière de facturation d'interventions à des étrangers. Il a ainsi été jugé que le titre de recette d'un hôpital public est annulé lorsqu'il demande à l'étranger le paiement pour des actes médicaux techniques devant être pris en charge par l'AME[31].

Depuis le 1er janvier 2021[32], pour une première demande, le demandeur doit déposer un nouveau formulaire personnellement à l'accueil d'un organisme d'assurance maladie. Cette nouvelle démarche permet de vérifier la présence physique du demandeur sur le territoire lors du dépôt de sa demande, en comparant son identité avec celle déclarée dans le dossier de demande. En outre, pour les nouveaux bénéficiaires de l'AME, ou pour ceux qui n'ont pas bénéficié de l'AME depuis plus d'un an, certains soins et traitements non urgents ne sont désormais pris en charge qu'à l'issue d'un délai de 9 mois après l'admission à l'AME[33].

Pour aller plus loin

En urgence, le Conseil d'État a refusé de suspendre l'exécution de ces décrets en raison de l'inapplication de l'exception d'inconventionnalité : « eu égard à l'office du juge des référés, un moyen tiré de la contrariété de la loi à des engagements internationaux n'est pas, en l'absence d'une décision juridictionnelle ayant statué en ce sens, propre à créer un doute sérieux quant à la légalité des actes administratifs dont la suspension est demandée »[34]. Au fond, quelques mois plus tard, le Conseil d'État a jugé que les stipulations de la convention relative aux droits de l'enfant du 26 janvier 1990 interdisent que les enfants connaissent des restrictions dans l'accès aux soins nécessaires à leur santé[35].

293. Suppression du droit de timbre en 2012 : une réforme positive contre l'exclusion d'un droit humain par l'argent. L'article 29 de la loi de finances rectificative pour 2012 a supprimé le droit d'entrée de 30 € exigé depuis 2011 dans des conditions conformes à la Constitution[36], ce dont il faut se réjouir car lorsque le législateur oublie la finalité humaine d'une loi (lutter contre le faible taux de vaccination constaté parmi les étrangers clandestins afin de lutter contre la propagation d'éventuelles maladies), il contribue à faire perdre toute pertinence à une politique sanitaire déformée par des considérations d'ordre public visant à réduire les droits sociaux des étrangers pour de mauvaises raisons au sein de la République sociale. Il n'est pas indifférent de relever que de nombreux parlementaires demandent, depuis la configuration à l'Assemblée nationale issue des législatives de juin 2022, le rétablissement de ce droit de timbre et de façon plus radicale la suppression de l'AME qui nourrit un certain nombre de commentaires approximatifs pour justifier une régression sociale au nom d'une priorité nationale interdite par la Constitution. De façon significative, les sénateurs proposaient d'introduire de nouveau un droit de timbre pour l'accès à l'AMU qui aurait remplacé l'AME. Toutefois, comme l'a rappelé le rapport remis fin

31. TA Paris, 7 juill. 2023, n° 2206372.
32. CASF, art. R. 251-3.
33. Seize prestations sont mentionnées, relevant par exemple d'interventions de la cataracte, du canal carpien ou de pose de prothèses.
34. CE, réf., 21 oct. 2005, Assoc. Aides et a.
35. CE, 7 juin 2006, Association Aides et a.
36. Cons. const., 9 août 2012, n° 2012-654 DC, 70e cons.

décembre 2023 sur l'AME, « l'AMU recèle un risque important de renoncement aux soins en raison notamment de l'imposition d'un droit de timbre »[37].

294. Les contradictions de la dernière réforme de l'aide médicale d'État dans la loi de finances pour 2020. L'AME a fait l'objet d'une réforme discrète dans la loi de finances pour 2020. L'article 264 de la loi n° 2019-1479 du 28 décembre 2019 de finances pour 2020 visait à réduire la dépense annuelle de 15 millions d'euros tout en poursuivant trois objectifs :

- clarifier les conditions pour bénéficier de l'aide en modifiant l'article L. 251-1 du CASF. Désormais, l'ouverture du droit à l'AME n'est effective qu'à l'issue du terme d'un délai de trois mois en situation irrégulière ; ce qui permet d'exclure du bénéfice de cette aide les migrants « de passage » sur le territoire et surtout les étrangers présents sur le territoire dans les semaines qui suivaient l'expiration d'un visa touristique ;
- conditionner la prise en charge de certaines prestations à un délai d'ancienneté de bénéfice de cette aide : cet objectif a induit une modification de l'article L. 251-2 du CASF qui fixe le délai à 9 mois maximum. Depuis cette réforme, « à l'exclusion des cas où ces frais concernent des bénéficiaires mineurs, la prise en charge (...) peut être subordonnée pour certains frais relatifs à des prestations programmées et ne revêtant pas un caractère d'urgence » à ce délai d'ancienneté de 9 mois. Le rapport de l'inspection générale des finances et de l'inspection générale des affaires sociales rendu à la ministre de la Santé le 5 novembre 2019 avait pointé les opérations relatives aux prothèses de la hanche, de genou, la chirurgie de la cataracte ou encore certaines prestations de transport ;
- limiter les possibilités de dépôt de demande d'AME à une comparution physique en caisse primaire d'assurance-maladie ou en cas d'empêchement, à un dépôt par l'intermédiaire de l'hôpital ou de la permanence d'accès aux soins de santé.

Pour aller plus loin

L'article 265 de la loi de finances pour 2020 a modifié, quant à lui, l'article L. 254-1 du CASF pour limiter le recours à la demande d'asile en vue de bénéficier de la protection universelle maladie (PUMa). La suppression de cette couverture des demandeurs d'asile dans le cadre de la PUMa induit un accès à l'AME pour soins urgents ouvrant ainsi la porte de l'AME pour des soins urgents à une nouvelle catégorie d'étrangers. La volonté de supprimer l'AME et la remplacer par une aide médicale d'urgence dans le cadre de la dernière loi de 2024 relative à l'immigration a finalement été abandonnée à la faveur des débats parlementaires. En dernier lieu, le rapport du sénateur Delahaye de juillet 2025 proposait de réduire le panier de soins pour se rapprocher du dispositif allemand et de supprimer l'éligibilité à l'AME des étrangers dont le titre de séjour a été retiré pour motif d'ordre public (un peu plus de 5 500 étrangers sur les plus de 460 000 bénéficiaires en 2024) mais il n'a pas été suivi d'effets comme de nombreux rapports parlementaires qui ont en commun d'aborder cette aide sous l'angle de son coût (relatif au regard du budget de l'assurance maladie : 0,5 % de celui-ci !) et non de sa finalité humanitaire et sanitaire.

295. Inapplication du droit à l'AME à l'étranger en situation régulière au regard de la législation sur le séjour des étrangers en France : les précisions du Conseil d'État. Le Conseil d'État a logiquement précisé que l'appréciation de la

37. Evin C. et Stefanini P., *Rapport sur l'aide médicale de l'État*, déc. 2023.

régularité du séjour de l'étranger demandeur de l'AME devait s'apprécier au regard des dispositions non pas du CESEDA mais du CASF s'agissant de l'accès à une prestation d'aide sociale[38]. Il ressort des dispositions combinées des articles L. 251-1 et L. 254-1 du CASF que « seuls les étrangers en situation irrégulière sont susceptibles de bénéficier de l'aide médicale de l'État sur le fondement du premier alinéa de l'article L. 251-1 du Code de l'action sociale et des familles lorsqu'ils résident de manière ininterrompue depuis plus de trois mois sur le territoire ou de la prise en charge des soins urgents et vitaux lorsqu'ils ne bénéficient pas de l'aide médicale de l'État, notamment au motif qu'ils ne résident pas en France de manière ininterrompue depuis plus de trois mois ». Le juge de cassation en déduire que l'AME ne saurait être attribuée à un étranger en situation régulière au regard des dispositions du CESEDA. Le TA commet une erreur de droit en jurant qu'un étranger devait être regardé comme remplissant la condition tenant à l'absence de régularité de séjour prévue par l'article L. 254-1 du CASF au motif que le visa de court séjour, seul document dont il était détenteur, ne figurait pas dans la liste fixée par l'article 1er de l'arrêté du 10 mai 2017.

BIBLIOGRAPHIE

Alonso Ch., « Le développement du numérique en santé : une fausse bonne solution pour lutter contre les inégalités ? », RDSS 2023, p. 805.

Archimbaud, Rapport sur l'accès aux soins des personnes les plus démunies, sept. 2013.

Bailleul D., « Le droit de mourir au nom de la dignité humaine », JCP G 2005, I 142.

Brechot F.-X., « Un référé-liberté pour la vie », AJDA 2013, p. 1842.

Belanger M., « L'accès aux soins de santé en France des étrangers ressortissants non communautaires », RDSS 1994, p. 422.

Bordeloup J., « Réflexions sur les conditions d'accès aux soins des personnes en situation de précarité », Dr. soc. 1988, p. 340.

Borgetto M., « Brèves réflexions sur les apports et les limites de la loi créant la CMU », Dr. soc. 2000, p. 30.

Boulimier D., « Congé de solidarité familiale et allocation d'accompagnement en fin de vie : des avancées mais doit mieux faire ! », RDSS 2010, p. 720.

Cormier M., « La décentralisation en matière sanitaire, sociale et médico-sociale : une étape transitoire ? », JCP A 2005, n° 1008.

Corpart I., « Nouvelle loi sur la fin de vie : début d'un changement », Droit de la famille, juin 2005, chron. n° 14.

Despres C., « Retour sur le refus de soins à l'égard des bénéficiaires de la CMU-C : quelques pistes de compréhension d'un phénomène complexe », RDSS 2023, p. 814.

Devers A., « La protection de la santé de l'étranger en situation irrégulière », RDSS 2001, p. 241.

38. CE, 30 déc. 2021, n° 448688.

ÉVIN C. ET STEFANINI P., *Rapport sur l'aide médicale d'État*, déc. 2023, p 109.

ISIDORO L., « Le cas des étrangers : au croisement entre maîtrise des dépenses de santé et maîtrise de l'immigration », RDSS 2017, p. 139.

LAFORE R., « La CMU, un nouvel îlot dans l'archipel de l'assurance-maladie », Dr. soc. 2000, p. 21.

LIGNEAU Ph., « L'aide médicale moribonde », in *Mélanges Alfandari*, 1999, Dalloz, p. 389.

LISSOUK F., « L'accès aux soins médicaux et à la protection de la santé en France. Recherches sur l'effectivité des droits de deuxième génération », RTDH 2007, p. 51.

MAILLE D., TOULLIER A. et VOLOVITCH P., « L'aide médicale d'État : comment un droit se vide de son sens faute d'être réellement universel », RDSS 2005, p. 543.

PÉDROT Ph., « L'accès aux soins des personnes les plus démunies à l'épreuve de la Covid », RDSS 2021, p. 255.

ROULHAC C., « La reconnaissance du caractère discriminatoire du dispositif d'accès aux soins des étrangers en situation irrégulière à Mayotte : une illustration des limites de l'applicabilité et de l'universalité des droits sociaux », RDSS 2010, p. 704.

STROHL H., « Le mythe de l'accès aux soins », Dr. soc. 1995, p. 789.

TOULLIER A., « Aide médicale d'État : les droits sociaux fondamentaux bafoués », Dr. soc. 2005.

VERKINDT P.-Y., « La santé des personnes les plus démunies et le rôle des organismes sociaux », RDSS 1999, p. 416.

VIGNON-BARRAULT A., « Précarité et accès aux soins : un bilan mitigé », RDSS 2023, p. 1083.

Bibliographie générale

• *Ouvrages*

ALFANDARI É. et TOURETTE F., Action et aide sociales, 5e éd., 2011, Dalloz, Précis.

ATTAL-GALY Y., Droits de l'homme et catégories d'individus, 2004, LGDJ, Bibliothèque de droit public.

AUBIN E., L'essentiel du droit des politiques sociales, 15e éd., 2026, Gualino, Carrés Rouge.

AUBIN E., Les personnes âgées et les robots. Innovation technologique, droit et éthique, 2021, Berger-Levrault.

BENREDOUANE J., La renonciation en droit de l'aide sociale, 2020, L'Harmattan.

BORGETTO M. et LAFORE M., Droit de l'aide et de l'action sociales, 12e éd., 2024, Montchrestien, Domat (1re éd. 1996).

CAMAJI L.-E., La personne dans la protection sociale. Recherches sur la nature des droits des bénéficiaires de prestations sociales, 2008, Dalloz.

CASTEL R., Les métamorphoses de la question sociale, 1995, Fayard.

CASTEL R., L'insécurité sociale. Qu'est-ce qu'être protégé ?, 2003, Seuil, La République des idées.

CASTEL R., La montée des incertitudes. Travail, protections, statut de l'individu, 2013, Seuil, Points Essais.

DEJOURS C., Souffrance en France. La banalisation de l'injustice sociale, 2e éd., 2009, Seuil, Points Essais.

DELORS J. et DOLLE M., Investir dans le social, 2009, Odile Jacob.

DONIER V., Le principe d'égalité dans l'action sociale des collectivités territoriales, 2005, PUAM.

FABERON F. (dir.), Le droit de l'aide et de l'action sociales à la croisée des chemins, 2018, éd. Cujas.

FABERON F. (dir.), De la cohésion sociale : théories et pratiques, 2020, Recherches sur la cohésion sociale.

GREWE C. et BENOIT-ROHMER F. (dir.), Les droits sociaux ou la démolition de quelques poncifs, 2003, Presses universitaires de Strasbourg, 2003.

ISIDORO L., L'étranger et la protection sociale, 2017, Dalloz, Nouvelle bibliothèque de thèse.

LAFORE R., *L'action sociale en France*, Presses de Sciences Po, 2024.

LEVY-BRUHL S., *Le grand renversement de l'État social*, PUF, 2025.

ROSANVALLON P., La société des égaux, 2011, Seuil, Points Essais.

SMITH T.-B., La France injuste. 1875-2006 : pourquoi le modèle social français ne fonctionne plus, 2006, Autrement, Frontières.

SUPIOT A., Grandeur et misère de l'État social, 2013, Fayard-Collège de France.

SUPIOT A., L'esprit de Philadelphie. La justice sociale face au marché total, 2010, Seuil.

• *Rapports*

IGAS, « L'accueil de mineurs protégés dans des structures non autorisées ou habilitées au titre de l'aide sociale à l'enfance », nov. 2020.

BLASCO J., CABANNES P.-Y, ECHEGU O (Dir), *Minima sociaux et prestations de solidarité*, DREES, 2025.

BROUSSY L., « Adaptation de la société française au vieillissement de la population : France, année zéro ! », 2013.

BRUGÈRE S. et GZIL F ; « Vieillissement et innovations technologiques : enjeux éthiques et juridiques », rapport remis au Conseil national de la Silver économie, déc. 2019.

CNSA, « Financer la politique de soutien à l'autonomie. Une utopie atteignable », Avis du 19 mars 2021.

Conseil d'État, L'avenir des juridictions spécialisées dans le domaine social, 2004, La Documentation française, Les études du Conseil d'État.

Défenseur des droits, Les mineurs non accompagnés au regard du droit, Rapport, févr. 2022.

DREES, *Soutien à l'autonomie des personnes âgées : entre 150 000 et 200 000 emplois supplémentaires seraient nécessaires en 2050*, févr. 2026, n° 1365.

HEMON D. et JOUGLA E., Surmortalité liée à la canicule d'août 2003 : causes médicales des décès (1er-20 août 2003), suivi de la mortalité (21 août 2003-31 décembre 2003), Rapport de recherche de l'INSERM, 2004, Doc. fr.

HIRSCH M., Au possible nous sommes tenus. La nouvelle équation sociale, 2005, La Documentation française.

IGF et IGAS, Divergences territoriales dans les modalités d'attribution des aides sociales légales (AAH, AEEH, PCH, APA, ASH) et panorama des aides extralégales, Rapport conjoint, mai 2025.

LIBAULT D., « Grand âge et autonomie. Grand âge, le temps d'agir », Rapport remis au ministère de la Santé et des solidarités, mars 2019.

ODAS, Dépenses sociales et médico-sociales des départements en 2021, juin 2022.

ODAS, Dépenses sociales et médico-sociales des départements en 2020. Un nouveau cycle inquiétant s'ouvre en 2020, oct. 2021.

SIRUGUE Ch., « Repenser les minima sociaux. Vers une couverture socle commune », Rapport remis au Premier ministre, avril 2016.

Index

PEFC
10-31-3706
Certifié PEFC
Ce produit est issu de forêts gérées durablement
www.pefc-france.org

IMPRIM'VERT®

Imprimé en France sur des papiers provenant
exclusivement de l'Union européenne
et issus de forêts gérées durablement
par Dupliprint

Ce livre est imprimé sur un site sous management
environnemental certifié **AFAQ ISO 14001**

Achevé d'imprimer en mai 2026
Numéro d'impression : 2026042501
Dépôt légal : mai 2026